中国历史文化名人传

译界奇人
林纾传

顾 艳 著

作家出版社

出版说明

　　中华民族五千年文明史中，涌现了一大批杰出的文化巨匠，他们如璀璨的群星，闪耀着思想和智慧的光芒。系统和本正地记录他们的人生轨迹与文化成就，无疑是一件十分有必要的事。为此，中国作家协会于2012年初作出决定，用五年左右时间，集中文学界和文化界的精兵强将，创作出版《中国历史文化名人传》大型丛书。这是一项重大的国家文化出版工程，它对形象化地诠释和反映中华民族文化的基本精神，继承发扬传统文化的精髓，对公民的历史文化普及和建设社会主义文化强国都具有重要而深远的意义。

　　这项原创的纪实体文学工程，预计出版120部左右。编委会与各方专家反复会商，遴选出在中国文化发展史上产生过重大影响的120余位历史文化名人。在作者选择上，我们采取专家推荐、主动约请及社会选拔的方式，选择有文史功底、有创作实绩并有较大社会影响，能胜任繁重的实地采访、文献查阅及长篇创作任务，擅长传记文学创作的作家。创作的总体要求是，必须在尊重史实基础上进行文学艺术创作，力求生动传神，追求本质的真实，塑造出饱满的人物形象，具有引人入胜的故事性和可读性；反对戏说、颠覆和凭空捏造，严禁抄袭；作家对传主要有客观的价值判断和对人物精神概括与提升的独到心得，要有新颖的艺术表现形式；新传水平应当高于已有同一人物的传记作品。

为了保证丛书的高品质，我们聘请了学有专长、卓有成就的史学和文学专家，对书稿的文史真伪、价值取向、人物刻画和文学表现等方面总体把关，并建立了严格的论证机制，从传主的选择、作者的认定、写作大纲论证、书稿专项审定直至编辑、出版等，层层论证把关，力图使丛书经得起时间的检验，从而达到传承中华文明和弘扬杰出文化人物精神之目的。丛书的封面设计，以中国历史长河为概念，取层层历史文化积淀与源远流长的宏大意象，采用各个历史时期最具代表性的文化符号与雅致温润的色条进行表达，意蕴深厚，庄重大气。内文的版式设计也尽可能做到精致、别具美感。

中华民族文化博大精深，这白位文化名人就是杰出代表。他们的灿烂人生就是中华文明历史的缩影；他们的思想智慧、精神气脉深深融入我们民族的血液中，成为代代相袭的中华魂魄。在实现"中国梦"的历史进程中，必定成为我们再出发的精神动力。

感谢关心、支持我们工作的中央有关部门和各级领导及专家们，更要感谢作者们呕心沥血的创作。由于该丛书工程浩大，人数众多，时间绵延较长，疏漏在所难免，期待各界有识之士提出宝贵的建设性意见，我们会努力做得更好。

《中国历史文化名人传》丛书编委会

2013 年 11 月

林 纾

目录

引言

林纾——多彩多姿的一生

林纾，字琴南，是精神力量超越时代的一位奇人。他从先进的维新党到顽固的守旧者，影响了他的世纪乃至下一个世纪的文学。他对于行将崩溃的旧世界，有着切肤之痛。人们清楚地看到在他与"五四"新文学开创者们那场力量悬殊的论战中，他在文坛上的地位摇摇欲坠。所以，长期以来，国内诸多版本的《中国现代文学史》一致认为林纾是"封建复古派、国粹派"，是"反对新文化运动"的"封建势力的一个代言人"。

如果说"五四"时期，以陈独秀、胡适、钱玄同等新文化战士为代表的"新青年"，可比作最光辉灿烂的群星，那么林纾则是即将在黎明前陨落的星辰了。在论战中，陈独秀策划钱玄同、刘半农演出了一场"双簧戏"，并以"一种武断的态度""一个老革命党的口气"（胡适语），将林纾批评得体无完肤，林纾还是死不认账，坚持斗争，顽强得像个孤独的勇士。然而，令后人遗憾的是："原本只是从事学理讨论、学术论争的林纾，却无意识地充当了段祺瑞政府的帮凶；这在段祺瑞政府后来成为历史陈迹，而蔡元培、陈独秀等人成为历史上的正面人物形象后，林纾在'五四'历史记忆架构中的形象，理所当然比较尴尬、比较负面。"因此，晚年林纾在两面夹攻中过日子，其身临其境的痛苦、孤独和落寞，只有他自己最能深刻体会。钱基博曾经说："于是纾之学，一绌于章炳麟，再蹶于胡适。"

林纾去世前的那个正月初一，他撰一副春联道："遂心唯有看山好，涉世深知寡过难。"这不是一般的感叹命运，而是倾吐着内心无法排遣的忧愤、苦恼、不被人理解的隐恨。我们从中仿佛看到了一个孤独老人，双手反背，低垂着眼睑，沮丧、悲愤、忧患、无奈地徘徊在他家门前的小道上。

一九二四年十月十九日，林纾在北京溘然长逝。新文化阵营竟没有一位人物前往吊唁。仿佛对这样一个顽固守旧老头子的逝世，根本不必表示哀悼。然而，林纾毕竟也是一位人物。早在十九世纪末，林纾因译著《巴黎茶花女遗事》名震文坛，这成功大大超越了他自己的期望，连严复也写诗道："可怜一卷《茶花女》，断尽支那荡子肠。"

然而，他的至死不被新文坛认同，并不是新文坛所有成员都不知道他盛年时期属于改革派，拥护"立宪之政体"；而他早年《闽中新乐府》诗集里运用的白话，算起来也可说是白话诗的鼻祖了。尽管林纾一生十一次谒光绪陵，并在《御书记》中道："一日不死，一日不忘大清。死必表于道曰：'清处士林纾墓'，示臣之死生，固与吾清相终始也。"究其原因，也许不仅仅是他的顽固守旧，自然还有他性格上的倔强耿直、脾气急躁，以及那"好名之心跃如"。

一个为文学、学术、绘画贡献了毕生精力，为古文甚至拼到生命最后一口气的老人，其被冷落至此，于他是一种浸入骨髓的孤独。历史无情地抛弃了他那曾经洋溢的思想，他又怎能安然瞑目?！

此后，林纾被戴上"封建复古派""国粹派"的帽子，载入各种中国现代文学史著作之中，较多史家为"五四"时期的林纾罗列了三大罪状："一是主动挑起这场新旧思潮之争，并对新文化阵营的重要人物进行人身攻击；二是企图借助北洋军阀的势力扑杀新文化运动；三是在整个论争中都顽固地站在封建复古派的立场上，是当时守旧势力的代表。"可以说，这三大罪状并不是史家们分析史料后自己的判断和见解，而是复述新文化阵营中某位重要人物的说法。

如果说生命是个圆球，那么林纾在穿越时空后滚落尘埃，又回到了中国文坛，我们将如何审视这近一个世纪前的人物？一个世纪，中国社会亦经历了翻天覆地的变化，林纾的形象自然随历史的演化而被众多学者专家重新评价。林纾一定做梦也不会想到，在自己死后被批判长达半个多世纪后，竟然"柳暗花明又一村"，得到了那么多的公正评论，赋予他的光荣亦是如此之辉煌。

因此，许多理由可以使我们相信，如同政治上的林则徐、思想上的严复一样，林纾对晚清民国社会发展和文化教育有着独特的无与伦比的影响和贡献。由此，我们反思一个伟大的事业，常超越它的创始者而前进。当然，林纾曾经对于命运所给予他的任务提出抗议；但林纾——这孤独者，仍为历史上一个新时代的创始者。

第一章 寒门中的童年

（1852—1866）

路曼曼其修远兮，吾将上下而求索。

——先秦·屈原《离骚》

一

乌山支脉玉尺山，有一片迷人的树林。树林掩映中，一座小木屋里传出新生儿呱呱落地的响亮哭声。这正是秋高气爽时节，父亲林国铨喜出望外地抱着双拳等候在门口，心里想那可爱的小精灵就是他的长子啊！这时，一群小鸟叽叽喳喳地从他头顶飞过，他猛地抬头，不远处一块新筑的玉色路牌赫然入目——光禄坊。他忽然来了灵感，口里念念有词道："有了，有了，这孩子小名叫群玉，大名就叫林秉辉吧！"

群玉是个幸运的孩子。父亲林国铨做小生意刚积蓄了些钱，典下了这座小木屋，他就来到了这个世界。他粉嫩的小脸总是流淌着泪水，仿佛对未来艰难时世的恐惧，抑或包含着许多渴望的语言？群玉在祖父母和父母亲温暖的怀抱里牙牙学语，蹒跚学步，尽管母亲目不识丁，但能给他讲最动听的故事。不足四岁，群玉就能把母亲给他讲的故事复述给他的姐姐听了。

父亲林国铨有一个弟弟叫林国宾，和他们一起居住在这座小木屋里。那几年由于林国铨的生意不错，林国宾也上了学。林国宾放学回家，时常带群玉去光禄坊里的几家大院玩儿。那里的建筑十分讲究，金丝楠木制成的门窗、隔扇亮闪闪的，还有青石柱上雕刻精美的八骏图以及周围溪水潺潺、草木葱茏的宜人景色，令叔父林国宾总是流连忘返。

上了学的林国宾知道了光禄坊的来历，原来宋朝时这里曾有一座法禅院，俗称"闽山保福寺"，宋末寺废后改为民房。这里曾经是名人聚居的地方，有明末万历间举人、画家林有台，提学孙昌裔等。林国宾把学到的知识告诉还不懂事的群玉道："万般皆下品，唯有读书高。"群玉很喜欢叔父林国宾身上的书卷气，无论是游玩，还是清晨听叔父琅琅的读书声，群玉都喜欢和叔父在一起。这对于他或许是最早的读书启蒙。

然而，天有不测风云。正当家里一切顺风顺水时，父亲林国铨由于租船运盐途中触礁船破，造成了很大的损失，家业殆尽，全家只好搬到福州城外的横山泗洲巷居住。那是一座残败不堪的小木屋，门窗的油漆早已斑驳，地板也发出吱吱呀呀的响声；雨天，屋子里滴答滴答地漏雨，条件十分简陋；不过能有一个巢穴把全家安顿下来已属不错了。

林国铨安顿好家以后，重整旗鼓开拓起新的生意。他选择了渡海到台北淡水去经商赚钱。淡水是一个历史悠久的小镇，林国铨去的那年淡水镇刚刚开港通商，是台湾北部最早开发的港口。林国铨想去那里碰碰运气，如果运气好，不出三五年便能赚上一笔钱。

全家的主要劳动力远赴台湾经商，家里的经济来源便只能靠祖母和母亲给人做针线活所得的微薄酬劳了，日子过得异常艰难，常常吃了上顿没下顿。在这样的情况下，母亲怕五岁的群玉身体发育不良，便把他寄养到外祖母家去了。

外祖母家在福州城的一条小巷子里，年过花甲的外祖母因外祖父过早去世而独居着。小外孙的到来，自然给她冷寂的家增添了热闹和欢乐。外祖母道："群玉，这是你的床，以后你就睡这里。"群玉道："那我外公呢？我外公睡哪里？"外祖母道："傻小子，你外公在你还没有出世前就病死了。来，看看，这就是你外公的像。"群玉道："外公眼睛上是什么东西？"外祖母道："那是眼镜。你外公是'太学生'，书读多了，眼睛就不好了，所以要戴眼镜。"群玉眨眨眼睛道："那我长大了也要戴眼镜吗？"外祖母道："你长大了把眼睛保护好，就不用戴。"群玉似懂非懂地"哦"一声，跑出门去玩儿了。外祖母望着小外孙的背影道："别跑远。"

外祖母姓郑，但自从嫁给外祖父陈元培后，一直被人称为陈师母。早些年丈夫陈元培活着时，家里总有琅琅的书声，而现在只有她的木鱼声了。她多么希望群玉长大后能像外祖父那样做个读书人，一旦科举成名，便能出人头地、光宗耀祖了。外祖母想得美滋滋的。恍惚间，仿佛丈夫陈元培出现在她的眼前。她三脚两步地去拿她的百宝箱，取出丈夫的遗物——眼镜。她想这眼镜象征着她丈夫的身份呢！如果不是太学生，哪里能配上眼镜这名贵的东西?! 外祖母总是以她丈夫为自豪，即使丈夫去世了也还是这样。她在幽幽的木鱼声中，寄托着对丈夫的无限哀思。

每到星期天，外祖母家会来几个表弟表妹。群玉和他们玩在一起，非常开心。尽管都是四五岁的孩子，但群玉俨然像个大哥哥似的，带领他们到后院去玩。后院有一片小树林，还有一排矮矮的冬青树。小土坡上，外祖母养的几只母鸡正在觅食。其中一只母鸡刚下了蛋，"咯咯哒"叫个不停，群玉在泥地里挖了一条蚯蚓给它吃。表弟和表妹也学着他在泥地里挖蚯蚓，大家的双手满是烂泥，往脸上一擦，个个都是小花猫。然后他们在树丛里捉迷藏，正玩得不亦乐乎时，外祖母从远处一边走一边吼道："太阳下山了，快回家，再不回家，老虎就来了。"听见外祖母这么喊，群玉机灵地应道："外婆，我们马上回来了。"

几个孩子中，外祖母最喜欢群玉的聪明和机灵。只是外祖母觉得群玉太调皮了，玩心重，应该让他收敛一点，长大后才能坐得住读书。第二天表弟表妹们一走，外祖母就让群玉到外祖父生前的书房里静坐。尽管群玉不认识字，也没有人教他，但外祖母认为让孩子在书房里摸摸书也是好的。

群玉从没有见过那么多书，第一次走进外祖父的书房，双眼滴溜溜地转，心里想那里面都写些什么呢？群玉这本翻翻，那本翻翻，外祖母说不能弄破的，他就格外小心翼翼。后来有半天时间，群玉都待在书房里，直到外祖母叫他吃饭才出来。外祖母道："喜欢外公的书房吗？"群玉道："喜欢。"外祖母夹一个荷包蛋给他道："吃，吃了快快长大，长大了就好读书了。"群玉道："为什么要长大读书呢？现在不能读吗？"外祖母一时语塞，不知道该怎么回答他，轻轻叹口气，说："如果你外公活着就可以教你了。"群玉道："那别人可以教我吗？"外祖母沉默不语，群玉也没再追问，这话题也就撇下不说了。

一个星期后，又到了群玉与表弟表妹们团聚的日子。外祖母虽然没读过书，但长年生活在"太学生"丈夫身边，也认识了不少字。于是，她把孩子们安排在客堂里，一人一只小板凳，坐成一排，听她读《孝经》："子曰：'夫孝，德之本也，教之所由生也。复坐，吾语汝。身体发肤，受之父母，不敢毁伤，孝之始也。立身行道，扬名后世，以显父母，孝之终也。夫孝，始于事亲，中于事君，终于立身。'《大雅》云：'无念尔祖，聿修厥德'。"

外祖母一板一眼地读着，孩子们却听不进去。表弟表妹率性地走开了，群玉也跟在表弟表妹身后走出客堂。外祖母想自己到底不是教书先生，孩子们不喜欢听，一定是自己教得不好，因此也没有为难孩子们。

孩子们一溜烟地来到了后院，群玉扮个鬼脸学着外祖母的腔调对表弟表妹道："子曰：夫孝，德之本也，教之所由生也。"表弟和表妹哈哈大笑，表弟道："什么子曰呀？"群玉道："我也不知道。"说着，群玉便跑回去问外祖母。外祖母出乎意料，有些尴尬；因为她只知道"孝"的意思，却无法解释具体内容。不过，她随口答道："孝，就是要做一个有道德的人。"正说着，表弟和表妹满头大汗地跑回来道："群玉哥，快去看。"

"看什么？"外祖母问。孩子们不作声，表妹拉着群玉的衣角轻轻道："群玉哥，快去。"群玉一转身便冲了出去，外祖母毕竟年过花甲，行动迟缓。她来到后院时，群玉已爬到树上。群玉望着一墙之隔的邻居家后院荔枝树上红透了的一颗颗硕大饱满的荔枝，馋涎欲滴。外祖母见状道："不能爬树，下来。"

还没等群玉爬下树来，外祖母心里已有了盘算。她三脚两步地回到家里，在一只旧樟木箱里找出一件半新布衫，拿去巷口那家典当行典当。典当来的钱，就在水果铺里买回来了大半篮熟得透红的新鲜荔枝。此刻，外祖母的心情是愉悦的，她呼唤着还在后院玩耍的孩子们道："吃荔枝喽！又红又大的新鲜荔枝喽！"

孩子们被外祖母这么一呼唤，感到非常奇怪，三个孩子几乎异口同声道："哪里来的荔枝？"外祖母这才把刚刚典当衣服的事与孩子们说了。群玉好奇地问："什么叫典当？"外祖母笑笑道："就你多嘴多舌，典当就是把衣服卖掉了，换来的钱给你们买荔枝吃。"群玉仿佛明白了什么，点点头，抓起几颗荔枝狼吞虎咽起来。外祖母谆谆教导道："孺子不患无美食，而患无大志。"群玉似懂非懂，但这句话很容易记，他一下就记住了。

表弟表妹们回去后，群玉便是外祖母走到哪里，他就跟到哪里。有时街坊邻居笑道："陈师母您多了一个跟屁虫啊！"外祖母便会乘机夸奖群玉道："我这外孙记性很好，好多事情我说一遍他就记住了。"半晌，外祖母回过头来对群玉道："群玉，读书才能长本领呢！"外祖母这样的话，群玉已经听无数遍了，便道："我知道。"

几个月下来，群玉对外祖母家周围的环境已非常熟悉，即便是穿过几条小巷子也不会走丢了。外祖母没有像他初来乍到时管他那么紧了，有时也任他一个人外面放野马玩儿，这让群玉身心感到无比自由。当然外祖母出门办事，还是喜欢把小外孙带在身边。有一天，外祖母把小外孙带去上街，跟在外祖母身后的群玉从一家书塾门前经过时，听到屋内传来琅琅的读书声，出于好奇他便走过去趴到窗前：里面几个和他一般大的孩子，坐在课桌前跟着老先生念书。群玉情不自禁地跟着他们一起念起来，等外祖母回转身找到他时，他已经能把课文背诵出来了。

"外婆，他们念的，我已经会了。"群玉稚嫩的声音带着渴望，外祖母因为经济窘迫无力供他上学，只能苦笑一下，道："我们走吧！"拉着群玉的手，飞快地离开了。这时群玉已经知道读书要许多钱，外祖母没有钱，只能乖乖地跟外祖母回去。但这天群玉的情绪很糟糕，他时不时地冲外祖母发脾气，吃饭时手一推，还把饭碗摔破了。外祖母让他捡饭粒，他不捡，倔强固执得让慈祥的外婆也抢起了扫把柄，连连感叹道："这坏脾气如何是好？"

外祖母知道女儿家境不好，女婿家祖籍金陵，后来迁居闽县莲塘村。他们家世代务农，直到女婿的父亲一代才到城里做手工艺，所得的钱寥寥无几，女婿的母亲和姑母还得做针线活贴补家用，借以糊口。艰辛的生活到了女婿这辈，尽管已成为小商人，但日子并没有多少改变。外祖母想她当年看中女婿的不是他们的家境，而是女婿的厚道和勤劳，只是近些年女婿生意连遭失败，远赴台湾后连自己糊口都难，哪里有钱寄回来呢？这苦了自己的女儿和孩子们，而自己又没能力接济他们。外祖母想到这里叹了口气道："命，一切都是命。"

自从与外祖母闹了别扭，群玉时常一个人跑出去玩。那天他七拐八弯地来到了那个书塾，他为自己能找到这个地方惊讶不已。于是，他又兴奋又胆怯地伏在窗外，偷听塾师讲课。一堂课下来，他基本能把塾师讲的都记住。傍晚时分，他兴高采烈地回到外祖母家，外祖母道："你去了哪里？"群玉没有把自己偷听塾师讲课的事告诉外祖母，他不作声，一溜烟走进外祖父的书房去了。外祖母见他进书房也不再追问，她知道这孩子很有自己的主见。

接下来的日子，群玉每天去书塾窗外偷听塾师讲课。有时他踮起脚尖，望着里面的老先生。那个戴西瓜帽的老先生，摇头晃脑地吟诗很有节奏感；有时双手做着动作，富有极强的表现力，让群玉看得痴痴的，双腿开始酸痛起来。有时，群玉不小心弄出点声响，他就赶快蹲下来不让他们发现。由于他的机灵，很长时间没有人知道他这个秘密。

那天群玉一大早就去书塾了，外祖母以为他到后院玩儿便没有问。群玉走出外祖母家，一路狂奔，五周岁多的孩子跑起来已经相当快了。瞬间，群玉就像塾师的学生那样准时来到了窗外，开始新一天的课程。也许太投入了，群玉压根儿没有发现毛毛细雨已经变成雨滴落下来了。塾师过来关窗，意外地发现窗外有个孩子头发湿漉漉的，便招呼他进来，道："你在听课？进来吧！"

群玉见塾师叫他进去，又惊又喜道："外婆没钱给我读书，您教的我都会了。"说着，便把刚才塾师教的背了出来。塾师见这孩子记性好，又肯学，心里喜欢，便道："以后你可以进屋坐着旁听，回去对你外婆说我不收你的钱。"群玉把眼睛睁得大大的，道："这是真的吗？"塾师道："当然是真的。"群玉一听是真的，高兴得连蹦带跳地跑回家去了。回到家里，头发和衣服都湿透了，外祖母一边给群玉换衣裤，一边道："我到处找你，你去哪里了？看你淋得像个落汤鸡，现在你的心越来越野了呢！"群玉道："我去了书塾，那个老先生收我了，不要钱的。"外祖母似信非信，道："别胡说了，天上不会掉下馅饼来的，哪有那么好的事情？"群玉道："是真的，不信明天您和我一起去。"外祖母这才不作声，心里想也许遇上好人了吧！

第二天一大早，外祖母右手牵着群玉，左手挽着一篮鸡蛋去书塾了。到了书塾，群玉拉着外婆走到塾师面前道："先生，这是我外婆。"外祖母便与塾师寒暄起来。说了一番感谢话后，外祖母硬是把一篮鸡蛋给了塾师，以表达自己的心意。

外祖母并不是那种张扬的女人，然而小外孙竟然自己能读上书，真是出乎意料。她打心眼里高兴，逢人便掩不住喜悦道："我那小外孙上学了，他记性好着呢，老先生很喜欢他，免费收他做学生了。"没几天，群玉成了他们那条小巷子里被人津津乐道的红人了。外祖母有些得意，在街坊邻居面前，她很久没有这么扬眉吐气了。

然而，好景不长，那些花钱请塾师的人家，对塾师有免费旁听生非常不满。他们向塾师提意见，塾师无奈之下只得不再让群玉旁听。那天群玉哭丧着脸回到家对外祖母道："我不能去上学了。"说着，又大哭了起来。外祖母不解地问："怎么回事？"群玉就哭得更凶了。外祖母转身去找塾师，知道情况后竟也耷拉着脑袋流出眼泪来了。群玉见到外祖母流泪，便止住了哭道："外婆，我能读《孝经》了，我这就去读。"

二

那年春天，由于外祖母患了感冒后身体一直不佳，母亲就把群玉接了回去。群玉回到母亲身边，也就回到了祖父、祖母和叔父的身边。叔父刚刚成亲，群玉见到婶婶管她叫"新娘子"。

"新娘子"皮肤白皙，说话声音轻轻，笑起来有两个酒窝，却是个闲不住的人，最拿手的是针线活。她喜欢群玉，渴望自己生个像群玉这样聪明的男孩子。她的早孕反应比较重，群玉见到她呕吐便道："新娘子，您为什么每天呕吐呢？"母亲在一旁道："小孩子别多嘴多舌。"群玉扮了个鬼脸，出门玩儿去了。

横山不像从前居住的光禄坊那么有文化味，也不像外祖母家的小巷子那么有市井味。横山有着它的原始和苍茫，有着更多的苦难的滋味。然而群玉不管那么多，在他眼里横山有着高低起伏的山峦和山下色彩如画的原野。这大自然的美和开阔的视野，常常令他浮想联翩。因此，他时常与小伙伴到山上去亲近大自然，这也是他感到最快乐的时光。

此刻，群玉和他的姐姐来到了山上。比他大五岁的姐姐已经十二岁了，由于营养不良长得非常瘦小，头发黄黄的，皮肤也是黄黄的，脸上还有一些小雀斑，但她活泼、乐观和勤劳的性格，常常使这个脾气倔强任性的弟弟，很快从坏脾气中走出来。这会儿，他们远远地听见母亲在山下喊："群玉，你爸回来啦！"姐姐耳灵，一下就听见母亲的呼唤，拉着弟弟下山去。泗洲巷就在山脚边，这条窄窄的巷子，曲里拐弯，是孩子们捉迷藏的好地方。

孩子们有近两年没见到父亲了，群玉见到父亲并没有显现出兴奋来，而是往姐姐身后躲，仿佛面对的是一个陌生人。父亲道："群玉，怎么不认识爹了呢？来，过来，爹给你带来了糖果。"群玉接过糖，这才有了笑容道："爹，您怎么才回来呢？"父亲道："爹要在那边赚钱，赚多了钱你才不会挨饿呀！"父亲哄着群玉，但父亲心里并不快乐。这两年在台湾打拼，他没有赚到什么钱，心里很内疚；现在与家人团聚，浓浓的家庭氛围包裹着他，虽然感到温暖，但家里穷得揭不开锅的日子，却像针一样刺着他的心，令他简直想立马回到台北淡水重新开始新的生意。毕竟，家里上有老下有小，且群玉也到了受教育的年龄，他有着养家糊口和供孩子读书的责任。

一个星期后，父亲又远赴台湾去了，临走前对群玉道："爹回去赚钱，明年你就可以上学了。"群玉睁大眼睛道："真的，我明年就可以上学了？"父亲摸着他的头道："当然是真的。"

那天早上，一缕明媚的阳光透过玻璃窗照进小木屋时，父亲出发了。祖父和祖母的叮嘱声不绝于耳，母亲却呜咽着仿佛生离死别，姐姐也抹着眼泪，只有群玉呆呆地不说话，也不哭泣，望着父亲的背影自言自语道："爹去赚钱。爹说过，明年我可以上学了。"

父亲走后，家里的经济每况愈下，吃不饱是常事。无奈之下，母亲让姐姐也干起了针线活，以微薄的酬劳贴补家用；而母亲和婶婶在枯灯下给人做针线活，一直要做到子夜时分。这些日子婶婶的肚子已经很大了，快做母亲的她内心是喜悦的。临睡前，母亲常给她做一碗面糊糊喝。其实，母亲也有了身孕，早孕的母亲不断地打着嗝，有时还呕吐，但她支撑着，仿佛天塌下来她也能顶着。

逝水流年，夏天又来临了。在一个下着暴雨的深夜，刚刚入睡的婶婶突然羊水破了，一股股带着腥味的略黄的水淌出来，衣裤和床单全湿透了。叔父不知所措，惊恐地急忙敲祖母的房门，祖母凭着经验道："快生了，叫接生婆吧！"可是半夜三更的上哪儿去找接生婆呢？祖母年迈，行动不便，叔父就转身去敲他大嫂的房门。

群玉和母亲睡在一起，敲门声让他们母子都醒了，但群玉翻一个身又睡着了。母亲听见敲门声立马起来，知道情况后三脚两步地来到婶婶身边，婶婶除了淌羊水并没有出现阵痛。母亲凭生过孩子的经验，觉得到孩子出生还需要一些时间。于是母亲安慰婶婶道："你躺着别动，我这就去叫接生婆。"叔父道："雨下得太大了，我和你一起去吧！"母亲道："你还是留在家里，万一有什么事情有个照应。"母亲说着撑开油布伞，走在了漆黑的小巷子里，暴雨一下就把她淋成落汤鸡了。

母亲在暴雨中，一连敲了几个接生婆家的门，都被拒绝了。母亲眼泪都掉下来了。在这节骨眼上，由于暴雨，接生婆不肯出门，母亲的步伐越来越沉重；但母亲不放弃，继续敲接生婆家的门，好说歹说，总算说通了一家。这个接生婆四十多岁，身体很壮实，睡眼惺忪地拿上她的接生工具，跟着母亲出门了。到了家里，婶婶已经开始阵痛，接生婆让叔父出去，她检查了一下婶婶的宫门，转身对母亲道："宫门才开两指，早着呢！这里有我，你去睡觉吧！"这正是凌晨三点，见没什么事，母亲就回房继续睡觉了；而叔父则在客堂打盹。祖父和祖母知道接生婆来了，也就放心了。

天蒙蒙亮时，婶婶的阵痛加剧，她又喊又叫，让熟睡中的母亲再次起来，而叔父听见妻子的喊叫声，在门口焦急地来回踱步。这时，接生婆发现婶婶的胎位有些不正，她让婶婶深呼吸，并用双手挤压着婶婶的肚子，婶婶喊叫得更响了。母亲来到产房，见婶婶又一阵宫缩时，便让她用力。一连几次，孩子的头快出来了，又缩了回去。终于，又一次宫缩开始了，婶婶使劲儿用力，接生婆终于将刚露出一点点头发的孩子又挤又掖地拉了出来。孩子一落地，顿了一会儿才发出响亮的哭声。

"是个儿子。"母亲向门外的叔父报喜道。叔父忍不住一步跨进了产房，在妻子的额头亲吻一下后，抱起襁褓中的儿子，向祖母房间报喜去了。一会儿，接生婆接过钱走了。母亲见婶婶露出做母亲的甜甜笑容，便放心地去厨房清洗胎盘。母亲是第一次清洗胎盘，见那么多血，清洗时她的双手都颤抖了。

"不好了，不好了，她大出血了。"叔父把儿子抱回房间时，见妻子脸色苍白，嘴唇没有血色，一股一股的鲜血从她的下身像岩浆一样地喷出来。他慌忙地把儿子放在一边，抱住妻子的头道："你怎么了？这是怎么一回事啊？"妻子道："我不行了，你管好我们的儿子。"这时母亲也从厨房快步奔了过来，祖父和祖母也过来了，大家束手无策，除了落泪，不知该怎么办。叔父紧紧地抱着妻子大哭起来，哭得非常凄凉。一会儿，婶婶在叔父的怀抱里停止了呼吸。

婶婶去世了，这是群玉第一次面对死亡，面对这悲伤的场面，他这才知道原来人是会死的，死亡是一件恐怖的事情；他沉默不语地看着大人们忙碌着。埋葬了婶婶后，家里仍然被凄凉的氛围笼罩着。这期间，叔父精神不振，一时找不到工作，而嗷嗷待哺的婴儿需要喂养。母亲便用米汤和面糊糊来喂养这个新生儿——秉华，把更多的母爱给这个失去母亲的孩子；同时，母亲也给失去妻子的叔父精神上的慰藉，以使他快些从悲伤中走出来。只是家里的经济一落千丈，时常吃了上顿没下顿，日子过得异常艰难。

转眼，小秉华七个多月了。群玉把这个堂弟当作自己的亲弟弟，有什么好吃的，总是先给堂弟吃。母亲快临盆了，群玉的姐姐做针线，管堂弟，挖野菜，真是里里外外一把好手。叔父看着儿子渐渐长大，心情也好了许多，有时他一手抱着儿子，一手牵着群玉走到横山上观风景。

群玉喜欢与叔父林国宾在一起，他还记得前几年叔父带他去光禄坊大院玩的情景。这会儿，叔父林国宾给群玉讲《史记》里的故事。项羽、屈原、李广等人物，让群玉听得入迷。叔父林国宾还给群玉讲了屈原的《离骚》："路曼曼其修远兮，吾将上下而求索。……路修远以多艰兮，腾众车使径待。路不周以左转兮，指西海以为期。"群玉若有所思地想，屈原是诗人为什么还要投江呢？

冬至前一天，福州城内外降了第一场雪。横山被白雪包裹着，分外妖娆。群玉兴奋地跑到雪地上，叔父林国宾堆起了一个雪人，姐姐拿来一根胡萝卜做雪人的鼻子，三个人正玩得开心时，父亲远远地走来了。群玉眼尖，一下发现了父亲，道："爹回来啦！"扔下雪团朝父亲奔跑过去。

父亲见儿子朝他奔来，满怀喜悦，抱起儿子就把他放在自己的肩上。到底是大了两岁，群玉见到父亲不再像从前那样躲闪，亲热极了。他抱着父亲的头道："爹，您回来了啊，您回来就不再走了吧！您说过要给我上学，到底是什么时候呢？"父亲笑眯眯道："过了新年，你满八岁就可以上学了。"群玉道："真的吗？"父亲道："当然是真的。"

这天晚上全家吃了团圆饭，群玉总算吃到了米饭。平时他只能吃面糊糊，母亲总是把米饭给堂弟秉华吃。母亲说："秉华无母，当呵护之。"由于吃到了米饭，群玉这天晚上非常兴奋，把叔父林国宾教他的屈原的《离骚》，从头到尾背诵了一遍。父亲哈哈大笑道："吾儿，真该上学堂了。"

母亲诞下她的次子秉耀那天，正是个阳光明媚的冬日。父亲见到小儿子包裹在襁褓中双眉紧锁，仿佛刚出世的婴儿也懂得世道艰难。父亲虽然爱意在心中冉冉升起，但他还是狠下心来第二天返回台北去了。他明白那里的生意决定着全家是否能过上好日子。父亲走了，母亲又有了初生的婴儿，群玉忽然有些失落。好在父亲并没有食言，满八周岁那天，群玉果然上学去了。塾师是个老先生，他教了一大班孩子。群玉第一次能堂堂正正地坐在课堂里，与同学们一起听塾师讲课，心里很踏实。塾师讲的，他在心里默诵几遍后就全记下了。回到家里，他便可读些其他书。

祖母非常疼爱这个孙子，见他闷头看书，总会默默地塞个地瓜给他。家里有了读书郎，祖母在心里便把仕途的希望寄托在这个小孙子身上了。群玉去上学大约有四五里路，通常要走半小时才能到学堂。有时母亲做好了午饭给他带上，有时就给他一些零钱，让他自己买些吃。然而，他时常省下母亲给的午饭钱，跑去旧书摊买残破古书。有一天，他的肚子饿得咕咕叫，可看到旧书摊还是把钱花在买书上了。下午，上课时他突然晕眩了过去；塾师先给他喝了杯糖水，知道他没有吃饭，又给他两个馒头；群玉狼吞虎咽后，很快就好了。这件事，群玉一直不敢告诉母亲，怕母亲日后只给他带饭，而不再给他午餐钱。

到了夏天，父亲在台湾的生意仍然不尽如人意，连回家的路费都没有了。家里穷得揭不开锅，嗷嗷待哺的秉耀指着饭锅要吃饭，母亲只能抱着哄他，心里非常悲戚；而群玉却不明白这些，因为没有了零花钱不能买旧书，也因为饥饿，群玉时常冲母亲发脾气；母亲有时忍不住，眼泪就唰唰地流下来了。见母亲流泪，姐姐就会非常懂事地拉开群玉，带他去外面玩儿。这些日子，叔父林国宾找不到工作心情很不好，老是唉声叹气，家里的生计全靠母亲和姐姐替人做针线所得的微薄报酬。祖母不时地把家里的东西拿出去典当，可是全家人依然吃不饱。

秋天来临，新学期开始了，群玉则因为家里没有钱而辍学了。这回他没有向母亲哭闹，不能上学他就在家里看旧书；有时和姐姐上山挖野菜。虽然穷，但群玉只要和姐姐在一起，便会发出咯咯的笑声。这会儿，群玉拿着铲子蹲在地上，姐姐提着篮捉一只黄蝴蝶，鸟儿在树林中唱着欢快的歌。突然，姐姐不小心掉进了一个凹坑，把一篮野菜打翻了，群玉见状哈哈大笑道："姐姐，捡了一个大元宝。"姐姐掸掸灰尘爬起来，追赶群玉道："你取笑我，看你还敢不敢取笑我？"

都说穷人的孩子早当家。群玉虽然没有姐姐那么懂事，但毕竟家庭环境的影响，苦难早早地烙进了他的心灵。吃不饱饭的滋味，无钱上学的滋味，他已经受够了。他想不明白为什么父亲在台湾做生意总赚不到钱，要如何才能赚到钱呢？群玉想着想着，不免悲伤起来。

有一天，群玉竟然莫名其妙地放声大哭，祖母和母亲都以为发生什么意外的事情了，紧张地问："怎么了？有什么难解的事？"群玉只顾摇头，不说话，还是一个劲儿地哭。全家人正不知所措时，叔父林国宾从外面回来，见侄子哭得稀里哗啦，道："哭什么？我刚得到了一个塾师的位置，咱们的日子会好起来，你马上又可以读书了。"群玉似信非信地止住了哭，抹着眼泪道："叔父也能当塾师？"叔父林国宾道："那当然，叔父读过很多书为什么不能当塾师？"群玉若有所思道："当塾师能赚钱吗？"叔父林国宾道："'万般皆下品，唯有读书高。'当塾师虽然钱不多，但很有意义。"

群玉低头不语，把叔父林国宾这句话牢牢地记在了心里。他想如果自己勤奋读书，日后也能当塾师赚钱，就没有了吃不饱饭的日子，岂不是一举两得？群玉眼前一亮，仿佛看到了自己的未来，心里豁然开朗起来。

三

自从叔父林国宾当上了塾师后，家里的生活明显有了好转，全家人吃了上顿没下顿的日子一去不复返了。有时叔父林国宾还会给侄子群玉一些零花钱，自然群玉把所得的零花钱全部用来买旧书了。那天群玉在旧书摊里觅到一本残破不堪的《汉书》，如获至宝，毫不犹豫地买了下来。第二天他再去那家旧书摊，又觅到《小仓山房尺牍》，不禁大喜。回家的路上，原本饥肠辘辘的他已不再感到饥饿，钻进家门便在微弱的灯光下阅读起来。正巧，他的舅舅来串门儿，看见他如饥似渴地阅读，甚是欣喜，便道："外甥如此勤奋，我当以《康熙字典》赠之。"群玉听舅舅这么一说，猛地从书桌前跳了起来，道："真的吗？"舅舅道："当然是真的。"

群玉已经有了满满一橱的古书，虽然残烂不堪，但经群玉的粘贴，摆在书橱里看上去整整齐齐的。一周后，舅舅果然把他那本《康熙字典》赠送给了群玉。群玉就把《康熙字典》放在书橱最醒目的地方，时常拿出来翻读。为此，他学到了不少新的字和词语，有时会对某些词语联系自己的感受冥思苦想一番。群玉的勤奋和聪慧，在他同龄的孩子中是罕见的。贫苦艰难的生活反而促进了智力发展，使群玉树立起对世界的想象。

盛夏时节，父亲在台北淡水的生意突然好了起来，每月都能寄一些钱回家。群玉便又开始上学了。这次叔父林国宾帮助群玉联系了一位老塾师，名字叫薛则柯。同时，叔父林国宾给群玉报名时，用上了群玉的大名林秉辉。与群玉一起师从薛则柯的，还有王灼三。群玉与王灼三非常投缘，渐渐地结下了深厚的友谊，成为无话不说的好朋友。而他们的老师薛则柯呢，是一位长髯玉立、能颠倒诵七经，性格却是"抗直好忤人"的老先生。在薛则柯的同辈中有三人中了进士，而他却科举无名，因而孤寂贫穷，就在横山课蒙自娱。

叔父林国宾认为薛则柯尽管仕途不通，不善交游，但他对课蒙却有着比较开明的见解和主张。因此，薛则柯教群玉与王灼三时，不讲科举应试用的制举文（八股文），却讲授欧阳修的古文和杜甫的诗歌。有一天，薛则柯对群玉道："吾不为制举文。若熟此，可以增广胸次。且吾尝见乡之贡士矣，以时文博科第，对案至不能就一札。设闻之，得毋以我为悖耶？"群玉似懂非懂地点点头。从此，只要塾师薛则柯教什么，群玉就认真学什么，很快群玉就博得了塾师薛则柯的赏识。塾师薛则柯还给群玉取了个学名："林徽"。这年群玉刚满十一周岁，但早熟的他已经有了很多自己的想法。有一天，他立于棺前，为自己写下座右铭："读书则生，不则入棺。"

与王灼三一起上学，是群玉最开心的日子。只要母亲给他零花钱，群玉就邀上王灼三去旧书摊闲逛。有时两个人都买了自己喜欢的旧书，一边走一边翻阅，回到家天都黑了，家里人老早吃过了晚饭。母亲见他回来了，道："群玉，饭菜在锅里温着呢！"群玉就到厨房，三口两口地扒完饭，又继续秉烛夜读。弟弟秉耀已经三岁多了，见哥哥在读书，他会很乖地坐在一旁，不吵不闹；而哥哥，有时也会给弟弟秉耀讲故事。父亲不在家，哥哥有时仿佛充当了父亲的角色。

深秋的横山，枯黄的落叶纷纷坠下，萧瑟的秋风，吹得残破的门窗吱嘎作响。群玉闲来无事便在家里翻箱倒柜，他原想找一把皮弓，带上弟弟秉耀到山上打麻雀去；没想到意外地发现了叔父林国宾读过的《毛诗》《尚书》《左传》《史记》，让他如获至宝，欣喜不已，立即捧着书阅读起来，遇到不认识的字就查《康熙字典》。这晚，群玉通宵未眠，他被《史记》龙腾虎跃的文笔迷住了。虽然有许多地方读不懂，但他一遍遍地反复阅读，与《史记》结下了不解之缘。第二天一大早走在上学的路上时，群玉就兴致勃勃地给王灼三讲《史记》里的故事，以至王灼三对群玉佩服得五体投地。

入冬后，天气越来越寒冷了。塾师薛则柯家里四面通风，坐在课堂里真是冷。但两个孩子非常懂事，尽管小手和小脸蛋上都长出了冻疮，依然端端正正地坐着听课。那天放学，王灼三先走了，群玉在整理书包时，发现师母望着米桶发呆，原来是家里断粮了。群玉深知饥饿的滋味，现在父亲有钱寄回家刚刚摆脱了穷困，他就想着回家去抓一些米来给老师。

群玉飞快地跑回家，慌慌张张地在抽屉里找到了父亲的一只大袜子，悄悄地溜进厨房，从米袋里抓米。一会儿，大袜子被米灌得胖鼓鼓的，群玉就把它塞进自己穿着的棉衣里，双手捂着跑去塾师薛则柯家里。一路上，群玉跑得气喘吁吁，还被一块大石头绊了一跤，长满冻疮的手上磕出了血来。

"你怎么又来了，有什么事吗？"塾师薛则柯话音刚落，群玉就从棉衣里捧出一袜子的米来，那米被群玉捂得暖暖的。塾师薛则柯见此知道群玉是从家里偷出来的，便道："徽，若年十一，竟行窃耶？……若将归，当请杖于若母。"塾师薛则柯的话，深深地刻进群玉的心里，他把一袜子的米又捧了回去。尽管心里闷闷不乐，但塾师薛则柯教导他做一个光明磊落的人，让他懂得了一些做人的道理。因此，他一跨进家门就向母亲报告道："塾师家里断米了，刚才我没和您讲，就装了一袜子米送去，结果被他硬是退回来了。现在我不知道该如何是好。"母亲听后，微笑道："你做得对。人家有困难，我们现在有能力，就当鼎力相助。明天我会找人给塾师送米去。"母亲的一番话让群玉如沐春风。第二天一早，母亲果然差人给塾师薛则柯送去了一袋米。尽管家里刚刚脱贫，母亲却出手如此大方，以自己的行动让群玉得到了宽仁厚德的教育。

转眼，又是一年过去了。群玉已经跟着塾师薛则柯足足读了两年书。虽然读的全不是科举应试的八股时文，但使群玉走进了文学的殿堂，那些欧阳修的文章和杜甫的诗，早已读得精熟。塾师薛则柯深爱群玉，但怕自己耽误了群玉日后的科举应试之路，亲自介绍群玉到另一位塾师朱韦如那里去学制举文，以便将来走科举应试之路获取功名。尽管群玉心里并不愿意，但老师决定的事他就服从了。况且，在那个社会谁不想获取功名呢？就这样，群玉依依不舍地告别了塾师薛则柯，也告别了好友王灼三，开始了新的读书历程。

群玉第一天去塾师朱韦如家上课，发现老师不苟言笑非常刻板，尽管八股文讲得有声有色，然而群玉并不很喜欢。也许，跟随塾师薛则柯文学方面的书读多了，群玉的感性思维远远超过了理性思辨。因此，群玉自从上学以来，第一次思想走神儿了，在他头脑中萦绕着司马迁；他想司马迁为了"继《春秋》、承父志、明圣道、发幽愤"，而写《史记》。在司马迁正准备着手写作的时候，为了替李陵辩护得罪了汉武帝，下了监狱，受了刑。司马迁痛苦地想：这是我自己的过错。现在受了刑，身子毁了，没有用了。但是他又想：从前周文王被关在羑里，写了一部《周易》；孔子周游列国的路上被困在陈蔡，编了一部《春秋》；屈原遭到放逐，写了《离骚》；左丘明眼睛瞎了，写了《国语》；孙膑被剜掉膝盖骨，写了《兵法》；还有《诗经》三百篇，大都是古人在心情忧愤时写成的。这些著作都是作者心里有郁闷，或者理想行不通的时候才写出来的。我为什么不利用这个时机把这部史书写好呢？于是，司马迁把从传说中的黄帝时代开始，一直到汉武帝太始二年（前95）为止的这段历史，编写成一百三十篇、五十二万字的巨大著作《史记》。群玉非常喜欢《史记》，他想日后自己能写出什么作品来呢?！

其实，塾师朱韦如与塾师薛则柯一样是穷苦不遇的读书人，因没有科名而无缘进身，皓首板屋之下穷尽经史，吟诗作文。群玉对吟诗作文比较感兴趣，十三岁的他偶见塾师朱韦如摇头晃脑地朗诵古诗便来了精神，跟着默诵；若是讲八股文，他的思绪便会情不自禁地漫游到另一个文学世界中去了。这些日子，群玉又把母亲给的午餐钱买了不少古书。有一天，群玉正在整理图书，祖母见孙子的书越来越多非常高兴，道："吾家累世农，汝乃能变业向仕宦，良佳。然城中某公，官卿贰矣。乃为人毁舆，捣其门宇。不务正而据高位，耻也。汝能谨愿，如若祖父，畏天而循分，足矣！"祖母话音刚落，叔父林国宾便从他的卧室里出来，站在祖母身旁对着群玉道："儿虽善读，顾躁烈不能容人，吾知汝不胜官也。"

祖母的话，群玉一下就记住了。叔父林国宾的话，却让群玉生闷气。群玉想：我虽然脾气急躁，我行我素，且又狂放不羁，难道这就不能获取功名做官了？群玉朝叔父林国宾的背影做了个吐舌头的怪相，嘴里轻轻地道："呸呸，谁信你的臭屁话。"自此，群玉读书更加勤奋了。他常常熬夜，实在瞌睡了，就洗冷水脸，拼命拍打自己的脑袋，嘴里喃喃地念着："书山有路勤为径，学海无涯苦作舟。"

然而，群玉虽然勤奋，跟着塾师朱韦如读八股文却是兴趣不大。塾师朱韦如讲课时，群玉总是提不起兴致，老是思想开小差、做小动作。有一次，由于群玉通宵达旦地读《史记》，上课时竟然睡着了，惹得塾师朱韦如非常生气。因此，塾师朱韦如并没有塾师薛则柯那样看好和器重群玉。群玉虽然感到有点失落，但觉得这样倒是心性比较自由，索性把大部分时间都拿来读古书、看文学书。

那两年，外祖母经常来横山的家中。外祖母和祖母虽然出身不同，但两个老女人颇投缘，总有说不完的话。外祖母常和群玉说："孺子不患无美食，而患无大志。"也就是希望群玉胸有大志，获取功名，为家族争光。这意思群玉明白。而祖母呢，并没有外祖母那样对他有强烈的获取功名的期望，觉得"不务正而据高位，耻也。汝能谨愿，如若祖父，畏天而循分，足矣！"群玉想外祖母和祖母的话都有道理，人生也就是拼搏和奋斗，但如果不务正而据高位，的确是可耻的。群玉想如果自己将来经过努力奋斗而不能获取功名，那么祖母的"畏天而循分"，是自己最好的座右铭了。

现在，群玉在家里已经拥有了三大橱残烂古书了。在自己的精神世界里，他是一个富足者。他喜欢杜甫的诗，看多了，他就学着写诗歌。有时他正在冥思苦想，祖母唤他吃饭了，他就会朝祖母发一通脾气，直怪祖母打断了他的思绪。此后，家里大部分人只要看见他在书房里读书写作，便会踮着脚走路，生怕"啪哒啪哒"的走路声影响了他的学习。只有叔父林国宾不这样，并且时常提醒祖母不能宠坏了群玉，让群玉滋生太多的坏脾气。的确，祖母爱长孙群玉比爱小孙子秉华和秉耀多很多。

祖母虽然不是书香门第出身，但贫寒之家亦使她养成了"起居必以礼"的生活方式。三纲五常、三从四德，显然就是祖母的礼教内容。而祖父呢，自从到福州经商后，每月所赚的血汗钱如数交给祖母，自己每天只吃两顿饭。如今祖父老了，在家颐养天年。提起父亲，群玉老早就听祖母说过，父亲比他现在还小的时候，就随祖父奔走谋生了。群玉知道父亲在台湾做生意，每月寄钱回来才让他能够读上私塾。因此，父亲的劳苦艰辛，使群玉没有理由不用功读书。群玉突然觉得跟塾师朱韦如读八股文时思想开小差、做小动作是自己的过失和犯错，必须痛改前非。

古人说："一寸光阴一寸金，寸金难买寸光阴。寸金使尽金还在，过去光阴哪里寻？"群玉想过去的岁月确实不能再复返，就像自己已经十五岁了，再不能回到童年了。尽管童年的岁月历历在目，回忆起来有饥饿有苦涩，但也有喜乐。他想起七岁那年的冬至前夜，横山家家户户的客堂都点上了红烛，然后在家门口燃放鞭炮。鞭炮放完后，全家老少穿上新衣围桌而坐，欢声笑语，庆祝冬至的来临。这是福建人的一个传统习俗，也算一个节日。在这个节日，桌上要放一个与圆桌一样大小的竹箩，箩中放糯米粉，做成圈状，以示全家团圆之意。每逢这节日，群玉都兴奋不已，到处乱跑，嬉笑打闹，疯玩一通。然而，这一回不慎将桌上的竹篓打翻了，雪白的糯米粉撒了一地，父亲刚从台湾回来探亲，见状心里不悦，母亲则认为这是不祥征兆，夫妻俩正要责备群玉"倒篓"时，群玉却笑嘻嘻地说："这是白头到老啊！"父母被群玉这么一说，怒气顿时消了，重新置了一竹篓糯米粉，一家人快快乐乐地欢度了节日。

往事历历在目。群玉觉得十五岁该是一个成熟的年龄了，只是自己还没有走上社会，生活圈子太狭小了，家庭环境绝对局限着自己的视野。群玉想，如何拓宽视野、探索自己的人生之路才是当务之急的事呢！

第二章 别处一个世界

（1867—1869）

少年别有赠，含笑看吴钩。

——唐·杜甫《后出塞》

一

今年的除夕，是伴着雪花一起来临的，田野、院落、古桥一片白茫茫。好些年没下雪了，大家见到雪都很高兴。真是瑞雪兆丰年，期待着来年有个好收成。现在，横山泗洲巷鞭炮声不绝于耳，群玉也带领着弟妹们在家门口的雪地上放鞭炮，残败不堪的小木屋顿时有了过年的喜气。

正月里家家都挂灯笼，有各式各样的花灯，也有红色宫灯。母亲多年不变，一律挂着宫灯式样的大红灯笼。她把两盏自制的红灯笼，高高地挂在门檐上。叔父林国宾，则用大红纸写了一副对联："万事平安幸福年，吉祥如意拜年顺。"还有，母亲又开始与往年一样张罗着剪窗纸；上书店选购年画，则是群玉的事。群玉选购的年画，是那些富有民间传奇色彩并且画面印有吉祥图案的年画。

过年是全家团圆的日子，遗憾的是父亲已经好几个年头没有回家了。群玉明白父亲赚钱辛苦，而自己只能沉浸学海，发愤苦读，获取功名来改变家里的贫困生活。因此，群玉与弟妹们放完鞭炮，扒上几口饭马上又躲进卧室阅读。群玉没有自己的房间，与母亲、姐姐、弟妹们挤在一起。每到夜晚，他就在三大橱书籍旁的一张小桌上点燃蜡烛，在烛光下阅读和书写。这小小的地方被他称为书房，也被他视作自己的精神道场。书是他的守护神，他强烈地渴望占有文学，同时也被文学占有。

塾师薛则柯引导群玉喜欢上了文学。欧阳修的《醉翁亭记》："环滁皆山也。其西南诸峰，林壑尤美，望之蔚然而深秀者，琅琊也。……醉翁之意不在酒，在乎山水之间也。"让群玉每次阅读都有新的感受，有时他就把自己的感受写下来，渐渐地他就有写东西的习惯了。此刻，他一边听着弟妹们在客堂里嬉笑打闹，一边突然想起了他的同窗好友王灼三。王灼三是他唯一的知己，只要有不开心的事，或感到孤独郁闷了，与王灼三一起去趟旧书摊，翻翻残破的古书和文学书，回来便内心充实有力量。群玉明白，文学就是他别处的一个世界。

除夕的夜晚，群玉在窗外阵阵的鞭炮声中，不断地回忆往事迎来了兔年，这正是清穆宗同治六年（1867）。群玉仿佛自己已经成熟了，过去的十五年，他对贫穷有着不可磨灭的印象，特别是在外祖母家那段偷听塾师讲课的岁月；还有家里穷得揭不开锅，嗷嗷待哺的秉耀指着饭锅要吃饭，母亲只能抱着、哄着他，心里悲泣、眼泪淌下来时的情景。

大年初一，群玉给祖父母拜新年，说了一席吉祥话，拿了一个红包后，又提着一篮年糕去外祖母家给外祖母拜新年。外祖母见到群玉总是亲切地问长问短，然后鼓励他要有大志向、大胸怀。群玉被外祖母的鼓励激起了内心的波涛，便立志获取功名为家族争光。然而，回到祖母身旁，祖母又一次地告诫他："畏天而循分，足矣！"群玉喜欢两位老人，尽管她们说法不一样，他都觉得有道理，都是值得自己一生信奉的至理名言。

年很快就过去了。年一过，春天就不远了。春天，首先在横山的树上显出样子来，那些树枝上绽出来的嫩嫩芽苞，等春风再黏稠一些时，芽苞绽破后，嫩绿的叶片就爬满枝条了。群玉在院子里种的那些花，最早开的是红色月季；接着是白色、粉色的扫帚梅；再接着就是地瓜花和爬山虎了。满院子的花一开，空气就飘着香味，蝴蝶和蜜蜂就开始忙碌起来了。群玉把卧室的窗子整日开着，让屋子荡漾着植物生长的气息。今天，群玉读到晏殊的词《鹊踏枝》：

　　槛菊愁烟兰泣露，罗幕轻寒，燕子双飞去。明月不谙离恨苦，斜光到晓穿朱户。
　　昨夜西风凋碧树，独上高楼，望尽天涯路。欲寄彩笺兼尺素，山长水阔知何处。

群玉被晏殊词中的意境陶醉了，一遍遍地反复阅读着，心里想"昨夜西风凋碧树，独上高楼，望尽天涯路"，写得悲壮宏阔，许是晏殊晚年不得于君，贬放外郡而自诉心曲吧！群玉太喜欢这首词了，他把这首词背得滚瓜烂熟。

接下来，春天像孕妇一样越来越显眼的时候，群玉原本以为可以继续上学，却不料父亲来信让他赴台湾。群玉知道赴台湾协助父亲经商，也就意味着要放弃自己的三大橱残烂古书，越洋过海去别处一个世界。别处的世界是个什么样的世界呢？群玉充满想象，但真正要弃学从商终归有些不舍。当然，群玉知道他已经十六岁了，又是家中长子，他不去，谁去？孟子曰："天将降大任于斯人也，必先苦其心志，劳其筋骨，饿其体肤，空乏其身。"群玉想这也许正是拓宽自己视野、探索人生之路的一个不错机会，即使暂时不读书又何妨？

父亲的来信，让母亲和祖母都非常纠结。她们知道十六岁正是发愤读书、博取功名的黄金年华，这一去何时才能回来呢？若不让群玉去，父亲那边缺少人手，生意经营不下去就意味着全家人挨饿。毕竟对穷苦人家来说，生存才是最重要的。几天后，外祖母得知群玉将赴台湾经商，赶来祖母家道："难道非要去台湾？"群玉道："我喜欢去！"外祖母道："不能放弃读书，孺子不能胸无大志。"群玉觉得外祖母的话有道理。然而，现实生活摆在眼前，没有什么比他协助父亲挑起家庭经济担子更重要了。他爱父亲，即使赴汤蹈火也在所不辞。

早春二月，一个阳光明媚的日子，群玉将自己的行李分成两个箱子。小箱是他的换洗衣服，大箱是他的书籍。他觉得只有带上一些书籍去，心里才能踏实、安宁。而祖母和母亲见群玉远行的日子越来越近，眼里总含着泪花，仿佛是生离死别。这让群玉突然想起了唐代诗人王勃的《送杜少府之任蜀州》："城阙辅三秦，风烟望五津。与君离别意，同是宦游人。海内存知己，天涯若比邻。无为在歧路，儿女共沾巾。"于是，群玉打趣地对母亲和祖母道："唐朝诗人王勃说：'海内存知己，天涯若比邻。'意思就是我虽远行，但仍然在你们的身边，你们哭什么呢？"群玉这么一说，母亲和祖母都马上泪光里露出了笑容，母亲道："就你能说话，瞧，逗你奶奶也笑了。"

出发的日子终于来临了，虽然是第一次孤身出远门，但群玉心里却充实有力量。他提着箱子大踏步地上了船，正好拉响了汽笛。一会儿，船就离开了码头。远远地，他站在船舷边，看见母亲和祖母依然和他挥着手，他这才真正有一种离别的愁绪，一种割舍不下亲人的感觉。这晚群玉在船上一直睁大眼睛坐着，他怕睡着了醒来后不见了自己的箱子，也怕母亲给他缝在贴身裤袋里的钱不翼而飞。群玉就这么坐着，月光像水一样流淌着；而一望无垠的大海，仿佛永远没有尽头。

天蒙蒙亮时，群玉迷迷糊糊地睡着了。睡梦里他做着乱七八糟的梦，梦见自己和塾师薛则柯一起读书，梦见自己小时候在外祖母家疯跑，跑啊跑啊，突然"扑通"掉到了一个凹坑里，他醒了。他揉揉眼睛，船还在茫茫大海上漂泊，不知何处是归宿。一会儿，他望见日出从海面上升起，放射出灿烂的金辉，无比壮美，令他怦然心动。他想如果人的一生，能放射出灿烂的金辉，那么生命才有价值；而他将如何放射出属于自己的灿烂金辉呢?!

中午时分，客轮终于抵达台北淡水港。群玉一眼就望见等在码头的父亲，有两年没见到父亲了，父亲好像衰老了许多。群玉心里一颤，提着两个箱子朝父亲走去。父亲看见了他，快步飞奔而至，一边从群玉手中接过一个箱子，一边问长问短，亲切极了。

台北淡水是一个充满历史的小镇，走在小街上仿佛走在历史的通道上。这里经历过西班牙人与荷兰人的殖民统治，保存着大量的西班牙建筑风格的屋舍。二百多年前，郑成功击退了荷兰人在台湾三十八年的殖民统治，让台湾回到了祖国的怀抱。

群玉走在台北淡水街头，好奇心十足。他一边走一边看，那些西班牙风格的建筑，还有不远处的炮台，以及大大小小的商店，让他目不暇接。他对父亲道:"这里好热闹。"父亲说:"这里是通商港口，生意人多，小摊小贩也多。"说着，父亲指着一家杂货店面道:"我们到了。"于是，他们走过店面通道，来到了既是仓库又当卧室的一间屋子。父亲已经为他铺好了床，准备了一张书桌，虽然简陋，但有一种归家的感觉。

吃过午餐，群玉便按照父亲的吩咐开始管店和记账，父亲则出门去进货，同时与客户谈生意。店堂里还有两个父亲聘来的员工，一个叫阿祥，另一个叫家奇，是土生土长的台北淡水镇人，群玉唤他们阿祥叔、家奇叔。店堂里跑运输、发货等事情，就由他们俩完成。

群玉一边记账，一边做着营业员。由于对商品不熟悉，工作效率很低。半天下来，群玉累得腿脚酸痛，两眼发直。他想日后每天就干这样的工作? 这样忙碌的工作，哪里还有时间看书呢? 群玉心里郁闷极了。然而，为了家里能过上有饭吃的日子，他必须放下书本，这个道理他是知道的。

傍晚父亲跑生意回来，带他去吃了淡水老街上有名的炭烤臭豆腐和泡菜，当然还有鱼虾以及群玉喜欢吃的红烧肉。很久没有吃到鱼、虾、肉了，群玉狼吞虎咽，一下就把全部盘中菜吃得精光。毕竟已经十六周岁了，父亲知道群玉正是长身体的年月呢!

　　也许累了，这晚群玉一躺下便睡得很沉。半夜里，他在梦中突然放声大哭，哭声惊动了睡在另一张床上的父亲。父亲赶紧披衣起床，走到群玉床前轻轻摸着他的头道："怎么啦？哪里不舒服？"父亲的手温暖而有力量，群玉止住了哭，完全清醒过来了。他不好意思地对父亲道："没事，我在做梦。"父亲这才又回床去睡了，但父亲翻来覆去睡不着了。他想自己把群玉找来帮忙，到底是对还是错呢？说实话，他确实想培养群玉的经商才能，如果某一天他倒下了，那么群玉就可接替他来养家糊口。父亲胡思乱想着，待天蒙蒙亮时睡着了，还打起了呼噜。

　　初来乍到，一切都是陌生的，但也都让群玉感到好奇。中午时分，阿祥叔在店堂里，群玉就到附近溜达。他沿着海边向东走去，这里就是淡水老街与黄金海岸，绵延数公里的海岸线与商店街，形成淡水商圈最热闹、密集的区域。站在淡水河畔，可以远眺八里左岸、观音山，甚至是出海口。有时，白鹭或夜鹭会乘着海风低空而飞，与岸边轻舟相互辉映。群玉情不自禁地感叹：这风景真美啊！

　　淡水镇这地方不大，群玉很快就把角角落落都逛遍了，然后，兴高采烈地回到店堂对阿祥叔道："我全逛完了。这里出门就是海，海是多么壮阔、美丽，而且海面的颜色变化多端，很神奇。"阿祥叔微笑道："那你就留在这里，不要回去啦！"群玉道："我们福州离家不远处是山，山有山的美丽。"

　　阿祥叔三十岁了，还没有娶亲。父亲死了，母亲常年瘫痪在床，有一个姐姐出嫁不到两年患肺痨死了。现在他与母亲相依为命，也有人给他提亲，但人家不是嫌他穷，就是嫌他有个瘫痪的母亲，最后都不欢而散。其实，阿祥叔本人还是长得很好，国字脸，双眼皮大眼睛，个子中等，看上去倒是一表人才的模样，只可惜他不识字，在店堂里只能干些粗活，但他整天乐呵呵的，从不抱怨自己的人生遭遇。群玉非常喜欢他，心里想着如何教他识字，至少让他学会写自己的名字吧！

　　店堂里的零售不算好也不算差，父亲注重批发这块，整日在外联系客户。一旦谈成几笔生意，回来脸上就挂着笑容，若一笔也没有，那就耷拉着脑袋，一语不发，闷闷不乐。群玉看在眼里，觉得做生意真不容易呢！如果自己将来步父亲后尘，能把生意做好吗？群玉一想到这些问题便感到恐惧，真不知道命运的船会把他带到哪里呢！

不知不觉，群玉来台湾淡水已经半个多月了，无论店堂里的日常工作，还是淡水镇这地方，他都很熟悉了。每天他做着记账和营业员的工作，只有晚上才是自己的读书时光。这几天只要一有空他就给母亲、祖父、祖母、叔父还有外祖母写信，仿佛写信成了他精神上的一种寄托。而父亲呢，忙了一天，见群玉在写家信也很高兴，总是捎上一些话，让他写进去。群玉写完信后，还会继续阅读他从福州带来的那箱子书。有时还会模仿杜甫写诗，一写就到凌晨。

第二天一早起床，自然是哈欠连连，但一忙活，瞌睡虫也就逃走了。然而到了中午时分他就特别犯困，有一天父亲出门谈生意去了，阿祥叔、家奇叔跑运输去了，他趴在柜台上竟然睡着了。父亲回来见他在店堂里睡得沉沉的，摇头叹气道："小偷来了。"群玉被父亲的一声吼叫惊醒后，赶紧乖乖地继续记账管店。他知道自己不该睡着，也知道在自己睡着时肯定有买主来过，失去了几笔生意，他后悔不已。毕竟生意不好做，父亲寄回家那些钱，需要多少个日日夜夜的打拼啊！

二

转眼到了一八六八年正月，当故乡正下着漫天大雪时，台北淡水却依然温暖如春。群玉喜欢故乡一到冬天的气氛，那些卖麦芽糖的人聚集在街上，叫卖声此起彼伏，很是热闹。尤其那糖白白一团，可以拉很长很长；还有福州一进入冬天，节日都特别多，比如冬至、元旦、祭灶、尾牙、小岁等，每隔一段时间就有一个传统、民俗节日，喜庆又热闹；而在这台北淡水，却没有属于他们自己的节日。

夜幕降临时，群玉喜欢去看海。这时的海面朦胧而璀璨，站在八里左岸，远眺台北夜景，那里的灯火辉煌，对群玉有着无限的诱惑。他知道台北有座知名的龙山寺，建筑装饰极为繁复，色彩鲜艳，香火旺盛。父亲曾经去烧过几次香，回来的路上吃上几个阿婆铁蛋，不久生意就好起来了。父亲讲这些时很玄呢，仿佛天机不可泄露似的。

清穆宗同治七年（1868）的春天很快过去了。初夏时节的某一天，群玉闲来无事，正在与街坊邻居谈天说地，忽有一位老者说："容闳向朝廷提出他的教育计划：选派少年出洋留学，先以一百二十名作实验，每年派三十人，四年完成；限十二至十五岁的少年，学习期限十五年；在美国设立留学生事务所，设正副监督官，管理留学生的学习和生活；从海关收入中拨出一定的经费，作为留学生费用。据说这个计划得到曾国藩和李鸿章的支持呢！"

群玉听到这个消息傻呆了眼，此前他从不知道世界上除了中国还有美国，美国在哪里？出洋留学是什么意思？群玉向老者问得一清二楚，方才明白。可惜他已超过十五岁，即使不超过，这样的好事也轮不到他。他想，还不如老老实实走科举之路呢！

在台北淡水，初夏的日子已经很热了，群玉穿着母亲缝制的绸褂子，一会儿就被汗水浸湿了。他干脆穿上父亲的蓝布褂子，把长辫子盘在头顶，生意忙的时候连午饭也顾不上吃。记账和阅读古文的事儿，都只能在晚上完成，这让群玉心里不悦，觉得这工作除了赚钱，毫无价值可言；但钱又是个重要的东西，维系着全家人的温饱，而看店记账也起着很重要的作用。这一方面，群玉又感到非常自豪，毕竟他在协助父亲养家糊口，尽到了一个长子应尽的责任。因此，群玉在台北淡水的日子，总是在矛盾中前进，心情也是时好时坏。幸亏他有阿祥叔这么一个好朋友，一旦他不高兴了，阿祥叔就会给他讲故事、说笑话，逗他开心。

家奇叔呢，年纪比父亲还大，是一个不太爱说话的人；但他工作踏实，再苦再累的活，总是抢着去干。他有五个孩子，最大的十八岁了，还没有娶亲。家里穷啊，孩子们读不起书，只能早早地去打工了。最小的孩子五岁，是家里唯一的女孩，也是他的掌上明珠。家里的事，全由他的妻子操持。他妻子烧得一手好菜，做得一手好针线活。有时，他妻子给他烧好吃的菜，午饭时他就会拿出来与群玉分享。群玉最喜欢吃他妻子烧的荷叶香鱼，味道好极了。

群玉和父亲有时买着吃，有时就在一只煤油炉里煮面条。在台北淡水，小吃店很多，水果店也很多，只是为了省钱，群玉和父亲基本上吃自己煮的面条。有时嘴馋，最多买上几只阿婆铁蛋。

黄昏时分，群玉忙完店堂的工作，就准备打烊了。因为只有店堂打烊，他才能获得自由，才能到淡水小镇上转悠，或者去渔人码头溜达，以舒展一下身体，迎接晚上的记账和阅读。说实话，只有到了夜晚才真正回到了他自己的精神世界里，他需要这样的精神世界，来平衡自己的心理。

这些天，群玉给家里写了好几封信，尤其给外祖母一下就写了两封，告诉她自己在淡水镇的情况。而外祖母呢，每次来信总是督促他千万不能荒废学习，并希望他日后中举。外祖母的信虽然是鼓励，但让群玉越来越明确了走科举之路的方向。因此，每到夜晚他总是通宵达旦地读书，从故乡拿来的一箱书很快就读完了。

每个月父亲会给群玉一些零花钱，然而群玉却不能像在故乡那样跑旧书摊买书。淡水镇这地方除了几家书店，根本没有旧书摊，而书店里的新书贵得很，只能望书兴叹。于是，群玉只能把原来的那箱书读了又读，直到倒背如流。父亲见群玉如此用功，觉得自己找群玉来帮忙真是浪费了人才，心里并不好受。那天为奖励一下群玉，父亲到书店去买了一本簇新的《欧阳修文集》。这让群玉爱不释手，开心极了。

群玉仅一次在父亲这里提起欧阳修的文章，父亲就记住了。群玉很感动，觉得父亲是深爱着他的，而他也更加爱父亲了。在异乡，他们父子相依为命，让十七岁的群玉忽然长大了，懂事了。群玉再也不在父亲面前暴露出想回故乡的念头，而是踏踏实实地干活，认认真真地记账，绝不记错一笔。

　　无论晚上睡得多晚，群玉一早就起床了。起床后，烧早饭，给父亲沏茶，卸下店面排门，准备迎接顾客，这是他日复一日的工作。到了上午八点，阿祥叔、家奇叔便先后来上班了。家奇叔穿着他夫人纳的圆口布底鞋，小腿肚子上绑着白布绑带，蓝布裤腿也被白布绑了进去，据说这样拉起板车来很起步。但阿祥叔不是这样的打扮，阿祥叔大部分时间都是光脚，盛夏时节还打赤膊，有时头戴一顶草帽，活像个打鱼的。

　　阿祥叔虽然没有读过书，但很会讲故事，也喜欢听故事和坊间传说。他见群玉有一箱子书便很羡慕，一有空就要求群玉讲书上的事情。群玉正好把父亲刚买来的《欧阳修文集》拿出来对阿祥叔道："你知道欧阳修吗？"阿祥叔摇摇头道："不知道。"群玉道："他是北宋人，是散文家、诗人、词人、史学家、经学家、目录学家、金石学家。"阿祥叔微笑道："一个人怎么有那么多'家'呢？"群玉道："他还是政治家呢，在政治上是位革新派。他发起和领导的古文运动，是和他在政治上的革新主张相呼应的。他是宋代学术思想上首开风气的主要人物，是被后世称为'宋学'的开创者之一；也是唐宋散文八大家之一，苏洵、苏轼、苏辙、曾巩、王安石五家都得到他的扶掖和赏识举荐呢！"

　　群玉一口气说了一大堆，阿祥叔根本听不懂，但他会假装听懂的样子，不扫群玉的兴。倒是站在一边的家奇叔笑着道："群玉别给他讲了，他这粗人只配拉板车。"阿祥叔很认真地说："我已经学会写名字了。"家奇叔道："啊，当刮目相看啦！"阿祥叔微笑道："那是，那是，多亏群玉的教导呢！"

　　嬉笑打闹一阵后，大家又各忙各的去了。这天下午店堂里的生意特别好，真是应接不暇。群玉手脚忙乱地一会儿收钱、一会儿交货地做着买卖，到打烊时卖掉了不少商品，很有成就感。第二天下午，群玉按父亲的吩咐去邮局给家里汇钱。通常每隔半月汇一次钱，这样才能让全家人过上温饱的日子。

　　淡水镇是个通商港口，小摊小贩很多，读书人却是凤毛麟角，因此，群玉喜欢读书的名声不胫而走。有些穷苦人家的孩子读不起书，就来找群玉认字。群玉来者不拒，把孩子们安排在黄昏时分，利用四十五分钟时间，教孩子们认字，背《弟子规》："父母呼，应勿缓。父母命，行勿懒。父母教，须敬听。父母责，须顺承。冬则温，夏则清。晨则省，昏则定。出必告，返必面。居有常，业无变。"琅琅的读书声从店堂里传出来，引起路人驻足而观。群玉想自己这样仿佛做免费塾师呢，心里突然有一种莫名的感动。

几个月后，有些学生家长见孩子能认字，能背《三字经》《弟子规》都非常高兴，给群玉送来自己打的年糕，自己做的酱肉，以表达谢意。而群玉呢，得到了家长们的认可，干劲儿就更足了。每天一到下午就盼着黄昏快快来临，盼着店堂里响起孩子们琅琅的读书声。群玉想做塾师既能教育孩子，又能陶冶自己的性情，并且把在异乡本来沉闷的、枯燥乏味的日子，也变得有滋有味了。于是，群玉把免费做塾师的事，写信告诉了母亲、祖母和外祖母。外祖母收到信后，马上回信表示赞成。群玉忽然想起小时候外祖母常告诫他的话："孺子不患无美食，而患无大志。"

有一次，群玉买了不少廉价苹果放在一只脸盆里，孩子们看到个个馋涎欲滴。群玉分给他们吃时，就拿外祖母的这句话告诫他们。这会儿，群玉正在给孩子们上课。孩子们有的打赤脚，有的打赤膊，都是穷苦人家的孩子，但学习起来很认真，玩起来也调皮。放学后，他们并不马上回家，而是到海滩上去玩沙泥。

海边生活的孩子，不像福州的孩子那样温文尔雅。他们野性十足，视野开阔，干起活儿来也是一把好手，真是一方水土养一方人。然而，群玉觉得蒙童的教养教育至关重要，必须养成良好的道德品质和生活习惯。比如，对蒙童的行为礼节，像着衣、叉手、作揖、行路、视听等具体规定，都必须严格执行。因此，群玉对孩子们道："凡来上课，不准再赤脚、赤膊，衣着要干净整齐。"孩子们齐声回答："知道了。"果然，日后再也没有孩子打赤脚、赤膊来上课了。孩子们每一点进步，群玉都高兴不已；但也觉得教育孩子，其实并不是一件容易事。

这两年，父亲的批发生意做得颇顺利，寄回家的钱就多一些。九岁的弟弟秉耀已上私塾，给父亲和哥哥写来了第一封信。群玉有两年没见弟弟秉耀了，读到他写得歪歪扭扭的字，倍感亲切。只是岁月如梭，群玉在台北淡水镇一晃已两年多了，不知道这样经商的日子还要维持多久？说实话，他打心里不喜欢经商，但为了生存和责任，别无选择。

每到夜深人静，父亲鼾声如雷时，群玉就会在烛光下读诗、写诗。当然他读得最多的还是杜甫的诗。杜甫《后出塞五首》中："男儿生世间，及壮当封侯。战伐有功业，焉能守旧丘。召募赴蓟门，军动不可留。千金买马鞭，百金装刀头。闾里送我行，亲戚拥道周。斑白居上列，酒酣进庶羞。少年别有赠，含笑看吴钩。……"是他非常喜欢的诗，每次阅读都有新的感受；只是自己写的诗歌习作，往往不满意；但他知道唯有继续练笔，才能达到理想的境界。

不过，群玉也记得陆游曾告诫他儿子道："汝果欲学诗，工夫在诗外。"意思是说，只有跌宕的人生、丰富的阅历，才能血肉相连地写出绝妙好诗。譬如陆游"当年万里觅封侯，匹马戍梁州"的慷慨悲壮，"心在天山，身老沧洲"的寂寞苍凉，"错错错，莫莫莫"的哀婉凄绝，岂是闭门书斋雕章琢句可以得来的？！群玉突然明白一个人的经历便是创作源泉，什么样的经历就写出什么样的作品；而作品的深度，就是作者对世界的认知和感悟。

虽然心底里并不喜欢经商，但群玉来到台北淡水镇还是觉得很有收获。他非常喜欢这里几百年来的历史旧事，喜欢一座座洋式、闽式建筑，以及红毛城、沪尾炮台等古迹建筑，这些建筑仿佛有说不尽的淡水过往云烟。自去年（1868）起，英国向清廷租用红毛城为领事馆，用来处理国际事务，照顾英国侨民，并兼管海关税务及情报搜集等业务。自淡水开港后，因台北盆地的茶与樟脑输出量大，领事馆业务日益繁忙。因此，淡水这地方洋人就特别多，他们叽里咕噜说着英语，一种好奇心令群玉遐思。群玉想如果我能懂他们的语言，那就会知道世界上更多的东西。

红毛城主堡是一座红色外壁的城砦，内部则是颇具特色的半圆筒形穹隆构造。主堡原具军事防御功能，城墙非常坚厚，屋顶上有雉堞。群玉查了史料，原来红毛城一开始为西班牙人所建。崇祯十五年（1642），荷兰人北上驱逐西班牙人而据有台湾北部，因时人称荷兰人为红毛，所以称此城为红毛城。南明永历十六年（1662），延平郡王郑成功驱逐荷兰人，但对北方的鸡笼（今基隆）、淡水无力经营。直到永历三十七年（1683），命何佑重修红毛城，但不到一年郑氏王朝即兵败降清。后来台湾入清版图，因其统治政策消极，红毛城遭到长期荒废。雍正二年（1724），淡水厅同知王汧重修此城，红毛城才得以保存了下来。

这些历史故事带着尘封的往事，走进群玉的心灵。如果心情仍然低落，那么来到黄金海岸眺望白鹭乘着海风低空飞翔，这里开阔的视野，伴着历史人文特色，吃上几块炭烤臭豆腐，想想过去，展望未来，一切便释然了。然而，社会是个大熔炉，有些事情又确实很难释然。譬如，台北淡水这地方，三教九流都有，什么样的事情都会发生。群玉亲眼目睹一个娼妓与另一女子同争一个男人，后来娼妓把那女子杀死了；还有一个小偷，偷了几根香蕉，结果被摊主打得半死。群玉想，这社会时时处处都充满杀机啊！从前祖母和他说的，"畏天而循分"实在是最好的座右铭。

三

这会儿，父亲要轮渡去台北接洽业务，叫上群玉一起去。店堂里的事情，便落在阿祥叔身上。都说台北是个大都市，群玉来淡水镇两年多才第一次去，心里自然有些激动。轮渡上，群玉盘算好去三个地方：龙山寺、草山、文庙。如果说父亲去龙山寺，完全是祈祷生意兴隆、全家平安；那么群玉则是去看那装饰极为繁复的建筑，以及早在艋舺开拓之初工匠们超凡的手艺绝活。而草山呢，是一座活火山，那天然的溪谷、温泉、瀑布和森林，以及满山遍布的杜鹃花、樱花、茶花等各式花卉，都令群玉神往。

文庙，也就是台北孔庙，始建于南明永历十九年（清康熙四年，1665），为郑成功参军陈永华倡建。它坐落在大龙街上，外貌为古代宫殿式建筑，坐北朝南，黄色琉璃桶形屋瓦，梁柱门窗皆未刻写文字，俨然美观。主殿为大成殿，亦称为"藏经塔"，主要奉祀大成至圣先师孔子及十二哲等。每年九月二十八日都会在此举行祭祀大典，参祭者要穿古服，献牺牲，舞八佾，奏大雅之乐，整个祭奠肃穆、庄严、隆重。

当然，群玉去台北孔庙，主要是尊孔祭祀。小时候读《史记》，群玉从《史记》中的《孔子世家》里知道了孔子的生平。孔子生当礼崩乐坏之际，夏商周三代维系两千年的古典文明崩坏。孔子以一介布衣身份，收集整理先王之政典，编成诗、书、礼、乐。孔子又为《周易》作传，据鲁史记作《春秋》。孔子编定六经，保存古典文明，让中国之道可道、可传、可学；孔子在那个乱世守护中国之根。因此，司马迁认识到孔子的伟大，把孔子列入"世家"。其他的世家，都是春秋战国时代的诸侯，孔子却是布衣。司马迁在《孔子世家》最后评论说："天下君王至于贤人众矣，当时则荣，没则已焉。孔子布衣，传十余世，学者宗之。自天子王侯，中国言六艺者折中于夫子，可谓至圣矣！"

孔子只是一介布衣，但《论语》中记载卫国仪邑之封人的一段评论："天下之无道也久矣，天将以夫子为木铎。"而《孔子家语》中则记载齐国一位太史到鲁国，与孔子言道之后对人说："或者天将欲与素王之乎？"

群玉想，这两位当年的人物都认为，天为中国生孔子；没有孔子，就没有今日的中国。事实的确如此，孔子兴办教育，以诗书礼乐传授弟子，这是划时代事件。因为，此前只有君子（相当于贵族）可接受诗书礼乐教育，每个君子之家有专业人员掌握诗书礼乐，庶民根本没有机会学习。孔子"有教无类"，庶民得以研读先王政典，从此，教育开放就是中国社会保持平等的重要机制。

从台北回来，群玉脑海里满满地萦绕着孔子。他把从文庙买回来的孔子像摆在床头柜上，每天一睁开眼睛就敬拜一下。这样的感觉非常好，让他感到内心充实。另外，他又把《论语》捧出来重读。子曰："为政以德，譬如北辰，居其所而众星共之。"每次重读这段话，群玉都有不同的感悟。如果说，前几次还不明白这话的意思，那么现在他阐释道："统治者如果实行德治，群臣百姓就会自动围绕着你转。这是强调道德对政治生活的决定作用，主张以道德教化为治国的原则。这是孔子学说中较有价值的部分，表明儒家治国的基本原则是德治，而非严刑峻法。"群玉为自己有新的阐释而兴奋不已。

这些天，群玉已习惯了在淡水镇的生活、工作、教学和读书，一切都协调了起来，状态非常好。尽管教学是免费的，为自己将来做塾师打基础，但与孩子们在一起却是快乐的。天长日久，父亲也习惯了每天黄昏时分店堂里传出来孩子们琅琅的读书声。这些孩子经过群玉的调教，不仅能背《三字经》《弟子规》，还慢慢懂得了礼仪，变得儒雅起来了。父亲想，群玉既然已经习惯了淡水镇的生活，那么日后生意上的事儿让他接班，后继有人他也就放心了。因此，父亲想自己应该多带带群玉如何联系客户，如何做批发生意。当然，父亲的想法并非群玉所喜欢，只是一厢情愿罢了。

读了那么多书，群玉的想法总是层出不穷。他想过中举，想过做塾师，想过做政治家，想过做诗人，就是没有想过步父亲的后尘做一个小商人。这让他面对父亲有点过意不去，心生内疚。幸好父亲并不知道他的真实想法，父亲依然朝着自己的奋斗目标前进；日子过得简单而充实。

这段日子家里几乎每天都有信来，不是叔父林国宾的信，就是外祖母的信。一到夜晚，群玉就把这些来信读给父亲听，然后按照父亲的意思写回信。今天，群玉读到外祖母让他回去相亲的信，读得他面红耳赤，仿佛他真的到了娶妻生子的年龄了。父亲听完信上内容，默不作声，做着沉思状。毕竟，群玉是他这里的得力助手，一旦回故乡，就如同少了左手。但若不回去，那么过了年，群玉已经十八岁，俨然一个成年人了。如果错过了一门好亲家，再要找也不容易。父亲左思右想，一时很难定夺，只能暂且把这事情搁置一边。而群玉呢，觉得相亲能回故乡，还是很乐意的，到底故乡离科举近一些。

外祖母信中提到的刘有棻，群玉小时候听说过。刘有棻家从曾祖一代起，就世代攻读孔孟之书。然而，到刘有棻这一代仍然没有一个能够科举成名。科举之路艰难，真是难于上青天啊！群玉踌躇起来，心里产生出些许的恐惧，他想自己走这条路能行吗？接着，群玉看到外祖母在信中说，尽管刘有棻没有中举，但他是一个有才学的人。他喜欢《资治通鉴》，也喜欢写诗，尤其崇奉礼义廉耻、忠孝仁爱、信义和平等传统道德。

那天刘有棻去外祖母家探望外祖母，偶然间看见了群玉写给外祖母的信，经外祖母许可他就摇头晃脑地读了起来；越读越感到群玉不仅才华横溢、感情真挚，而且还恋恩，这样的青年虽然不是富贵人家出身，但女儿刘琼姿嫁给他是可以放心的。于是，刘有棻便把自己的想法与外祖母说了，外祖母自然高兴不已，道："这事儿早在群玉十岁时就有人提及了，前阵子也有人提及，今天你亲口和我说，那我就放心了。"

外祖母的信写得很详细，只要群玉回去就可以把刘琼姿娶过来。说实话，群玉非常喜欢这位未来的岳父。无论怎么说，刘有棻是个有学问的人，可以向他讨教的东西很多。当然，对这件事群玉沉默不语，他知道这应该是父母之命，媒妁之言，自己只有遵命的份儿。因此，群玉依然和平时那样，该做什么做什么。倒是父亲走漏了风声，让阿祥叔和家奇叔都知道这件事儿了。阿祥叔笑着对群玉道："哇，要娶媳妇啦，做新郎官啦，恭喜恭喜！"群玉羞红了脸，不知所措。

这段时间，父亲显得格外沉重。确实这里难舍群玉，那里又不能错过婚姻，想来想去，父亲唯一能做的还是让群玉回去。那天黄昏待孩子们散去后，父亲把群玉叫到自己身边道："你还是回去完婚吧，十八岁不小了，这里的工作有我和阿祥叔他们呢！"父亲一边说，一边眼圈也红了，看得出父亲舍不得群玉走。

群玉见到父亲眼圈红红的道："结婚还早呢，您一个人在这里我不放心，还是婉拒了刘家吧！"父亲道："那怎么行，许多事情没有后悔药，你以前不在这里我不也干得好好的吗？"群玉道："那现在生意忙，这里缺谁也不行。"父亲道："生意哪有人生大事重要？回去吧！"说着，父亲从口袋里摸出一张船票，道："这是下个星期天的船票，这几天你就准备准备吧！"群玉接过船票，眼泪唰唰地掉了下来。毕竟与父亲相依为命三年，那种感情没有任何东西可以替代。

孩子们知道他们的老师要回故乡去了，都有些依依不舍。最后一堂课，每个孩子都非常认真。有几个孩子的父母还让孩子从家里拿来了淡水土特产，那种浓浓的情谊，让群玉心里十分欣慰。他想育人子弟，莫过于一份真情了。这天黄昏孩子们散去后，群玉突然感到一种冷清和寂寞。

真的，快要回故乡了，也不知何时能再来。群玉这几天每到黄昏，就去淡水镇转悠。说实话，群玉非常喜欢淡水镇，喜欢这里的一草一木，喜欢这里的孩子们；还有这里让他明白了创业和竞争，明白了坚韧和吃苦；明白了故乡之外，还有更大的世界；明白了人原来是可以迁徙的，越迁徙也就越改变原有的状态。

现在，外祖母、母亲等家里人知道群玉马上要回来完婚，都忙碌了起来。有的准备新婚时的棉被，有的准备新婚时的服装，还有的纳起了鞋底；当然最重要的是准备涂刷新婚房间，大家忙得不亦乐乎。可在淡水镇的群玉呢，顾虑重重，真要把刘家大小姐刘琼姿娶过来，心里还没有准备好呢。而父亲，却尽量腾出时间与儿子多待在一起。他们一起去街头散步，去海边看海，尽管父亲总是默默无语，但那份温情令群玉终生难忘。只是归故乡的日子渐渐临近，群玉仿佛也有了一种生离死别的感觉。他这才体会到当年他赴台湾时，祖母和母亲眼里总含着泪水的感觉。

终于，到了归乡的日子。这天一大早父亲就起床了，给群玉买回来豆浆、阿婆铁蛋和大饼。这是父子俩最后一次面对面坐着吃早餐，从没有仔细打量过父亲的群玉，突然发现父亲气色不佳，人也消瘦了，额前又增添了不少银丝。父亲是太劳累了，不仅承担了太多压力，而且自己还吃得很差，营养不良。群玉心里一酸，眼泪就唰唰地掉下来了。父亲不解地道："怎么哭了？回家娶媳妇应该是高兴的事，未来的岳父刘有菜可不像我这样没有文化。在仕途的道路上，他可以是你不错的引路人。"群玉听父亲这么一说，不免脸红耳热起来，仿佛娶媳妇是件难为情的事。

吃罢早饭，群玉提着箱子在父亲的护送下，来到了轮船码头。轮船码头附近的小街上熙熙攘攘，不少小摊小贩大声吆喝着。父亲知道冰糖葫芦是群玉最爱吃的食物，一下买了好几串塞给他。父亲一边走一边对群玉道："结婚后，要好好对待妻子和岳父岳母。"此时汽笛响了，群玉提着箱子三脚两步上了船。父亲站在石阶上凝望着，直到轮船起航，才回转身去，走得很沉重。他知道群玉这一走，刚刚顺畅起来的生意少一个得力助手，不知会怎么样呢，而且与儿子朝夕相处了三年，突然孤身一人，又有一种深深的心的寂寞。

第三章 贫病交迫（1870—1873）

露和啼血染花红，恨过千家烟树杪。

——宋·欧阳修《玉楼春·子规》

一

群玉本名林秉辉，但林秉辉这名字几乎没有用过。群玉坐在轮船上的这几天，为自己取了字琴南。他想回到故乡后，除了家里人，一定让别人叫他林琴南，而不再是群玉。那天群玉这么想的时候，船上突然骚动喧哗了起来。他赶紧站起来观察，原来是一位和尚吸大烟躲入了某妇女的幔中，遭到了某妇女丈夫的一顿拳打脚踢。这时手无缚鸡之力的群玉一个箭步冲上去劝架，却被一拳抢了回来。唉，群玉想日后必学武功，才能解救人。

清穆宗同治九年（1870），一个春暖花开的日子，群玉终于回到了故乡。从轮船上下来，群玉踏在故乡的土地上，一种亲情油然而生。马上就要回到横山泗洲巷的家了，马上就能见到祖父、祖母、叔父、母亲、姐姐和弟妹们了，他心中涌动着一股热浪，不知不觉就走进了泗洲巷。

泗洲巷还是从前的泗洲巷，不少晾着衣服和裤子的毛竹竿搁在两边墙上，有的还滴着水，正巧滴在了群玉的头上。群玉望着那些衣服，用右手抹了抹潮湿的头发，这陌生而又熟悉的风景，就是他从小生活的地方。他曾经在这里和叔父堆雪人，与姐姐捉迷藏；还有饥荒年，他们全家人饥肠辘辘地走在这条小巷里的情景。往事历历在目，往事亦不堪回首。这会儿，群玉提着箱子在巷道里转了弯，前面就是他们家那所残败不堪的小木屋了；到家的喜悦笼罩着他。

突然，一个十岁左右的男孩子从他身边经过，回头一看，那不是秉耀吗？怎么连哥也不认识了呢？于是他大声吼道："秉耀，哥回来了。"这时秉耀已走出很远了，听见喊声回转了过来，道："原来是哥，没想到哥这么快就回来了，我们以为还要等上两个月呢！"说着，秉耀从哥手中接过行李，边走边大声嚷道："哥回来啦！哥回来啦！"母亲闻讯满面笑容地出来，道："啊，群玉回来了。"接着，两个妹妹放下手中针线也出来了，并惊喜地、异口同声地喊道："哥回来啦！"

群玉走进客堂，祖父和祖母都已拄着拐杖从他们的卧室出来了。祖父总是只微笑不说话，这是他进入老年后的状态。祖母呢，见到群玉欣喜地道："回来了就好，回来了就好。那里一定很辛苦吧，看你瘦多了。"群玉连连道："不辛苦，不辛苦。"说着，从箱子里拿出来淡水镇的土特产阿婆铁蛋，分给祖父、祖母、母亲等家人。姐姐已经出嫁，叔父林国宾因为娶了第二任妻子搬出去住了。据说这几年叔父林国宾开设的蒙馆，来求学的孩子越来越多了。

母亲把群玉领进新房，这是三间卧室中间的那个房，曾做过叔父林国宾的新房。母亲已把婚房布置一新，几床丝绸棉被已铺在床上，只待把刘琼姿娶过来了。说实话，母亲没见过刘琼姿，但读书人家的女儿肯定不错；外祖母和媒人一说合，她就马上同意了。现在群玉面对这一切，不知如何是好，即使心里不愿意马上做新郎官，也毫无办法了，一切已成定局。

第二天一大早，外祖母就来到她的女儿家了。见到群玉，外祖母便道："几年不见，长大了，变成熟些了，到底是见过世面的人了。见过世面的人，心胸就会变宽大些。"群玉道："是啊，外婆说得对。"接着，群玉告诉外祖母："我给自己取了字琴南，以后别人就叫我林琴南了。"外祖母微笑道："琴南，这字取得不错。"倒是母亲不明白，纳闷道："你父亲也没取字取号什么的。你大名林秉辉，小名群玉，难道不好吗？"外祖母道："群玉是读书人，到了成年自然可以取字取号，目的就是让人尊重他。"外婆到底是太学生的夫人，对这些事情比较懂行。一会儿，外祖母道："琴南，咱们走，去拜访你未来的岳父刘有菜吧！"外祖母开口叫琴南，群玉心里一震，但马上哈哈笑了起来，调侃道："嗯，琴南遵命。"

其实，外祖母说起这事儿，林琴南总归有些难为情，但事到如今也只能硬着头皮去拜见未来的岳父。于是，祖孙俩有说有笑地出发了。一路上，外祖母道："刘有菜是个不错的老先生，他女儿刘琼姿文文静静，知书达理。"这些话，外祖母信上已经说过很多遍了，林琴南早已耳熟能详；但面对外祖母他只能"哦、哦"地应着，并且表露出欣喜的神情。

外祖母虽然是这门亲事的支持者，但她是经媒人牵线后才认识刘有菜的，因此，她也是第一次去刘有菜家。大约走了半个多小时，终于到了刘有菜家。外祖母七十多了，腿脚还真不错，腰背也还硬朗。外祖母在漆黑的大门上敲了几下，来开门的正是刘有菜。刘有菜见是外祖母携她的外孙前来做客，真是喜上眉梢，连连说着："请、请、请。"这时，外祖母急忙介绍道："这就是群玉，刚取了字：林琴南。"林琴南不知道该说些什么，朝未来的岳父刘有菜微笑着点点头，算是打招呼吧！

"林琴南，这字取得不错。"说着，刘有菜便向林琴南了解了台北淡水镇的生活，并且夸他给外祖母的信写得好，不仅文采好，还恋恩，是难得的人才。老先生刘有菜的当面夸奖，让林琴南面红耳赤，他呆呆地坐着，环顾四周的摆设，心里想这确是书香门第。大约五分钟后，刘有菜的夫人从厢房里出来，见外祖母道："这是陈老夫人？那是？"外祖母道："是我的外孙林琴南。"于是，林琴南站起来朝未来的岳母打了个鞠躬。未来的岳母笑呵呵道："真是一表人才！"她沏了两杯茶后，仔细地端详着未来的女婿林琴南。

三月乍暖还寒时节的某一个晴朗的日子，林琴南迎娶了刘有菜的女儿刘琼姿。那天林琴南按习俗到新娘家去迎亲，叫作"邀新人"。新郎邀了新人回来，路上很多人用条椅拦住他们，这时新郎就欢欢喜喜向拦轿人分瓜子糖果；据说一路上拦路人越多，越说明新娘子才貌出众。接着，新郎林琴南把新娘邀到自家门口，先放鞭炮，通告婆家其他女眷，让她们先回避一下，叫作"避冲"。新郎新娘进了大厅后，先拜过天地，再拜祖先，接着拜公婆，最后夫妻对拜，这叫"拜堂"；拜过堂后由喜娘引导，新郎在前，新娘在后，一起进新房。这一套程序下来，着实把新郎新娘累坏了。

新婚之夜，一番云雨之后，林琴南望着皮肤白皙、鹅蛋脸儿、一双凤眼脉脉含情的与他同龄的刘琼姿，非常喜欢。而刘琼姿呢，也非常喜欢林琴南。虽然是父母之命、媒妁之言，但他们俩也可算是情投意合了。

这些天远在台北淡水的父亲，得知家里已娶了儿媳妇，寄回来一个红包，算是给媳妇的见面礼；而母亲则把一枚祖传金戒指送给了儿媳妇。这让新媳妇刘琼姿欣喜不已。刘琼姿在未出嫁前，已熟读唐朝诗人王建的《新嫁娘词》："三日入厨下，洗手作羹汤。未谙姑食性，先遣小姑尝。"因此，刘琼姿嫁给林琴南后既温柔又贤惠，赢得了林家老少对她的尊重和喜欢。有那么些日子，林家一直沉浸在林琴南婚事的喜气洋洋中。两个妹妹总是和新嫂子说说笑笑，而新嫂子呢，也和她们一起做针线活，感情融入得相当好。祖母非常喜欢这个孙媳妇，常和孙媳妇说："你嫁到我们家，我们就是有缘的人。"

外祖母更是隔几天就来看望外孙媳妇了。外祖母念念不忘外孙林琴南要胸怀大志、要获取功名的事。因此，她在外孙林琴南这里灌输多了，就把她的这番思想也灌输给外孙媳妇，希望外孙媳妇起到支持和督促的作用。外孙媳妇想，外祖母真是用心良苦啊！

尽管家里因喜事看起来风调雨顺，但林琴南敏感地总觉得会有什么不妙的事情将发生。他思念远在台北淡水的父亲，不知道父亲一切可好，生意怎么样？身体是否安好？他知道父亲是最吃苦耐劳的人，也是最能承担责任的人。

转眼，初夏来临了。这年的初夏特别热，年迈的祖父突然病倒了。林琴南一惊，莫非自己的预感将变成事实，家里要出什么事了？林琴南心里万分焦急，赶紧请来郎中给祖父把脉看病。然而，郎中把完脉道："你爷爷年老体虚，有点支气管炎，吃几帖药试试吧！"郎中这么一说，意味着祖父的病不重，林琴南这才放心些。

郎中开完药方后，林琴南就亲自上山采草药。小时候他时常在横山上转悠，认识不少草药。这会儿，他提着竹篮拿着镰刀上山去了。他不走石阶上山，而是从树林中攀援而上。紫花前胡、白芥子、款冬花等几种治疗支气管炎的草药，几乎满山都是；他只要弯一下腰，想采多少就有多少。

在山上的树林中穿梭，听着鸟儿喳喳的合唱，就像听一曲交响乐一样，林琴南心里一下舒朗多了，仿佛那些烦恼事都消失了。山上多么好哇，记得小时候与姐姐在这里玩，横山诗情画意的风景，令他们流连忘返。现在他已采了满满一篮草药，连平时不容易采到的鸡血藤和泽兰也采撷了不少，大有满载而归的感觉。

回到家，刘琼姿就去煎草药了，然后一口一口喂给祖父喝。林琴南以为祖父的病不重，便进房读书去了。可是一连几天吃药，祖父的病不见好转，似乎越来越重了。林琴南只好又去请郎中，心里想，怎么回事呢？

郎中再次给祖父把脉看病，最后对林琴南道："你爷爷没几天好拖了，准备后事吧！"郎中这么一说，林琴南道："您上次说爷爷只是年老体虚，有点支气管炎，怎么就没几天好拖了？"郎中道："老年人生病，变化无常。"林琴南觉得再说什么都无用，便沉默不语了。郎中走后，家里人都紧张了起来，围在祖父身旁，又哭又喊的。林琴南不知如何是好，倒是母亲方寸不乱，一方面吩咐人打棺材，另一方面吩咐人做寿衣。于是，家门口的场地来了一帮打棺材的人。接着，又来了一帮做缝纫的人。一切料理停当后，在一个下着暴雨的夜晚，祖父安详地走了。

祖父去世了，家里的一棵大树倒了。全家人哭泣着，祖母哭得最悲恸。她的哭声仿佛在山谷回荡，有如乌鸦的哀鸣。林琴南的眼泪也止不住流下来。祖父没有了，再也听不见他的笑声了；林琴南感到生命的脆弱与恐惧。

父亲不在家，选择墓地的事情就落在叔父林国宾和孙子林琴南身上了。当然，叔侄俩很快选择好了墓地。祖父落葬那天，子孙们披麻戴孝，三步一跪，五步一拜；而念佛事的老太太在家里敲木鱼，敲得鬼气森森。林琴南第一次感到幽灵在家里飞旋，并且发出绿色的火光。

祖父走后，林琴南给屋子消了毒，祖母仍然住在那里。祖母保留着祖父的一切东西，睹物思人，好几个夜晚祖母都从梦里的哭泣中醒来。家里最伤心的，自然是祖母了，她整天以泪洗面。这恩爱一世的老夫妻，让林琴南懂得爱是什么！

时光一点点流逝，家里人渐渐从失去亲人的悲伤中走出来。两个妹妹仍然做着针线活贴补家用，而林琴南突然对自己的前途迷茫起来。于是，在了无生趣的日子里，他常去岳父家，聆听岳父刘有菜的教诲。

岳父刘有菜，字作楫，号修梅；尽管其曾祖父、祖父、父亲三世，应童子试至老未果，但家学渊源，刘有菜继承了安身立命之道，虽然他也未能取得功名昌其家，可儒家倡导的忠孝仁义，无疑成了他的做人准则。所以，刘有菜每次见到女婿林琴南总是欣喜不已，便把这些思想灌输给女婿。有时，他则以《呻吟语》《五种遗规》等理论书籍为蓝本讲解给女婿听，并鼓励女婿参加童子试。而林琴南呢，非常愿意聆听岳父指点迷津。在他郁闷的日子里，仿佛找到了引路人，有了希望和目标，心里开始踏实起来。回到家，他便努力用功，准备参加童子试。

六月，梅雨时节的某一天，林琴南参加童子试的日子终于来临了。这天一大早，岳父刘有棻亲自送林琴南去试院。天蒙蒙亮时，他们就出发了。一路上，岳父刘有棻比林琴南还紧张，不时地关照一些应该注意的事项。林琴南"哦、哦"地应着，心里忽然紧张起来了。

大约半个小时的路程，他们到达了试院大门口。这时已经有几个考生和家属等候在那里了，他们有的恬静，有的焦虑，有的紧张。林琴南首次赴试，见这场景，心里惶恐不安；但他极力掩盖自己的惶恐，显现出从容和冷静。终于考生可以入场了，岳父刘有棻嘱咐道："不要紧张，仔细一点。"林琴南点点头，转身就进去了。刘有棻等在门口，默默地祈祷着，寄予无限的希望。

也许心理压力太大，第一次参加童子试的林琴南实在是太紧张了。一进考场，他就浑身哆嗦起来，额头直冒汗。尽管把试题都做完了，但他知道根本不尽如人意。因此，出来时他情绪十分低落，刘有棻看在眼里，马上明白了，道："这次不行，下次再考，参加考试就是挑战自我。"林琴南觉得岳父的话很有道理，便道："对，挑战自我才是重要的。"然而，有好多日子，林琴南因没有考取，心里难免沮丧，所以他常到街头买些小报排忧解闷。

那天，他读到一篇有关天津教案发生的文章，把事情来龙去脉讲了一遍，大意为：

天气炎热，疫病流行，育婴堂中有三四十名孤儿患病而死。于是民间开始传言怀疑外国修女以育婴堂为幌子，实则绑架杀死孩童作为药材之用。六月二十日，一名被居民扭送官府的匪徒武兰珍口供中，又牵连到教民王三及教堂。于是民情激愤，士绅集会，书院停课，反洋教情绪高涨。六月二十一日清晨，天津知县刘杰带人犯武兰珍去望海楼天主堂对质，发现该堂并无王三其人，也没有武兰珍所供的席棚栅栏。谢福音神父也已经与崇厚协商育婴堂善后处理办法。但当时已经有数千群众包围了教堂，教堂人员与围观人群口角起来，引起抛砖互殴。法国驻天津领事丰大业要求总督崇厚派兵镇压，没有得到满意的结果。在前往教堂的路上，与知县刘杰相理论，怒而开枪，不幸打死了知县的仆人。民众激愤之下，先杀死了丰大业及其秘书，之后又杀死了十名修女、两名神父、两名法国领事馆人员、两名法国侨民、三名俄国侨民和三十多名中国信徒，焚毁了法国领事馆、望海楼天主堂、仁慈堂，以及当地英美传教士开办的四座基督教堂。破坏行动持续了三小时。

六月二十四日，外国军舰来到天津，七国公使向总理衙门抗议，而以法国为首。法国方面最初要求处死中国负责的官员，清朝方面派出直隶总督曾国藩来调查并与法国方面交涉，当时朝廷中的官员多数认为不要对其退让，不惜一战，情势紧张。曾国藩考量当时局势，不愿与法国开战，首先对英国、美国、俄国作出赔偿，以使最后能单独与法国交涉。随后经他调查之后，确认育婴堂并无诱拐伤害孩童之事。于是在法国的要求下，商议决定最后处死为首杀人的十八人，充军流放二十五人，并将天津知府张光藻、知县刘杰革职充军发配到黑龙江，赔偿外国人的损失四十六万两银，并由崇厚派使团至法国道歉；而法国因随后发生了普法战争，无力注意东方事务，因此接受了这个条件。

读完这篇文章，林琴南忽然觉得这年代在风雨飘摇中。洋人明摆着霸道，而清廷处死那么多中国人后，还要赔偿外国人四十六万两银？说到底，是洋人先开枪打死知县仆人的，而中国民众不过是还击过了头。清廷出手如此大方，那可是多少百姓纳税的钱？当然，林琴南深知自己一介默默无闻的平民，读了新闻只能发泄情绪而已，起不了任何作用。因此，他把专注力又移到了读书上，准备下一次的童子试。

二

盛夏时节，林琴南穿着白色洋布裉子，摇着芭蕉扇，复习童子试功课。尽管他不喜欢做那些试题，但要参加童子试别无办法，只能硬着头皮做。那天他正做得满头大汗，忽听夫人道："琴南，你爹的信。"

林琴南从夫人这里接过父亲的信，忽有一种不祥的感觉。拆信时，他双手哆嗦得厉害。父亲的信，只短短一行字："身体不佳，准备动身回来。"林琴南见这如若磐石的十个字，潸然泪下。他知道父亲不到万不得已，绝对不会抛下生意回来的，那一定是病得不轻了。他想给父亲写信，但又怕父亲收不到，便给阿祥叔写了一封长长的信。信发出后，他才把父亲将回来的事，告诉家里每一个人。

母亲日夜盼丈夫归来，听说丈夫真的要回来了，非常高兴。祖母本来沉浸在失去丈夫的悲伤中，听说儿子要回来，亦高兴了起来。林琴南见母亲和祖母都那么高兴，便不想马上把真情道出来。这让他非常压抑，面对母亲和祖母，只能强颜欢笑。可在自己的屋里时，他常常泪流满面，觉得都是自己的错，自己对不起父亲，如果不回来成亲，父亲也许就不会生病了。

刘琼姿见丈夫哭得泪人儿似的，安慰道："这不是你的错，这是宿命。"林琴南第一次从夫人嘴里听到这样的话，觉得有道理。他忽然想起北周无名氏《步虚辞》："宿命积福应，闻经若玉亲。"意思是说，一个人的思想、行为及其命运，在出世之前已由天意注定，人只能服从上天的安排，不能违抗，才能积福除灾。在坊间，中国亦有"生死有命，富贵在天"的说法。到底刘琼姿出身书香门第，书本上的知识自然多一些。

母亲到底比祖母年轻，有自己的思考。母亲兴奋了几天后，想来想去不明白，便对林琴南道："我不明白为什么你爸会突然回来，他过年也不回来的，现在怎么就要回来了，到底出了什么事情？"林琴南见母亲这么问，便道："父亲信上说，身体不佳。"母亲忽然紧张起来了，道："别的没说吗？"林琴南道："没有。"

母亲知道父亲病了，很多个担心接踵而来，夜不能寐，一下瘦了很多。家里少了欢声笑语，气氛是阴郁的。只有祖母还蒙在鼓里，脸上露出少有的笑容，逢人便说："我儿要回来了。"

半个多月后，父亲拖着病体终于回来了。林琴南在轮船码头见到父亲，发现父亲已骨瘦如柴。他拥抱了一下父亲，悲哀地道："都是儿子不孝，若我不回来，您就不会那么劳累，就不会患病了。"父亲拍拍儿子的肩膀道："我不是很好吗？生意暂时交给阿祥叔在管，幸亏你教他认字呢！"父亲说着笑了起来。

父子俩一边说着话，一边回家去。前些日子，林琴南把新婚房间让出来给父亲住，小夫妻俩就搬到从前堆杂物的小房间。这小房间只能放下一张床、一个小桌子，剩下的地方只能侧身走路。新媳妇刘琼姿很贤惠，不仅毫无怨言，还把房间打扫得干干净净。

回到横山泗洲巷时，弟妹们早就在那里迎接了，祖母、母亲、新媳妇也都在家门口迎接。祖母见到儿子道："儿啊，你终于回来了。"说着，祖母就流下了重逢的泪水。接着，父亲到祖父的像前点香、跪拜、磕头道："儿子不孝，儿子来晚了。"说着，哭泣了起来。林琴南心里一酸也哭泣了起来。

大约一个多小时后，全家人才平静下来。父亲来到客堂，见到新媳妇在忙碌很高兴，连连说："给你添麻烦了。"新媳妇莞尔一笑，招呼公公坐下来吃饭。全家人围桌而坐，已经很多年没有团圆了，都很感慨。祖母不断招呼儿子："吃、吃，看你瘦多了。"母亲知道父亲吃不多，但还是给他夹他最喜欢吃的香酥鸭。然而，父亲咳嗽很厉害，没吃几口，便吃不下了。祖母道："你这是怎么了？生病了吗？"父亲不置可否。林琴南见父亲快坐不住了，便扶他进屋躺下。祖母跟过来道："怎么会这样，怎么回来就生病呢？"祖母说着，眼泪也流出来了。

父亲在台北淡水镇染上了肺病，时有咯血。他知道自己不行了，便一定要回归故里。现在回到家了，看到全家人他就心满意足了。这会儿，林琴南给他请来了郎中。郎中把脉开药方后，悄悄地对林琴南道："你爹的病很重，他的日子不多了，好生侍候吧！"郎中说着，生怕传染上疾病，赶快离开了林家。林琴南知道肺病是传染病，人见人怕，怪不得郎中，能来看病已经不错了。

父亲的药，仍然是林琴南亲自上山采摘。如果说给祖父采草药时尚不知生死，那么给父亲采草药则是一种"死马当活马医"了，这让林琴南走在山上，再也无心欣赏风景了。一切的风景，在他眼里已不是风景。他心里悲郁极了，为什么灾难老是降临？现在他只祈祷父亲能多活些日子，能在生命的最后阶段快快乐乐。

林琴南采了满满一篮草药回到家，刘琼姿洗干净后就煎上，煎好后林琴南一勺一勺喂给父亲喝。父亲喝完药后又躺下了，他的体力连坐久都不行。祖母见刚回来的儿子病成这样，不禁失声恸哭，差点哭晕过去。家里被悲哀笼罩着，阴郁的气息在空气中流动。林琴南不想让祖母和母亲过于悲伤，父亲就由他们兄弟姐妹轮流看护。

日子在艰难中熬着，父亲咳嗽厉害时，林琴南就通宵达旦地陪着。十多天后，父亲不省人事，到了病入膏肓、无法医治的地步。林琴南心焦如焚，却束手无策，情绪十分不稳定，突然一连数日上山去焚香叩首道："上苍啊，请允许我以我的生命代父亲死吧！"然而，上苍没有理会他，父亲在回家四十天后带着遗憾走了。

父亲走的时候，也是一个下着暴雨的夜晚。当时祖母、母亲和兄弟姐妹们都围在父亲身边。父亲回光返照时，精神好极了，脸上也有了光彩，大家都以为父亲的病好起来了；林琴南更以为是他祷告上苍的效果。然而，只一会儿工夫父亲便不行了，他的眼里浸着泪水，没多久便停止了呼吸，但他的双眼还睁着，母亲用手把他的双眼轻轻一捋，才闭上。母亲对琴南道："你爸对我们不放心啊！"说着，失声恸哭起来。全家人亦失声恸哭起来，林琴南更是抱着父亲的尸体恸哭不止。

三天后，是父亲出殡的日子。葬仪非常隆重，厚实的红松木棺材，棺檐雕着长龙。父亲一身黄袍躺在里面，随葬品有他生前用的紫砂壶等，还有用金箔纸做的元宝。灵柩一起来，女人们就抬着纸糊的房子、椅子、聚宝盆、箱子、灯具以及马、牛、狗、猪等，簇拥着满身孝服打着灵幡的林家老少。他们哭声连成一片海洋地朝墓地走去，最终把父亲葬在了祖父身旁。

埋葬了父亲后，也许悲伤和劳累过度，林琴南咳嗽不止，并且咯血，染上了肺病。他知道肺病是不治之症，威胁着很多病人。既然自己已染上，那也只能既来之、则安之，安心养病了。然而他病得不轻，每天咯血，有时猛咯至满满一碗，实在吓人。他心灰意冷道："真不中用啊！怎么办呢？"

由于林琴南突然患病，接替父亲台湾生意的只能是叔父林国宾了。林国宾赴台北淡水镇后，祖母更加孤独了。她常常悲恸欲绝道："老伴和大儿子在一年中去世了，小儿子又去了那鬼地方；现在连孙子也得了那要命的病，这到底作了什么孽啊？"祖母说着"呜呜"地哭起来，哭得让人难受极了。

几个月后，祖母发着高烧病倒了。母亲请来了郎中，抓来了草药，煎给祖母吃，祖母的高烧仍然不退，并且进入了昏迷状态。林琴南来到祖母床边号啕大哭，刘琼姿赶紧把他拉回屋去。这时弟妹们围着祖母，一片哭声。母亲却欲哭无泪，毫无办法，只能听天由命了。她知道必须马上准备祖母的后事，找人来打棺材、做寿衣。毫无疑问，儿子林琴南病着，这个家母亲就是主心骨了。果然不出三天，祖母在昏迷中去世了。林琴南本来就在病中，因祖母去世又大哭一场，病就更重了，但他还是硬撑着参加了葬礼。

那天走在通往墓地的路上，树木青绿中泛着金黄，呈现一派灿烂的景象，而秋风在树梢上，发出一种悠长的哨音。全家人穿过几棵松树，快到祖父、父亲的墓地时，看见一棵樟树下，一座孤坟，一个女人。一只猫从林琴南的身边蹿过，跑到女人身边，然后用舌头舔舔女人滴落在脚背上的泪水，转而往树林深处飞奔而去。那女人的背影很像年轻时的祖母，那嘤嘤的哭声，是那么凄凉。她在坟头数冥钱，那黄黄的纸，也是黄金万两哪！林琴南咳嗽了一声，她听到林琴南的声音，回头望了一眼，又继续哭泣，埋头数着冥钱。这时全家人继续往前走，忽然有一群蝴蝶伴随着，林琴南想那一定是死去亲人的亡灵。

祖母落葬后，全家人将糕饼和水果供在祖母、祖父和父亲的墓碑前，让他们在冥界共餐；而林琴南拖着病体，与他们说着悄悄话。墓地旁的绿色植物，散发着古老的清香。一会儿，葬仪结束了，林琴南走在回家的路上，尽管悲恸不已，但心里格外踏实。

三

一年中失去三个亲人，加上自己又一病不起，十九岁的林琴南真是苦不堪言。好在家里还有母亲、妻子和弟妹们，还有叔父林国宾从台北寄些钱回来。贤惠的妻子每天为他熬药喂食，尽心侍候，使他的病渐渐有了好转。尽管咯血未止，可已能起床读书了。因此，林琴南虽然还在失去亲人的悲伤中，亦还在自己的咳嗽中，但能够沉浸到自己的世界去读书、思考，让他大为欣喜。毕竟读书和思考，是他生命中不可缺少的事。

这些天，林琴南把从前在台北淡水镇写的诗拿出来看，发现那算不上诗，只是记录了一些见闻罢了。他想如果现在再写诗，便不会那么随心所欲，该在技巧上下些功夫了。于是，他又继续读杜甫的诗《兵车行》："车辚辚，马萧萧，行人弓箭各在腰。耶娘妻子走相送，尘埃不见咸阳桥。牵衣顿足拦道哭，哭声直上干云霄。道傍过者问行人，行人但云点行频。或从十五北防河，便至四十西营田。去时里正与裹头，归来头白还戍边。边庭流血成海水，武皇开边意未已。君不闻汉家山东二百州，千村万落生荆杞。纵有健妇把锄犁，禾生陇亩无东西。况复秦兵耐苦战，被驱不异犬与鸡。长者虽有问，役夫敢申恨。且如今年冬，未休关西卒。县官急索租，租税从何出。信知生男恶，反是生女好。生女犹得嫁比邻，生男埋没随百草。君不见青海头，古来白骨无人收。新鬼烦冤旧鬼哭，天阴雨湿声啾啾。"

林琴南知道天宝十一载（752），杜甫写下了《兵车行》。杜甫以严肃的态度，真实地记录了人民被驱往战场送死的悲惨图景，这首诗标志了杜甫诗歌的转变。此后，杜甫又写出《前出塞》九首，继续对灾难性的战争提出质疑。写出《丽人行》，揭露玄宗宠妃杨玉环的亲族穷奢极欲的生活。而长诗《自京赴奉先咏怀五百字》，更把最高统治集团醉生梦死的情状与民间饥寒交迫的困境，加以尖锐的对照，譬如"朱门酒肉臭，路有冻死骨"这样震撼人心的诗句，概括了社会的黑暗和不合理。

林琴南在杜甫的诗歌里，学到了怎样从个人、家庭的小圈子中走出来，深入到社会生活中去，关心民众疾苦，关心时事和政治。而杜甫诗歌创作在思想内容方面的主要特征："严肃的写实精神；在忠诚于唐王朝和君主的前提下，对统治集团中的腐朽现象给予严厉的批判；对民生疾苦的深厚同情；对国家与民族命运的深切忧念。"这也正是林琴南所向往、所追求的境界。

这些天，林琴南发奋读书，妻子每夜四更即起为他熬药，不敢有延误。妻子虽然疲累不堪，脸色灰黄，但为了丈夫日后中举，光宗耀祖，再苦再累也在所不惜。林琴南心生感激，有时半夜病痛剧烈也强忍着，不想打扰妻子的睡眠。夫妻非常恩爱，但有一次林琴南对妻子一本正经道："我老是咯血不止，郎中也说我活不了多久，也许我真要离开你了。"妻子不免悲从中来："说这干什么？听天由命呗，也许我比你早死呢？"林琴南连忙封住妻子的嘴道："呸呸呸，别胡说八道。"说着，把妻子搂进了怀里。

那段日子，每到夜晚是林家最温馨的时光。母亲、妻子和两个妹妹在灯下做针线活，而林琴南和弟弟则捧着书本读。横山老屋里虽然一灯如豆，但荡漾着浓浓的书卷气，以及女子勤劳、静谧的气息。林琴南在这样的氛围包裹下，读书更加用功了，必定读至卷终方肯就寝。有时读完书，还要接着写诗歌，一直到三更才睡；任凭妻子、母亲如何劝他该上床睡觉，都无济于事。他这犟脾气一来，三头黄牛也拉不回。几个月下来，林琴南已写了不少诗歌。他在《朝云墓》里这样写道：

竹根凄断塔仙吟，瘴水琵琶怨不禁。
谪宦行藏秋燕影，病姬魂魄杜鹃心。

诗怀绍圣残衫冷，花落栖禅小碣深。
儋耳毗陵相向在，端明应不惠州临。

这是一首怀古咏史的七言律诗，林琴南所题咏的是北宋文学家苏轼的侍妾朝云的墓冢。他分别道出了苏轼与朝云极为不幸的悲剧命运：一个是在仕途宦海中一贬再贬，一个是多愁多病、红颜薄命。全诗意象丰富，余韵无穷，含蓄有致，是一首难得的好诗。这期间，因为写出了不少好诗，林琴南在福州渐渐有了些文名。有了些文名的林琴南，觉得身体实在太重要了。然而肺病还没有好，仍然咯血不止，怎么办呢？那晚他翻来覆去睡不着，想来想去还是研习剑术，练习拳击，以增强体质。

第二天一大早，林琴南便心血来潮地到横山锻炼了。山上的空气很新鲜，空地上晨练的人也不少，有舞剑打拳的，有耍刀枪棍的，还有鸟儿清脆的歌唱。给过几个铜钿后，林琴南就跟着舞剑打拳的那位师傅学套路和基本功。林琴南一招一式模仿得很认真，师傅告诉他要持之以恒，因为练武需要毅力，尤其对身体差的人，是一种考验。当然，林琴南一旦进入状态，就拿出读书那样的毅力，尽管舞剑打拳都是体力活，每一个动作都让他直冒虚汗，但他明白这是必修的功课。

大约练习了一个多月，林琴南便深深地喜欢上了剑术和拳术。他觉得在剑术和拳术中练气，完全可与文学融会贯通。因为喜欢，林琴南的剑术和拳术不仅基本功扎实，套路也做得很到位。横山是个藏龙卧虎的地方，武林高手云集，只是真人不露相，外行人看热闹而已。时间久了，林琴南的功夫也渐渐深了起来，懂得了许多门道。一日，他正在舞剑，刚舞到金鸡独立时，一位长须飘飘的老先生走过来，静静地观赏着。入道以来，林琴南已经知道这位老先生就是身怀绝技、名震榕城的方先生。

一套剑舞完，林琴南方才停下来，压根儿不知道方先生对他的剑术已相当青睐；连连点头弯腰道："大师多多指教！"方先生道："不错不错，一招一式都很有气势。"林琴南受到大师的鼓励，心里的喜悦自不待言。

从此，他舞剑练拳就更加投入了。有时妻子道："你还咯血，不能太劳累。"他口头上顺着妻子，可行动上依然我行我素。

那日，天蒙蒙亮林琴南便上山练剑了。没想到方先生比他还早，已经把一套剑练完了。到底是大师，林琴南自愧弗如。林琴南从布套里取出剑，正想舞动时，方先生递过来一把亮闪闪的宝剑道："这剑送给你吧！"林琴南十分惊讶："给我？"方先生道："是啊！给你的。"林琴南欣喜若狂，举起宝剑便挥舞起来。

回家后，林琴南把这喜事告诉全家人。弟妹们佩服得五体投地，急忙看宝剑；母亲也微笑着表示认同他的武艺，唯有妻子刘琼姿摆着脸不言不语。林琴南知道妻子认为他练武太辛苦，也影响了复习童子试的功课。嗨，妻子可是为他好，谁让他有那份犟脾气呢？林琴南待弟妹们看完宝剑，就把它收藏起来了，待空闲时他还要刻上名字呢！说真的，林琴南练武在妻子刘琼姿眼里便是走火入魔。

其实，早些年在台北淡水镇读《史记》，他就对荆轲、聂政、朱家、郭解这些仗义行侠的豪侠刺客非常佩服。后来，正因为走火入魔，林琴南在武林圈中也有了些名气。这时他和兴趣相投的好友丁和轩常佩剑出行，徜徉在山水之间，高谈阔论，指斥时弊，妙趣横生又状若游侠；乃至有一次在福州名刹鼓山涌泉寺游览时，竟无所顾忌大嚼牛肉；寺僧无奈，只能双手合十道："阿弥陀佛！"

练武久了，林琴南的形象也越来越像武林高人了。那天他经朋友介绍，在台江桥南邂逅了林菘祁（字述庵）。因为两人的心性相同，慕名已久，一见如故，林琴南一时激动，竟长跪不起，纵情一哭，惊动了不少过路人。接着，他们来到水榭堂喝酒，两个人取巨觥各尽三大杯，然后订下生死之交。

因为两个人志同道合，也因为相见恨晚，林琴南与林菘祁时而高谈阔论，时而歌哭狂饮，时而旁若无人地表达愤懑。到了午后，他们依然喝得很欢，以至堂倌只能站在一旁，不断地为他们斟酒。林菘祁嗓门大，酒喝多了，话也特别多，两个人总有说不完的话。到了下午四点，两个人已经烂醉如泥了，在堂倌的劝解下终于停止了喝酒，相互搀扶着走出水榭堂，赤脚朝河边走去。

这时有人视他们为疯子，并把这一消息传了出去。第二天，街头巷尾都在谈论他们这一疯子行径，消息不胫而走，弄得满城风雨。当时十九岁的林琴南奋笔疾书道："夫士当坎壈之日，得一善己者而喜，喜极而哭，皆本之中情无足怪者，而必腾谤至此，薄俗之用心可悲哉！"林琴南写完后便张贴了出去，并口出狂言道："我的一支笔靠在南门城墙上没有人搬得动。"这一下人们更七嘴八舌地议论，引起了轰动。

自此，林琴南被乡里人视为"狂生"，与林菘祁、林某合称"三狂生"。当然，乡里人视他为"狂生"，并不仅是水榭堂喝酒一事；关键还是他对炎凉世态发表不满，对"台江"——福建的龌龊现实，横行的驵侩之徒直言斥骂。林琴南的"狂"，不是狂妄自大，而是狷介耿直。当然，林琴南的个性有时比较急躁，与人争辩往往不能自拔，这也是被乡里视为"狂生"的理由之一。

四

自从练武后，林琴南大部分时间都在外面游荡，这让妻子刘琼姿心焦如焚。这样下去不仅蹉跎岁月，更不能完成举业。于是，刘琼姿不声不响地回娘家请求父亲刘有棻帮忙。刘有棻已经很久没见到女婿了，见女儿琼姿回来这么一说，便觉得再不让他安心下来读书为时就晚了。他已经二十岁，年纪不小了；练武不是不可，但整日携剑游荡状似侠客总不是回事。

翌日上午，刘有棻便气喘吁吁地来到了横山。他远远地看见林琴南在唰唰地舞剑，雄姿勃勃，精力非常旺盛，不由得心里一喜，想女婿那个咳嗽病看起来已经好了，这旺盛的精力拿来读书该多好呢！这时，林琴南虽然在唰唰地舞剑，但他眼观六路，耳听八方，一下就看见岳父朝他走来。他赶紧停下来，迎上去道："岳父大人，何以有时间来山上？"刘有菜哈哈笑道："早上空气好，出来透透气。"接着提建议道："走，我们去茶馆喝杯茶吧！"

横山的半山腰有一茶馆，茶馆里三教九流的人都有。那些人林琴南基本都认识，但身边有岳父在，就选了一个凭窗的角落坐下来。此刻，翁婿二人面对面坐着，一边聊天，一边喝着茉莉花茶。刘有菜发现女婿林琴南明显有了很大的变化，这变化还包括在形态举止上。女儿刘琼姿说得没错，女婿果然像个游侠。刘有菜对林琴南道："看你气色不错，练武对身体好。"林琴南道："是啊，还交了不少武林朋友。"刘有菜道："不错不错。不过我还是建议你跟陈蓉圃老先生读书吧！学费我已经替你交了。"林琴南骨子里是个读书人，他瞪大眼睛道："真的吗？我又可以读书啦！"说着，他像小时候那样手舞足蹈起来。

第二天，林琴南即去陈蓉圃老先生家里上学了。自从离开塾师朱韦如赴台湾后，林琴南再也没有上过学，这次意外的机会让他格外珍惜。虽然晨起练武两小时，但其他时间林琴南再也不外出游荡了，并把大部分时间又都花在了读书上。林琴南明白岳父刘有菜供他读书，就是为了让他完成举业；他任重而道远，必须肩负起家族的使命。

林琴南继续上学了，妻子刘琼姿非常欣慰。母亲和妹妹们做针线活更加勤快了，弟弟秉耀每到夜晚都与哥哥一起学习。家里虽然清贫，但大家围坐在一起很温馨。林琴南非常喜欢这样的氛围，有母亲、妻子和弟妹们的陪伴，一种天伦之乐的幸福感油然而生。然而，这样美好的日子也不多。一年后，林琴南觉得再不能靠岳父资助，也再不能靠叔父汇钱来过日子了。二十一岁的他，突然有一种养家糊口的责任感。于是，他不再跟陈蓉圃老先生读书，而是到村塾教书。虽然是第一次真正教书，但林琴南在台北淡水镇时已经免费教过孩子们读书了，算是有些经验。其实，林琴南到村塾教书也是迫不得已，叔父林国宾在台北淡水镇添丁加口，已经自顾不暇了。作为一个已经成家的他，怎能让叔父林国宾继续汇钱来呢？！

日子像流水一样地过去了。林琴南有了教书的工作，也还要准备童子试，因此练武的时间便少了许多。偶尔他与林菘祁出去喝酒聊天，谈论国家大事。那是他最快乐的时刻，他在与林菘祁的畅谈中，得到全身心的喜悦和放松，找到了真正的自我。刘琼姿知道林菘祁是放浪形骸的文人，丈夫与他臭味相投，完全都是诗人秉性。一日，林菘祁来林琴南家里，酒喝多了两个好朋友便填词赋诗，放声高歌，开心极了。刘琼姿难得看见丈夫那么高兴，便对林菘祁也颇有好感，认为丈夫和林菘祁都是福州难得的才子。

在家里，弟妹们知道自己的哥哥是福州小有名气的才子，便都格外尊重他。况且父亲去世后长兄为父，弟妹们亦都想哥哥能取得功名光宗耀祖。因此，身为长子的林琴南在家里有着绝对的地位，往往说一不二，固执己见。家里人都知道他那犟脾气，从不和他正面冲突；只有外祖母来了，有时会说他几句道："你脾气那么躁烈不能容人，日后怎么走仕途之路？"外祖母的话就像炸弹一样砸向他，虽然令他不高兴，但他想想也是；只是臭脾气已经养成，要改很难，索性我行我素，任外祖母说去吧。

近年来，外祖母年事已高，每次都是母亲接她来住上一段日子才回去。这段日子，外祖母身体不佳，便一直住在从前祖父和祖母的那个房间里。外祖母在，林琴南教完书就马上回家了。有时在路上的小摊给外祖母买回来烤地瓜，那是外祖母最喜爱吃的食物。外祖母吃到林琴南买给他的地瓜，便夸他有孝心。其实，林琴南还记得五岁时，外祖母教他读《孝经》的情景。那时候，外祖母摇头晃脑道："子曰：'夫孝，德之本也，教之所由生也。复坐，吾语汝。身体发肤，受之父母，不敢毁伤，孝之始也。立身行道，扬名后世，以显父母，孝之终也……'"还有，外祖母常告诫他的那句名言："孺子不患无美食，而患无大志。"其实，外祖母的忠告早已浸透在林琴南的血液里了。

在村塾教书自然比较辛苦，每天往返的路程需两小时。林琴南这阵子咳嗽得厉害，有时又咯出血来了。刘琼姿劝他别去村塾教书了，他道："男子汉大丈夫，岂有不养家的理？"刘琼姿见劝不住，只能给他煎药炖汤精心服侍。而此时，刘琼姿已经怀孕两个多月，正值呕吐、头晕等早孕症状频发之时。林琴南既喜又愁，生怕累坏了妻子，总是尽量少给妻子添麻烦。

暑假终于来临了，林琴南可以放两个月长假，这让他高兴不已。他望着妻子的肚子一天天隆起来，一种即将做父亲的幸福感溢满胸间，他变得温柔极了。母亲道："要做爸爸了，到底不一样呢！"

家里要添丁了，全家人都沉浸在喜悦中。两个妹妹给嫂子还未出世的孩子编织毛衣毛裤，母亲则买来棉布，给孩子裁剪衣裤，缝制婴儿衫。外祖母虽然病着，但知道家里将添丁，高兴得合不拢嘴，那可是她的曾外孙或曾外孙女呢！然而，外祖母终未等到曾外孙或曾外孙女的出生，便因病去世了。

那是一八七三年的八月中旬，外祖母忽然中风瘫痪了。瘫痪后的她神志不清楚，连家人也认不出了，嘴里还尽说些胡话。林琴南对外祖母道："外婆醒醒，我是群玉呢！"然而，外婆已经不认识他了。林琴南失声痛哭道："外婆啊，您醒醒，醒醒吧！"

因为外祖母的突然中风，全家人又从安宁中进入了紧张状态。母亲知道外祖母的时间不多了，便赶紧为外祖母操办后事。家里顿时又来了打棺材的、做寿衣的。外祖母爱美，母亲给外祖母选择漂亮的帽子和招魂袋，招魂袋里存放了外祖母喜欢读的《孝经》。一切准备妥当后，外祖母在那个晴朗的午后去世了。她临终咽下最后一口气时，全家人都围在她身边哭喊着；她满意地、安详地走了。埋葬了外祖母，家里的木鱼连敲了几天后，一切又复归平静。毕竟外祖母年事已高，俗话说是喜丧。

进入深秋以来，树叶纷纷坠落。几场雨下过后，天气越来越冷了。林琴南去村塾教书，便早早地穿上了棉大褂，戴上了毛线帽子。他的肺病没好，咯血时有时无，尽管仍然喝药不断，但效果不大，身体状况远没有前两年游侠般地沉浸在武林中好。他想待天气热一些，还是应该多些时间练武，锻炼毕竟管用。他一边走，一边这么想着，走进教室时，孩子们已端端正正地坐在课堂里了。

近些年，林琴南越来越喜欢孩子了。他的学生都亲切地称他林先生。林先生上课发现某个学生哈欠连连时，便会讲段有趣的故事，待学生们听得津津有味时，他便且听下回分解了。林先生有时想这些学生真是幸福，不像他小时候没钱读书去塾师家旁听。真是一代比一代好呢！他想他的孩子出世长大后，一定不让读不起书的事在他们家重演。为此，他懂得必须自己努力，完成举业。

转眼，又到了冬至。全家人第一件事，便是给逝去的亲人扫墓。林琴南每次去扫墓，都会感慨生命短暂，并由此产生许多感慨。有几次，他跪在父亲坟头放声痛哭，跪得膝盖骨都红肿了。妻子刘琼姿知道他是那种性情中人，感情浓烈起来不顾性命，奈何？这回扫墓，福州城内外正飘起了雪花，一片银装素裹。因为路滑，妻子刘琼姿挺着大肚子不方便，在母亲的劝解下便留在家里了。而林琴南呢，尽管咳嗽不断，可到了父亲坟头他在雪地里长跪不起大悲无泪，无论母亲弟妹们都无法把他劝起来。直到傍晚，弟弟秉耀才扶着他回到家里。这天晚上他咳嗽得更厉害了，竟然咯了满满一碗血，着实把妻子刘琼姿吓坏了。第二天一大早，他又去村塾教学，真是把性命也豁出去了。

第四章

初为人父

（1874—1876）

> 沉舟侧畔千帆过，病树前头万木春。
>
> ——唐·刘禹锡《酬乐天扬州初逢席上见赠》

一

清穆宗同治十三年（甲戌年，1874）的大年初一来临了。林琴南因为除夕睡晚了，起床时已近中午。以往的大年初一，他总是最先给祖父母和外祖母拜年，现在他给母亲拜完年后，便和即将临盆的妻子去岳父母家拜年。出发时，母亲让他们带上自己打的年糕、自己酱的猪肉和自己腌的咸菜。怕他们拎不动，母亲叫了弟弟秉耀和他们一起去。弟弟秉耀已经十五岁，俨然一个毛头小伙子的样子了。到了岳父母家，岳父母洋溢着喜悦道："来，来，请坐，喝茶。"见到弟弟秉耀，他们忙拿出糖果给他道："长那么高了。"弟弟秉耀羞涩一笑，坐到墙角的一只木凳上。

岳父母见到女儿女婿，自然非常高兴。尤其是岳父见到女婿拉了几句家常，马上切入对他引导和鼓励的话题。虽然岳父的那些话林琴南已经听腻了，但在岳父大人面前，林琴南依然是恭敬不如从命。然而只要岳父谈到社会或时局，林琴南还是很感兴趣。这会儿，他们谈起了同治皇帝前年结婚的事。岳父道："虽然册立阿鲁特氏为皇后，富察氏为慧妃，但传说慈禧太后告诫皇上要少接近皇后，而移于慧妃，并派内监进行监视。皇上不满太后的限制，独居乾清宫，成天与小太监游戏打闹，有时在内侍的导引下逛酒馆和妓院。不知这些事是否真的。"林琴南道："皇上已经亲政，可一切军政大权仍掌握在慈禧太后手中，不过是掩人耳目罢了。"这样的聊天没有代沟，林琴南非常喜欢。

从岳父家回来，已经是晚上八点多了。由于和岳父一起喝多了酒，林琴南早早地躺下了，然而却翻来覆去睡不着。眼见着妻子即将临盆，自己如何做个好丈夫和好父亲，还有自己如何才能完成举业，更还有养家糊口这个大事！肩上的担子如此沉重，自己却还咳嗽不断，时有咯血，林琴南越想越郁闷，真是有些灰心丧气呢！可是这时外祖母的声音就会在耳畔响起："孺子不患无美食，而患无大志。"事实上，林琴南非常明白，天塌下来也只能顶着，好心态实在太重要了。然而林琴南本来就脾气躁烈，要时刻保持好心态又谈何容易！

天快亮时，林琴南迷迷糊糊地睡着了。到了清晨，他即起床出门锻炼。有段日子没舞剑练拳了，练起来就感觉气力不够。俗话说，"拳不离手，曲不离口"。唯有每天练习，才能得心应手。林琴南想身体是本钱，如果身体不行，还能承担什么责任呢？还是我行我素吧，尽管妻子和岳父大人内心都不赞成他练武，可事实上练武之于他是一种自救。

大年初二，虽然天寒地冻，林琴南舞完剑，练完拳，浑身热乎乎的；与剑友们闲聊，精神舒坦多了。回家吃了一碗青菜炒年糕，还吃了一碗桂圆氽蛋，胃口挺不错。刘琼姿见他胃口那么好，道："你练武胃口就好，那每天去练武吧！"林琴南微笑着调侃道："知我者莫若夫人啊！"刘琼姿领会地莞尔一笑。

林琴南出嫁的姐姐，今天带着她的丈夫和孩子回娘家来了，他们带来了成双成对的礼物。据说大年初二，女儿回娘家忌讳门礼为单；传统上认为单数不吉利，女儿带回娘家的礼物必须成双。姐姐一家四口，两个六七岁的男孩子还没跨进门便喊："大舅，大舅妈，我们来啦！"大舅妈嘴里应着，挺着大肚子从里屋拿出来两个红包道："来，大舅妈给你们压岁钱。你们说大舅妈肚子里是弟弟还是妹妹？"两个孩子几乎异口同声道："弟弟。"

其实，大年初二的晚餐才是他们家真正团圆的日子。女儿、女婿，还有两个外孙，让母亲高兴不已。比之两个妹妹，林琴南与姐姐的感情更好些。小时候姐姐总是呵护他、逗他开心，姐弟俩常去横山捉迷藏，令林琴南记忆犹新。这会儿，林琴南带着两个外甥在家门口放鞭炮，噼啪的鞭炮增添了过年的喜气。林琴南想，清贫之家的孩子，自有清贫之家孩子的乐趣，全家人和睦温馨是最重要的。

刘琼姿的肚子越来越大，母亲早就说快生了，已叫好了接生婆，但迟迟没生。直到初六，又是个雪天，两个妹妹在雪地里玩雪，母亲做好了汤圆正待围桌而吃时，刘琼姿忽然在里屋大叫起来，敏感的母亲便知道儿媳妇要生了，赶快让最小的女儿去唤接生婆，自己则做接生前的准备。

据说女人生孩子，男人不能进去，林琴南站在客堂里很焦虑，但又不知所措。幸好，接生婆冒着大雪很快就来了。林琴南见到接生婆，急忙说："快，快，在里屋。"然后，默默地祈祷着母子平安。不一会儿，里屋传出婴儿的啼哭声。母亲出来道："生啦，是个女儿。"林琴南一阵欣喜，拉开帘子要进去，被母亲挡了出去，道："不行，等一下。"初为人父的林琴南被挡在了门口，但那份喜悦自不待言。他顿时红光满面，心里流淌着一股热流。接生婆走后，林琴南终于看到了自己第一个孩子，看见了妻子初为人母的微笑。他抱起这粉嫩粉嫩的小宝贝，看了又看道："嗯，像妈妈，是个美人坯子呢！她在雪天出生，就叫林雪吧！"

家里添丁是一大喜事，两个妹妹升为姑姑了，帮着洗尿片、炖鸡汤给嫂子喝。而母亲呢，孙女一哭闹就把她抱进怀里。虽然是个女孩，但无论如何是林家的后代，有了第三代，林家后继有人了。母亲想今年是个孙女，明年再生一个就是孙子了。留得青山在，不怕没柴烧。关键还是琴南的身体，看他病病歪歪的，还咯血不断，真是令人心疼和发愁呢！因此，母亲让林琴南睡到从前祖父母的房间，让他有一个独立空间；而侍候产妇照顾婴儿的事，便由母亲全权负责了。林琴南想在人口众多的家里，弟妹们挤在一起，自己却拥有一间房，这是母亲对他的特别照顾，也是弟妹们对他的尊重和支持。于是他想，偌大的一个房间，不拿来画画似乎可惜了。

林琴南自小喜欢山水画，只是苦于没有条件。如今他把祖母屋里的长桌当成画桌，先过了一把画瘾。尽管画得不怎么样，但他把自己的诗题在山水画上很是得意。他觉得诗画结合，真是妙趣横生呢！这段日子，林琴南已不再去村塾教书，他每天练武回来便习画，到了晚上才开始读书写诗。女儿满月那天，他已画了不少山水画了。有一天朋友丁和轩来家里欣赏他的画，一番赞扬后道："如果请一位名师点拨一下，就更好了。"说着，丁和轩就给他介绍了清道光年间诏安派著名画家汪志周（号瘦石山人）、谢颖苏门下的高足陈文台先生。

陈文台，字又伯，号石颠山人，擅长花鸟松竹，于汪、谢二氏外自成高格。陈氏画作多有长题，题所涉及皆高论，提倡既要学习传统，又要自出胸臆，不盲目求古。陈氏年长林琴南三十五岁。林琴南拿着画来求教，陈文台欣喜地收他为学生。一日，林琴南在陈文台先生家里习画，拿陈文台的翎毛用墨法画山水，得到了陈文台的称赞："孺子能不局于成法也。"

有了老师的称赞和鼓励，林琴南习画就更勤奋了。尽管这期间仍然生病咯血，但他坚持不懈，努力用功，并在日记簿中写道："一日未尝去书，亦未尝辍笔不画，自计果以明日死者，而今日固饱读吾书，且以画自怡也。"可以看出，此时读书和画画是支撑林琴南生命的脊梁。

女儿林雪长到六个多月时，妻子刘琼姿又怀孕了；这让林琴南喜出望外。他盼望这次妻子怀个儿子，母亲也特别想抱孙子。于是母子俩的希望便落在了刘琼姿身上，自然刘琼姿也盼望这次怀的是儿子。女人以子为贵，刘琼姿也免不掉俗套地每天祈祷上苍。

这段日子，林琴南心情特别好，开始跟陈文台老师学习花鸟松竹。除了早出练武，林琴南都在画桌上不停地画，一天下来床上、地上摊满了画。八个多月的林雪，看到颜色鲜艳的画，发出咯咯的笑声，这时林琴南就会搁笔从母亲怀里抱过女儿，逗她玩耍一会儿。到了星期日，画累了的林琴南，约了朋友丁和轩一起泡茶馆。

丁和轩是林琴南二十岁时订交的朋友，三四年下来，两人生死之交的感情与日俱增。他们在一起畅谈人生、理想和时事，并一起摇头晃脑地背诵杜甫诗歌，继而又当场赋诗朗诵。林琴南非常喜欢丁和轩骨力坚苍的诗歌，而丁和轩也喜欢林琴南诗歌中深邃的思想。两个人有着共同的嗜好，相处默契。有这样的知己朋友，林琴南感到莫大的安慰。

二

进入秋天以来，妻子刘琼姿的肚子渐渐大起来。积蓄的一些钱快花完了，林琴南在经济上又感到了压力。他想着自己开一个私塾，可是没有场地。他想着把画卖掉几张，可是他还没有名气。他感到郁闷极了，心情一下子又糟糕起来；遇到不顺心的事，他脾气躁烈不容人。有一次，竟然与怀孕的妻子口角起来，让刘琼姿委屈得直流眼泪。这样的坏心情持续了很久，直到与林菘祁、丁和轩在一起嬉笑怒骂后，方才渐渐好起来。

然而，这年的阴历十二月底（1875 年 1 月 12 日），同治皇帝病逝于养心殿。这天大的事情，举国震惊了。各种小道消息纷至沓来，有人说同治帝不满慈禧太后的限制，独居乾清宫，成天与小太监游戏打闹，有时在内侍的导引下逛酒馆妓院，染梅毒不治而亡；也有人说同治帝染天花致死。这大清帝国突然死了皇帝，老百姓最关心的是谁来接班，中国向何处去。那段日子，满街的人都在交头接耳地谈论时事。林琴南心生焦虑，他不知道中国将变成什么样子。

一个多月后，即一八七五年（乙亥年）二月二十五日，同治的堂弟兼姨表弟、四岁的爱新觉罗·载湉在太和殿正式即位。这样的选择，让慈禧太后又可以继续她的垂帘听政。因此，大权在握的慈禧太后，将同治之死的责任都栽到了皇后阿鲁特氏头上。而皇后阿鲁特氏见同治皇帝死，大恸大悲，不思饮食，吞金自杀，后获救。皇后之父崇绮奏告慈禧太后，慈禧太后道："可随大行皇帝去罢！"于是，同治帝死后七十五天，皇后阿鲁特氏"遽尔崩逝"，年仅二十二岁。

林琴南得知同治皇后去世的消息，既遗憾又惋惜。传说皇后的父亲崇绮工诗善画，多才多艺。皇后幼时，淑静端慧，崇公每自课之，读书十行俱下。容德甚茂，一时满洲、蒙古各族，皆知选婚时必正位中宫。因受父亲影响，皇后字也写得漂亮，尤其是能用左手写大字，备受时人称赞。后来，坊间流传着一首赞美同治皇后的诗："蕙质兰心秀并如，花钿回忆定情初。珣瑜颜色能倾国，负却宫中左手书。"

短短一个多月，中国人从同治年间来到了光绪元年（1875）。新的时代开始了，但换汤不换药，依然是两宫垂帘听政。因此，老百姓渐渐平静了下来，仿佛看热闹散了，各自回家去。三月初，林琴南也安下心来继续跟陈文台习画。家里的经济虽然拮据，但省着花还能维持一段时间，更何况母亲和妹妹们还做着缝纫活儿贴补家用。

春暖花开的某一日，刘琼姿正在家里和两个小姑一起缝纫，突然下身淌水，湿透了外裤。刘琼姿慌张地叫起来："淌水了，怎么回事啊？"母亲正哄着孙女睡，听见喊声出来道："一定是羊水破了，要生了，快卧床去吧！"生孩子的事，到底母亲有经验。一会儿，母亲叫来了接生婆。接生婆看了一下说："还早呢，宫门才开了两指。"这时林琴南还在画画，太专注了，家里人也不去打扰他。

大约到了黄昏时分，刘琼姿顺利地产下了一个儿子。小妹赶快跑到哥哥的房间道："哥，你怎么还在画？嫂子刚生了儿子呢，快去看吧！"一听妻子生了儿子，林琴南这才从画的意境中走出来，如梦方醒地很快来到了妻子身旁，望着刚出生的儿子禁不住热泪盈眶道："我的儿子啊！"母亲有了孙子，心里别提有多高兴了，当然最高兴的是刘琼姿，这毕竟是个以子为贵的时代。所以，两个小姑煮了一大篮鸡蛋后，给蛋壳涂上红色，分送左邻右舍。

现在林琴南为长子取名为林珪。因为《晋书·陆机陆云传》论："观夫陆机、陆云，实荆衡之杞梓，挺珪璋于秀实，驰英华于早年，风鉴澄爽，神情俊迈。"林琴南希望儿子长大后，做个有高尚品格的人。

家里有两个孩子，真是热闹极了。母亲整天为孙子孙女忙着，不过含饴弄孙是她的乐趣。孙子满月时，母亲坚持一定要办满月酒，于是，把林琴南的岳父岳母都叫来了。亲家来了，团团圆圆地坐满一桌，岳父岳母看着小外孙都格外喜欢。岳父刘有棻道："像爸爸呢！"林琴南微微一笑，心里很是得意。当然岳父刘有棻见到女婿林琴南，绝对不会忘记对他的仕途引导和教育，尽管他不反对林琴南画画，但他更希望林琴南把时间拿来准备考试前的复习。林琴南每次听岳父教导，总是恭敬有加，可实际上他并不喜欢读那些八股文。不过岳父的督促总有些作用，这天晚上林琴南就捧起了八股文。

自从换了光绪皇帝后，林琴南更加关心国家时事了。刚刚进入五月，他就在小报上看见一则消息："清政府任命左宗棠，以钦差大臣督办新疆军务。"后来他听小道消息说：当时是中亚浩罕汗国军官阿古柏侵入新疆，建立起军事殖民统治。英俄争相利用阿古柏政权，作为自己分裂肢解中国领土的工具。前些年，俄国悍然出兵占领伊犁。中国西北边疆与东南海防顿形紧张，边疆危机严重。清政府内部在海防和塞防问题上却出现了不同意见。李鸿章借口海防、塞防力难兼顾，公然主张放弃新疆，"移西饷以助海防"。他认为"新疆不复，于肢体之元气无伤；海疆不防，则腹心之大患愈棘"。李鸿章反对出兵收复新疆，其原因一是左宗棠镇压了陕甘回民起义，在朝廷声望日高，淮系军阀要借此压抑他；二是李鸿章正筹备兴办北洋海军，要用海军来巩固淮系军阀也就是他自己的地位；同时，这也合于英国反对清军西征，以免它的走狗阿古柏覆灭的企图。湖南巡抚王文韶等认为，沙俄威胁最大，主张塞防为主，以全力注重西北。左宗棠则认为海防、塞防两者并重，不可偏废。抨击李的主张是"自撤藩篱"。他强调"重新疆者，所以保蒙古，保蒙古者，所以卫京师"。朝廷权衡利弊，最终采纳左宗棠的主张，于五月三日任命左宗棠督办新疆军务，出兵西征，收复新疆。

林琴南听了小道消息后非常惭愧，因为在此之前他不知道新疆所发生的事。不过他很欣赏左宗棠，的确是个人物。而自己呢，关心时政不够，眼界不开阔，还没有情系祖国的安危。林琴南把自己检讨了一番后，继续画画。他很想把自己画的画卖出去，这样就可以贴补家用。他相信只要努力画，日后必定可以卖画养家糊口。可现在，一晃儿子快满周岁了，弟妹们也都大了，接下来该嫁的嫁，该娶的娶，都需要花钱，生活担子怎能不重呢！幸好，这段时间他不怎么咳嗽了，也不吃药了，这全是练武和画画的功效吧?!

三

又是一年过去了。过了年，林琴南已二十五岁。仕途遥遥，早些年童子试考了几次没成功，林琴南确实有些灰心丧气了。只因岳父刘有棻的支持和鼓励，使他硬着头皮朝前走。然而，全家人的生活状态就摆在眼前，迫使林琴南不得不停下笔来赚钱养家。他突然想起父亲在台北淡水镇的生意，虽说叔父林国宾在那里经营，如果想去也不是不可，关键是自己不想经商做生意。那么，唯一能养家糊口的只能是教书了。

林琴南想起早年叔父林国宾开私塾的情景，不妨自己也开一个私塾如何？林琴南这么想着，可又一想，蒙馆要场地，自己家里拥挤不堪，而外面的房租贵得吓人，真是走投无路啊！正郁闷时，儿时跟薛则柯塾师一起读书的同学王灼三来了。他俩有段时间没联系了，王灼三也早已结婚生子，而且正开蒙馆育人呢！

王灼三见林琴南开蒙馆困难重重，便毫不犹豫道："我的蒙馆给你用吧，我自有其他办法。"林琴南道："这怎么可以？不行。"王灼三道："你的事就是我的事，兄弟一场，不用客气。"林琴南心里非常感动，在王灼三的再三邀请下接手了他的蒙馆。第二天一大早，林琴南便去王灼三的蒙馆教书了。这是林琴南第一次做了真正意义上的塾师，心里自然很高兴。

林琴南教那些孩子读书，并不读死书。除了用《蒙求》《千字文》《三字经》《百家姓》等作教材外，还教他们学写字和做人的道德常识，背《唐诗三百首》，读欧阳修和杜甫的诗文；有时候还给他们讲《史记》里的故事。一段时间下来，孩子们都很喜欢他。于是，他教书的名声一传十，十传百，来他这里求学的孩子越来越多了。这就需要林琴南付出更多精力来照顾每个孩子，有时白天完不成作业的批改就拿回家批。因此，他练武和画画的时间少了很多，但至少能养家糊口暂时渡过难关。

这年五月，林琴南在小报上又看到一则特别新鲜的消息：全国有不少工商界的个人代表，以及清政府委派的中国海关的洋人代表赴美国费城参加了美国历史上第一次世界博览会。中国展出的物品主要是传统手工业产品、丝绸、瓷器、茶叶、酒等；在众多的参赛商品中，中国的丝绸、茶、瓷器、雕花器、景泰蓝在各国中推为第一，瓷器更被抢购一空。林琴南想能代表个人去美国参加世界博览会的都是商界大亨吧！即使父亲还活着，自己还和父亲在台北淡水经商，也只能是填饱肚子而已，绝对做不了大亨，因为不是经商的料嘛！

转眼，儿子林珪已经会走路了。林琴南再忙再累，每天总要把时间留一些给孩子们，那是天伦之乐。这会儿，他穿着蓝布长衫，一手牵着女儿林雪，一手抱着儿子林珪到福州城内的鼓楼去玩儿，据说那里新建了一个儿童公园。当然，同行的人还有母亲和妻子刘琼姿。

因为蒙馆赚了一些钱，林琴南今天要好好请请母亲和妻子。这么多年来，母亲还没有在酒楼里吃过饭。所以带孩子们游玩后，林琴南就在鼓楼附近找了一家酒楼吃午餐。母亲很喜欢吃福州名菜：荔枝肉还有芋泥、燕皮等。这些菜和点心，母亲自己也会做，但味道没有酒馆里的好。母亲觉得好吃极了，胃口大开，一口气吃了三碗饭。妻子和孩子们都吃得不错。林琴南心情不错，坐在酒楼望着外面风景，犹如一幅极美的风景画。他由衷感叹福州真美，难怪福州出那么多画家。他心里默默发誓，一定要把画画得更好些。

这天回家，已经是黄昏时分了。林琴南没咳过一声，体力明显比从前增强了。他想从前跟随薛则柯塾师读书时才十一二岁，一个人能打倒四五个同龄人，体格可算强悍了。然而这肺痨折磨了他很多年，直到今天才渐渐好起来。郎中曾经断定他活不久，可他却活了那么多年，居然还不咳嗽了。

日子像流水一样逝去，林琴南除了每天上蒙馆教学，还拨出一部分时间舞剑、练拳、画画，生活得十分充实。到了星期天，他就和朋友丁和轩、林菘祁等一起去茶馆喝茶聊天，谈论时事，或即兴赋诗。说实话，林琴南本质上是诗人，喜欢过放浪形骸的生活；可又是一个在传统家庭里生长的男人，有着许多责任感。因此，他总是在矛盾中步履维艰，蜿蜒前行。

前段时间，林琴南结识了在福州船政学堂读书的严宗光。两个人一见如故，聊起天来非常投缘，许多见解都能得到共识。林琴南约他喝过几次茶，但没想到他要坐中国自制的第一艘巡洋舰赴日本了。这艘巡洋舰造价二十五万两白银，取名"扬武号"。林琴南想中国都能造巡洋舰了真了不起，而严宗光幸运地将坐这艘船去日本，着实让林琴南羡慕极了。林琴南心里正这么想时，严宗光来约他喝茶了。这让林琴南十分意外又欣喜不已，毕竟马上出发的严宗光还拨出时间来和他相约喝茶，可见友谊深厚呢！于是去茶馆见严宗光时，林琴南画了一幅山水送给他。

那天，他们就坐在一个小茶馆里喝茶聊天。说起赴日本，严宗光就谈了一些船政学堂的事，并且谈起慈禧太后拨二十五万两白银造巡洋舰的事。林琴南听得津津有味，心里想如果早年家里不那么清贫，到船政学堂读书岂不很好？而今，比起严宗光真是差远矣。林琴南心里有些自卑，但没表露出来，依旧与严宗光谈笑风生，聊了两个多小时才走出茶馆各自回家去。当然，他们通过这次喝茶聊天，友谊便深了一层，林琴南为能交到这样优秀的朋友心里格外高兴。回到家里，面对镜子他突然发现自己脸色红润，气色颇佳，看来那咯血病真的不治而愈啦！林琴南想起刘禹锡的诗《酬乐天扬州初逢席上见赠》："沉舟侧畔千帆过，病树前头万木春。"

现在，林琴南觉得只要自己努力，好日子还在后面呢！他每周去陈文台老师家一次，总会带上许多新作让老师提意见。如果有得到老师表扬的画，林琴南会回来研究一下，然后收藏起来，这些收藏的画，有时就分送给好朋友了。

第五章

义侠狂人中举

（1877—1882）

十年寒窗无人问，一举成名天下知。

——元·高明《琵琶记》

一

林琴南在好友王灼三的蒙馆教了一年书，岳父刘有棻觉得女婿整天泡在蒙馆里教书，晚上回家又写诗画画，实在是不务正业，这样下去如何才能完成举业走上仕途呢？他心里很着急，毕竟光宗耀祖的希望落在女婿身上。尽管不是儿子，可女婿是半子呀，更何况他一直视女婿如儿子一样呢！刘有棻这么想着，决定明天就去一趟女儿家，让女儿开导开导丈夫，并给他们一些钱维持家庭生活。刘有棻想，如果女婿能辞去蒙馆教学，那么他可以资助他去福州会城读书。

第二天一早，刘有棻便出门了。因为年纪大了，腿脚使不出劲，他就叫了一辆人力车，大约半个来小时后到了女儿家。来给他开门的是亲家母，亲家母道："哇，是亲家公。"亲家母一见是亲家公，喜上眉梢。

在她眼里亲家公是最好的，不断地帮助他们，特别对琴南比儿子还亲。

刘有菜刚在客堂坐下来，琼姿就带着她的三岁女儿林雪、两岁儿子林珪从里屋出来了。林雪已经很会说话了，见到外公便道："外公您来啦！给我带糖果来了吗？"外公亲切地说着"有，有"，从口袋里摸出两支棒棒糖。而两岁的林珪还不太会说话，结结巴巴地叫了一声"外公"，让外公喜欢极了。外公从口袋里又摸出两支棒棒糖，给了这可爱的小外孙。

孩子们有糖吃，高兴得手舞足蹈。亲家母和亲家公聊了一会儿天，便借口去菜场买菜，带着两个孩子走了。因为，亲家母知道亲家公难得来一趟，肯定有事情和女儿谈。刘有菜见客堂里就剩下他们父女俩，道："琴南去蒙馆了？"女儿道："是啊，早出晚归呗。"刘有菜道："我看这样下去也不是个事，读书考试总还是要紧的，否则到什么时光才能中举呢？"刘有菜喝了一口茶，停顿了一会儿又道："我带了些钱来，你先拿着用吧！"说着，就从他的蓝褂子衣兜里取出钱："不够，就回家来拿。"刘琼姿感激地点点头。接着，刘有菜道："琴南回来你和他说，我资助他去会城读书怎么样？"刘琼姿眼睛一亮道："真的？那真是太好了，又能上学了。不过他去蒙馆才一年，丢了这份工作，也许他不肯呢！"刘有菜道："所以，需要你劝解他嘛！"刘琼姿点点头，明白父亲的意思。

刘有菜把事情交代清楚了，便起身回家去。刘琼姿一直把父亲送到大街上，叫好人力车，才放心地往回走。真是可怜天下父母心。刘琼姿觉得父亲太好了，好得她无以回报，只能鼓励丈夫继续求学，有朝一日获取功名报答父亲了。

傍晚林琴南从蒙馆回家，刘琼姿迫不及待地把父亲来过的事向林琴南和盘托出。林琴南不置可否，迟迟没有答话。刘琼姿道："你把蒙馆还给王灼三，去会城上学吧，上学对你至关重要。"林琴南还是紧锁双眉不作声，但他心里想岳父家也不富裕，万一上学后，仍然没考取怎么办呢？林琴南心理压力重重。刘琼姿见他不作声，道："就是不上学，也该把蒙馆还给王灼三了，他家经济也紧迫呢！"妻子这么一说，林琴南想想也是，毕竟救急容易救穷难，怎么可以老是占着王灼三的蒙馆呢？于是，林琴南道："好吧，那我就上学去吧！只是这样太让你父亲破费了。"刘琼姿道："说这话干什么，都是一家人。"

大约一个月后，林琴南把蒙馆还给了王灼三，并且办理好了会城入学手续，正式上学去了。这正是一八七七年，清德宗光绪三年，农历丁丑年。

会城离横山比较远，但会城这地方有大海和古城堡，为明代福州五大水寨之一。古城堡气势宏伟，如巨龙盘山镇海。历史上，倭寇侵扰中国沿海长达二百余年，古城堡一直是闽东沿海抗倭斗争的坚固城堡。林琴南站在古城堡前想，这里巍巍群山燃起多少战火烽烟，滔滔大海激荡过多少悲壮潮音；那存留千余字的抗倭记事碑，就是记载古城人民爱国主义精神的历史丰碑啊！

林琴南每个星期天回家，其余时间都在学校，这使他有了很多时间安心读书，不受家里琐事干扰。只是那些八股文他实在不喜欢，可是不喜欢也只能硬着头皮读。当然，有时思想开小差就在所难免了。课余大部分时间，林琴南就在寝室画画、写诗、读书、读报，不亦乐乎。今天，他在小报上读到一则消息：左宗棠的湘军在前一年收复北疆之后，攻入新疆南部，继续清军收复新疆之战，并在本年收复全部南疆。左宗棠已奏请在新疆设行省。这则消息给林琴南带来了喜悦。一方面他了解了国家大事，另一方面他为左宗棠拍手叫好。自从关心时事后，林琴南知道了外面的世界丰富多彩，可他也觉得国家面临着许多灾难和危险呢！

终于熬到了星期六，林琴南为了省钱，步行长长一段路后才坐人力车，到家已经是晚上七八点了。一周在外读书，回到家看到母亲、妻子、儿女和弟妹们，林琴南倍感亲切。妻子刘琼姿知道他没吃晚饭，便到厨房给他端出来一碗热乎乎的青菜大排面。林琴南饥肠辘辘，三两口就吃完了；到底还是在家里好，俗话说老婆孩子热炕头嘛。

第二天一早，林琴南就起床了。他和弟弟秉耀一起上横山去练武，十八岁的秉耀也会三脚猫似的舞弄几下，兄弟俩感情很好。为了哥哥能上学，秉耀早已不上私塾了，有时帮人家干点杂活赚些钱，但终究不能养家糊口。秉耀有时很沮丧，总觉得自己不如哥哥。哥哥十六岁就去台北淡水镇协助父亲做生意了，而自己还从来没有出过远门。当然，秉耀这样的想法不会让哥哥知道，他只希望哥哥能中举，获取功名以光宗耀祖；否则哥哥素负狂名，又为人所忌，到头来却连个秀才也未考取，实在太具讽刺意味了。

兄弟俩练完武，便回家了。一路上，林琴南对弟弟秉耀道："会城读书太远了，如果不是为了明年的考试，真不想去读那枯燥的八股文。"秉耀道："远是远了点，但有书读总是好的，万一明年就考上了呢！"林琴南道："老是让岳父资助总不好，再说岳父家也不富。"秉耀道："那倒是的，但他也是一片诚意。"林琴南道："是啊！只是我心里不好受。"兄弟俩说着说着就到家了。这一天，林琴南花大半天时间陪母亲、妻儿们，天伦之乐让他忘却许多烦恼。

一个学期很快结束了，林琴南打定主意下个学期坚决不去会城上学了。他要把上学的钱省下来家里糊口。妻子刘琼姿无奈，也就答应了，毕竟生存才是最重要的。孩子们都在长身体，饥一顿饱一顿，对发育不好。母亲也支持儿子，她不想儿子跑那么远去读书，全家人在一起才温馨。

然而，过了年林琴南又要参加童子试。几次考下来没考中，无形中林琴南便有了很大的压力，因此，虽然不再去会城读书，但在家里必须每天读八股文。林琴南给自己写了课程表，心里想必须严格执行，再不能因为练武和画画耽误了复习时间。数日下来，林琴南一直在书房里苦读。刘琼姿见他不出门也没画画，想必一定在读八股文了，心里非常欣慰。

除夕来临，全家人团团圆圆地吃了一顿年夜饭。尽管家里经济拮据，但孩子们的糖果、新衣和鞭炮不能省，因此，晚饭后秉耀就带着两个孩子放鞭炮去了。小林珪虽然才三岁，但鞭炮"噼啪"响起来，他就格外兴奋。而林琴南呢，一吃完饭就躲进书房看书去了。他想下个月若再考不上，真是辜负了岳父老人家的一片心，无颜面见他了。

本来年夜饭会吃上几小时，大家围桌聊天话家常，然而林琴南进书房读书去了，母亲也就收拾了碗筷。两个妹妹马上又干起了针线活，而刘琼姿便带两个孩子早早地入睡了。只有秉耀无事可做，随便翻些闲书看，心里沉甸甸地想："全家八口人，没有一个主要收入，日子久了这个家很难撑下去。哥哥虽然才华横溢，但走科举之路不能三心二意，那么我就是家里唯一养家糊口的男子汉了。"

秉耀过了年已经十九周岁了。前阵子，他给远在台北淡水镇的叔父林国宾写信，表明自己想到淡水镇经商赚钱养家糊口，叔父给他回信道："欢迎来台北淡水。"年初六那天，秉耀把自己的想法告诉了母亲，母亲一听是到叔父林国宾那里去就同意了。

然而，母亲把秉耀想去台北淡水镇的事告诉林琴南时，却遭到了他的反对。林琴南不同意秉耀路迢迢地去淡水镇，而秉耀表面上答应哥哥，私底下却积极准备着。说实话，秉耀真的不能想象嗜书如命的哥哥，连个穷秀才也没考取。这对刚强自负、才高气盛的哥哥来说，太具讽刺意味了。

二

离童子试的日子越来越近了，林琴南正紧张地复习着。虽然考了几次没考中，但他一想到外祖母的话"孺子不患无美食，而患无大志"，心里便有一股激情。只是这些天，谁也不能靠近他。妻子唤他吃饭，他就莫名其妙地冲她发脾气。刘琼姿知道他压力重便不作声了，回转身唤孩子们吃饭。母亲和秉耀亦不劝他出来吃饭，两个妹妹也知道哥哥的坏脾气。所以，林琴南应试，让全家人大气都不敢喘一声，生怕影响了他的复习。

考试的日子来临了。这次，仍然是岳父刘有菜陪林琴南一起去。一路上，岳父再三鼓励道："不要紧张，全身放松，注意力集中。"林琴南"哦哦"地应着，可心里想每次进入考场，自己的身体仿佛失去了控制，浑身都会哆嗦起来，这又有什么办法呢？

两个人默默地走了一段路后，在一个十字路口叫了一辆人力车，直奔考场。刘有菜不再说什么，怕自己多嘴多舌影响女婿的情绪。而林琴南呢，一边在心里默诵着那些八股文，一边想就像练武那样把自己的技艺施展出来吧！不知不觉，人力车已经拉到终点了。刘有菜付了车钱后，发现离考试还太早，便拉着女婿到一个角落坐下道："休息一下，静一静，进入自己的内心吧！"林琴南知道，这是岳父让他做好进场的精神准备。

刘有菜不像前几次陪考那样，临进场了还在交代一些注意事项。他想女婿屡考不中，也许是自己话太多影响了他的情绪，造成了他的心理压力吧！所以，这次便不再多说什么了。这会儿，两个人默默地坐着，林琴南索性闭上眼睛、气沉丹田。大约半小时后，考生们陆续进场了。刘有菜这才叫女婿站起来，然后望着女婿的背影，直到他进入考场。

就在林琴南进考场的当儿，家里发生了一件大事：秉耀瞒着哥哥去台湾了。出发前，母亲给秉耀准备了行囊，一直送他到轮船码头。母亲含着眼泪道："到了淡水就写信回来啊！要注意身体，注意安全。"秉耀道："下了船，叔叔会来接我的。我已经十九岁了，哥哥那年去淡水才十六岁。放心吧，我长大了。"母亲这才止住了眼泪。秉耀一个箭步就登上了海轮，尽管与家人离别心情凄切，但在母亲面前，他表现得非常乐观。

现在秉耀站到了甲板上，与母亲挥手告别。母亲也把手举得高高的，老远还喊着："秉耀，管好自己啊，安全第一。"母亲的声音在空中回荡，最后落在了秉耀的心里。海轮起航时，秉耀突然有了生离死别之感，眼泪禁不住淌下来。而母亲望着远去的海轮，眼泪再一次淌下来。她久久地望着海轮变成小小的一个点，望到海轮在她的视线里完全消失。

母亲往回走时心事重重，因为秉耀去台北是瞒着琴南的，等会儿见了琴南如何向他交代呢？母亲不想马上告诉琴南，怕他一下接受不了这事实。另外，母亲也担心琴南万一没考好，那不是火上浇油吗？所以，母亲一回到家便关照两个女儿和媳妇，暂时保守秘密，问起来就说秉耀去舅舅家了。

其实，林琴南不到两小时就走出考场了。这次他心情不错，每道题都解答得很认真；最后那八股文章，落笔也很顺畅。出来时他满面笑容，刘有菜想这次一定考得不错吧，看他心情不错呢！当然，刘有菜也不问什么，只是说："走，我们去鼓楼。"前些日子他与女婿约好了考完那天要去酒楼一起喝酒、吃饭、看风景、聊天的。

现在，他们来到了酒楼。这家酒楼古色古香，是一栋乾隆年间的木屋；一百多年了，尽管门窗已经斑驳，但画栋雕梁很有气势。林琴南选了一个临窗的位置，窗外是最佳风景点。一会儿，堂倌端来了几只冷盘和红葡萄酒，两个人一边吃一边聊天。

刘有菜道："如果有时间，可以学习经学、程朱理学。"林琴南点点头。刘有菜接着道："中国经学发展到宋代，形成了以讲义理为主的宋学；而程颢、程颐确立的理学，则在宋学发展的基础上，进一步把宋学哲理化，将经学哲学化，使理学思潮逐步占据宋学的主要成分，代表了宋学发展的主要趋势。这与中国哲学，尤其是汉以后的儒家哲学所具有的经学形式相一致。"林琴南对这方面还比较陌生，但听岳父这么讲，还是很有兴趣。于是，林琴南心里想，必须在经学方面狠狠地下一番功夫。

吃完午餐，林琴南送岳父回家后，为了省车钱，自己步行回家。五月的天气已经非常炎热了，他走得满头大汗，回到家已经是黄昏时分。母亲正在厨房做菜，妻子和孩子们在小院里捉迷藏；两个待嫁的妹妹，已经说好了婆家，正在缝制新嫁衣呢！林琴南赶紧脱了外套，加入妻儿的行列，与孩子们捉起了迷藏。

"躲好啦！"儿子林珪和女儿林雪道。林琴南假装东找找、西找找，自言自语道："找不着，找不着。"孩子们就哈哈笑起来，林琴南一下就把两个小家伙抓住了。他力大无比地一手抱一个孩子，两个孩子在他怀里快乐地笑着。吃晚饭时，林琴南发现弟弟秉耀不在家便问："秉耀去哪儿了？"两个妹妹异口同声道："去舅舅家了。"林琴南道："哦，我也很久没去舅舅家了，明日里去一趟吧！"两个妹妹连忙道："秉耀去了就好了，你还是画画、写诗、读书吧！"林琴南不解地说："他是他，我是我。"母亲连忙道："都是家里人，秉耀代表你去就可以了嘛。"林琴南道："好吧，好吧。"大家这才松了一口气。

晚上，刘琼姿发现丈夫心情很好，许是考得不错吧！于是把本来想过几天告诉的秉耀的事，在此刻说了出来。林琴南听后突然狂怒道："谁让他去的？"刘琼姿不作声，林琴南便跑到母亲屋里道："谁让他去的？"母亲道："是我。"林琴南道："我不同意，他怎么还去？"母亲道："他十九岁了，也有养家的责任了。你不十六岁就去台湾了吗？"林琴南道："他没有出过远门，就算叔父在那里，但叔父有自己的家庭，而他又没有从商经验。"母亲道："凡事总是学习嘛！"

林琴南想想也是，毕竟弟弟已经成人，遇到问题应该会处理了。只是有一点，林琴南觉得愧对弟弟秉耀。那就是每次总因为该死的考试，未能完全承担家里的经济责任；而每一次赴试，又不第而归，真是丢尽了脸面。这次童子试，虽然感觉良好，但能不能考取，还是未知数呢！

接下来，又进入了夏天。由于天热，林琴南一大早便起床作画，画完了才出门练武，练完武再读书、写诗。这样的生活节奏，如果不赴约喝酒，也没有朋友们来临，那效率颇高，有时一天能画三四张画，写五六首诗，读完一本闲书。这些嗜好，已成了他名正言顺的正职，谁也不得干涉。

正当林琴南画画、写诗进入最好状态时，妻子又怀孕了。这让林琴南又惊又喜又担忧。毕竟多一个孩子，多一份负担，家里的经济已经相当拮据。母亲和两个妹妹时常去挖野菜，有时除了孩子，全家人只吃两顿饭。然而，肚子里的孩子也是一条生命，无论贫富，家里添丁就是一件喜事。林琴南只希望能把画卖出去，想着某一日拿去市场试试。有了这样的希望，林琴南画画更勤奋了，往老师陈文台家里也跑得更勤了。

然而，生活中一帆风顺的时光总不多。刚进入九月，台北淡水镇便传来弟弟秉耀染病而亡的噩耗。这真是晴天一声霹雳，让全家人十分震惊。母亲更是悲伤欲绝，对着苍天道："天啊，都是我不好，我不让你去，就不会死了。"林琴南也非常悲恸。这是他唯一的弟弟啊，林琴南忍不住放声大哭。两天后，林琴南买好了船票，即赴台北淡水奔丧，并以长子林珪为弟弟秉耀承嗣。

三

在福州，林琴南出门有时会把方先生送他的宝剑佩带在身，状若游侠。这趟出远门，林琴南把父亲遗留下来的一把匕首随身而藏，以备不测之需。出发时，妻子刘琼姿已为他准备好了简单的行囊。母亲被秉耀的意外死亡吓怕了，实在不放心长子路远迢迢赶去奔丧。于是，她一遍遍地关照林琴南道："路上注意安全，办完了丧事马上回来。"林琴南"哦哦"地应着，出发了。刘琼姿送他到轮船码头，告别时仿佛生离死别似的，眼泪汩汩地淌下来。林琴南道："别哭了，肚里的孩子会提抗议呢！"

为了不让妻子过于悲伤，汽笛还没拉响，林琴南就上船了。刘琼姿远远地望着丈夫的背影，直到丈夫走进船舱，才放心地回家去。不久，海轮起航了。这是林琴南第二次坐海轮赴台湾，虽然有了很多经验，但因为自己唯一的弟弟秉耀病逝了，那种失去手足的疼痛，让他无以名状。

船舱里乱哄哄的，林琴南低着头坐在自己的座位上，心里想着与弟弟在一起的日子，想着他的乖巧懂事，想着秉耀是为了他能安心读书，才冒风险赴台北淡水镇经商的。林琴南想到这里，眼泪禁不住流下来，并在心里默默地道："都是大哥对不起你，都是大哥对不起你啊！"

林琴南正悲伤欲绝时，忽听船上有人喊："救命，救命啊！"他倏地站起来，四下里张望。原来海风大作，船在海面上航行需要掌舵人手握帆绳，转侧就风，才能避免事故，可那个船老大却喝得酩酊大醉，而缆绳又系死在船上，怎么解也解不开。海风吹来，船便晃荡得厉害，吓得很多乘客惊恐不安。林琴南见此状，便从腰间拔出匕首，将缆绳砍断，全船人才得以平安。这对林琴南来说，只是区区一件小事，可船上很多人对他诚挚地说："多亏大哥，不然我们的性命难保呢！"

船继续前行着，林琴南闭上眼睛打了个盹，醒来时已经到台北淡水港那个非常熟悉的码头了。这时四十六岁的叔父林国宾已经等候在那里了，林琴南没马上认出他，倒是林国宾喊道："群玉。"林琴南这才发现站在自己跟前的就是叔父林国宾，便道："叔叔。"叔侄终于又见面了，只是，叔父林国宾给林琴南的感觉衰老了很多。

回家的路上，林国宾对林琴南道："都是我没管好秉耀，让他染上了瘟疫。"说着失声痛哭起来。林琴南也流下了眼泪，但他安慰叔父道："别哭了，身体搞坏了，就更糟糕了。"

秉耀的尸体还没有埋葬，尸体上放了很多冰块，才不至于腐烂。林琴南跪在弟弟秉耀的尸体前失声恸哭，几至晕眩；最后堂弟秉华把他劝扶了开去。第二天一早，林琴南和叔父林国宾一家埋葬了弟弟秉耀。

叔父林国宾在淡水镇的生意并不景气，原先的阿祥叔和家奇叔早已离他而去。叔父林国宾家在瘟疫期间，也是吃了上顿没下顿，而弟弟秉耀总是抢着去做事。据叔父林国宾道："秉耀总是照顾家里每一个人，并且很有孝心。"林琴南知道弟弟的为人和品德，知道他想多赚一些钱寄回家。现在只要一谈起弟弟秉耀，林琴南便会泪流满面，失声恸哭。因此埋葬秉耀后，林国宾便不再提这件事了。另外，由于瘟疫还没有完全结束，林国宾劝林琴南赶快回去，免得再遭遇不测。因此，林琴南在叔父林国宾家只住了两晚，便匆匆回家了。

母亲和妻子都没想到林琴南这么快回来，意外中的惊喜让她们有点兴奋。她们问长问短，得知秉耀已经入土为安，叔父一家也还好，才放心。母亲连连念道："阿弥陀佛，阿弥陀佛。"自从得知秉耀病逝后，母亲就开始晨起上香、念佛、跪拜了。

大悲过后，林琴南依然画画、写诗。他的诗越写越顺，画也越画越好了，多次得到陈文台老师的表扬；只是一件不愉快的消息传来，这次的童子试又没考过，令他沮丧透了。全家人也为他没考上而难过，母亲干脆说："别再考了，难道不走仕途就不能活吗？"两个将出嫁的妹妹也说："哥，算了吧，不要太苦自己了。"妹妹们的话音刚落，林琴南大吼一声道："别说了。"随后甩门而出。

林琴南漫无目的地走着，心里的苦闷无法言说。每次努力都劳而无功，莫非自己比别人笨，抑或是自己复习得不对路？难道自己真不能走上仕途吗？唉，这科举之路到底还要不要走了？林琴南矛盾极了。如果不继续走下去，那太辜负病逝的弟弟秉耀了。一想到弟弟秉耀为了他远赴台北淡水镇，林琴南立即打定主意，继续走科举之路，绝不再动摇。

幸好今天岳父刘有棻得知他落第后，赶来安慰他道："没关系，只要有决心总有一次考上的，胜败乃兵家常事。"半晌，岳父继续道："我资助你上学吧！关键是你要坚持下去，坚持就是胜利嘛！"岳父是真心想让他完成举业，只怪他自己不争气罢了。因此，他听岳父这样说，马上点点头表示认同。

接下来，林琴南就在横山附近的一位老师家里上课。因为路近，并没有耽误他很多时间。显然，这次跟老师上课林琴南用功多了，把不喜欢的八股文都能倒背如流。当然，他也不放弃写诗、画画以及与诗友们团聚等自己喜欢的事。

今天，林琴南与好朋友林菘祁在小酒楼里相会。林菘祁写了四首诗赠林琴南，其一：

乾坤如虱几诗明，独自沉吟见饿鹰。

死有狂名魂醉酒，生无媚骨眼成冰。

扬州花月箫声黯，燕市风云剑气腾。

为问高歌人在否，扪胸热血尚棱棱。

林琴南读后非常喜欢，简直把他的风骨都写出来了。他对林菘祁道："真可谓知己者，莫若林菘祁也。"于是，林琴南随即握笔和了林菘祁四首。其中之一道：

屠狗丛中几友朋，怒调恶马架奇鹰。

酒香满市群儿笑，醉眼横天一剑冰。

肝胆向人空痛哭，头颅食肉不飞腾。

栏杆拍遍谁青眼，墨墨秋云月半棱。

林菘祁读后也大大赞扬林琴南的诗："好诗！好诗！"两个人互相吹捧，举杯喝酒，三五杯下肚后，作诗的兴趣更浓了。就这样，他们喝酒、作诗一直到小酒楼打烊，才各自回家去。虽然没有喝得酩酊大醉，但也已经醉醺醺了。回到家里，林琴南一头倒在床上就呼呼大睡了。

四

这段日子，两个妹妹先后出嫁了。横山的老屋里，就只剩下母亲和林琴南一家，共五口人。如果加上刘琼姿肚子里的孩子，也就六个人。近几天，刘琼姿的肚子越来越大，已近临盆了。由于生过两个孩子，刘琼姿已非常有经验，还对肚里的孩子进行了胎教。而林琴南呢，一边上学，一边写诗、画画，一边等待着小生命的诞生，心里有着满满的幸福感。

又是新的一年来临了，转眼到了光绪五年（1879），国家的事还是两宫太后做主，平民百姓想走仕途除了科举别无他法。林琴南深知这点，只能继续努力在所不辞。所以，过年的这些天他很少应酬，躲进书斋用功；连次子降生，他都没有立即出来，而是把一篇八股文读完了，才抱起他的第三个亲骨肉，并高兴地为他取名林钧。

由于小生命林钧的到来，家里洋溢着喜气。母亲亲自煮鸡蛋，然后把鸡蛋染红，分送给左邻右舍。现在，母亲有两个孙子、一个孙女了，含饴弄孙，是母亲进入晚年后最大的乐趣。尽管家里经济拮据，但是穷人家自有穷人家的天伦之乐。母亲认为割野菜、吃面糊糊没关系，只要精神上是快乐的，人生才是真正的快乐。

那天岳父刘有棻和岳母一起来看望他们的小外孙林钧，他们为外孙们买来了不少食品，还给母亲买了一些猪肉和鱼虾。他们经济也不宽裕，但总是不断地支持亲家，让母亲很感动又过意不去。而刘有棻每次则说："都是自家人嘛！"林琴南虽然觉得受之有愧，但眼下产妇和孩子的确需要这些食品。一切只能怪他自己无能，科举屡考不中。林琴南一想到科举便会很懊恼，产生自卑和落寞。

这次刘有棻在女儿这里得知女婿很用功，心里非常欣慰。他想只要女婿安静下来学习，肯定能考中。在他眼里女婿是个人才，走科举考试是他唯一的出路。由于岳父的看重，林琴南心里压着千斤巨石，巨石上刻着："不考上，死不罢休。"

也许是运气来了，正当春暖花开时，林琴南因为文名得到了福建督学孙诒经的赏识，被破格录入县学读书。仿佛天上掉下一个大馅饼，让林琴南欣喜不已，万分激动。然而，正因为是被破格录入，林琴南还不能算正式秀才。因此，林琴南明白自己才刚刚走上正道，必须继续努力。

妻子刘琼姿比林琴南还高兴，她喃喃道："总算盼来了好兆头。"第二天一大早，她便回到娘家告诉父亲这一消息。父亲刘有棻有些惊讶也有些激动地对女儿道："太好了，太好了！有希望，有希望了！"

　　林琴南很快办妥了入学手续，在报到的前一天去岳父家看望了老人家。两个人交谈甚欢，岳父刘有棻认为女婿林琴南进入了一个良好的开端，只要继续勤奋努力，离中举便为时不远了。此刻，刘有棻心里多么激动啊，这是他多年的盼望。他相信他一定能看到女婿林琴南中举，到那时得好好庆祝一番了。接着，刘有棻对林琴南又说了许多鼓励的话，虽然还是那些老套套，但人逢喜事精神爽，林琴南听得声声入耳。

　　上县学不久，有一天林琴南在放学路上遇到了严宗光。几年不见，严宗光已经从英国格林威治皇家海军学院毕业了。他刚回国，在福州船厂船政学堂任教习，让林琴南羡煞，并自愧弗如。两个人边走边聊，无意中严宗光会流露出一些英语来。虽然林琴南不懂英语，但很好奇，觉得外国语言真奇妙。

　　他们边走边聊，不知不觉就走到了十字路口，分手告别时，他们约好了下次见面的时间和地点。现在，林琴南独自走在回家的路上，心里有着抑制不住的激动。与严宗光的巧遇更加促进了他的求知欲，也令他更加知道自己的薄弱处，因此，一到家他就读书、写诗至深夜。

　　一周后，林琴南和严宗光来到了鼓楼边一个小茶馆里。三年前，他们就相会在这里。那时严宗光即将坐着"扬武号"巡洋舰赴日本，没想到一转眼他已经历了那么多事，并且见多识广了。这样看来，人不能久居一地，应该扩大视野，多游走些地方。林琴南这么想着时，严宗光便谈起了他在日本和英国的日子，以及在格林威治皇家海军学院读书时的趣闻逸事。林琴南听得津津有味，不时地发出会心的赞叹。大约两小时后，他们握手道别，各自回家去了。

　　接下来的日子，林琴南在县学读书非常用功，到了第二年，就被"补弟子员"，成为正式的秀才了。尽管这年他已经二十九岁，但迟来的秀才头衔是多么宝贵啊！在乡人眼里负有"狂生"之名的他，终于可以扬眉吐气了。当然，他的目标并不仅仅停留在秀才上。他要考举人，再考进士，奋斗的路还将"路曼曼其修远兮"呢！

　　转眼，进入了光绪六年（1880）。林琴南已经做了一年的秀才，怎么说也有了一个小小的名分，出门去与朋友们聚会也不太自卑了。春暖花开时节，严宗光又来约他喝茶了。他们依旧到老地方喝茶，这是他们来了三次的小茶馆，环境非常幽雅古朴。两个人面对面坐好后，堂倌端上来两杯沏好的绿茶，还有一些小点心和瓜果。

因为中了秀才，林琴南明显比前两次与严宗光相聚时自信多了，话也多了。谈起古文，他会讲出很多道理。谈起杜甫和欧阳修，那他更是行家里手了。他的许多见解，也都让严宗光眼前一亮。为此，两个人有了心灵的沟通，友谊就更深一层了。末了，严宗光才说出这次约他出来喝茶的实情。原来严宗光被调任天津北洋水师学堂任总教习，马上就要出发赴天津就职了。听到这个消息，林琴南一方面为严宗光高兴，另一方面也为不能再相聚小茶馆而惋惜。林琴南是个非常重情谊的人。此次相别，不知何时再相逢？

严宗光赴天津后的一段日子里，林琴南忽然感到内心孤寂。为什么？他想来想去是因为与严宗光在思想上的交流比较默契，比较有共鸣。林琴南认为严宗光总是走在时代的前列，思想比较新颖，常有出奇的想法。所以，林琴南突然明白与优秀的人在一起，胜读十年书。

一八八一年秋，孤寂了一年多的林琴南，结识了与他一样准备科举考试的陈衍。两个人交流之后，都有一种相见恨晚的感觉。因此，他们交往比较频繁，差不多每到周末就相聚一起，或高谈阔论，或写诗作赋。后来，林琴南把林菼祁、丁和轩、王灼三等召唤到一起，队伍就庞大了起来。林琴南的文名也因此越来越大，不少没见过他的人，只要听到他的名字便会竖起大拇指道："才子。"

才子林琴南，因为与一些志同道合的朋友时常聚会，得到的信息比从前多，思路也相对开阔起来。他的诗和文章都有了长足的进步，画也越画越好了。家里虽然经济拮据，但一切风调雨顺起来。三个孩子越长越可爱，连最小的林钧也两岁多了。自从有了林钧这孩子，林琴南仿佛交了好运，科举之路有了一个好的开端。因此，林琴南格外喜欢小林钧，再忙再累，每天总要陪他玩一会儿。

　　然而，正当林琴南努力用功准备明年考举人时，岳父刘有棻忽然病倒了，而且病得不轻。郎中对病情究竟如何说得含糊不清，服了中草药后，刘有棻仍然呼吸困难，面色苍白，四肢抽搐，并且咳嗽，咯出大量粉红色泡沫样痰。家人一时束手无策。林琴南终日陪伴在岳父身边，希望出现奇迹。可是刘有棻没熬过冬至，在一个飘着雪花的夜晚停止了呼吸。刘有棻是多么希望看见女婿林琴南中举啊，而现在他却带着深深的遗憾离开了人世。终年六十三岁。

五

　　岳父刘有棻去世了，林琴南心里难过极了，很长一段时间都沉浸在悲恸中，有时想到岳父对他的一片诚意和资助，而自己却无法报恩，不禁失声恸哭起来。妻子刘琼姿劝道："人生无常，节哀顺变。你明年还要科举考试呢！"妻子的多次提醒，让林琴南忽然感到了责任。他终于明白，只有中举才能告慰九泉之下的亲人们。因此，他又恢复了以往的继续努力，每到夜晚不读完一卷书绝不就寝。

　　日子一天天地过去了。慈安太后突然病逝的消息传来，老百姓都震惊极了，七嘴八舌议论道："慈安太后一死，慈禧太后独揽大权。这大清国掌握在一个女人手里，前途如何鬼知道，也许凶多吉少吧！"林琴南想国家一棵大树倒了，还有一棵怎么样，中国将来怎么样，真的不知道，只能听天由命了。

　　元旦过后，奉慈禧太后口谕，光绪帝谕旨，张之洞出任了山西巡抚。此前，张之洞以赐进士及第入仕翰林院编修，与张佩纶等人评论时政，弹劾庸官，以敢言直谏的"清流派"著称。林琴南曾在小报上得知，山西刚刚经历特大自然灾害，百业凋敝，民不聊生。各级官吏无所事事，社会上吸食鸦片、种植罂粟泛滥成灾。名目繁多的苛捐杂税，随处可见。民情不稳，怨声载道，整个山西处于一片混乱状态。面对这样的局面，林琴南想张之洞一定会采取一系列有力的措施吧！

冬去春来，又到了春暖花开时节。趁着一个晴朗的好天气，林琴南一家六口又去市区的鼓山玩了。鼓山的三月，到处绿茵繁花，山中的庙宇楼阁都掩映在一片绿意葱茏中。母亲特别喜欢这地方，尤其山上那涌泉寺，每去必拜佛烧香的。而林琴南呢，却喜欢山上那块"知恩报恩"的石碑，还喜欢徜徉在涌泉寺内的幽静小道上，那里有着亘古、秘慧的感觉。当然，孩子们则喜欢在鲜花盛开的草坪上，翻滚嬉闹。一家人在大自然中享受着放松和快乐。当然，带着三个孩子出来，最累的就是母亲和妻子刘琼姿了。照顾孩子是最累的活儿，但她们却从不抱怨。林琴南想请家人吃一回馆子，可母亲坚决不肯。母亲道："上次出来吃过了，咱回家也能把酒馆里的菜做出来。"母亲坚持不上酒馆吃饭，玩了两三个小时，全家人便打道回府了。

母亲几十年来勤俭持家，虽然经济拮据，但家里总是井井有条。妻子刘琼姿出身书香门第，嫁到林家后也和母亲一样勤俭持家，对清贫生活从没怨言，相反还多次让父亲刘有棻给予资助。这样好的妻子，真是前世修来的呢！林琴南深爱自己的妻子，尽管自己脾气不太好，但在妻子面前尽量克制着，有时克制不住冲着妻子发泄后，常常后悔不已。

盛夏时节，离科举考试的日子越来越近了。举人，那是他梦寐以求的。由于天热，他每天复习得大汗淋漓；那些古文和诗词，他已能倒背如流了。母亲和妻子亦每天为他祈祷。在一个充满理解和支持的和谐环境里，他的心很安宁。自中了秀才后，经济有了一些保证，再没有吃了上顿没下顿的情况发生了，但母亲和妻子空下来还是继续做针线活贴补家用。

秋天来临的时候，科举考试的日子就到了。林琴南牢牢记住岳父刘有棻曾经告诫过他的一些话，冷静、放松，仔细是必须的。那天，他一早吃了妻子为他做的面条就出发了。到了考场，考生们正陆续进场，他便不慌不忙地进去了。今年主持福建科举考试的主考官，乃镶蓝旗第五族宗室宝廷。宝廷，字竹坡，号偶斋，官至礼部侍郎。

考卷发下来后，林琴南埋头做了起来，而且做得相当顺利。做完后，他迟迟没交卷。因为耳畔响起了岳父刘有棻的声音："要仔细，多检查。"待到翻来覆去检查不出什么问题了，才交卷。走出考场后，他仿佛卸掉了压在心里的一块巨石。然而，回到家他不提考试的事，妻子和母亲也都不敢问。等待消息的日子，真是太漫长了。因此，在没有发榜前，家里的气氛是沉重的。

终于，振奋人心的好消息传来，林琴南中举了。与林琴南一起中举的有陈衍、李宗言和李宗祎兄弟二人以及高凤岐、郑孝胥、方家澍等。林琴南听到这消息，激动得热泪盈眶，差点晕眩过去。全家人都很兴奋，几乎无法用语言来表达此刻的心情了。这年是清德宗光绪八年（1882），壬午马年。因此，也有人称他们为"壬午举人"。

林琴南中举的消息，很快就传遍乡里了。福州城内往日的知名狂生，一跃而为省里著名的举人，邻居们看他的眼光都不一样了。而林琴南呢，他把中举所得的"文魁"匾，悬挂到了祖上从金陵迁来时入住的莲塘村旧宅门口，成为全族人的荣耀。

不久，林琴南结识了他的主考官、镶蓝旗第五族宗室礼部侍郎宝廷。原来宝廷一到福州就知道了他的文名，并且非常欣赏他。这会儿，林琴南在礼部侍郎宝廷的临时府上博古通今地闲聊着。林琴南由于心里高兴，口才也变得越来越好。礼部侍郎宝廷心里想，林琴南真是个大才子，且根底扎实。于是，宝廷不顾宗室之尊，令他的两个儿子伯茀、仲茀也与林琴南做朋友。这让林琴南既感动又高兴，觉得自己遇上了生命中的贵人。当从宝廷的临时府上出来，宝廷让两个儿子送了林琴南长长的一段路。一路上，他们有很多交流，彼此肝胆相照成为挚友。回到家里后，林琴南久久不能平静。尽管他已三十一岁，已是一女二子的父亲，但他对未来更上一层楼的前途还是非常有信心。

然而，正当林琴南踌躇满志时，他的老朋友王灼三，却因科举第三名，限于名额，只能作为增广生，不能提供薪水；这使王灼三的情绪一落千丈。没有吃饭钱，王灼三养家糊口的压力太重了，况且他又病着。

林琴南得知后，即到王灼三府上探望安慰，并送去二百元。病中的王灼三坚决不要，但二十多年的知交，最终还是拗不过林琴南的一片诚意。从王灼三家里出来，林琴南的心也沉重起来。他深深理解王灼三的失落，毕竟中举和不中举，人生之路的确是迥然不同的。

由于成为"壬午举人"，林琴南在这年初冬，结识了福建大名鼎鼎的陈宝琛。陈宝琛为同治七年（1868）进士，为内阁学士兼礼部侍郎。后来，林琴南还通过"壬午举人"结识了李宗言的舅舅沈瑜庆。沈瑜庆的父亲沈葆桢，是大名鼎鼎的林则徐的女婿。通过高凤岐，结识了他的弟弟高而谦、高凤谦（字梦旦）和高凤岐的表兄魏瀚以及魏瀚的同事王寿昌等。

现在，林琴南最高兴的是因为中举结识了不少朋友。这些举人朋友和他过去的穷苦朋友相比，在思想上有着诸多不同。如果说穷苦朋友最关心的是养家糊口，那么举人朋友因为家境不错，谈论的便是如何投身到为国家、民族贡献自己的力量上。也就是小我与大我的差异。林琴南虽然也曾关心国家、时事，但从来没想到自己投入进去。而这些新朋友，尽管还没有来得及深入交往，但已让他敏感地觉悟到了个人与国家、与民族、与社会的关系。

一个晴朗而温暖的冬日，林琴南应李宗言的邀请来到了李家府上。李宗言的先祖为宦，父亲却是经商的大资本家。他们家在福州光禄坊玉尺山置有园林，园中还有"吟台"。除园林外，最让林琴南欣喜不已的是他们家居然有三四万卷藏书。那沿墙而立的一溜溜书橱，真让林琴南仿佛进入了书海。林琴南迫不及待地从书橱上取下一本翻阅起来，接着又取下一本；本本都令他爱不释手。李宗言见他那么喜欢书，便道："琴南兄喜欢，可借回去阅读。"这话让林琴南大为惊喜，连连道："太好了，太好了。"

接下来的日子，林琴南三天两头跑李宗言家借书、还书，不亦乐乎。他的阅读量之大、阅读之神速，令李宗言十分惊讶和佩服。而嗜书如命的林琴南，能拥有李宗言这样的朋友真是万分荣幸。他想在近年内把李家的三四万卷藏书，全部读完。因此，中举后的林琴南格外抓紧时间，阅读成了他的头等大事。

这年末，林琴南出资在苍霞洲新建了五间民房，全家由横山搬到了苍霞洲新居。苍霞洲在闽江边，环境幽静，屋子宽大，还有一个院子；院子里有片竹林，院前是清澈的闽江水。站在自家门口，凉风爽爽，涛声绵绵，景色非常怡人。成了举人后，林琴南总算真正拥有了自己的书房，全家的住房条件也有了较大的改善。

第六章

礼部不第

（1883—1893）

穿杨力尽独无功，华发相期一夜中。

别到江头旧吟处，为将双泪问春风。

——唐·赵嘏《落第寄沈询》

一

一八八二年秋，林琴南中举后就想着第二年春天赴京城参加癸未科会试。因此，入冬时他把自己的本名林秉辉改成了林纾。报名时，他第一次用了林纾这个名字。他知道进士考试比举人更难，需要在八股文上花更多力气。所以，他在大量阅读李宗言家的藏书时，也尽量多选一些八股文用来应付礼部考试。

正当林琴南满心准备礼部会试时，李宗言和李宗祎兄弟俩在他们家成立了一个文学社——福州支社，即诗社。福州支社的成员共十九人，除李氏兄弟和林琴南外，还有周长庚、陈衍、高凤岐、郑孝胥、方家澍等。诗社每月活动四次，一周一次，专赋七律互相唱和。林琴南非常喜欢这样的文学活动，一方面朋友之间加深友谊和感情，另一方面又可各自施展才华，而他自己呢，则仿佛从矮屋陋巷中崛起，出现在福建省的文坛上了。这阵子，林琴南忙着赴京城应试之事，但诗社的活动他必定每次都参加。他喜欢李家园林中的"吟台"，那真是结交士流、交谈肺腑的好地方。

林琴南赴京礼部会试的日子，一天天临近。虽然他饱读诗书，也特别对八股文下了苦功，但能不能考中心里无底。不过，他想历代那些大诗人屡考屡败的也比比皆是，就权当自己去京城见见世面吧。出发前，好友高凤岐还为他置酒饯行，希望他能及第而归。朋友的一番心意，令他非常感动，也激扬了他的斗志和信心。

第一次独自赴京城会试，虽然带足了盘缠，但那里举目无亲，只能独自去闯荡了。妻子刘琼姿告诫他："路上小心。"林琴南道："吾十六岁已独自去台湾；现在三十二岁，还有什么好怕的？"说着哈哈大笑起来，道："去京城是我的梦想，我要去看看皇宫。"

大约十来天后，林琴南一路颠簸地来到京城宣武门外的宣南地区。这里有几百家会馆，居住着全国各地来京城参加会试的考生。有些考生落第后不想回家乡，就客居在此地待来年再考。林琴南选了一家"春莱"会馆。这家会馆附近有家小饭馆，一日三餐就在那里解决了。这会儿，林琴南要抓紧复习，以便后天会试时能考出好成绩。

两天后，林琴南第一次走进了京城礼部会试考场。一种气场无形中萦绕着他，让本来放松的他忽然紧张起来。因为，这会试考场能中"进士"的只有几人，大部分都得落第而归。想到这点，林琴南不免有些胆战心惊。试卷发下来时，他全身颤抖了起来。他的哆嗦着的双手，在节骨眼上一点儿不听使唤。真的要砸锅了，这如何是好呢？然而着急也没有用，终究要面对落第而归的现实。好在考试没有年龄规定，今年不行，积累些经验，来年可以再考。只是回去面对诗社的朋友们，不免有些尴尬和难为情。

走出考场，林琴南知道自己肯定落第，索性扔掉书本在京城玩几天。于是，他先在宣南会馆附近逛店铺。店铺里的商品琳琅满目，除扇子、丝绸、鼻烟壶外，还有很多首饰。在一家店铺，林琴南讨价还价地买了几把扇子、几个鼻烟壶，想着回去后分送给朋友们。

接着，林琴南就去前门。去前门的目的，就是从那里进入皇城，看皇宫。一路上，林琴南有些激动，毕竟他要去看的是皇帝住的屋子，据说那屋子有九千九百九十九间半，而且都是黄色的屋顶。三四个小时后，林琴南终于来到了前门。从前门走去皇城时，林琴南遇到一队人马，远远望去几个人抬着一把黄布椅子，并由几名骑马人护卫。有人说坐在黄椅上的人是皇帝的钦差，替皇帝去某座寺庙办事。因为，只有皇帝和钦差才能坐黄色椅子。林琴南一边看一边道："啊，钦差大人。"

后来，林琴南上了景山。在景山看皇宫，真是太辉煌了。这是多么奇妙的建筑啊！从景山下来，林琴南参观了国子监。国子监是一座巨大的亭式建筑，有座很漂亮的拱门。它自隋朝以后就是中央教育体系的最高学府，也是元、明、清的最高学府。在明朝时期由于首都的北迁，在北京和南京分别设有国子监。设在南京的国子监叫"南监"或"南雍"，而设在北京的国子监就叫"北监"或"北雍"。明代永乐、正统年间曾大规模修葺和扩建，清乾隆四十八年（1783）又增建"辟雍"一组皇家建筑，形成了现在这样的规模。

林琴南从琉璃牌坊、彝伦堂、敬一亭，一直走到辟雍殿。辟雍殿是皇帝"临雍"讲学的场所，为重檐黄琉璃瓦攒尖顶的方形殿宇。外圆内方，环以园池碧水，四座石桥能达辟雍四门，构成"辟雍泮水"之制，以喻天地方圆。殿内有彩绘天花顶，并设置龙椅、龙屏等皇家器具，以供皇帝"临雍"讲学之用。林琴南在辟雍殿流连忘返，梦想自己能成为国子监的一名监生。

从国子监出来，林琴南去了雍和宫。这是一座非常有趣的建筑，一个庭院接着一个庭院，所有的喇嘛都穿着黄色的"斗篷"，戴着黄色的帽子。法事还在进行中，一个喇嘛站在院子里用低沉的声音念着奇怪的咒语，并用劈开的两个木片伴奏。其中一座大殿中有座非常巨大的镀金佛像，站立在挂满唐卡的圣坛之上。

这天晚上回到会馆，林琴南已经非常疲劳，但他仍然筹划着第二天的行程。于是，早上一起床，他就有了目标：先去十三陵（长陵），再去长城。到达十三陵时，他走进一座巨大的陵墓，地宫阴森森的，但庄严肃穆。于是，在地宫里走了一圈后，林琴南坐马车去长城。去长城的路上，浓绿成荫，景色宜人。到达长城脚下时，林琴南先在小饭馆里饱餐一顿，然后才拾阶而上。因有多年练武的功底，林琴南轻轻松松就到了八达岭。他站在八达岭上感慨万千，想起明代《长安客话》："路从此分，四通八达，故名八达岭，是关山最高者。"现在看来，八达岭长城是明长城中保存最好的一段，也是最具代表性的一段，是明代长城的精华，是长城重要关口居庸关的前哨，是万里长城的精华和杰出代表。林琴南情不自禁地赞叹道："伟哉，长城。"

第二天一早，林琴南去了天坛和地坛。这两个地方，很少有女人被准许进入，林琴南见到的是清一色的男性。天坛是明清两朝帝王祭天、祈谷和祈雨的场所，是中国现存古代规模最大、伦理等级最高的祭祀建筑群。而地坛呢，是明清两朝帝王祭祀"皇地祇神"的场所，始建于明代嘉靖九年（1530）。地坛呈方形，从整体到局部都是遵照古代"天圆地方""天青地黄""天南地北""龙凤""乾坤"等传统和象征传说来构思设计的。

天坛和地坛真是太大了，林琴南走得双脚起泡，回到会馆已经是晚上八点多了。匆匆忙忙赶去会馆附近的小饭馆吃了一碗面条，回来便打点明日南下的行囊。他要先去杭州，再回福州。因为，杭州有他的同乡朋友林启在浙江道任监察御史。

虽然第一次会试落第，可林琴南到了那么多京城名胜之地，现在又南下杭州看朋友，真是一次不错的旅行。尽管一路颠簸，但林琴南心情不错。到达杭州后，林启为他接风洗尘一起进晚餐。林启是清同治甲子三年（1864）举人，清光绪丙子二年（1876）中进士，任翰林院庶吉士。光绪五年（1879）授翰林院编修，外放陕西学政任顺天府乡试同考官，前三年才来杭州任职的。虽然林琴南与林启有过通信，但见面还是第一次。林启能这样款待老乡，让林琴南非常感动。在闲聊中，两个人颇投缘，许多问题都能达成共识。

第二天，林启还专门陪同林琴南游西湖。他们漫步在长长的白堤和苏堤，遥想当年的大诗人白居易和苏轼，话题就多了。他们边走边聊，西湖美景尽收眼底。接着，林启又陪他来到了南宋遗址。这里的树木和芒草，看上去是那么苍凉。林琴南面对这一片苍凉，也就面对了历史；这让他思绪万千，内心久久不能平静，随即吟诗数首。

当然，林琴南的这些诗，与其说是谴责南宋君臣，倒不如说是借古讽今。无论在北京游名胜，抑或在杭州赏风景，那些日子林琴南忘却了"不第"的失落，更多沉浸到国家、民族、历史事件中去了。

二

几天后，林琴南回到家里。妻子刘琼姿正在井边洗菜，远远地望见丈夫耷拉着脑袋，神情恍惚地回来了，不用问便知道一定是落第而归。刘琼姿将湿漉漉的双手在围裙上擦擦，温和地说："回来啦！"林琴南却摆着脸道："难道你不要我回家吗？"说着一脚跨进屋里去了。刘琼姿忙沏茶给丈夫端上。林琴南望着贤惠的妻子心里满是感激，但表露出来的态度却是爱理不理的样子；而妻子刘琼姿总是能够体谅他，包容他的坏脾气。

又到了诗社聚会的日子，林琴南早早地来到了李家园林，在"吟台"背诵起他在杭州写南宋遗址的诗。李宗祎拍手叫好，连连道："写得深刻。"李宗言从里屋出来，见到林琴南来了个大拥抱，亲热极了。一会儿，诗社的同仁陆续到齐了，大家争先恐后地吟诗。林琴南知道那是朋友们知道他会试落第，不让他感到难堪所制造的一种欢乐场景。此刻，朋友陈衍正在朗诵他写给林琴南的诗：

> 林生少年负狂名，与我相逢已长大。
>
> 君言识我亦良早，贫贱骄人此人那。
>
> 酒酣耳热话童时，折节读书谁督课。
>
> 斩蛟射虎百不忧，乡里龌龊横作逻。
>
> 台江驵侩本如卿，酒恶情怀辄骂座。
>
> 世人白眼尽欲杀，每值氍氀暗相贺。

与陈衍相交虽然才两三年光景，但他却能入木三分地道出自己的品性，这让林琴南非常感动。人生一世，知己难寻，而陈衍这知己得来全不费工夫。此后，林琴南与陈衍相交相知一生，若干年后，他们最好最有成就感的合作，便是上书朝廷。那是林琴南最富于生机活力的时期，在那个时期，他的启蒙意识、变法图强精神，达到了顶点。他充分承担起了一个具有忧患意识的知识分子的真正责任，为改良现存秩序做出了努力。

现在林家连四岁的小儿子林钧也知道，陈衍叔叔是父亲的好朋友；只要陈衍叔叔来家里做客，父亲便眉开眼笑了。转眼又是一年过去了，时间像流水那样，一去不复返。由于会试落第，林琴南暂时不准备再赴试了。如果若干年后再参加会试，那一定要准备充分些。接下来的日子，林琴南就把精力投入到诗社唱和以及阅读古文闲书等一些事务上。当然，每日阅读小报，是林琴南必修的功课。

这会儿，林琴南读到一则消息：光绪九年（1883）十一月十三日，法军六千人在孤拔率领下，向驻防越南山西地区的清军和黑旗军阵地发动进攻，中法战争正式爆发。清军连战失利，法国乘势要挟。光绪十年（1884）四月十七日，迫使清政府签订了《中法会议简明条约》，承认法国对越南的"保护权"，同意在中越边境开埠通商，并声明将北圻清军撤回边界。闰五月初，法军强行接收越南谅山附近中国军队驻地，遭到还击，法军败退。六月十五日，法国海军进犯台湾基隆，被守军击退。

这些不久前才发生的事情，令林琴南感到时局并不令人乐观，仿佛战争随时都有可能在自己身边发生；说到底还是大清国不够强大。此刻，林琴南给远在台北的叔叔林国宾写信，有五六年没见面了，尤其法国海军进犯了台湾基隆，不知道他全家是否安好？林琴南惦念着。

然而，林琴南做梦也没想到，只隔了没几天，停泊在马尾军港的法国军舰突然袭击了福建水师，动用水雷大炮向中国兵舰轰炸。福建主办海疆事务大臣张佩纶、船政大臣何如璋听到炮声，仓皇分逃鼓山彭田乡与快安乡，使海军和陆军在无人指挥下各自为战。因此，中国兵舰仓促应战，被动挨打；虽然"福星号""振威号"向敌军还击，但福建水师被击沉军舰十多艘，官兵伤亡七百多人，终遭全军覆灭的厄运。接着，法军又炮轰马尾船厂，在马江沿岸轰炸炮台和民房。至此，马尾船厂及舰队均遭到重大损失；唯有陆军拼死抵抗，法军登陆失败，退回海上。

林琴南闻讯焦急万分，非常悲愤，跑到大街上正巧遇上林葆祁，两个人相拥而哭，怒斥主办海疆事务大臣张佩纶、船政大臣何如璋谎报军情，临阵逃跑。他们一边哭一边说："法国入侵，朝廷太无能了。"然而，作为没有实权的一介文人，他们也只能悲愤、痛哭而已，无法改变现状。

进入盛夏后，林琴南写了不少针砭时弊的诗在诗社聚会时吟诵。很快诗社成员以诗的方式，表达自己的见解，痛斥法国入侵者。到了深秋，左宗棠以钦差大臣身份到福州督办军务，林琴南得知情报，约诗社成员周长庚一起挡道遮拦左宗棠于马前，上状揭露主办海疆事务大臣张佩纶、船政大臣何如璋谎报军情、临阵逃跑、欺上罔下的种种劣迹。后来，他们的这一举动，令同辈人为之咋舌，叹为狂人。当然，此番挡道投诉、公开抗议后，张佩纶与何如璋都被清廷革职充边了，他们也算做了一件正义之事。为此，林琴南比较欣慰。这是他第一次干预社会，他的眼光已经越出书斋，日后定会更加关注面前所发生的历史剧变。

接下来，林琴南继续写讽刺批判社会现实的诗，大约写了一百多首。他非常痛恨清廷的腐朽昏庸，痛恨法国强迫清政府签订了丧权辱国的不平等条约。他知道时下流行着这样的说法："法国不胜而胜，中国不败而败。"这充分说明了清廷的无能。

进入光绪十一年（1885）时，林琴南想起了岳父刘有棻曾经建议他学习经学的事。正好有个机会，他找到了光绪丁丑（1877）进士谢章铤学习经学。因为，年初谢章铤刚从庐山白鹿洞书院回来，受聘福州致用书院。谢章铤是古文大家，其词作和词论成就也很高。其词寄托遥深，悱恻蕴藉；词论则有主性情、重音律、宜雅趣三要旨，尤其是"词主性情"说，对词坛颇具影响，且为词论家所称道。林琴南跟他学习，就是想系统地钻研汉宋两代儒学经典。

这些年，孩子们在不知不觉中长大了。女儿林雪十二岁了，已是家里的一把小能手；长子林珪十一岁，能背很多唐宋诗词；就连最小的林钧，也已经七岁多了。孩子们个个都很乖，林琴南送他们去私塾读书，还亲自教他们习画。家里浓浓的书香味，让林琴南的母亲很高兴。这些年母亲身体欠佳，经常腰腿酸痛。今年五十七岁的她，由于操劳，看上去略显衰老。不过，母亲很乐观，也很勤劳，仍然做着针线活贴补家用。

而林琴南呢，只能在星期天烧几道母亲喜欢吃的菜报答母亲。林琴南最拿手的是红烧鳗鱼。这是他从前跟朱韦如先生读书时，专门跟他家隔壁的厨师学的。婚后，林琴南虽然不常做菜，但只要他掌勺，一定色、香、味俱全，孩子们吃得狼吞虎咽，母亲和妻子也胃口大开。有时，林琴南就给习画的老师陈文台先生烧几个菜去，也给刚拜师的谢章铤老师烧几个菜去；他们都喜欢吃林琴南做的菜。

现在，林琴南以第一流的才情下最笨的功夫。在老师陈文台的指导下，对花鸟画进行深入系统的学习。这一阶段林琴南除向石颠山人老师请教外，还大量模仿了石颠山人老师的老师谢琯樵画作。谢琯樵（1811—1864）名颖苏，琯樵是他的字，漳州诏安人。谢琯樵擅书画，精诗文，兼工篆刻，有"三绝"之誉，画风深受徐渭、郑板桥、黄慎、华岩影响。他的花鸟画形态生动，着色淡雅，落笔秀劲洒落，是一个艺术素养全面的艺术家。活着时，谢琯樵的画迹就广泛流传于闽、粤、台及日本等地，是"诏安画派"前期领袖。林琴南十分喜欢谢琯樵的简笔花鸟画，十分推崇这位先辈并深受其影响，开始了向上溯源的绘画学习。

这些年，林琴南的花鸟画主要集中在仿古与写生两个方面。他钟爱水墨花鸟画，爱用单纯又变化无穷的水墨，淋漓尽致地挥洒自己心中的情愫；画了河蟹、鸭、白菜、梅、兰、竹、菊等日常生活可见的事物，虽然在用笔用墨上显得较为简单，构图上亦显得程式化一些，但依然显露出他的绘画天赋与热情。

苍霞洲是个读书、画画的好地方，五个大房间大小一样。林琴南想，这环境、这房屋，倒是像座学堂呢！当然，现在全家人住在这里，孩子们有这么好的居住条件，再也不用像他小时候那样为填饱肚子而发愁了。这是他中举后的最大收获，为此，他怀着一颗感恩的心，感谢上苍，感谢所有帮助他的人。

如今，林琴南日子过得忙碌而平淡。每周一次诗社聚会，每周两次去致用书院随谢章铤学经学，每周一次去陈文台老师家学画。剩下的三天，林琴南便挪来看小说、陪母亲妻儿，还有访朋友和会客等。然而，就在这时，他的堂弟秉华来信报告叔父林国宾病逝了，享年五十四岁。

得知叔父林国宾病逝，林琴南和母亲都非常悲伤。林琴南更是有些自责，认为原本应该他赴台湾接替父亲的工作，却让叔父顶替了，从而让叔父全家长年累月在台北淡水镇生活。现在叔父又病逝在异乡，堂弟秉华也不能回故乡来，这一切都是他的错啊！林琴南越想越自责，像个孩子那样"哇哇"大哭起来。妻子刘琼姿急忙劝解道："一切皆有命，生死无常啊！"林琴南想想也是，悲伤了几天后，给堂弟秉华写回信，希望他带着孩子回故乡，并汇去了一些钱。

接着，林琴南又回到自己的生活轨道，与诗社的朋友们聚在一起是他最开心的时光。只是陈衍已前往台湾，入首任台湾巡抚刘铭传幕，协助刘铭传抵抗法国入侵者，招抚当地少数民族，开疆拓域，修筑铁路，发展经济。这是一项艰巨的任务。陈衍启程前，曾和众诗友道："强国才能御侮。"

陈衍的话，给林琴南很大触动。他想父亲和他去台湾都是谋生，属于"小我"的境界；而陈衍此去台湾是为国家，属于"大我"的境界。林琴南想，只有升入"大我"的境界，才能为国家贡献自己的力量。

三

林琴南的苍霞洲新居离谢章铤的致用书院比较近，离苍霞洲龙潭精舍亦不算太远。因此，他一方面跟随谢章铤学习经学，另一方面便到龙潭精舍任教。林琴南自从中举以来，无论物质和精神都比从前好多了。李氏兄弟家的藏书，不少书籍他已经重温了好几遍。现在又有了到龙潭精舍教书这一工作，的确不错。

然而，林琴南在自己忙忙碌碌的生活中，有那么一阵子忽视了对同窗好友王灼三的关怀，以至于王灼三的突然病逝，令其妻觉得无依无靠，竟将自己关门自缢。林琴南闻讯，快步流星地赶去，破窗而入，解救了正准备自缢的王灼三妻子。林琴南道："都是我对不起王兄，我来迟了。"林琴南劝慰了王灼三妻子一番，立即东奔西跑地筹到了四百元，又急急忙忙赶回去把钱交到王灼三妻子手里，并道："儿子王元龙去我家吧，和我的孩子们一起生活、读书。"

王灼三妻子满眼是泪，一时竟感激得说不出话来。半晌，王灼三妻子道："这恩情，令我们感激不尽。"林琴南道："你家的事，就是我的事。日后女儿出嫁，我定会鼎力资助，放心吧！"王灼三妻子这才开始整理儿子王元龙的衣服，将儿子寄养在林琴南家；而她和女儿两个人靠干针线活糊口。

王元龙比林珪小两岁，林琴南把他领回家就安排他与林珪、林钧住一起。这样三个男孩子可以一起读书、一起玩耍。母亲和妻子也都有助人为乐的好品性，都把王元龙当成自家孩子一样对待。王元龙小小年纪也知道在林伯伯家比在自己家里好，不仅吃穿不愁，还有书读，还有两个小伙伴朝夕相处。因此，一段时间住下来，王元龙长胖了不少，也活泼了不少；回去看他母亲和妹妹，总是脸上挂着笑容。而林琴南呢，安顿好了王灼三的遗孀和孩子，便又进入到他自己的日常工作和读书中去了。

龙潭精舍是林琴南非常喜欢的地方。进入光绪十四年（1888）以来，他几乎大部分时间都在龙潭精舍度过。在这里他每天与徐祖莆讲诵程朱理学。徐祖莆多次应试皆不第，因此，两个人有很多共同语言。当然，除了徐祖莆，林琴南还有弟子刘永祺、曹于南等。大家在一起时，也会谈些时事和八卦新闻。

譬如，此时他们正在谈论坊间流传很广的一则消息：西太后慈禧决定为光绪成亲，慈禧不顾光绪本人反对，给光绪物色了一个他并不喜欢的皇后。这个皇后就是慈禧亲弟弟桂祥的女儿静芬，比光绪大三岁，已二十一岁。而光绪呢，是慈禧亲妹妹的儿子；皇后是慈禧亲弟弟的女儿。他俩原本就是表姐和表弟，属于近亲结婚。然而，慈禧想通过这个巧妙安排，可以继续掌握朝廷大权。按照皇家一夫多妻的旧例，在光绪大婚时再纳娶两个妃子，就是侍郎长叙的两个女儿，初封瑾嫔、珍嫔。

林琴南的弟子刘永祺道："皇帝结婚是天下大事，老百姓等着看热闹好了。"林琴南道："如果真是这样，那皇帝太可怜了。政治上没有自由，爱情上也没有自由。"大家在一起谈论，心情都不错。有时，他们到附近的小西湖漫步，观湖中景色，真是"风暖游人醉"。只可惜这样的读书、教书、赏景的好日子很快就结束了。

因为，康有为鉴于中法战争后民族危机日益严重，遂于一八八八年的十月初八那天上书光绪皇帝，请求变法。这是康有为把自己酝酿已久的变法思想，变为正式建议的开端。他上书历陈帝国主义侵略给中国造成的危机之状，强调变法图强的必要性和紧迫性，吁请皇帝迅速"变成法，通下情，慎左右"，以挽救国家危亡。然而，这次上书由于"大臣阻格，不为上达"，光绪皇帝没有看到，但很多具有新思想的爱国人士辗转传诵，产生了很大的社会影响；康有为也因此获得了一定的声誉。

康有为的这一上书，激起了林琴南的爱国热情。林琴南再也按捺不住了，满腔热血，想干的事情仿佛一下多了起来，但又无从下手。于是，林琴南想来想去还是继续赴京参加会试。毕竟及第是他的人生理想，也是仕途之道。况且，朝廷刚刚制定了《北洋海军章程》，编成了北洋舰队，共有各种舰船二十二艘，官兵四千余人。另外，李鸿章派丁汝昌为北洋海军提督，林泰曾为左翼总兵，刘步蟾为右翼总兵；北洋海军正式成立了。

林琴南满心欢喜。他认为成立北洋海军，对于中国实在太重要了。那天在诗社，林琴南朗诵了他祝贺北洋海军成立的诗歌；郑孝胥也不约而同地写了这方面的诗。谈论起时事，诗社成员七嘴八舌，发表自己的见解和观点，真是兴会淋漓。因此，每周一次的诗社活动，大家都写了不少好诗。林琴南想编一本《福州支社诗拾》的集子，这个想法得到了同仁们的支持。不久，林琴南便编好了这本集子，待有刊印费时就可付印了。

从诗社回来，林琴南没想到他的长子林珪与王元龙发生矛盾了。小孩子在一起时间久了，吵架虽然是难免的，但林琴南还是对长子林珪进行了一番别出心裁的教育。事情是这样：林珪与王元龙发生争吵后，王元龙就要回自己家去。刘琼姿一方面批评林珪，另一方面极力阻止王元龙回家，王元龙这才留了下来。林琴南得知情况后，心里想如何才能让他们从此和睦相处呢？

于是，这晚他故意让林珪与他同床共眠。睡到半夜时，林琴南突然哭了起来，林珪被父亲的哭声吵醒后问："阿爸，为什么哭？"林琴南道："你欺负王元龙，王叔叔来梦里找我了，我不知道如何回答他，便哭醒了。"林珪紧张道："阿爸，您告诉王叔叔，我以后一定不欺负王元龙了。我发誓。"林琴南道："当真是这样？"林珪道："我不说假话的。"林琴南道："好吧，那我们继续睡觉。"

　　第二天，林珪果然向王元龙道歉并与他和睦相处，玩得很开心。孩子们团结友爱，林琴南便开始准备明年春天的会试。他想这两个月必须减少应酬，静下心来读书，多看八股文章。只是母亲近来身体欠佳，胃口不开，说是喉咙里长了个疱，林琴南要给母亲看郎中，母亲说："一个疱，别小题大做了。"

　　转眼，就到了光绪十五年（1889）。据说，这年日本在中国的间谍荒尾精向日本帝国军部参谋本部递交了乐善堂间谍们的第一份重要成果：有关中国大势的分析报告《复命书》。这份报告书认为，大清国"上下腐败已达极点，纲纪松弛，官吏逞私，祖宗基业殆尽倾颓"。虽然是传说，但林琴南深信不疑；只是马上要参加礼部会试了，他不愿意多分心，也不愿去做什么社会调查。

　　离第一次赴京参加礼部试，已过去了六年。第一次落第，对林琴南没有很大打击，因为他毕竟赴京开了眼界。再说科举考试，从童生到秀才，从秀才到举人，再从举人到进士，哪一级不是历尽多年磨难呢？因此，在过去的六年中，林琴南一方面钻研经书做学生，另一方面教书培育弟子。无论家事国事，他都经历了不少：先是中法马尾之战，接着叔父在台北淡水镇病逝，其后是好友王灼三病逝等。

　　终于，赴京参加礼部试的日子来临了。这次赴京的行程路线，林琴南已经非常熟悉，因此他没有像第一次那样提早半个多月出发，而是提前几天启程。启程那天清早，妻子刘琼姿早早地起床给他做早餐。林琴南吃了一大碗青菜荷包蛋面条，吃得直打饱嗝。上路前，孩子们还在梦乡里。母亲泪眼婆娑道："路上要注意安全，考完了就回来啊！"林琴南点点头，拥抱了一下老母亲，又拥抱了站在一旁的妻子，便出发了。

　　一路上，林琴南的确比第一次赴京顺利多了。到达北京后，他直奔宣武门外的宣南地区，依旧住进上次住过的那家"春莱"会馆。安顿好自己后，林琴南便去附近的小饭馆吃晚饭；接着回房闷头复习。直到子夜，他才洗了把脸上床睡觉。然而，他翻来覆去睡不着，竟然一夜无眠。

第二天一大早，林琴南就起来复习了。可是他怎么也复习不进去，思想老是开小差，一会儿想到上次的会试，一会儿又想着家里的母亲和妻儿。他嘴里喃喃道："罢了，罢了，老走神儿，该如何是好？"于是，他索性不复习了，盘腿坐在地上，闭上眼睛，练习"气沉丹田"；果然心就平静了下来。

两个多小时后，林琴南准时到达考场。考卷发下来后，林琴南把整套考卷浏览了一遍，选择自己感兴趣的先做。他唰唰地写下来，这回倒是一点不紧张。

四

林琴南考完后，住在"春莱"会馆等待发榜。老板娘见到他眉开眼笑的样子，便道："考得不错吧！"林琴南不置可否。尽管考完后感觉不错，但到底能否及第他心中没底。因此，他只能耐心等待。然而等待是多么漫长啊，几乎每时每刻都是煎熬。于是为了排解这煎熬，他就去街头与小贩们聊天。别看小贩们一个个都没读过书，可居然也知道皇宫里的事。林琴南想到底是皇城根儿的小贩，三句离不开皇宫。

一个三十出头的小贩对林琴南道："光绪帝今年才亲政，他前两年就举行了亲政典礼，可慈禧太后又玩弄政治伎俩训政了两年；还把自己弟弟桂祥的女儿立为皇后。你说这光绪帝在亲政与大婚上，不都是形同傀儡吗？"林琴南点头回答："是啊！权欲啊！"小贩道："这臭娘们儿，咋这么有能量呢？难道这么多男人都不是她的对手？"小贩的妻子拉拉他的衣角道："嘘，小声点，你不怕砍头，我还怕呢！"小贩这才不作声了。离开小贩，林琴南又在街头逛了一圈。在饭馆里吃了晚饭，才回会馆。

第二天是发榜日。林琴南突然不敢前去看榜，心里有一种怯懦，生怕落第，无颜见乡亲。他鼓足勇气，把内心稍稍调整了一下，还是去看。他双眼瞪得大大的寻找自己的名字，结果"落第"二字仿佛发出了"轰隆"一声巨响，让他的脑袋像炸裂了一样，差点让他晕眩过去，还好没有倒下。

林琴南已经三十八岁了，这是他第二次礼部试落第。虽然很多人都面临落第的局面，但他心里很难过。许是自己不够用功，抑或是因为六年没有参加礼部试、复习的路数不对？林琴南决定回去努力一年，明年再赴京应试。这个决定让他心里好受些，毕竟他看到了希望。再说那些中榜者，确实有过人之处。林琴南觉得与他们相比，自己略差一筹。

回到福州，母亲和妻子都不问他京城会试的事。妻子刘琼姿烧了一桌菜，全家人团团圆圆地吃了晚餐。饭后，妻子刘琼姿又给他沏了杯茉莉花茶。孩子们长大了，最小的林钧也十岁了。他们见父亲回来很兴奋，林钧拉着父亲的手背诵古诗。林珪和王元龙不仅会背古诗，还能自己作诗了。虽然林琴南因落第而郁闷，但见到孩子们个个努力学习，心里还是高兴的；到了晚上睡到被窝里，实在郁闷极了才向妻子刘琼姿抱怨发泄了一下。

林琴南仍然坚持参加每周的诗社活动。朋友们见他回来了，也不问会试之事，倒是林琴南自己比较坦率道："没中。"李宗言等诗友便安慰道："没关系，不中的人多着呢！下回就中了。"林琴南道："谢谢各位仁兄，我当继续努力才行。"说完，他哈哈大笑起来，其实是不甘心也。接下来，诗友们朗诵完自己作的诗，开始谈论时事。各路的小道消息，便是闲聊的一大特点。

林琴南把刚从小报上看到的消息作为闲聊的内容道："两广总督张之洞为了抵制洋铁入口，开工兴建汉阳铁厂，说是四年后（1893）全部竣工。该厂设备先进，将拥有三千多工人，所生产的铁除了供应该国外，还可以出口到美国、日本等国家呢！"

高凤岐道："真的吗？如果真是这样就太好了。"周长庚道："听说德国慕尼黑创建了世界上最大的保险集团——安联保险公司。也就是说只要你每月交点钱，如果发生什么意外就可以获赔了。"李宗祎道："这倒是个先进的事物，中国还没有吧？哪天中国有了保险公司，我们也去投保一份。"林琴南道："中国如果有保险公司，也得五十年后吧！"

从诗社回家，林琴南的情绪总是比较好。这晚他画了两幅画，还作了一首诗，黎明时分方入睡，所以第二天起床时已是上午九点，太阳已从窗外照射到他的床上了。在自家小院里打了一遍太极拳，他想起明年春天还要再赴京会试，便不敢放松，吃了早餐，赶紧坐到书桌前读书、温习。

然而，有一阵没有与林菘祁联系的林琴南，就在这天上午得到了林菘祁在乌鹿道院病逝的噩耗。他急匆匆地赶去乌鹿道院，林菘祁直挺挺地躺在床上，一块白布覆盖着他的全身。林琴南哭喊道："我来迟了，兄弟你醒醒，醒醒啊！"林琴南悲伤的哭声，弥漫了整个乌鹿道院。

三天后，林琴南与乌鹿道院的道士们一起埋葬了林菘祁。林菘祁膝下有一子，名叫阿状。阿状的母亲早病死了，阿状成了无依无靠的孤儿，林琴南毫不犹豫地把他接回了家，像王元龙那样在自己家里吃住，并且供他读书。母亲和妻子都是心地善良的人，虽然经济也不宽裕，但都把阿状视为自己家里的孩子。

林琴南收养了两个亡故朋友的孩子，被乡里人视为义侠之人。对于"义侠之人"这个称呼，林琴南很得意。他在晚年还为收养两个孩子的事，专门写过一首诗：

> 总角知交两托孤，凄凉身正在穷途。
> 当时一诺凭吾胆，今日双雏竟有须。
> 教养兼资天所命，解推不吝我非愚。
> 人生交友缘何事？忍作炎凉小丈夫！

安顿好了阿状，林琴南也了却了一桩心事。于是，他又继续投入到明年春天赴京礼部试的复习中。时光飞逝，春天很快就到了。只是林琴南第三次赴京会试，也是失败而归。他心里郁闷极了，也失望极了，回乡的路上眼泪总是止不住地流下来。然而，回到家里，母亲和妻子一如既往地理解他、支持他，并给予鼓励。妻子道："失败乃成功之母。只要不放弃，总有一天会成功的。"林琴南因为有家庭的温暖，有妻子的善解人意，因此很快从失落中走出来了，并且决心迎接下一次的挑战。

冬天来临时，林琴南一家在苍霞洲已住满八年了。母亲和妻儿们非常喜欢这风景不错的住宅。一年四季，林家庭院里总有花朵盛开。特别是夏天，站在庭院里凉风习习，总是让林琴南神清气爽，浮想联翩，兴致盎然。

这会儿，林琴南漫步在苍霞洲小道上，午后的太阳温暖地照射着他。他心里想从前的三个穷苦好朋友（即王灼三、林菘祁、丁和轩）已经去世两个，只剩下丁和轩一个了；明天找他喝杯酒去吧！于是，第二天一大早，林琴南便成了不速之客，来到了丁和轩家里。丁和轩家还是一贫如洗，几个孩子脸色黄黄的，人也很瘦，家里没有一件像样的家具。林琴南中举后，曾给丁和轩一些资助，有时家里有什么好吃的，也会送他们一些，真正是铁哥们儿。

此刻，丁和轩见林琴南一大早来看望他，非常高兴。两个人一拍即合，去鼓楼西北部的西湖公园。西湖公园是晋太康三年（282）郡守严高所凿，在唐末就已经是游览胜地了。五代时，闽王王审知次子王延钧继位，在此建造亭台楼榭，湖中设楼船，西湖成为御花园；到宋代更富盛景。清道光八年（1828），林则徐为湖岸砌石，重新修建，成为现在这个样子。

现在，他们一边逛公园，一边聊天，谈起好朋友林菘祁的病逝都非常感慨。丁和轩夸林琴南收养遗孤是义侠之举，表示钦佩。林琴南道："这是人之常情，应该的。"接着，他们在西湖公园内的一家小酒店坐下来。林琴南要了一壶黄酒，点了几盘下酒菜；两个人一边赏景，一边吃起来。

林琴南今年四十岁，与丁和轩已经结识二十年了。二十年的老朋友，共同经历过不少事，林琴南回想起来，丁和轩总是常常呵护着他。

譬如，林琴南每次与人意见不合时，喜欢怒目斥之，与人争吵；这让被林琴南怒斥过的人心存芥蒂，常常乘机造谣，诋毁林琴南。然而，只要丁和轩听见有人对林琴南造谣中伤，便会与他们理论，极力争辩，维护林琴南的名誉。早年，林琴南的肺病时有复发，咯血不止；丁和轩就时常陪伴在林琴南的病榻边，与他闲聊，让他减少寂寞和痛苦。林琴南回想到这里，非常感谢丁和轩曾经给予他的温暖和关怀，对丁和轩的感情也更深一层了。

这天，林琴南和丁和轩在西湖公园内的小酒店里，一直喝到打烊，才醉醺醺地离去。妻子刘琼姿见他满嘴酒气，便知道他喝多了，扶他进屋上床，还给他洗了脸和脚。一会儿，林琴南就鼾声如雷，进入梦乡了。

五

清德宗光绪十七年（1891）很快就要过去了。年末时，林琴南编辑的《福州支社诗拾》，经多人赞助终于刊印出版了。林琴南在序文里表达了自己的心声："纡幼时学为短章，多萧寥悲凉之音。"林琴南除赴京城礼部试用"林纾"这个名字外，现在第一次刊印诗集也用了"林纾"。他知道"林纾"这名字，是他从"林秉辉"改后的正式本名，将来无论走上仕途，抑或是发表著述，都将用这个名字。

《福州支社诗拾》出版了，这是一件激动人心的事。那天在福州的全体诗社成员欢聚一堂，庆祝活动非常隆重，不少文学青年也跑来参加，大家登台朗诵诗歌，活动一直延续到晚上九点才结束。一时间，朗诵诗歌成了民间一项非常有意义的活动。年轻的文学爱好者，也时常组织诗歌朗诵会。家里的林珪、林钧、王元龙和阿状，只要听到哪里有诗歌朗诵会，便积极参加，登台朗诵。林珪、林钧和王元龙的诗都作得不错，只有阿状欠缺一些。但孩子们对诗歌的热情，让林琴南很欣慰。

林琴南知道自从成立诗社以来，阅读和友谊让他拥有了一个文学舞台。在与坦诚的好友交往中，不仅开阔视野，还磨炼了他的头脑，使他不至处在一个狭隘的封闭状态中。为此，他珍惜诗社的每一位成员，与他们相处得非常好。

这段日子，林琴南对唐宋小说产生了浓厚的兴趣。在准备第四次赴京礼部试复习时，总是忍不住又看小说了。小说中的故事，或悲或喜，让林琴南沉湎其中，浮想联翩。他想将来如果"及第"不成，自己就写小说吧！写小说能把自己带到另一个世界，能拒绝与现实中肮脏的世界同流合污。林琴南想到这，会心一笑。是啊，他想人总不能在一棵树上吊死吧！

又一年冬去春来，林琴南赴京礼部试的日子又到了。这真是一个让人揪心的日子。林琴南虽然已做好了思想准备，但已经三次"未中"，这次的压力很大。如果仍然落第，实在无颜见父老乡亲了；倒是妻子安慰他道："其实，考得好的人并不一定能录取。官场黑着呢！你不用紧张，淡定一些；不中进士难道就活不成了吗？"妻子的一席话说得很有道理。林琴南当然知道官场的黑暗，只不过会试之心没死，还想去碰碰运气罢了。

出发的那天早上，依然吃了妻子煮的青菜肉丝面条。林琴南吃得饱饱的，告别了母亲，提着行李刚准备上路，十三岁的林钧从被窝里钻出来道："阿爸，一路平安。您会成功的。"说得林琴南开心极了。林琴南最疼爱这小儿子，见他穿着单衣道："快到床上去，不要着凉了。"说着，与林钧微笑着挥手道别。

已经是第四次赴京了，林琴南对行程路线已了如指掌，因此他很快就到了北京宣南。这次他不再住"春莱"会馆了，换了一家"吉祥"会馆。"吉祥"会馆住满了前来参加"会试"的考生，随便走到哪个角落都能看到考生捧书而读的背影。林琴南觉得"吉祥"会馆读书氛围不错，便订好房间住进去了。虽然房间在"吉祥"会馆的最里面，但穿过曲径通幽的庭院，别有一番风味。

安顿好了行李，林琴南捧一本书到庭院去读。午后的太阳暖暖地照在他身上，很惬意；只是一路颠簸，比较疲劳，到了太阳底下就打起瞌睡来了。林琴南索性回房午睡。大约睡了两小时，林琴南重新回到庭院温习，才感到神清气爽。太阳落山时，林琴南捧着书本回到客房。在客房门口，林琴南遇到了隔壁客房的一位考生。这位考生是南京人，他告诉林琴南已是第十次来参加会试了，并感叹道："这事儿简直比登天还难，头发都白了呢！"林琴南深有感触，赞同地点点头道："是啊，太难了。"说着，向他挥挥手，走进了自己的客房。

林琴南忽然想起了唐朝诗人赵嘏的《下第》诗："南溪抱瓮客，失意自怀羞。晚路谁携手，残春自白头。"还有贾岛的《下第》诗："下第只空囊，如何住帝乡。杏园啼百舌，谁醉在花傍。泪落故山远，病来春草长。知音逢岂易，孤棹负三湘。"

赵嘏落第多次，但最后还是中了进士。而贾岛仕途坎坷，多次赴考都名落孙山，有一次竟因"吟病蝉之句，以刺公卿"，不仅被黜落，还被扣上"举贾岛诗场十恶"的帽子；更使他悲伤的是，他的好友孟郊于元和九年（814）突发急病而死；至长庆四年（824），韩愈又病逝。而此时，贾岛却依然是一介布衣。直到垂老之年，贾岛才出任长江县主簿。

唐人苏绛在他的《贾司仓墓志铭》中，称赞贾岛"三年在任，卷不释手"。看来贾岛仕宦后，读书吟诗的癖好依然不改。林琴南想贾岛一生未及第，但诗歌写得好，照样是后人的榜样呢！林琴南想到这里，去街头小饭馆吃了晚餐，又买了两只面包做明天的早餐。回来后，就开始在烛光下认真复习了。

第二天一早，林琴南和前三次一样，早早地到了考场，一个人坐在自己的考试座位上，等待着考试的开始。仿佛久经沙场，林琴南对这里的一切已习以为常了。考前也不那么紧张，心里默诵着几篇八股文章。一会儿，考试开始了。他唰唰地书写着，每一道题都做得颇顺利，没有让他感到特别难；做完了，又反复检查了几遍才交卷。

回到"吉祥"会馆，隔壁那位南京考生站在门口正等着他。南京考生有五十多岁了，见到他道："回来了啊，考得不错吧！"林琴南道："自我感觉不错，只是能否及第谁知道呢！"南京考生道："是啊，名额有限，谁知道里面是否有猫腻儿呢？"

两个人站在门口聊了一会儿，林琴南道："别管那么多了，我们一起吃饭去吧！"南京考生道："是啊，考完了也就完了，想太多影响身体。"说着，两个人就走出"吉祥"会馆，来到一家小酒店坐了下来。林琴南招呼跑堂要了瓶酒，点了几个下酒菜。林琴南对南京考生道："来，来，咱们喝个痛快！"

因为喝酒，南京考生一时也兴奋起来，暂时忘却了那折磨人的等待——会试张榜公布。林琴南对他道："我家祖上也是金陵人，后来迁到福州，说起来咱们还是老乡呢！"南京考生道："老乡见老乡，两眼泪汪汪！"说着，他们为他乡遇老乡又干了一杯。接着，两个人边喝边聊，一直聊到子夜才回。这时两个人都已烂醉如泥，互相搀扶着才回到客房。

终于等到放榜的日子，这天一早，南京考生便来敲林琴南的房门，约了林琴南一起去看榜。他们在"吉祥"会馆附近的点心铺里吃了水饺，两个人吃得饱饱的，上路了。然而快到发榜地时，两个人都紧张起来。南京考生对林琴南道："我真是很紧张呢，要不你给我去看得了？"林琴南道："还是自己看好吧，眼见为实。如果真的落第，也没什么大不了的。唐朝那么有名的诗人贾岛也没有及第，何况及第毕竟是少数人。"南京考生道："经你这么一说，我也就想开一些了。我都五十多了，就是及第还能干几年呢？罢了罢了。"说完，竟"哈哈"大笑起来。

林琴南远远望过去，那张"状元榜"前已经拥满了熙熙攘攘的人群。林琴南和南京考生挤进了人群，在榜上寻找自己的名字，可是找了半天也没找到。林琴南数了数，今年福建竟有方家澍、陈希贤等十八人登进士。方家澍是与他一起中举的举人，亦是诗社朋友。方家澍及第了，而林琴南仍然落第，这让他的心隐隐作痛。

南京考生也落第了，禁不住大哭起来。林琴南见他哭得那么伤心、那么绝望，也落下了眼泪。他们俩回客房的步子，都迈得很沉重。仿佛星子的陨落，四面八方无处是归宿。现实是残酷的，林琴南突然对仕途、对官场有了疑问和新的看法。

现在，林琴南与南京考生结伴南下。一路上，林琴南虽然自己也因落第而悲哀，但他始终开导着南京考生，使南京考生不至于太伤心。到了南京后，林琴南与南京考生告别，继续南下杭州。他想再次到杭州看望老乡林启。他对杭州的感觉非常好，喜欢那里的湖、那里的景以及那里的人文环境。

林启是林琴南的前辈，与前几年一样，林启依然任浙江道监察御史。他刚提出"简文法以核实政、汰冗员以清仕途、崇风尚以挽士风、开利源以培民命"的政见主张。这让林琴南颇为欣赏，也是他这次南下看望老乡的一个主要原因。

六

这次杭州之行，林琴南一共住了六日。林启依然和上次那样陪他游湖，陪他去南宋遗址。林琴南也依然每到一地就写诗，特别是重游南宋遗址，联想到国家的积弱不振，诗句便脱口而出。若干年后，他在《畏庐文集·西湖诗序》中道："余盖有感于宋氏而发也"，"多悲凉怆楚之音"。

应该说，林启接待林琴南非常周到。最末一天，林启还把刚中进士的陈希贤邀来一起聚餐，希望林琴南多一个老乡朋友。因为落第，林琴南面对陈希贤时有些自卑，但见陈希贤对自己很热情也很友好，便放下了思想包袱。接着，三个老乡在一起，喝酒聊天，谈论国家大事，不亦乐乎。

结束杭州之行，林琴南告别朋友回到了福州。在回福州的路上，林琴南满脑子还是与林启、陈希贤聊天的内容，眼前浮现着他们的音容笑貌。他非常感谢朋友，特别是在他落第之时，有这样的朋友抚慰，让他深深感动。

林琴南回到家里，苍霞洲大水刚落。家里到处湿漉漉的，墙上还留有脏水印。母亲见他回来了很是高兴，一颗悬在空中的心总算有了着落。妻子刘琼姿接过他的行囊，放在干燥的地方。母亲和妻子都不提他会试之事。事到如今，她们也不在乎他是否走仕途，只求全家平平安安、团团圆圆过日子，再不希望他跑那么老远去会试了。

因为落第，林琴南心情烦闷，但见全家人都对他特别好，尤其是母亲总是问寒问暖地关心他，让他觉得自从中举以来，忙于应付会试和其他一些杂事，陪母亲的时光不多，心里有些惭愧。而妻子呢，只一味辛苦，自己不高兴了就冲她胡乱发泄，总以为是理所当然。因此，这段时间他要多陪陪母亲和妻儿。他知道母亲喜欢晚餐后手里做着针线活，耳朵里听他讲故事；并且全家人围坐在一起，觉得这样才是件惬意又温暖的事。

其实，林琴南所讲的故事，有些是自己虚构的，有些是坊间流传的，但经过他的艺术加工，人物形象栩栩如生，讲到紧张处，还真把母亲妻儿带进了剧情呢！所以，这段日子林琴南白天在龙潭精舍读书，晚上就围桌而坐给母亲和妻儿们讲故事。落第的坏心情，很快就被家庭的温暖融化成甘泉了。

盛夏过去了，林琴南和妻子刘琼姿商量，想做一件公益之事，即在龙潭精舍后园筑堂，供奉孟子。刘琼姿表示赞同，林琴南便把家里的余钱拿出来，差人建造房屋了。每天林琴南都要去工地看看，两个多月后，雕梁画栋的房屋建造好了，并且粉刷一新。这时，大家都为该取什么名儿犯难了，倒是林琴南的弟子曹于南道："孟子曰'吾善养吾浩然之气'，取'浩然堂'怎么样？"林琴南一听，双手赞成。

接着，林琴南把自己写的"浩然堂"三个大字，找人加工成一块黑色底板银色字的横牌，挂在"浩然堂"前。诗社的朋友得知林琴南在龙潭精舍筑了"浩然堂",都前来参观。病中的周长庚也前来参观,并表示祝贺。过了这年冬天,林琴南觉得仅是"浩然堂"单调了些,于是又在"浩然堂"左边建"醒楼",右边建"风篁馆";还在"浩然堂"北边建了"填词亭"。林琴南想这样形成一个整体,设施也就齐备些了。

转眼到了光绪十九年(1893)。年初,林琴南弟子刘永祺出资,在"浩然堂"右侧为林琴南建一房,意为老师读书休息之地。林琴南为弟子刘永祺这一举措而感动,房屋建成后,林琴南取名为"畏庐"。后来,林琴南在《畏庐记》一文中道:"然则无畏之非难,深知所畏而几于无畏,斯难矣。""夫据非其有,而获重名美利,乡党誉之,朋友信之,复过不自闻而竟蹈于败,天下之可畏者,孰大于此?"

到了五月,畏庐的油漆味散尽后,林琴南索性白天都待在那里了。中午时分,女儿林雪给他送饭来了。午后,他就在一张竹榻上休息。有时,他望着已经十九岁的女儿,心里想应该给她找个婆家了。当然,在林琴南眼里林雪是个乖女儿,且又勤劳,能背很多唐宋诗词,真是舍不得把她嫁出去呢!

前些天,有上海来的朋友带给林琴南一张《新闻报》。那是英国商人丹福士在上海创办,张之洞、盛宣怀等入股,蔡尔康为主笔的一份报纸。林琴南从头读到尾,除了新闻、社论什么的,还有诗、八股文以及猎奇性的社会新闻。朋友带给他这报是向他约稿,林琴南满口答应。在此前,林琴南还没有发表过诗歌和文章呢,这新鲜事儿激起了林琴南的热情。林琴南在自己的旧作里选了几首诗给朋友寄去,结果很快就发表出来了。这让林琴南很激动。全家人第一次看到他发表作品,都为他高兴。

不久,上海的朋友又给林琴南寄来了今年刚出版的《盛世危言》这本书。《盛世危言》是维新派思想家郑观应的代表作。全书共五卷,正文五十七篇,附录、后记共三十篇。林琴南如获至宝,立即阅读起来。他发现书中所论相当广泛,主张变法图强,发展资本主义;参照西方政治制度,立宪法、开议院,实行"君民共主";批评洋务派只学西方坚船利炮是"遗其体而求其用";提出要与外国资本主义进行"商战",表达了要求"富强救国"的呼声。林琴南将《盛世危言》这套书阅读完后,"富强救国"让他重新开始关注时局,关注政治、民生等问题。

前段时间,诗社活动因为周长庚生病,断断续续维持着。今天,林琴南又来到李氏兄弟家参加诗社活动,可人数越来越少了;除了李氏兄弟和林琴南,还有方家澍,便没有其他人来了。诗社成员中有的离开了福州,有的为别的事情忙着,有的在生病。当然,四个人也照常吟诗赋诗,谈论时事,畅所欲言。只是李氏兄弟即将移居京城,这诗社很难说还能维持多久;不过即使解散,诗社也已经有十年历史了。

这天诗社活动后,林琴南与方家澍一起去探望了病中的周长庚。周长庚已骨瘦如柴,病入膏肓,说话声音很轻,几乎听不清楚。但他紧紧握着林琴南与方家澍的手不放,仿佛有什么心里话又没有力气说出来。这让林琴南和方家澍心里都非常难过,默默地陪伴了他大半小时后离去。

一周后,周长庚便与世长辞了。在福州的诗社同仁们,都参加了他的葬礼。林琴南哭得很伤心,几只鸟儿从他头顶飞过,那欢乐的叫声,仿佛是从前周长庚吟诗作乐呢!林琴南止住哭,望着远去的鸟儿发呆,半响才回过神儿来。葬礼结束后,林琴南为失去了一个好朋友,也为成立了十年的诗社因李氏兄弟的北上最终宣告解散而心里难过。

回到家,妻子刘琼姿道:"你去了哪里?整天都没看见你这人。"林琴南因为心里悲伤郁闷,脾气突然暴躁起来,声音粗粗地道:"你管那么多啊?周长庚死了,参加葬礼去了。"妻子道:"那也要和家里说一声,天都黑了,没见你人影,你知道我们有多着急呢!"林琴南道:"我又不是小孩子,怕丢了不成?"

母亲在里屋听见吵吵嚷嚷的声音,出来道:"吵什么呀,还不互相道个歉?"林琴南见母亲出来发话,立即道歉:"都是我不对,我脾气又不好,请原谅。"林琴南话音未落,妻子就笑了起来:"嘿,都老夫妻了,谁不知道你那德性呢?"母亲道:"琼姿说得不错,你呀,就那德性。"说着，用手指着林琴南："犟脾气。"

林琴南像孩子那样给母亲做了个怪相，道："来，讲故事，想听的就坐下来。"孩子们从各自房间出来道："听故事喽，来啦来啦！"于是，一家人在温暖祥和的氛围中度过了美好的时光。

林琴南因为有了这样的天伦之乐，十年中四次落第；虽然也有过赵嘏的"穿杨力尽独无功，华发相期一夜中。别到江头旧吟处，为将双泪问春风"的沮丧，但他依然努力着，奋斗着。

第七章

维新思想和诗歌

（1894—1898）

三十万人堪背城，我念国仇泣成血。

——林纾《闽中新乐府》

一

一八九四年是个多灾多难的年头。甲申海战刚过去十年，更大的海战——甲午中日海战爆发了。七月，日本侵略朝鲜，在牙山口外击沉清廷运兵船。朝鲜事急，清廷令左宝贵率兵入朝，进驻平壤。七月二十日，左宝贵率军由奉天出发，二十九日到达九连城，他以平壤米价较廉，想用钱在当地购入米粮，保证军粮供应；又派人回奉天取回冬季衣物，以安定军心，并做持久战的准备。八月六日到平壤。与左宝贵同时奉檄到达平壤的，还有马玉昆部等四支部队，计二十九营一万三千余人。

四大军入朝后，清廷却在攻守问题上发生严重分歧。光绪帝谕令入朝各军"星夜前进，直抵汉城"，"迅图进剿，先发制人"；李鸿章却主张"先定守局，再图进取"，若进攻汉城，"必须添卒三万人，步步稳慎，乃可图功"。在攻守问题上，左宝贵坚决主张主动进攻。然而，另一将领叶志超率残部到达平壤，却饰败为胜，虚报战功，被任命为驻平壤诸军总统。结果叶志超探闻另路日军已进入成川，平壤后路吃紧，急将南北出击部队调回，放弃了主动进攻敌人的有利战机，最后招致失败。

数日后，左宝贵为表示死守平壤的决心，在战斗打响前，他遵守回族礼仪，先期沐浴，接着翎顶辉煌身先士卒；有人劝其脱去翎顶，他道："我穿朝服，是想我们的军人前仆后继。"后来，左宝贵壮烈牺牲。他是甲午战争中，高级将领血战沙场、壮烈殉国的第一人。

整个八月，警报每天数次传到福州。八月底传来左宝贵阵亡的消息，林琴南震惊极了。他感愤郁勃，无可自适，每天在畏庐这个小房间里来回踱步，不知如何才能救国。到了九月中旬，又传来黄海海战爆发的消息：平壤陷落的第三天，日本联合舰队在鸭绿江口大东沟附近的黄海海面挑起一场激烈的海战。这是甲午战争中继丰岛海战后的第二次海战，也是中日双方海军一次主力决战。这场战役发生于鸭绿江口大东沟附近海面。

在大东沟海战中，邓世昌指挥"致远"舰奋勇作战，后在日舰围攻下，"致远"多处受伤，全舰燃起大火，船身倾斜。邓世昌鼓励全舰官兵道："吾辈从军卫国，早置生死于度外，今日之事，有死而已！""倭舰专恃吉野，苟沉此舰，足以夺其气而成事"，毅然驾舰全速撞向日本主力舰"吉野"号右舷，决意与敌同归于尽。倭舰官兵见状大惊失色，集中炮火向"致远"射击，不幸一发炮弹击中"致远"舰的鱼雷发射管，管内鱼雷发生爆炸导致"致远"舰沉没。邓世昌坠落海中后，其随从以救生圈相救，被他拒绝，并道："我立志杀敌报国，今死于海，义也，何求生为！"所养的爱犬"太阳"亦游至其旁，口衔其臂以救，邓世昌誓与军舰共存亡，毅然按犬首入水，自己亦同沉没于波涛之中，与全舰官兵二百五十余人一同壮烈殉国。邓世昌及其将士壮烈殉国后，举国上下一片悲愤，威海百姓自发出海打捞英雄们的尸体。

到了一八九五年一月，威海战役中北洋军队全军覆没，标志着洋务运动的彻底失败。二月十一日，北洋舰队将领丁汝昌在失败后，宁死不降，吞鸦片自杀殉国。二月初，清政府任命李鸿章为"头等全权大臣"赴日议和。林琴南得知这一切，心里非常悲伤。

春暖花开时，林琴南第五次赴京会试。时值国难之时，母亲和妻子并不想让他赴试，然而他决心已定，就是三头黄牛也拉不回。说心里话，林琴南的确想及第干一番大事业。因此只要有一线希望，他就不想放弃。这次高凤岐也赴京城参加礼部试，两个人正好结伴同行。

一路上，两个人谈论的话题，基本都是这次中日战争，以及清政府的无能。林琴南道："去年，慈禧六十寿辰，拟在颐和园受贺，仿康熙、乾隆年间惯例，自大内至园，路所经，设彩棚经坛，举行庆典；还挪海军经费，缮修颐和园，布置点景，广收贡献。有人提出停止颐和园工程，停办景点，移作军费时，慈禧大发雷霆，道'今日令吾不欢者，吾亦将令彼终生不欢'之语。后来，清军在朝鲜战场上接连失利，北洋水师在黄海之战中又遭受严重挫折。为了不影响自己的六旬庆典，慈禧希望外国出面干涉，尽快结束战争。她支持李鸿章避战求和的方针，以各种借口，打击以光绪为首的主战派。由于形势日益紧张，面对朝野上下的重重压力，她无法再一意孤行，大摆排场，不得不改变原来的计划，缩减了生日庆典的规模。在金州、大连相继陷落、旅顺万分危急的情况下，在紫禁城内的宁寿宫度过了她的六十岁生日。"高凤岐道："是啊，挪用海军经费，这海战自然打不赢了。"

两个人就这样谈论着时事，很快到达京城。他们入住宣南区会馆时，巧遇陈衍也从台湾到京城赴礼部试。福州三个同年中举的"壬午举人"，会聚京城不亦乐乎。礼部试结束后，三个人皆落第。然而，他们来不及沮丧，便投入到上书清廷，抗议清廷按照日方提出的条件签订了《马关条约》的行列之中。

《马关条约》不仅要向日本赔偿军费二万万两，还要把辽东半岛、台湾和澎湖列岛割让给日本。日本人侵略了中国，还要中国人赔钱赔地给他们，真是岂有此理啊！不仅林琴南、高凤岐、陈衍他们气愤，所有的中国人都为这屈辱气愤极了。那个也在京城赴礼部试的康有为，起草了一份反对议和的万言书，邀集各省举人一千余名，准备联名向朝廷呈递。后来这事情就成了著名的"公车上书"事件。

然而，无论是"公车上书"，抑或是林琴南、高凤岐、陈衍的上书清廷，都被都察院驳回了。他们的一腔报国热忱，被清政府践踏了。无奈之下，他们只能愤怒而归。虽然上书失败，落第而归，又郁郁不得志，但他们的心还是关心着祖国，关注着时事；仍然一如既往地议论新政，痛陈时弊。

从京城回到福州，母亲喉咙里本来一颗黄豆大小的疖子大了许多，吃饭受到影响，且疼痛难忍。林琴南给母亲请来了郎中，郎中看过后给母亲开药方道："吃几帖药试试吧！"林琴南去药房给母亲配药，亲自给母亲熬药。母亲心疼儿子，便假装说："好多了，没事了，你忙自己的事情去吧！"

甲午年秋，林琴南因福建省兴化府知府张僖之聘，赴兴化校阅试卷，居住在兴化城西的"梅花诗境"花园别墅中。他随身带去的书籍有《诗经》《礼记》《春秋》《左传》《史记》《汉书》以及韩、柳文集等。校卷之余，他常与张僖谈论中国古文。而张僖呢，发现林琴南写有数十篇古文，却自己不满意，想焚毁。张僖赶紧派人将林琴南的古文手稿装订成册，并写了序言："畏庐文字，强半爱国思亲之作也……"五年后，《畏庐文集》刊印时，虽然又增加了数十篇文稿，但序言仍系张僖所写。这期间，林琴南的才名很高，在福州已是很有名的古文家了。

林琴南在兴化城西的"梅花诗境"花园别墅中，住了一个多月。试卷校阅完毕后，他即回福州苍霞洲家中。然而，此时母亲的病已日益严重，喉咙里的那颗疖子原来是个瘤，已越来越大了。郎中告诉林琴南道："你母亲的生命为时不多，走时血将大崩。"林琴南闻之，既紧张又悲伤，不知所措。

这些天林琴南为母亲的病而悲伤，想着母亲一辈子行善积德，或许上天会保佑她平安无事。只是进入冬至后，母亲的病一天天加重，令林琴南忧心如焚。除了给母亲看病吃药，他只能三更即起，在庭院焚香叩首而出，沿路拜祷，行至很远的越王山天坛之上，叩头向苍天祈祷。这样的祈祷一连九天都挺顺利，但是到了第十天晚上行至山上，突然倾盆大雨，可他仍在荒山丛岭长跪不起；全身湿透了，但他忧心如炽，竟没有感觉到寒冷。

由于林琴南的求神拜佛、一片孝心诚意，母亲的瘿瘤没有崩血，但也不治而亡。母亲亡后，家里笼罩在一片悲伤中。妻子刘琼姿和女儿林雪嘤嘤的哭声，在屋子里回荡，仿佛幻化出无数个母亲的幽灵。

林琴南为母亲守丧六十天，每天都哭得昏天暗地。某日，他夜祭回家，由于哭得太伤心，两眼发黑便昏倒在路上了。好心人给他叫来了郎中。一会儿他醒了过来，郎中道："心房因悲伤过度而裂。"林琴南连忙道："否否，吾不孝之人也。"自此，林琴南患上了晕眩症，长达五年后才康复。

二

自从清政府与日本签署屈辱的《马关条约》后，林琴南写了三十多首仿乐府体诗歌，结集为《闽中新乐府》。第一首诗题目为《国仇》，诗中写道：

> 国仇国仇在何方？英俄德法偕东洋。
> 东洋发难仁川口，舟师全覆东洋手。
> ……

林琴南与在北京的维新派志士一样，不约而同地在诗歌中呼喊反帝救国；在《闽中新乐府》中，有许多篇章赞同"变法""向西方学习"

的维新思想。而此刻，康有为在北京发起了强学会；他在《强学会·序言》中大声疾呼："俄北瞰，英西睒，法南瞵，日东眈，处四强邻之中而为中国，岌岌哉！"

当然，一八九七年十二月前，林琴南的这部《闽中新乐府》还没有出版，许多时候他反复琢磨修改，敏感地捕捉时代脉搏，深刻地阐述官府横征暴敛，吏治腐朽，以及百姓生活贫困苦难等。这期间，林琴南一边写诗，一边常与高氏三兄弟聚会聊天。高氏三兄弟即长兄高凤岐、二兄高而谦、三弟高凤谦。后来，林琴南通过高氏三兄弟，又结识了福州船政学堂的魏瀚、王寿昌等。

清光绪二十二年（1896）很快来临了。已四十五岁的林琴南，突然感到步入中年有些年头了，自己的心态却依然年轻，仿佛还有更大的事业等着他去干呢！他的内心有一种莫名的涌动，一股激流暖遍他的全身。

三月乍暖还寒时，林琴南应张僖之约撰写古文《梅花诗境记》，表达自己的诗歌见解。其实，张僖希望林琴南能将他喜欢的"陶写性情"这一诗观赞扬一番；却不料林琴南直抒己见，不给情面，将"陶写性情"的"闲适"之作，列为"其次"之属；而他最推崇、首肯的是《诗经》，还有杜甫的诗歌。说到底，他喜欢现实主义诗歌，抑或是具有现实主义精神的诗歌。譬如，他在文章中这样写道：

> 吾友潍县张韵舫太守，适典兹郡，因其轩之旧葺之，号曰"梅花诗境"。公退之暇，辄哦诗其中，以为陶写性情者，莫诗若也。余不为诗，以为诗之道，以自然为工，以感人为能。凡有为而作，虽刻形镂法，玉振珠贯，皆务眩观者之耳目而已。而欲感人心、广流传，则未之或逮。
>
> 大抵诗者，不得已之言也。忧国思家，叹逝怨别，吊古纪行，因人情之所本有者，播之音律，使循声而歌之，一触百应，乃有至于感泣者，若《谷风》《桑柔》《板荡》《离骚》。杜

甫《北征》诸作是尔。其次则闲适，若陶、韦之属，俯仰悠然，亦足自抒其乐，此即韵舫所作诗境之诗也。

　　林琴南就是这样一个耿直的人。因为他心地善良，为人不错，朋友张僖并不生气，相反还觉得自己这才懂得了"何为诗歌"的道理。的确，诗人以真实的感情反映真实的现实，诗歌才有"拯救"的力量。后来，张僖读罢林琴南的《闽中新乐府》诗歌手稿，心里也被其诗歌激起了反帝救国的热情。他终于明白诗歌好比武器，可以像炸弹那样炸死日本侵略者。

　　完成《梅花诗境记》这篇古文后，正好迎来了一年一度的清明节。林琴南每年都上坟：爷爷奶奶的、父亲的、岳父的、外祖母的、叔父的；今年又多了母亲的坟。每到坟上，林琴南便会像个孩子那样号啕大哭。特别是到了外祖母的坟上，他会想起小时候外祖母告诫他的话："孺子不患无美食，而患无大志。"

　　林琴南曾给外祖母写过一篇《谒外大母郑太孺人墓记》的文章，也给岳父写过《外舅刘公墓志铭》，还给叔父写过《叔父静庵公坟前石表辞》。只是长子林珪十九岁那年娶妻，其妻不到一年就病逝了，林琴南这次也上了儿媳的坟。今年清明上坟之后，林琴南回到家便提笔为母亲撰写《先妣事略》，以怀念母亲。

　　母亲病重时，大部分时光都是妻子刘琼姿和女儿林雪照顾着。这些天妻子刘琼姿忽然病倒了，又是女儿林雪悉心照顾。林雪祈祷母亲康复，也学父亲为祖母祈祷的样子，焚香告天，许下心愿。因此，林雪每天为母亲熬药时，总是先祈祷数遍，以盼母亲病情好转。林琴南非常喜欢这女儿。女儿自从去年嫁给郑家后，还念念不忘娘家事呢！

　　由于妻子病倒了，林琴南也不出门，专心侍候病中的妻子。看她精神好一些时，林琴南就给她讲讲故事。有时，自己找几份小报读，了解一些国家大事。这年八月，中国有几件新鲜事，先是上海徐园的"又一村"内放映了"西洋影戏"，据说这是中国第一次放映电影，亦是外国商人在华活动之始。接着，大清帝国直隶总督兼北洋大臣李鸿章，乘"圣路易斯"号邮轮抵达纽约，开始对美国进行访问。再接着，盛宣怀在上海创办了南洋公学。读了这些新闻，林琴南的思路仿佛也活跃了起来。他又继续读下去，在一条并不显眼的地方，他读到严复在天津译著了《天演论》这一新闻。

严复是他的同乡好友，前段时间严复写信给他，并告诉他正在译著《天演论》，没想到这么快就完成了。该书原著是英国生物学家赫胥黎的《进化论与伦理学》一书，这是一本宣传达尔文生物进化论的通俗小册子。书的前半部分讲进化论，后半部分讲伦理学。严复曾告诉他："我选译了部分导言和讲稿的前半部分。尽管是依原文，但我有选择地意译，甚或借题发挥。"那时，林琴南还不懂翻译，但严复说的"依原文、意译，借题发挥"，却让他牢牢地记在心里了。

而此时的严复，有时也会把家里的烦恼写信告诉林琴南。因此，林琴南知道他因为原配王夫人的病逝，生活变得乱糟糟。为了有个人管家，安葬完王氏后，严复娶了年仅十五岁的福州女子江莺娘为妾。江莺娘不识字，内向寡言，脾气却非常暴躁。严复有些受不了她，曾直言"哪一天我不受她一二回冲撞"，"此人真是无理可讲，不但向我漠然无情，饥寒痛痒不甚关怀"。林琴南读完严复的来信，连连感叹："清官难断家务事。"

经过一段时间的医治，妻子刘琼姿的病似乎没有好转，却越来越重了。林琴南想母亲去世不久，妻子怎么也病重了呢？难道这房子有不吉利的地方？林琴南这么怀疑着。为了妻子刘琼姿的病能顺利好起来，林琴南决定搬家，心里想换个环境也许对病人好些吧！于是，这年底他们就从苍霞洲搬到了福州下皇街金皇巷。妻子自搬了新居后，果然病情有所减轻，心情也好了不少。全家人都满心欢喜，林琴南也松了口气。

苍霞洲的住宅腾空后，那五个房间做学堂非常合适。同县人孙葆晋是林琴南的朋友，经林琴南同意后，孙葆晋把林琴南的这一旧居建成了"苍霞精舍"，办成了一所比较新式的中学堂。学生晨受英文及算术，日中温经学，逾午治通鉴，晚上燃烛复习算术。林琴南为"苍霞精舍之中学堂"汉文总教习，讲授《毛诗》《史记》等，每周上一天课。

有了每周一天到学堂教课的工作，林琴南的生活才不觉得太憋闷。平时，他在家里精心照顾病中的妻子，做合口的饭菜给她吃；见到妻子精神好一些他就很高兴。只是妻子的病时好时坏，林琴南心里非常明白妻子的日子不多了，就尽量多陪伴在她身边。因此，日子在照顾病妻中一点点地流逝，终于迎来了一八九七年的元旦。

元旦过后不久，有小报消息传来谭嗣同完成重要哲学著作《仁学》，共二卷五万多字。据说他杂糅儒、释、道、墨各家和西方资产阶级自然科学、社会政治经济学说，形成了独特的哲学体系。他在书中道："世界是物质的原质所构成，其本体是'仁'，'仁'是万物之源；'以太'构成万物的本质，是'不生不灭'的；宇宙间各种事物只有'变易'，没有'存亡'，只有'聚散'，没有'生灭'。"他肯定了自然界和人类社会不是静止的、停顿的，而是不断运动、变化和发展的，批判了"天不变，道亦不变"的封建顽固思想，从变易中论证其改革社会制度的政治理想。书中猛烈抨击"三纲五常"，指斥两千年来封建专制制度为"大盗"之政，专制君主是"独夫民贼"，宣传"君末民本"的民权思想，认为"君"如不能为"民"办事，亦可共废，否定了"君权神授"。

林琴南读后非常震惊。在《仁学》中，谭嗣同要求冲决封建主义的网罗。林琴南想这维新的思想多么激进啊！如果能按他所著的改革，那么中国一定会焕然一新。

当林琴南沉浸在谭嗣同这部《仁学》的著作中时，传来他的老乡朋友林启在杭州创办"求是书院"，招"举贡生监"三十名的消息。事情是这样，甲午战争中，因慈禧太后挪用海军经费造颐和园，林启十分气愤，毅然上书清廷道："请罢颐和园之役，以苏民困。"因此，得罪了慈禧太后和亲贵大臣，被外放到浙江衢州任知府两年；去年才又回到杭州，并任杭州知府。

在任期内，林启总想干些事。因此经他提议，浙江省巡抚廖寿丰奏报清廷批准，"求是书院"便诞生了；校址就设在杭州蒲场巷内的普慈禅寺内。林启兼任书院总办，聘请美国人 E.L.Mattox 为总教习，并延聘各科教习。院里有藏书楼，学生可去借阅。林启指定的必读书有黄宗羲的《明夷待访录》、王船山的《黄书》，以及严复的译著《天演论》等；书院不仅在院培养学生，而且首创派学生出国留学。

这年林启已经五十八岁了，林琴南惊叹他的思想超前以及他的办事能力，从心底里羡慕他；并从此相信人的年龄不是问题，只要想干一定能成功。因此，这段时间林琴南从不少方面吸取了先进思想，那些先进思想启发着他，并且让他深思。

三

妻子刘琼姿的病又一次发作了，这次来势凶猛。林琴南慌忙找来郎中，郎中见刘琼姿大口大口吐血，也束手无策。林琴南放声大哭，女儿林雪以及儿子林珪、林钧都忍不住大哭起来。妻子刘琼姿就在亲人们的大哭中，离开了人世。林琴南虽然有心理准备，但还是承受不住打击，他一下就瘫软如泥地昏倒了。

几天后，埋葬了妻子刘琼姿，林琴南的精神一蹶不振，做什么事、吃什么东西都寡而无味。睹物思人，他陷入深深的怀念里。这期间，他的老朋友丁和轩经常来他家里含泪陪伴他。而高氏三兄弟为了安慰他，经常约了表兄魏瀚以及表兄的同事王寿昌一起相聚。魏瀚与王寿昌，都刚从法国留学回来，并都在福州船政学堂任职。

每次相聚，大家一起喝茶闲聊。林琴南每当议论到时事总是感叹不能自已，不过这时他暂且减轻了失去妻子的悲痛。有次谈论时事，他道："转移风气莫如蒙养。"接着，他拿出自己写的《闽中新乐府》诗歌手稿给朋友们看。朋友们争先恐后地拿起诗稿读起来，都觉得很有新意。林琴南不仅以诗歌的方法倡言救国，也从多个侧面谈及中国存在的问题。譬如，在教育和女权问题上，抑或是发展工商、破除迷信等问题上，都有自己的见解。

魏瀚特别喜欢这部诗稿，某些诗句在他脑海里萦绕："我闻欧西有奴禁。买人为奴国所摈。人无贵贱咸等夷，安有呻吟灶下时。"还有："果立女学相观摩，中西文字同切磋。学成即勿与外事，相夫教子得已多。……女学之兴系匪轻，兴亚之事当其成。兴女学，兴女学，群贤海上真先觉！"再比如："俄英法德如封狼，东洋尤嗜渔人利。长官屡屡挑欧西，西学不与中学齐，海口无兵内无备，先讲修齐与平治。黑烟江上敌舰来，舰来何意君为猜。"见魏瀚喜欢，林琴南便把这部诗稿交给了他，让他慢慢品读。

然而，尽管有朋友们的陪伴，林琴南失去心爱的妻子后，内心还是非常寂寞。有时他孤身一人去外面闲逛，有时朋友找他一起闲逛；每当他们临近灯红酒绿的妓院时，他便踽踽独归，不愿接近女色。然而他越不想接近女色，却有两位名妓越是看中了他。两个名妓都秀色可餐，一个姓庄，一个姓谢。姓谢的是个才女，能作诗，早就被林琴南的文名和诗才倾倒；听说他妻子刚病逝，颇想委身于他，并托友人邀他一临妆阁。

林琴南经友人介绍，的确对这样的才女颇为心动。在他的想象中，那情意绵绵的女子，一定楚楚动人，笑容可掬。然而，当他想赴约时，耳畔却响起了亡妻刘琼姿的声音，那声音是多么的亲切入耳啊！有了亡妻刘琼姿的声音，林琴南最终没有去赴约。后来，朋友笑话他道："太顶真了。"

谢小姐见林琴南未到，尽管白等了一场，但她毫不气馁。她想林先生是名人，自然请一回不会马上就来的，不如再托人送些柿饼去。结果柿饼没有被退回来，谢小姐心里很高兴，又托人送去一尾鲥鱼。林琴南见到鲥鱼，才知道上次的柿饼已被家里仆人的孩子吃了，这让林琴南有些过意不去，便去了一趟谢小姐的妆阁。

那天，谢小姐见林琴南来了，满心欢喜，大献殷勤，并缠着叙说对他的倾慕之情。林琴南却推托着，极力控制着自己，不让自己心猿意马地做出难堪事。林琴南看到谢小姐穷追不舍的架势，又觉得她是娼妓出身，很难做好贤妻良母的角色，便借故一转身逃之夭夭了。这样虽然伤了谢小姐的心，但林琴南摆脱了女色纠缠，顿觉心里轻松。

然而，谢小姐说来命薄，不久嫁给了商人，经济条件相当不错，却得病死了。林琴南闻讯，心里很难过。毕竟在林琴南的心里，谢小姐还是激起过他情感的涟漪。因而当噩耗传来，林琴南情不自禁地写下了一首缠绵悱恻的诗：

> 水榭当时别谢娘，梦中恍惚想啼妆。
>
> 魂来若过西江道，好认临川玉茗堂。

后来，林琴南写小说，也多次把谢小姐作为小说里的女主人公。譬如《秋悟生》里的名妓谢娘郁郁而死等。现在林琴南新丧偶不久，谢娘也病逝了。他真的悲郁极了，连去"苍霞精舍之中学堂"讲授《毛诗》《史记》时，也提不起精神来。所以，他的伤痛是他内心丰富情感的显现，亦是他的个性使然；而他的儒家道德观，也是家中经历所形成，属于感性而非学术性。

有一天，船政学堂的王寿昌见他郁郁不乐、很难自拔的样子，觉得长此下去对身体不利，突然想起自己在巴黎时读过小仲马的《茶花女遗事》，那故事一定会吸引林琴南。何不自己口述，让他来笔录呢？这突如其来的想法，让王寿昌欣喜不已。

于是，王寿昌对林琴南道："我读过一部小说，小仲马的《茶花女遗事》，那故事非常感人，我口述，你笔录，把这部小说翻译出来如何？"林琴南听后哈哈大笑道："我不懂西文，如何翻译小说？翻译，能听口述翻译吗？"王寿昌道："怎么不能？我用大白话讲给你听，你知道那意思后写成古文就行。"林琴南觉得王寿昌说得有道理，亦想起严复翻译《天演论》时，曾和他说过的"依原文、意译、借题发挥"，心想何不试一试呢?！然而，林琴南微笑着对王寿昌道："一个不懂西文的人翻译，被人笑话也！"王寿昌见林琴南没答应，便让站在身边的魏瀚求情；两个人七嘴八舌，再三邀请，林琴南便开玩笑道："须请我游石鼓山乃可。"

"当然可以啦！"王寿昌声音响亮地说，并约定了出游的日子。两个人就这样一唱一和，说干就干。在游览福州著名的风景区石鼓山的游艇上，王寿昌手捧法文原著，口译小说内容，林琴南则"耳受手追"。

莲叶在湖水中浮动，林琴南听着听着，很快就译下了开篇："小仲马曰：凡成一书，必详审本人性情，描画始肖；犹之欲成一国之书，必先习其国语也。今余所记书中人之事，为时未久，特先以笔墨渲染，使人人均悉事系纪实。虽书中最关系之人，不幸夭死，而余人咸在，可资以证。此事始在巴黎，观书者试问巴黎之人，匪无不知，然非余亦不能尽举其纤悉之事；盖余有所受而然也。"

渐渐地，林琴南被《茶花女遗事》中女主人公的悲惨命运所吸引；很多次他想起了福州名妓谢娘，想起了在她最需要帮助时，自己却逃之夭夭；想起名妓谢娘后来郁郁而死的场景，林琴南情不自禁地放声大哭起来。王寿昌见林琴南为小说中人物的悲惨命运哭得那么撕心裂肺，也被感染得痛哭起来。游艇上的船老大是河南人，一时慌了手脚以为出什么事了赶紧靠岸，却原来两个人是为小说中的人物命运而哭，不禁哈哈大笑起来，道："又不是你家的事，哭啥哩？"林琴南止住了哭，道："人非草木，情何以堪啊！"

晚上回到家，林琴南望着亡妻的遗物，又一阵悲泣。静坐下来时，他翻看白天的译稿，忽然想西洋人作小说，与中国古典小说是完全不同的方法，且作得让人泪眼婆娑。这样一种抓人眼球、感人肺腑的新意，的确令他着迷。因此，通过小说他仿佛看到了西方世界的一个缩影，大大拓展了他的视野。为此，他兴奋着，翻来覆去睡不着。第二天一早，他与王寿昌又来到了石鼓山的游艇上，继续他们的合作。

功夫不负有心人，林琴南与王寿昌很快就把法国作家小仲马的《茶花女遗事》全部译完了。林琴南把书名改为《巴黎茶花女遗事》，并署名冷红生，王寿昌署名晓斋主人。因为读书人始终视小说为"小道""稗官野史"，在士大夫心目中小说甚至还不能称之为文学，登不了大雅之堂，只可私下品味，地位远不及诗歌、八股文章。

完成了《巴黎茶花女遗事》的译稿，林琴南仿佛完成了一件大事，心里顿觉充实和轻松。而王寿昌呢，很快把译稿交给了他的同事魏瀚托其出书。后来，谈及翻译此书，林琴南便道："余既译《茶花女遗事》掷笔哭者三数，以为天下女子性情，坚于士夫，而士夫中必若龙逄、比干之挚忠极义，百死不可挠折，方足与马克竞。盖马克之事亚猛，即龙、比之事桀与纣，桀、纣杀龙、比而龙、比不悔，则亚猛之杀马克，马克又安得悔？吾故曰：天下必若龙、比者始足以竞马克。"

冬天来临时，天气一下就转冷了，冬至前夜，还下了一场纷纷扬扬的大雪。女儿林雪虽然已嫁人，但还是常回家来看望父亲。年前林雪因照顾病中母亲而染上的肺病，时好时坏。天冷了，她的咳嗽又严重起来。林琴南关切地道："吃药了吗？一定要坚持吃药。"林雪道："我知道的。"

孩子们读书都很用功。林珪已经中了秀才，林钧和王元龙的读书情况也颇佳。林琴南很是安慰。盛夏时，林琴南曾向本县的两名富豪写信，请他们出资兴办中学堂。然而这两名富豪迟迟没有答复，也就是不肯出钱办学堂。因此，林琴南所希望办的学校也就成了一个泡影，这让他郁闷，但也没有办法。

然而，正当林琴南在冰冷的雪天里孤独难熬时，却传来《闽中新乐府》内收三十二首仿乐府体诗，署名林纾，由魏瀚在福州用活字版印行了。这是林琴南第一部公开出版的书。他非常感谢魏瀚的资助出版，心里是多么激动啊！拿到透着油墨芳香的样书时，他从头翻到尾，兴奋得像个孩子，精神状态一下就好了起来。

第二天一大早，林琴南匆匆忙忙吃了早餐，就不辞劳苦地冒着风雪，抱着一大包样书，分别给朋友们送去了。小儿子林钧想帮爹一起送，却遭到林琴南的反对。林琴南道："你还是在家看书吧，你还在咳嗽呢！"林钧这阵子也时常咳嗽，但并不严重，林琴南也没在意林钧的病。林钧是个非常乖的孩子，爹不让他去，他就不会吵嚷着要去。

这天林琴南串东家、跑西家地给朋友们送了整整一天书，虽然累得腰酸背痛，但第一次出版的书《闽中新乐府》能够很快到达朋友们手中，他心里真是非常高兴。一周后，朋友们读完了这部诗集，都被林琴南的维新思想鼓舞着，也开始站到呼喊反帝救国的行列中。

朋友们都十分明白，自中日海战以来，外强入侵，内乱纷起；内忧外患，民不聊生。中国社会动荡不安，清王朝的统治仿佛摇摇欲坠。譬如今年十月德国强占胶州湾，就激起了全国人民的爱国义愤。

四

元旦过后，阴雨不断，格外寒冷。林琴南穿着棉袍、棉鞋，忙着准备赴京城参加礼部试的功课。本来已经五次不第，他早就宦情扫地，没有兴趣了。因为他的好朋友高凤岐前年（1896）到杭州辅佐林启，曾建议林启兴办蚕学馆、求是书院等，鼓励百姓学习近代科学知识；现在高凤岐从杭州来信，邀请他再次赴京城会试，他就看在朋友的情面上，权当再给自己一次赴京城的机会吧！但是他心里明白，这是他最后一次涉足科场，一定下不为例。

据说，德国强占胶州湾的事，康有为当即赴京又上书光绪皇帝，陈述了民族危机的严重性。强调变法维新、救亡图存，已刻不容缓；并警告说：如果再不变法图强，"恐皇上与诸臣，求为长安布衣而不可得矣！"在上书中，康有为提出了三点具体计划：一、采法、俄、日以定国是；二、大集群才而谋变政；三、听任疆臣各自变法。然而，上书递到工部，工部尚书松溎"恶其伉直，不为代奏"，没有及时送到光绪手中。直到最近，康有为被召到总理衙门，由王大臣"问话"时，上书才得以上达；可这已是第五次上书了。

林琴南赞同康有为的观点，也希望维新变法。因此，他的心一下飞到了北京，恨不得自己也能上书成功呢！只是眼下还将再熬几天，认真复习八股文，待到春暖花开时，他们就可启程了。于是，日子就平平静静地在书房里度过了。

直到某一日，林琴南在路上遇到李宗言、李宗祎的舅舅沈瑜庆。沈瑜庆赞扬林琴南的新书《闽中新乐府》有比较激进的维新思想，接着谈起北京维新变法的一些人和事，林琴南这才知道了更多的情况。因为沈瑜庆的女婿林旭是北京维新派新秀；而林琴南即将去北京，沈瑜庆就把李宗祎儿子李拔可的寓所地址告诉了他，并说会写信给李拔可安排林旭和他见面。

那天，告别沈瑜庆后，林琴南来到一家书店，发现他的《闽中新乐府》赫然入目，成为书店的畅销书了。书店的广告牌上写着："《闽中新乐府》是一部响应维新的诗集，林纾仿照白居易的讽谕诗为孩子们创作的一部具有启蒙意义，又具有鲜明时事性、政治性和现实性的作品。他愤念国仇、忧悯时俗、倡导新政的思想流淌在字里行间，是一部雅俗共赏的优秀作品。"这让林琴南有些意外，但也十分欣喜。他想，他终于成为诗人啦！

不久再版时，《闽中新乐府》被旅居南洋的华侨题为《训蒙歌诀》，用以"赠贻岛客"而传出了海外。当然，诗集出版后，林琴南的精神状态非常好。他觉得除了仕进之路，文学之路又何尝不是他一生可以追求的事业呢？

一八九八年的新年，家里过得冷冷清清。妻子刘琼姿去世了，家不像个家的样子，孩子们脸上也少了笑容。林琴南有时想，是否应该续娶个女人回来管家，让家兴旺起来？当然这样的思绪一闪而过，重要的是他马上要赴京、要参加礼部试。

终于，赴京的日子来临了。也许因为这次可以去会见维新派朋友林旭，林琴南比以往任何一次去北京都高兴。出发的早上，林琴南关照长子林珪，自己这次去京城参加礼部试后，还会南下杭州看望高凤岐叔叔等朋友；并把高凤岐叔叔家的地址写给了长子林珪，嘱咐他有事写信到高凤岐叔叔家。长子林珪已经长大成人，且已是有过一次婚姻的人。只是他的元配夫人娶回家不到一年就病逝，后来一直借口读书不娶新妻，林琴南也毫无办法。

林琴南背起行囊出发了。长子林珪和次子林钧，兄弟俩一直把他送到轮船码头。前几天，女儿林雪的咳嗽又严重起来了。林琴南嘱咐她要多休息、按时服药。她点点头，不忍离去，但还是跟着丈夫回婆家去了。

毕竟四十七岁了，林琴南颠簸着到北京时，确实感到非常疲劳。但他还是马不停蹄地，按照沈瑜庆给他的李宗祎儿子李拔可的寓所地址走去。一路上，林琴南想马上就要见到维新派倡导变法人士林旭，仿佛人逢喜事精神爽，疲劳感一消而散。

林琴南按响了李拔可家的门铃。打开门，李拔可一眼就认出了林琴南："林伯伯好！"忙着把他迎进了客堂。宾主坐下后，闲聊了一会儿，林旭就如约而来了。林旭一进门，见一长老坐着，便知道肯定是家乡来的林琴南伯伯；但他还没张口，李拔可就对林琴南介绍道："这就是林旭。"

林旭与林琴南的长子林珪同龄，今年才二十三岁。林琴南望着他英气勃勃的脸，道："真是年轻有为啊！"接着，他们坐下来聊天。林琴南的思想很年轻，结果很快就与林旭、李拔可成了忘年交。林旭谈了一些他对维新变法的观点，还谈到康有为在北京组织了保国会，他为该会始倡董事，提倡最力。这天他们三人谈兴很浓，晚餐就到李拔可家附近的小饭馆里吃了。大约晚上八点多，林琴南才赶到宣南区会馆，与杭州北上的高凤岐会合。

林琴南就与高凤岐住在同一家会馆里，且房门正好面对面。三年前，他们也是同住一家会馆，有什么消息就互相通报，有什么活动就一起参加，两个人情同手足。这会儿，三年未见的老朋友见面亲切极了，来了一个大拥抱，方才各自回房复习，迎接明天的礼部试。

天还没亮，林琴南就燃起烛台，又在烛光下复习了。他心里想唐太宗的一句话："天下英雄，尽入吾彀中矣。"使得天下士子若想出人头地，必须通过科举之路，真是赚得英雄尽白头啊！自己也从三十二岁考到了四十七岁，十五年的岁月，十五年的折磨啊！

三个小时后，林琴南和高凤岐终于进了考场。这是最后一次参加考试了，林琴南做得很仔细，八股文也是打好了腹稿再下笔，因此他的卷面十分干净。做完后，他仔细地检查了两遍才交卷。走出考场，他在门口等了会儿，高凤岐才考完出来。见高凤岐顿觉轻松的样子，林琴南微笑道："走，我们一起去喝一杯酒。"拉着高凤岐往小酒馆走。后来，两个人边喝边聊，但都不言及考试的事。

当年四月的某一天，会试发榜，林琴南和高凤岐依然落第。虽然有些难堪，但也是意料中的事，所以，他们也没有什么特别不高兴。因为，这时期的京城还有更大的事情让他们关注，那就是维新变法的空气更加炽热了，各地的上书接连不断。林琴南和高凤岐都处在昂扬亢奋之中，他们都决定暂时不南归。原因是林琴南要与高凤岐、伯茀等人到御史台上书朝廷，强烈抗议德国帝国主义强占我胶州湾，请帝下诏罪己，并陈筹饷、练兵、内治、外交四策。伯茀，即镶蓝旗第五族宗室宝廷的长子。

然而，他们从四月到五月，三次到御史台上书都被驳回。林琴南和高凤岐感慨道："合台乃都不念国家耶？"到了六月，林琴南即将离开京城时，心有不甘，愤愤然独自致某侍御书，说明上书经过，并道："至练兵、筹饷、内治、外交，司官斥为洋务。试问此外，尚有何事名为正务？且柏台不可下状，试问何地尚可上言？想总宪粉饰太平，不欲人士贡其忠款，故极力阻抑。"

六月初，林琴南与高凤岐、李拔可、林旭一起乘船南下。林旭的岳父沈瑜庆这段时间住在上海，所以船经上海吴淞口时，林旭便下船了。下船时，林旭把他祖父林明府生前的有关资料交给了林琴南，托其撰写一份"政略"，林琴南慨然应允。而高凤岐此时在杭州府知府任参佐政务，家就在杭州。因此，高凤岐邀林琴南到杭州小住一阵，林琴南便答应了。因为，林琴南有六年没到杭州了，也有六年没见到林启了，此趟正好与林启再一次重逢。

五

六月的杭城，正值梅雨时节。林琴南与高凤岐到达杭州时，绵绵细雨淋湿了他们的衣衫，不过天气颇凉爽。高凤岐坐黄包车回家，林琴南则住进了西湖边的一家旅店。当林琴南安顿好自己时，已是晚上八九点钟了。

这次随高凤岐来杭州，林琴南事先没有写信给林启，也让高凤岐别告诉他，免得他费心。第二天午后，林琴南在酒店里订好了包厢，才去林启府上约请他。林启见到六年没见的林琴南很是高兴，问长问短。当然，林启也知道林琴南丧偶，希望他再续娶。于是，林启谈起了几个待嫁女子，林琴南笑而不答，倒是岔开话题，从布袋子里取出《闽中新乐府》赠予林启。林启道："早就知道你是维新激进主义呢！"高凤岐在一旁插话道："琴南兄可是最早的维新激进主义，他的思想站在时代的前列啊！"说着，哈哈笑起来。

接下来，林启、高凤岐又陪林琴南重游了西湖，重访了南宋遗址，并且结识了不少新朋友。特别重要的是经朋友介绍和撮合，林琴南娶了在杭州生活的二十四岁的扬州女子杨道郁为篷室。篷室，妾的雅称也。杨道郁出身贫寒之家，少年时曾两度被人收养，实际年龄正好与林琴南的女儿林雪同龄。好在杨道郁不在乎"篷室"名分，两个人一见钟情，很快就产生了感情。不久，他们在杭州举办了婚礼。

婚礼很简单，但也热闹；新房就在湖边的一座小木屋里。每天傍晚，林琴南都带着新婚妻子杨道郁在湖边散步。新生活的开始，让他从孤单中走了出来。他突然感到那颗漂泊的心有了归宿，感到生活依然美好。

诗人樊增祥有诗赞道：

> 团蕉雪里解思亲，罗绮丛中每避人。
>
> 能与逋仙成眷属，梅花依约是前身。

日子在西湖边一天天流逝，林琴南两个多月的新婚生活，突然被长子林珪的来信打断：女儿林雪病逝了。林琴南忍不住放声大哭，一边道："女儿啊，都是阿爸对不起你，没有把你的病当一回事。"新婚妻子杨道郁轻轻安慰道："别哭了，哭坏了身子，如何是好呢？"林琴南还是恸哭不止，内心有许多自责。

两天后，林琴南在极度悲伤中为女儿作了篇《郑氏女墓志铭》，以寄托自己的哀思。接着，他告别杭州的朋友们，携新婚妻子杨道郁回福州。到了福州，他们住在下皇街金皇巷的家中。勤劳的新婚妻子杨道郁把家打扫得干干净净，长子林珪和次子林钧见了她也很有礼貌，林琴南这才放心了。然而，天有不测风云。女儿林雪病逝不久，次子林钧的咳嗽也日益严重起来。林琴南赶紧把林钧送去医院，希望西医能治好林钧的病；可是肺病是不治之症，林钧也没熬到中秋月圆，便撒手人寰了。

接连失去两个孩子，白发人送黑发人，令林琴南肝肠寸断。埋葬了次子林钧，林琴南有很多天闷在家里茶饭不思，除了流泪，还是流泪。这期间朋友丁和轩几乎隔日就来看望他，含泪抚慰他，真是患难见真情。于是，林琴南在悲痛中振作精神，为次子林钧写了《钧圹铭》的悼念文章。

现在，家里只剩下长子林珪和他们这对老夫少妻了。尽管仍然在失去亲人的悲痛中，但林琴南已从最艰难的时光中走了出来，日子复归平静。他闲下来时继续读书、写文章、画画，偶尔也去朋友家串串门，并去看望自己的画家老师陈文台先生和经学老师谢章铤先生。

这样平静的生活到了九月下旬，却被慈禧太后发动政变的消息激起了巨大波浪：慈禧太后宣布戒严，幽禁光绪，废除新政，搜捕维新党人，维新失败。接着，就传来谭嗣同、林旭等六人喋血菜市口的噩耗。林琴南极度震惊，又一次放声大哭，没想到与林旭上海一别，竟成永诀。

其实，九月初，林琴南虽然在失去儿女的悲痛中，但得知林旭、谭嗣同、杨锐、刘光第四人被授予四品卿衔，在军机章京上行走，参与新政事宜，真是很安慰。后来，林琴南从林旭的岳父沈瑜庆那里，得知不少变法上谕均出自林旭的手笔，曾暗暗为他鼓掌。本来好好的事情，突然就变了。官场如此黑暗，给林琴南的印象太深刻了。

自此以后，林琴南立志不再参与政事。当然，他仍然是一位维新派，他并没有忘记林旭生前的嘱托。他怀着难言的悲愤，撰写好了《林明府政略》，并在文章中说："令焚之晚翠墓，明余于死友不食言也。"林琴南有自己的见地和行为，他没有因为林旭被清廷所杀而避之唯恐不及。相反，他为自己能和"戊戌六君子"之一的林旭成为朋友而自豪。

后来，林琴南还去看望林旭夫人沈鹊应。沈鹊应是清代重臣沈葆桢之孙女，沈瑜庆之长女。自幼师从诗人陈衍，著有《崦楼遗稿》（附《晚翠轩诗集》后），存诗二十九首，词三十五首。林旭死后，沈鹊应写了一副挽联表达心志："伊何人？我何人？全凭六礼结成，惹得今朝烦恼；生不见，死不见，但愿三生有幸，再结来世姻缘。"后又写《浪淘沙》：

报国志难酬，碧血谁收，箧中遗稿自千秋。肠断招魂魂不返，云暗江头。

锈佛旧妆楼，我已君休，万千悔恨更何尤？拼得眼中无尽泪，共水长流。

林琴南认为沈鹊应的悼夫之词，不施粉饰，全是朴素之词，为血泪所凝成。然而，沈鹊应悲伤过度，曾以仰药、绝粒等方式殉夫；最后因哀毁过度，于一九〇〇年四月香消玉殒，年仅二十四岁，无子女。亲属把他们夫妻二人安葬一处，墓联云："千秋晚翠孤忠草，一卷崦楼绝命词。"

第八章

客居杭州（1899—1901）

可怜一卷《茶花女》，断尽支那荡子肠。

——严复

一

元旦又来临了，这是一八九九年的元旦，街头少了一份喜气，多了落寞和紧张的局势。老百姓似乎还没有从清廷斩杀"戊戌六君子"中缓过神来，随处可以听见老百姓的怨声："这是什么世道啊！"林琴南也时常带着愤怒抱怨道："清廷太无能、太腐败、太黑暗了。"他非常同情光绪皇帝，认为这位年轻的皇帝太可怜了。

大家都知道载湉亲政后，最受震撼的莫过于甲午战争和戊戌变法。中日甲午之战，光绪皇帝极力主战，反对妥协，但终因朝廷腐败，而以清朝战败告终。后来，他痛定思痛，极力支持维新派变法以图强，颁布《明定国是诏》宣布变法。然而，由于变法直接触动了以慈禧太后为首的后党利益，而以光绪帝为首的帝党因无实力，又未能控制政局，反被后党发动戊戌政变，导致变法失败。政变后，大权再次落入慈禧太后手中，对外宣称光绪帝罹病不能理事，实际已将他幽禁于西苑瀛台，成为无枷之囚了。林琴南非常愤怒，然而上书无门啊！因此，他只能从维新激进主义者的身份，重新回到书斋。

腊月，新婚妻子杨道郁腌酱了许多鱼和猪肉，然后用绳子挂起来，年货看上去就很丰盛了。只是家里人少了，长子林珪又经常不在家，家里还是显得冷清和寂寞。睹物思人，林琴南仍然会时常想起亡妻刘琼姿、女儿林雪、次子林钧。一想到他们，林琴南总是眼泪汪汪的。好在有一个消息传来，他和王寿昌合译、先前由魏瀚出资交福州城内最有名的刻书匠吴玉田镌版的《巴黎茶花女遗事》，马上就要在福州印行了，也就是马上要公开出版了；这让林琴南心里很高兴。大半个月后，飘着油墨香气的书本，书末有"福州吴玉田镌字"的样书，到了他的手中。

然而，令林琴南没有想到的是，《巴黎茶花女遗事》一出版，立即风行大江南北。仅三个多月，"素隐书屋"委托维新派办的昌言报馆改用铅字重印，发行量就更大了——即汪穰卿刻本问世了。传统文人阅读后，认为其"刻挚可埒《红楼梦》"。知名作家邱炜萲评价道："好语穿珠，哀感顽艳。读者但见马克之花魂，亚猛之泪渍，小仲马之文心，冷红生之笔意，一时都活，为之欲叹观止。"诗人陈衍说：《巴黎茶花女遗事》小说行世，中国人见所未见，不胫走万本。"而著名翻译家严复则写诗赞扬道："可怜一卷《茶花女》，断尽支那荡子肠。"

说真的，林琴南做梦也没想到自己不懂西文，却奇迹般地依靠他人口译、自己笔述的方式，获得了成功。这成功可以说是对他这样一种翻译方式的认可，也激发了他探索西方文学的好奇心。他心里想如果再有合作者，一定还会继续翻译下去。

现在，林琴南迟暮的名声已经很大了。他有时坐下来静静地想，命运真是不可捉摸，自己在会试道路上六试不第，白白丢掉了十五年的宝贵岁月。如今四十八岁了，却凭一本翻译小说红遍大江南北。人生是否可从五十岁开始呢？如果可以，那他觉得还有更多的事业可干呢！林琴南这么一想，自己的心态顿觉年轻。

新妇杨道郁是林琴南的贤内助，这时她已怀有身孕，仍然操持家务，对林琴南百倍关照；日子虽然过得不算富庶，但夫妻俩和睦相处，相互尊重。长子林珪只比杨道郁小一岁，亦对她很尊重。林琴南享受着天伦之乐，享受着事业成功，心情自然是有生以来最好的。

的确，人有名声，好事儿就不断了。这不，杭州府仁和县知县陈希贤，来信聘他掌教杭州东城讲舍。接到信的那天，林琴南一方面是惊喜，另一方面是犹豫。说实话，杭州是他非常喜欢的地方，而且福州老乡在浙江的已越来越多，林启、高凤岐、方家澍等都在杭州呢！林琴南思来想去，考虑再三后，决定离开这已经居住了四十八年的故乡，举家移居杭州。毕竟，新妇杨道郁是在杭州长大的，他们从相识到结婚也都在杭州。这就是林琴南说服自己搬去杭州的最充分理由了。于是，过了元宵节，林琴南偕杨道郁一起搬到了杭州。长子林珪正在一家学堂教书，便暂时留在了福州。

到杭州后，林琴南夫妇就住在新婚时住过的那座临湖小木屋里。白天，林琴南去东城讲舍教学，杨道郁就给肚里的孩子编织毛衣。此时，杨道郁的肚子已渐渐隆起，将做妈妈的她，心里充满喜悦。而林琴南呢，除了教学外，还可以与林启、高凤岐、方家澍等朋友一起游湖，真是不亦乐乎也！

这年，杭州知府林启在大方伯圆通寺建立了养正书塾。这圆通寺里原有和尚，但这些和尚不守清规，倚仗官势，做了许多坏事，被百姓告发。林启对此事进行了调查，掌握确凿证据后，查封了寺庙，并挫败了在寺院旁办广济医院的英国人梅藤想要霸占寺院的企图。由于维新派失败，清廷下令各省停止办学。因此，林启只能使用"书塾"的旧名来应付朝廷。而实际上，养正书塾是一所中等学校，开设了许多现代课程，培养适应时代发展、能为社会所用的人才。设置的课程有国文、小学、经学、修身、算术、历史、地理、物理、体操、英文、音乐等；教师中有陈叔通、汪希、魏易等。林琴南就在养正书塾结识了魏易。魏易精通英文，后来就成为林琴南翻译的口译者之一。

四月的杭州是最美的杭州，长长的白堤，桃花盛开在春风里，安静而芬芳。长长的白堤上有平湖秋月，它是白堤延伸出去的一处濒湖平台。只因为它无遮无拦地面对湖水，数千亩的坦荡平湖上，朗朗明月已经映照几千年。那里的某一柱子上有一副对联的半联为："卷帘相见前山明月后山山。"

平湖秋月是空灵的，月下的后山是饱满的。后山，也就是白堤边的孤山。它能抵御浮躁，使你清心宁静。它的一处小小角落内，有个亭子叫"西湖天下景"，那里四周山岩环抱，假山叠石，还有一副奇妙的对联囊括了西湖全部的妩媚，那便是：

水水山山处处明明秀秀
晴晴雨雨时时好好奇奇

作为文人，林启和林琴南都十分仰慕隐居孤山的林和靖。林启任杭州知府的第二年，为表达对林和靖的敬意，恢复林和靖当时隐居的环境，在孤山补种了百株梅树，希望梅香永飘孤山，永伴林逋。这一举措，让林琴南受到启发，并且记在了心里。

林琴南时常与朋友一起踏访杭州名胜山水，徜徉在旖旎的自然美景中。他最喜欢漫步白堤，许多古文游记就是在漫步时构思的，如《记九溪十八涧》《记超山梅花》《湖心泛月记》等。因为喜欢白堤，林琴南总是留心察看何处缺树，并记在本子上。到了第二年清明前夕，他就购垂柳幼苗千株，找人补栽于缺柳之处。这事儿一时间成为杭州城里的佳话、坊间茶余饭后的故事，而他亦自称为"西湖补柳翁"。

过了盛夏，进入初秋时，新妇杨道郁为林琴南生了一个儿子。这是林琴南的第三个儿子，林琴南为他取名林璐。他四十八岁又喜得儿子，真是上天所赐，别提有多高兴了。因此，林琴南请了一个月嫂给杨道郁伺候月子，还请了一个保姆给家里买菜烧饭、洗衣服。他想今非昔比也，虽然不富庶，但靠勤劳教书、译书，总也过上了体面的生活。为此，他有些安慰，喃喃自语道："一定要让与自己病逝的长女林雪同龄的新妇杨道郁过上幸福生活，一定不能把自己的某些烦闷发泄到这个年轻新妇身上。现在是新的家庭、新的生命、新的开始。"

然而，世纪末，似乎一切都在变动中。林琴南关心着时局，希望中国强大起来，能抵御外来入侵，不再发生类似中日甲午战争那样的失败。所以，一有空闲，他便会到仁和县知县陈希贤的衙署中去探望他，听听那里的时政新闻。去多了衙署，林琴南发现衙署与自己想象的完全不同，那些长官贪污腐败仿佛到了无法收拾的地步。于是，他心里发誓，日后一定不再图仕进。真正的宦情扫地也。

二

进入一九〇〇年了，世界进入了新世纪，但大清国并没有新气象，国家、社会反而一派乱象。林琴南对时局不免悲观起来，身旁的杨道郁对他道："国家的事，你怎么管？我们只能以不变应万变嘛！"林琴南点点头应道："是啊，只能这样了。"

林琴南从杨道郁怀里抱过已经半岁的林璐，端详了又端详，心里想这孩子多么像他的二哥林钧啊！林琴南想起病逝的林钧，心里隐痛难忍，于是把林璐交还给了杨道郁，自己进书房去了。

这段时间，林琴南在研读《史记》。他一边阅读，一边在给归震川校订过的《史记》刻本上加标点和注释，因为杭州知府林启计划刻本印行。这个活儿林琴南干得非常认真，尽管《史记》是他十岁时就阅读的书，但每一次阅读感受都不一样。

三月乍暖还寒时节，林启突然病倒了。到了四月，病情越来越重，林琴南和高凤岐、方家澍等朋友，每天轮流陪伴在他的病榻旁。四月二十四日那天，正值林琴南陪伴着林启，林启突然病情恶化，在杭州辞世了，享年六十二岁。

好友病逝，林琴南放声恸哭，悲伤极了。第二天杭州市民得知林启去世，也都为之惋惜。因为，林启最大的政绩在于兴办教育，开创了杭州近代教育的先河。市民称他"守正不阿，精明笃实。守杭五年，政平人和，治杭得其政，养士得其教，匹夫匹妇得其利"。

然而，林启去世后，他的家属要把他的遗体运回家乡福建安葬，杭州人民则要求把他安葬在西湖旁，双方争执不休。最后，还是因为林启生前有"为我名山留片席，看人宦海渡云帆"的诗句，林家才不得不同意把林启安葬在孤山北麓。后来，林启墓的墓门做成石牌坊，牌坊石柱上的对联是：

树人百年，树木十年，树谷一年，两浙无两；
处士千古，少尉千古，太守千古，孤山不孤。

横额为：

古之遗爱

接着，林琴南与杭州的朋友邵章、陈敬第等，以孤山民产四分之厘为社基，建砖木结构的中式平房，设立了纪念杭州知府林启的机构——林社。

后来，为了常到林社祭奠林启，林琴南索性就在孤山组织了一个诗社，这样来祭奠林启的诗人就越来越多了。当然，林琴南组织诗社，其目的是反对在诗歌中划分宗派，更反对不少人写诗竞相摹拟江西派的风气。林琴南在《序郭兰石增默庵遗集文》中道："诗之有性情境地，犹山水之各擅其胜。沧海旷渺，不能疚其不为武彝匡庐也。汉之曹刘，唐之李杜，宋之苏黄，六子成就，各雄于一代之间，不相沿袭以成家。即就一代之人言之，亦意境各别。凡侈言宗派，收合党徒，流极未有不衰者也。"……"时彦务以西江立派,欲一时之后生小子,咸为蹇涩之音。有力者既为之倡,而乱头粗服,亦自目为天趣以冒西江矣。识者既私病其鲜味。然宗派既立,亦强名之为涩体,吾未见其能欺天下也。"

转眼到了夏天,这时反帝爱国的义和团运动兴起,以慈禧为首的清廷后党阴谋利用义和团打击庇护维新人物的帝国主义势力。事情就从一九〇〇年六月十一日开始,日本公使馆员杉山彬在永定门外为董福祥甘军所杀。慈禧召开御前会议,筹议和战。然而经过一番激辩,主战派居于上风。于是,六月二十日,端郡王载漪麾下神机营官兵杀德国公使克林德于途中。慈禧闻讯做出了一个千古奇错的决定:命令清军和拳民围攻使馆,并在给山西巡抚的奏折中密批道:"予命凡洋人无论男妇老幼,皆杀无赦,以清乱源而安民生。"

林琴南有反帝思想,但他认为依靠义和团这些"乱民"排外无益于事。因此,他对义和团持反对态度,更不赞成慈禧太后不惜生灵涂炭孤注一掷的决定。那天当他得知西安县知县吴公德潇全家遇难一事,立即在《纪西安县知县吴公德潇全家被难事》一文中道:"呜乎!自义和团讧于畿辅,天下汹汹,争以党杀西人为能。一二当路,复养成其毒,藉以祛除外患。不知吾华虚实,已为所觇。军无后继,合列强之力以掊一国,举以乱民为责言,以理则诎,以势则觗。祸机至明,而憒憒者仍用以快一时之意。而吾友筱村吴公之难作矣。"

慈禧太后"皆杀无赦"的命令一出,情势立即恶化。宣战诏书中"与其苟且图存,贻羞万古,孰若大张挞伐,一决雄雌"的豪言壮语并不能阻挡侵略者进攻的步伐。装备的落后与指挥的无能,使清军在八国联军的枪炮前望风披靡,八国联军的军队很快攻占了大沽炮台,旋即又向天津挺进,直隶提督聂士成率军抵抗,终致不敌,壮烈牺牲。天津城破,北京失陷。于是,主政东南的两广总督李鸿章、两江总督刘坤一、湖广总督张之洞共扶危局,与上海各国领事签订东南互保条约"中外互保、互不侵犯"。

八月四日,联军北攻,直隶总督裕禄兵败自杀,清军和拳民一战即溃，通州失陷。二十日，俄、法、英、美、日、意、奥等八国联军陷京师，慈禧携光绪狼狈出奔，经大同、太原，后至西安。联军入京之后，大肆烧杀淫掠，尤以俄、德为甚。林琴南的朋友伯茀、仲茀不甘受辱，调毒药自饮；他们的妹妹隽如、淑如，侍婢隆儿同时饮药自尽。

伯茀也是个有维新思想的人物，曾赴日本考察学政、结交新派，颇为朝中顽固大臣所忌恨。因此，伯茀的遗书上写有"国破家亡，万无生理""虽讲西学，未尝降敌""今日海枯看白石，二年重谤不伤心"等字句。林琴南得知这一讯息，惊骇莫名，悲怆难抑，一时竟无语无泪；而后，与高凤岐、方家澍到孤山设灵，才放声大哭。后来，他又将庚子国变及朋友阖门殉难这段痛史，写入了他的长篇小说《京华碧血录》中。

现在林琴南想，"吾友寿伯茀先生生时，与语国家蹙蹙之状，恒惭慨引为己责，其视怆爽叫呶、凌诟一切、貌为忧伤者亦远矣！党祸既兴，逻骑四出，所谓怆爽之士，戚戚患其染，豫走散伏匿。"党祸之后，"豫走散伏匿"的"怆爽之士"除了康梁，还有谁呢？林琴南忍不住就对康梁这两位大人物，撰文进行了非常直接、严厉的批评。

林启去世后不久，方家澍出任浙江秀水县知县，高凤岐便因辅佐方家澍治理桐乡、秀水等县离开了杭州。两个好朋友离开杭州，林琴南一下觉得冷清了不少。有时他静下心来就会想起远在福州的长子林珪，便写信让他来杭州。那天林琴南去给长子林珪寄信，便想着给他的好朋友丁和轩寄些钱。他知道丁和轩的生活常陷于困顿，自壮年吸上鸦片后，经济一落千丈。后来虽然戒掉了鸦片，但生计无着。林琴南真不知道他何以为生，便隔一段时间寄些钱去；尽管丁和轩不喜欢朋友救济，但林琴南还是照寄不误。

这次林琴南寄钱后，很快得到了丁和轩的来信："我正病重，无钱求医，你这是雪中送炭，救我一命，感激不尽啊！"林琴南接到回信，得知丁和轩病重，便赶紧去药房买一根人参给他寄去，希望他的病快快好起来。

这年的十二月，林琴南和福建小老乡林白水、汪叔明，还有杭州人陈叔通，一起商讨如何创办一份白话报。这些朋友都是比他小一辈的人，因此对他非常尊重；而林琴南也不倚老卖老，有什么想法便与他们商量。

林琴南曾和他们谈起他的白话诗集《闽中新乐府》一八九七年出版那年，便有第一份《演义白话报》创刊，并声明："本报当用白话，务使人人易晓。约分时事、新闻两门，时事以感发人心为主，新闻以增广见识为主。"该报主笔之一章仲和，即章宗祥。后来，到了一八九八年五月《无锡白话报》创刊，主编裘廷梁在《论白话为维新之本》中提出，"白话之益"有八：一曰省目力，二曰除骄气，三曰免枉读，四曰保圣教，五曰便幼学，六曰炼心力，七曰少弃才，八曰便贫民，实可谓发前人所未发。再后来嘛，林琴南笑着打趣道："那要我们的小老乡林白水来创办一份白话报了。"林白水听后也笑起来，道："看白话的人越来越多，即新风俗、新学问、新知识，必将出现在所处的老大中国了。"

林白水到底是年轻有为，说干就干。两个多月后，时光已到了一九〇一年初，以林白水为主，林琴南、陈叔通为辅助的一份《杭州白话报》就创刊了。林白水在发刊词《论看报的好处》里，这样写道："因为我是一个平民，所以我说白话，是一般老百姓的语言，而不是一般士大夫阶级的咬文嚼字或八股文的文章，我不满风花雪月，也不像别的报纸一样，捧戏子或歌颂妓女的美丽风骚。我只是把国内外发生的大事小事报告给一般老百姓。"在其他版面，林白水以"宣樊""宣樊子"的笔名撰文鼓吹新政，抨击小脚、迷信和鸦片；而林琴南呢，他的一篇《白话道情》刊出后，颇受欢迎，风行一时。

三

一九〇一年是农历辛丑年，亦是光绪二十七年。元旦刚过去，林琴南的长子林珪便从福州来到杭州。原来林珪将去东北任职做官，来杭州一方面是看望父亲，另一方面也是知会父亲一声。然而遗憾的是，父亲林琴南不同意他去东北做官。林琴南道："同乡陈希贤任仁和县知县，吾在其衙署中目睹长官吸吮僚属之状，于是宦情扫地。为官者，身不由己也，不媚上无以存身，不压下无以报功，受人欺又欺人，何以洁身自好？何言报国为民？吾儿当三思而后行！"接着，林琴南又举了多个例子告诫林珪，劝其不要远赴东北做官。

父亲的意思，林珪全明白。只是他已长大，人生的道路有自己的选择。他不想一辈子待在故乡，也不想随父亲一起生活，那么有机会远赴东北任职做官，自然是一个很好的机会，他绝对不想放弃。于是，他对父亲道："儿去意已定，只请父亲放心，儿决不辱没家门。"林珪话音刚落，林琴南觉得自己的苦口婆心已起不了作用，多说也没意思了，便望着林珪固执的表情，道："好自为之吧！"说完心里想，有其父必有其子；儿子的脾气像自己，不到黄河心不死。

见父亲不再反对，林珪一颗悬着的心放下了。他在杭州陪了父亲几天，游了西湖和一些名胜古迹后，便赴东北那个贫瘠的小县城走马上任去了。林琴南纵有一百个不放心，也只能望着长子的背影感叹；只能隔三差五地写信，写到后来结集成册，正好编成《示儿书》。

现在，林琴南已在杭州居住三个年头，对杭州已相当熟悉了。尽管他非常喜欢杭州的山水，但在当下的国难和空前纷乱中，心里没有一日安宁。他把这一切看成是维新大业遭扼杀带来的恶果，因此，他更加同情和怀念壮志未酬、身困瀛台的光绪皇帝，并把自己居住在杭州西湖边的小木屋命名为"望瀛楼"。

虽然身在杭州，林琴南却时刻关注着北京的局势。自春天到初夏，清廷实施了一系列新举措，譬如：与列强签署议和大纲；下令保护外国人，保护传教士；成立督办政务处，作为主持变法机构；下令停止武科科举考试，等等。然而，到了九月七日，清廷与英国、美国、俄国、德国、日本、奥匈帝国、法国、意大利、西班牙、荷兰和比利时签订了最屈辱的《辛丑条约》。清廷被迫向联军各国付出的赔款，本息合计（三十九年偿期）竟多达近十亿两白银。这个数字，相当于当时清政府至少十二年的财政总收入。林琴南闻讯义愤填膺，胸中的反帝救国之心，又炽热地燃烧起来了。这年十一月，与十一国签订《辛丑条约》的李鸿章，病逝于北京。

此时的林琴南，很想身体力行地干些什么，想来想去，还是随着译作《巴黎茶花女遗事》的走红，再与人合作翻译比较实在。这个想法一旦确定，他就急于翻译一些能够开通民智、激励民气的政治小说或英雄传记。于是，他找到了两种《拿破仑传》，请精通法文的人为其口述。然而终因该书用典实在太多，一时无相应的辞书可以检索，这个计划只好搁浅。

因为林琴南有了继续与人合作翻译的想法，他日常生活中便与懂西文的人多了交往。这年七月，一个偶然的机会，他与精通英文的魏易在求是书院①，借到了美国斯托夫人著的小说《黑奴吁天录》②，两人如获至宝，立即行动起来。

林琴南知道这正是政治风云动荡时期，在美国正掀起排华运动，华人受着与黑奴同样的虐待，在中国则刚刚经历了八国联军的浩劫。这书的内容暴露了种族压迫的罪恶，鞭挞了万恶的奴隶制度，也许那故事会引发读者的阅读激情。

这次与魏易合作翻译，林琴南满怀着对国难的悲伤、对压迫的义愤，并抱着拳拳爱国之心，仅两个月就完成了全书的翻译工作。为了说明该书不是言情小说，林琴南在《跋》中明确指出："非巧于叙悲以博阅者无端之眼泪，特为奴之势逼及吾种，不能不为大众一号。"翻译完成后，魏易立即以"武林魏氏（易）刻本"在杭州付梓刊行。

如果说，林琴南翻译《巴黎茶花女遗事》时，自己的情感与书中故事有吻合的地方，完全是情感至上；那么，《黑奴吁天录》则是他与魏易精心挑选的一部作品。虽然，其作者斯托夫人创作的现实世界是美国

---

① 求是书院：浙江大学前身。

② 今译《汤姆叔叔的小屋》，斯托夫人著。

内战前夕、蓄奴之风猖獗之时。蓄奴制的存在妨碍着北方资本主义的发展，但是南方的种植园则需要黑奴在骄阳下劳作。南方一方面通过宣布独立相要挟，另一方面通过舆论美化奴隶制，企图通过假象麻痹公众和维护奴隶制。一八五〇年美国联邦议会通过了《逃奴法案》，规定任何人不得收留逃奴，自由州的居民如协助逃奴，将受到法律的制裁。此即在美国全境以法律的形式，承认了黑奴是奴隶主的私有财产。当时有很多人认为为了维护统一，这个法案是十分必要的；这使斯托夫人异常愤怒。于是，她决心通过文学形式，把蓄奴制种种骇人听闻的罪恶公之于众；希望通过自己的作品，使信奉基督教的白人同情并支持废奴斗争。

当然，斯托夫人所在的美国信仰基督教，是从建国之日起就崇尚自由、平等的年轻的西方国家；而林琴南所处的中国信仰儒释道，是具有几千年儒家思想传统的东方古国。两者从文明的起源到传承发展，都有着天壤之别。在不同文化背景的矛盾冲突中，林琴南翻译时采取了一些变通的方法，以达到有效传达的目的。因为此时的中国社会背景，亡国近在咫尺，唤起民众迫在眉睫。所以，林琴南在翻译过程中，将某些长篇大论的说教大胆地删除，以达到警醒世人的目的。

后来，《黑奴吁天录》一经出版，它的命运与《巴黎茶花女遗事》一样，顿时在大江南北掀起了一股热潮，林琴南作为翻译者亦在文坛引起了重视，他的名声不胫而走。

接下来，有不少读者在报刊上发表评论文章。有位署名灵石的读者写道："我愿书场、茶肆演小说以谋生者，亦奉此《黑奴吁天录》，竭其平生之长，以摹绘其酸楚之情状，残酷之手段，以唤醒我国民。"三年后，鲁迅在日本收到蒋抑卮寄来的《黑奴吁天录》，回信道："乃大喜欢，穷日读之，竟毕。"接着又道："曼思故国，来日方长，载悲黑奴前车如是，弥益感喟。"

由于翻译《黑奴吁天录》再次获得成功，林琴南作为翻译者越来越引起文坛重视了。辛丑年（1901）冬，林琴南收到了北京金台书院的邀请，邀请他担任金台书院讲席，同时受聘五城学堂总教习。这是非常好的事情，只是刚刚在杭州安定下来又要北迁，林琴南觉得要好好与箧室杨道郁商量一下，毕竟是全家搬去北京。然而，箧室杨道郁是一个贤妻良母，只要林琴南乐意她绝对服从。

林琴南为是否北上京城烦恼了几天后，终于做出了全家搬迁北京的决定。毕竟北京是首都，是政治和文化的中心；而他曾经六上京城参加礼部试，对北京已相当熟悉，亦有了深深的感情；如果搬去北京，也许是他事业的一个新开端。尽管他已五十岁，但谁说不能大器晚成呢？！在杭州这文化古城的三年，林琴南虽然有一个比较好的发展，但无法实现自己的政治理想；那么去北京应该是他实现抱负和理想的最佳地方了。于是，他给自己的经学老师谢章铤写信道：

> 时局破碎，士心亦日涣，吴越楚粤之士至有倡为革命之论，闻之心痛。故每接浙士，痛苦与言尊王，彼面虽诺诺，必隐以鄙言为迂陋。顾国势软弱，兵权、利权悉落敌手，将来大有波兰、印度之惧①。……纡江湖三载，襟上但有泪痕。望阙心酸，效忠无地，计惟振刷精神，力翻可以警觉世士之书，以振吾国人果毅之气。或有见用者，则于学堂中倡明圣学，以挽人心，他无所望矣。

告别杭州的那天，林琴南有些依依不舍。他非常喜欢西湖边被他称为"望瀛楼"的小木屋，那是他在杭州居住的地方啊！在这地方他和箧室杨道郁先后生了两个孩子，即三子林璐、仲女林璠。现在林璐三岁，林璠还未满周岁，他就这样拖儿带女地移居京城了。因此，离别时他总是一步三回头，心里想没有杭州便没有他今日的北上；是杭州奠定了他北上的基础啊！

---

① 此两国当时均已沦为殖民地。

第九章 希望之乡（1902—1908）

自古逢秋悲寂寥，我言秋日胜春朝。
晴空一鹤排云上，便引诗情到碧霄。

——唐·刘禹锡《秋词》

一

林琴南全家移居北京后，安顿在东城区一个四合院里。林琴南非常喜欢北京四合院，那种"庭院深深深几许"的格局，让人不得窥其堂奥。安顿好家后，林琴南便马不停蹄地去金台书院、五城学堂授课。而与此同时，林琴南翻译的两个短篇小说《英女士意色儿离鸾小记》《巴黎四义人录》，亦在《普通学报》发表。这是他定居北京的一个良好开端。为此，他心里很高兴，精神状态也不错。

元月，北京的气候非常寒冷。庚子事变慈禧太后携光绪皇帝逃难后，现在他们从西安回到了北京。这场大灾难对慈禧太后亦是一个教训，因此，慈禧太后一回到北京，竟然第一次撤帘露面，召见各国驻华使节；并在入宫当日，追赠珍妃贵妃位号。看来重新回宫的慈禧太后，一定有一番新举措，只是苦煞形同被贬的光绪皇帝。也许新的时期即将来临，变化是肯定的，但到底怎样变，谁也不得而知。

林琴南还是安心教学和做学问，并在五城学堂会见了著名的桐城派古文家吴汝纶。吴汝纶是同治间进士，授内阁中书，师事曾国藩，并且深得桐城文秘传，与张裕钊、黎庶昌、薛福成并称"曾门四弟子"，又受李鸿章赏识，关系密切。曾国藩去世后，吴汝纶便成为桐城后期的大宗师。而此时，吴汝纶正从直隶知州回来，任京师大学堂总教习。吴汝纶与林琴南一见如故，赞扬林琴南的古文有韩愈文章的神韵。吴汝纶还将自己收藏的曾国藩《古文四象》抄本，请林琴南代为校勘，把林琴南当作自己的好友和知音。

后来，有人指出林琴南的古文比吴汝纶的写得更好。此时的林琴南已逐渐成为一名著名古文家，并以对唐宋八大家有渊博的知识而闻名。林琴南颇喜欢自己在古文方面的名声。毕竟古文是他的身家性命，学习和研究了大半辈子。

一九○二年的新年来临了，林琴南膝下一子一女嗷嗷待哺。因此，他总想多干些工作，多赚些钱，以养家糊口。所以，除教学外，他又开始了绘画和寻找合作者译书。大年初一，他整整一天都在画画。画了那么多年，他的绘画技艺不断长进，确实越画越好了，但他还从来没有卖过画。如果某一天能卖画了，收入就会相当不错，孩子们便可衣食无忧了。他有时空下来，就会胡思乱想些事。

然而，在北京的第一个新年刚过，林琴南闻知，庚子事变逃往日本的梁启超继《清议报》后，在日本横滨创办了《新民丛报》。该报将以清新明白的语言，生动犀利的文笔，着重介绍西方资产阶级政治学说，极力宣扬变法维新，力倡民族主义，激烈抨击以慈禧太后为首的清政府的腐败无能和屈辱卖国的卑鄙行径。林琴南觉得这是一件大快人心的事，内心真有一种投稿的冲动。

现在，林琴南定居北京三四个月，自然与老乡严复即严宗光联系最多了。严复喜欢林琴南的画，林琴南便专门为严复绘《尊疑译书图》，还撰写《尊疑译书图记》一文。文中，林琴南推崇严复译的《群学肄言》一书，并道："不母乎名数诸学，故其穷理也无程，范物也鲜度。"林琴南对严复的"新学"表示支持，两个老朋友因此也多了不少共同话题。当然，有时也会谈到家事，比如前年（1900）三月底，严复由天津赴上海，与朱明丽结婚的事。那年四月十八日郑孝胥在日记中道："得怪弟书，言严又陵在沪续弦，娶南京朱氏女。朱通英文，自言必得如严者嫁之。严闻而娶为继室，亦快谈也。"

还有，因戊戌政变而被放逐回乡的黄遵宪，之前也听说严复拟在年底南下续弦，在该年（1899）作续怀人诗一首《怀严又陵》，以表祝贺。但黄遵宪不知道是否真有这回事，在一九〇〇年又给严复写了一封信《致严又陵书》云："闻公在申江，因大著作，而得一好因缘，辄纱诗奉怀，然未审其事之信否也？"直到今年初，即将走完人生道路的黄遵宪，才把《怀严又陵》抄寄给严复，向朋友献上一份迟到的礼物："一卷生花《天演论》，因缘巧作续弦胶，绛纱坐帐谈名理，胜似麻姑背痒搔。"

现在，严复的儿子严璩和严复的侄子严培南与林琴南关系非常好，他们亲切地唤林琴南林伯伯。他们都懂西文，一次聊天便聊到了翻译的事，严璩道："林伯伯，有本《伊索寓言》不错，如果有兴趣我们可以合译。"

后来，当林琴南了解到《伊索寓言》是世界上最古老的寓言集，它篇幅短小，形式不拘，浅显的小故事中常常闪耀着智慧的光芒，爆发出机智的火花，蕴涵着深刻的寓意；不仅是向少年儿童灌输善恶美丑观念的启蒙教材，而且是一本生活的教科书，对后世产生了很大的影响。特别在欧洲文学史上，为寓言创作奠定了基础。世界各国的文学作品甚至政治著作中，也常常引用《伊索寓言》，或作为说理论证时的比喻，或作为抨击与讽刺时的武器。于是，林琴南欣然接受严璩、严培南的邀请，合译《伊索寓言》这部书。

说干就干，严培南和严璩两堂兄弟风雪无阻，每天都去林琴南家口译。而林琴南呢，也放下手头的绘画，作《伊索寓言》的笔录。几部书译下来，林琴南已经积累了一些经验。无论原著的故事情节、思想内容、美学意境等，都需要他用文字来表达得淋漓尽致，并且栩栩如生。后来《伊索寓言》翻译到一半时，林琴南越来越兴趣盎然了，有时他们完全沉浸在书海里，工作十几个小时也不觉得疲累。

两个月后，由严培南、严璩两堂兄弟口译，林琴南笔录的《伊索寓言》翻译完毕了。林琴南在《伊索寓言》单篇识语中道："今日黄人之势岌岌矣！告我同胞，当力趋于学，庶可化其奴质。不尔，皆奴而驴耳。"

林琴南把这部书的译稿寄给了商务印书馆，没想到很快就出版了。这是林琴南定居北京第一年的重要成果，且受到了广大读者的喜欢，大半年里便印到第四版。林琴南想，把西方的文学书翻译过来，中国文坛就像呼吸到了一股清新的空气。确实，西方文学有很多值得我们学习和借鉴的东西。因此，林琴南想翻译更多的西方文学著作给读者，让读者知道西方人的生活、情感以及政治、经济、科学技术等。

四月，春暖花开时，林琴南陪箧室杨道郁和两个幼小的孩子去北京景山看皇宫，接着又去王府大街买食品。杨道郁非常喜欢王府大街，喜欢这里的热闹和繁华；喜欢路边那些唱戏的、剃头的，还有那些此起彼伏的摊贩的吆喝声。杨道郁觉得到底是京城，几乎每一处建筑都有着皇家气息。

林琴南在王府大街的小摊上买了几份报纸，回到家里一份份地看下去，有一条消息吸引了他：一九○二年四月二十六日，章太炎在东京组织"支那亡国二百四十二年纪念会"，借机鼓吹种族革命，孙中山则应邀出任大会主席。林琴南第一次得知章太炎和孙中山的名字，但不知他们为何人，看了这段消息，他想他们是在说满清吧？但他想满清虽然是满族，满族不也是中国人吗？既然是中国人，满清统治了两百多年怎么叫亡国呢？林琴南喃喃自语着，不过很快就进入了自己的绘画创作中。这段时间，林琴南致力于山水画的创作，画儿越画越灵秀了。

转眼，到了夏天。北京的夏天，确实没有杭州那么闷热。黄昏时分，林琴南拿一把蒲扇，在院子里纳凉。有时，杨道郁买一只西瓜回来，林琴南就与孩子们一起分吃。有时，林琴南会带着两个幼小的孩子到街头散步，享受天伦之乐。可是有一阵，据说全世界都在流行一种叫霍乱的传染病，林琴南便吓得不敢出门了。

暑假之后，林琴南又去金台书院和五城学堂教学。有时，他便抽时间去京师大学堂看望吴汝纶；两个人见面很是开心，聊天也非常默契。只是进入冬天后，吴汝纶开始患病，不大去京师大学堂了，林琴南便去吴汝纶的家探望他，希望他的身体早点康复。而吴汝纶呢，尽管病着，见到林琴南一定起床陪坐、喝茶聊天；谈笑风生中，仿佛自己不再是一个病人了。林琴南见吴汝纶精神状态不错，便每周去看望他一次，与他谈天说地聊古文。

由于林琴南的古文名声和造诣，壬寅年（1902）冬至过后，恰好清廷诏开经济特科，命部院大臣荐才赴试，礼部侍郎郭曾炘以林琴南入荐，林琴南坚辞不赴试。后来，邮传部尚书陈璧要上书朝廷，荐林琴南为郎中。林琴南仍然坚辞不允，并道："疏果朝上，吾夕出都也，后此勿复相见。"林琴南果然按他从前说的"余宦情已扫地而尽"也。

若干年后，林琴南写诗道：

> 宦情早淡岂无因，乱世诚难贡此身。
> 移译泰西过百种，传经门左已千人。
> 自坚道力冥机久，不饮狂泉逐世新。
> 坐对黄花微一笑，原来有味是能贫。

二

一九〇三年初，林琴南的同乡好友严复受命担任京师大学堂译书局"总纂"，林琴南被聘为译书局"笔述"，而从杭州来北京的魏易被聘为译书局"分译"，总教习仍然是著名的桐城派古文家吴汝纶。好友们聚到了一起工作，能够有机会在学术、翻译等方面切磋沟通，实在妙不可言。

林琴南这段时间与魏易接触最多，他们讨论找一些什么样的书来翻译。当然不一定是文学书，只要对现代中国有促进作用都可以。于是，魏易一有空便在外文书馆里寻书。那天他抱回来一堆书，有人类学、历史学、戏剧等，魏易先选了人类学著作《民种学》，德国哈伯兰著；历史学著作《布匿第二次战纪》，英国阿纳乐德著；两个人一有空便开始合译。

由此，林琴南徜徉在西方的文学、历史和人类学里，这让他对翻译有了浓厚的兴趣。因为通过翻译，他便进入了西方的世界。那样丰富的世界，就像矿井一样越挖越多，他将乐此不疲。因为翻译《巴黎茶花女遗事》和《黑奴吁天录》而名震文坛，他的翻译稿酬已水涨船高，比别人多很多很多呢！

由于埋头翻译，林琴南有一阵没有看报，因此也不了解这些日子的时政。那天京师大学堂的钟声响起来了，林琴南以为出了什么事，从办公室里跑出来，才明白原来是为声讨沙俄侵略、慷慨拒俄而拉响的"鸣钟上学"。林琴南赶紧找报阅读新闻，事情是这样，中俄《东三省交收条约》已到期限，俄拒绝退兵，反而增兵八百多人，重新占领了营口；还提出新的"七条"强迫清政府接受。这时，上海各界人士在张园召开拒俄大会，通电反对沙俄新约；留日学生亦组建激进的军国民教育会，更还有留日学生组成拒俄义勇队。

然而，慈禧太后丧权辱国，欲与沙俄缔结《中俄密约》。事关中国命运，记者沈荩将探听到的密约草稿寄给天津英文《新闻报》发表，世界舆论一片哗然，签约计划成为泡影。慈禧下诏杖毙沈荩，举世震惊，年仅三十一岁的沈荩牺牲得极其惨烈，激起了西方舆论的强烈反应。

而此时，中国又发生了"苏报案"。《苏报》发表邹容《革命军》和章太炎驳斥康有为改良主义政见的论文。清廷以《苏报》"悍谬横肆，为患不小"，并指出章太炎的《驳康有为论革命书》有"载湉小丑，未辨菽麦"之语，大逆不道，要求美国人福开森"切商各领等，务将该馆立即封闭"。英美政府闻之，明确电令其驻华公使，决不能同意引渡"苏报案"政治犯，使得清廷不得不放弃将章、邹二人处以极刑的打算。

林琴南心里痛恨沙俄侵略，但更为同胞的悲惨遭遇而悲愤填膺。他一边哭，一边道："这世道，天下将会大乱也。中国将何去何从？"

林琴南的情绪平静下来后，又与魏易沉浸在翻译的世界里，嘴里喃喃自语道："西学可以学矣。通过翻译能够学习西方文学、文化和科学知识，何乐而不为呢！"由于他和魏易都非常勤奋，过了夏天，《民种学》《布匿第二次战纪》的译稿完成了。魏易把译稿交京师大学堂官书局，到了年底新书全部出版了。

这次出版的两部译著，虽然没有《巴黎茶花女遗事》《黑奴吁天录》《伊索寓言》那样红遍大江南北，但它们给各自的学术领域增添了新鲜血液。林琴南并没有因为辛苦完成的这两部译著没有走红而不高兴，相反他认为他将翻译很多书，不可能每一部都能让广大读者喜欢；只要在某一方面对中国有益，能取长补短，他将不遗余力地去翻译。因为，现在做对国家有益的事，在他自己看来只有这个翻译的能力了。

这年夏天，簉室杨道郁又怀孕了。尽管林琴南与她已有两个孩子了，可新生命的来临总让他喜不待言。他喜欢孩子，特别是前妻两个孩子病逝后，他总想多尽一些做父亲的责任。因此，只要一有空，他就会陪伴孩子们。真的，没有什么比陪伴更能与孩子们沟通融洽了。

那天，当林琴南在报上看到美国的莱特兄弟发明飞机并完成人类首次飞行时，他就想着储蓄一些钱，待孩子们长大就能坐飞机去美国留学了。他想飞机载着人像鸟儿那样在天空飞，该是一个多么先进的新生事物啊！

林琴南正这么想着，家里的保姆突然喊："林先生，您的信。"自从在文坛有了些名声，林琴南不断收到来信，有邀请讲座的，有约稿的，有求画的，有借钱的。每收到信，林琴南都认真回复，求画的寄画，借钱的汇钱，他从不吝啬。但这封信是林白水寄来的，林白水在上海创办了《中国白话报》旬刊，设论谈、新闻、实业、文明介绍等栏目。林白水向林琴南约稿道："……希望用白话写些文章或诗歌，如果有旧作也可以。"

林琴南对朋友们的求助，总是有求必应，即使自己再忙再累，也会抽空儿去完成。这不，林琴南马上拿出纸笔，琢磨着写一篇白话文或诗歌。遗憾的是他一下子写不出来，而稿约时间又很紧，怎么办呢？于是，他想到了《闽中新乐府》里的那首《兴女学 美盛举也》。说实话，时至今日，他仍然很喜欢这部白话诗集。他想他可算是最早的白话倡导者吧！他在康有为未上书前，已经是一个先进的维新党了；但是经过了一系列事儿，他只能"宦情已扫地而尽"也。

想想六年前，林琴南已发表了《兴女学 美盛举也》，可到如今女学也还没有蓬勃兴起，林琴南觉得这首《兴女学 美盛举也》的诗很有必要拿去《中国白话报》发表一下；于是他便开始抄录：

兴女学，兴女学，群贤海上真先觉。

华人轻女患识字，家常但责油盐事。

夹幕重帘院落深，长年禁锢昏神志。

神志昏来足又缠，生男却望全先天。

父气母气本齐一，母苟蠢顽灵气失。

胎教之言人不知，儿成无怪成书痴。

陶母欧母世何有，千秋一二挂人口。

果立女学相观摩，中西文字同切磋。

学成即勿与外事，相夫教子得已多。

西官以才领右职，典签多出夫人力。

不似吾华爱牝鸡，内人牵掣成贪墨。

华人数金便从师，师困常无在馆时。

丈夫岂能课幼子，母心静细梳条理，

父母恩齐教亦齐，成材容易骎骎起。

母明大义念国仇，朝暮语儿怀心头。

儿成便蓄报国志，四万万人同作气。

女学之兴系匪轻，兴亚之事当其成。

兴女学，兴女学，群贤海上真先觉。

抄录完毕，林琴南小心翼翼折叠后装进信封，然后上街寄给《中国白话报》的林白水了。林琴南希望单篇发表后，能促动兴女学的热潮。

三

其实，林白水早在《闽中新乐府》诗集里就读过这首诗，非常喜欢。见到林琴南寄这首诗来，有些想法不谋而合，觉得倡导女学已迫在眉睫。于是，他马上就将林琴南的《兴女学 美盛举也》发表在上海《中国白话报》一个比较醒目的版面。发表后，果然反响不错。不少女性，把"兴女学，兴女学，群贤海上真先觉"挂在口上，欲想有朝一日能和男儿一样上学堂。

那天，林琴南收到从上海寄来刊有他诗歌的《中国白话报》，心里一阵喜悦。不久，又听说一本妇女刊物《女子世界》在上海创刊了。这真是一个激动人心的消息，女性们仿佛看到了希望：千年重男轻女、男尊女卑的局面，也许将得到改善吧！

腊月二十三，又到了祭灶的日子。那天，林琴南一大早就祭灶了，盼来年风调雨顺，平平安安。祭灶之后，按习俗家家户户就开始写春联了。林琴南用毛笔写道："天恩深似海，地德重如山。"接下来，箬室杨道郁挺着大肚子开始准备年货、打扫房间，迎接新年的来临。杨道郁手脚勤快，即将临盆的她，仍然按捺不住地喜欢自己忙活。因此，家里每到过年，总有酱肉、酱鸡、酱鸭晾在绳子上，看上去很是丰衣足食，像个"年"样儿呢！

家里有了幼小的孩子，虽然热闹，但总是噪音不断，所以白天林琴南总去京师大学堂。在那里他阅读或者与合作者翻译，他的工作总是那么勤奋。现在，林琴南的朋友曾宗巩正在给他口译美国作家阿丁的《美洲童子万里寻亲记》。这是一部儿童读物，其故事有着教育作用。林琴南想教育必须从儿童开始，那么儿童文学就是必不可少的。

那天，林琴南正在京师大学堂与曾宗巩合译《美洲童子万里寻亲记》，突然家里的一个小保姆气喘吁吁地跑来找他道："夫人要生啦！"林琴南一听，立即放下手头的工作快步如飞地跑回家去了。刚一进门，林琴南就听见婴儿落地时的第一声响亮的哭声。接生婆从里屋出来道："恭喜老爷，是个儿子。"

尽管这是林琴南的第四个儿子了，但他依然非常激动；欲想闯进去看看新生儿子，却被接生婆拦在门口道："还不行呢！"于是，他只得守在门口等。半晌，他才进去抱起儿子看了又看，道："眼睛像我，嘴巴像妈妈；就叫他林琮吧！"

家里添丁，除前妻所生的长子林珪外，全家有五口人了，俨然一个大家庭。一家的日常开销，如果仅靠林琴南京师大学堂的薪水远远不够，但有翻译稿酬日子便滋润多了。因此，翻译之于林琴南，一方面对他来说是实业救国，另一方面便是增加收入，养家糊口。家里的经济全靠他一个人支撑，这肩膀上的担子实在不轻呢！林琴南有时也会比较烦躁，孩子吵闹时，就会训斥他们。

这会儿，林琴南在一堆旧报纸里翻看新闻，那是因为翻译《美洲童子万里寻亲记》而落下没看的报。他几乎每条新闻都认真看，从新闻里感觉时政变化，仿佛要紧紧按住时代的脉搏。突然一条新闻映入他的眼帘："一九〇四年一月十一日，孙中山在檀香山加入华侨组建的洪门致公党。"

林琴南记得孙中山与"苏报案"的章太炎，曾经在日本东京"支那亡国二百四十二年纪念会"上鼓吹种族革命，孙中山是大会主席。那么，孙中山加入华侨组建的洪门致公党，也许就是为了开展革命活动？

洪门致公党是一个秘密组织，对外称天地会，曾经有反清活动，引起了清政府的注意，后来演变成名称不一的多个地下社团或会党，并随着华侨移民南洋而传播东南亚。林琴南相信，在这个乱世，肯定有人通过秘密组织进行革命活动。由黄兴任会长的，刚刚成立的华兴会也许就是其中之一吧！

当然，林琴南这样的思绪只是一闪而过，因为他把全部的心思都用在了翻译上。《美洲童子万里寻亲记》翻译完成后，他和曾宗巩又合译了德国阿猛查登的《利俾瑟战血余腥记》和《滑铁卢战血余腥记》这两部书。利俾瑟，也就是德国现在的莱比锡。曾宗巩是从英文版中转成口译的，个把月工夫，两部书的翻译就完成了。也许林琴南年轻时练武，对这样的军事小说比较感兴趣。那天，林琴南为自己译书的速度引为自豪道："口述者未毕其词，而纾已书在纸，能限一时许就千言，不审一字。"

进入盛夏时，林琴南为《美洲童子万里寻亲记》写了一篇序，序文中道："余老而弗慧，日益顽固。然每闻青年人论变法，未尝不低首称善。唯云父子可以无恩，则决然不敢附和。"后来，这书很快由商务印书馆出版了。出版后，反响不错，其封面还上了宣传广告栏。林琴南想这是一部多么好的儿童读物啊！现在，他每天晚上把这故事讲给五岁的林璐和三岁的林璿听，小家伙们都很喜欢呢！

接下来，林琴南马不停蹄，与魏易合译英国作家亨利·莱特·哈葛德爵士的小说《埃斯兰情侠传》。通过翻译，他们大致了解哈葛德是一位阅历丰富、曾先后游历过荷兰、墨西哥、巴勒斯坦、埃及、斯堪的纳维亚等地的旅行家。其小说可分为三类：冒险、神怪和言情；其作品情节离奇、曲折，充满异国情调，而且善于在历史的土壤上培植神秘的种子。林琴南对此非常感兴趣。《埃斯兰情侠传》这部书中，因为述及的埃斯兰之民在林琴南眼里是"洸洸有武概，一言见屈，刀盾并至……虽喋血伏尸，匪所甚恤"；联想到"英、法之人，重私辱而急国仇"，再反思中国的情况，"自光武欲以柔道理世，于是中国姑息之弊起，累千数百年而不可救。吾哀其极柔而将见饫于人口，思以阳刚振之"。林琴南觉得这部书的意义，在于提出敢于反抗欺凌压迫的尚武精神。入秋时，《埃斯兰情侠传》即以严复题署之木刻本印行。

四部书译完，一九〇四年已经过去了四分之三。剩下的三个月，林琴南还想再翻译一部书。因为在进入西方作家的作品时，他感受到从没有过的喜悦；同时在翻译的过程中，也锤炼了自己的古文语言风格。魏易已经与林琴南合译几部书，深知林琴南的脾气，想干的事情必定持之以恒；就像交朋友一样，只要他认准的朋友，总能相交一辈子；即使意见相左，也绝不影响朋友之间的情谊。

那天魏易在京师大学堂图书馆里，找到了一本英国查理·兰姆和玛丽·兰姆编著的《英国诗人吟边燕语》，他粗读了一下原文，原来是莎士比亚戏剧改写成的故事集，觉得有趣便拿来给林琴南口译。而林琴南听魏易介绍是莎士比亚戏剧改写的故事集，就在原著上写上了"莎士比"。该书今译为《莎士比亚戏剧故事集》。林琴南被书中的经典戏剧，比如《威尼斯商人》《哈姆雷特》《奥赛罗》《李尔王》《罗密欧与朱丽叶》等所叙述的感人故事深深震撼。他觉得这样的作品，读者仿佛身临其境，跟着作者一起在书中遨游，并且在不知不觉中体会到了人生的意义，以及人该有的美好品质。

因为喜欢，就有动力。林琴南每翻译一部书，都能学到不少知识，感知不少事物，真是很有收获。所以，这部英国查理·兰姆和玛丽·兰姆编著的《英国诗人吟边燕语》，就在林琴南边笔译边震撼中，只半个月工夫就全部译完了。接着，又只半个来月，就在商务印书馆出版了。真是神速啊！这样的神速，令林琴南欣喜不已；而这部《英国诗人吟边燕语》一出版，即成了畅销书，即使传统文人亦爱不释手。

光绪三十年（1904）还剩两个月时，林琴南已经出版了五部翻译书，这样的丰硕成果，已经相当不错，完全可以休息一阵了；然而，林琴南还是按捺不住地与魏易开始合译英国作家亨利·莱特·哈葛德爵士的小说《迦茵小传》。这部小说的第一个译本是包天笑和杨紫麟合作翻译的，叫《迦茵小传》，最初刊载于《励学译编》第一册（1901 年 4 月 3 日）至第十二册（1902 年 2 月 22 日），署名蟠溪子、天笑生。这是包天笑从事翻译小说的第一部书，笔调无疑颇受林译的影响。

林琴南对于这个译本也颇为欣赏，称其"译笔丽赡，雅有辞况"。然而在包、杨的译本中，故事是残缺的，他们声称只得到原著的下半部，因此只有迦茵为了亨利的家庭大局而牺牲个人幸福，自动退出的部分，迦茵私怀身孕一节被隐去。原因是包天笑和杨紫麟害怕读者不能接受，故意谎称小说只得下半部。可是翻译事业正如日中天的林琴南，却没有看透其中之奥秘，他想为什么只译半部书呢？于是，他便和魏易合作译一部完整的《迦茵小传》。

四

年末，林琴南一边翻译《迦茵小传》，一边也不忘关心时事。住在北京，各种信息蜂拥而至，有孙中山游历美国大陆宣传革命的信息；有《时报》在上海创刊的消息，据说是康有为、梁启超在国内的喉舌；还有黄兴的华兴会在长沙起义流产了；另一个"光复会"却由陶成章、龚宝铨、蔡元培在上海成立，蔡元培被推选为会长，目的是宣传民族主义和民主主义思想。总之，在林琴南眼里这是一个前所未有的乱世，或者可以说，是满清两百多年来最开放的时代，各种新思想、新政见、新知识、新事物等等，都有机会去发表、去实行；而大清王朝仿佛摇摇欲坠。想想也是的，光绪皇帝都被囚禁了，慈禧太后老态龙钟还能活多久呢？林琴南觉得必须趁这大好时光，抓紧时间把西方的文学书多翻译些过来，身体力行地给这个乱世注入新的思想和活力。

一九〇五年的新年来临时，林琴南不仅与魏易合作完成了哈葛德的《迦茵小传》，还与曾宗巩合作完成了哈葛德的另一部小说《埃及金塔剖尸记》。对哈葛德的小说，林琴南像着了魔似的喜欢，总是刚译完一部，便想着他的另一部。这不，林琴南顾不得喘口气，魏易已找来了哈葛德的《英孝子火山报仇录》。于是，两个人再次携手翻译，老搭档通常个把月就能把一部书全部译完。

然而，出人意料的事情发生了。这年二月《迦茵小传》由上海商务印书馆一出版，便引来了一场文坛风波。金松岑在《新小说》十七号（1905）上，发表了《论写情小说于新社会之关系》，文中攻击了林译《迦茵小传》的全译本。金松岑认为，林译虽然全面，但破坏了由蟠溪子、天笑生的译本所形成的迦茵的美好形象，社会影响恶劣。"女子而怀春，则曰我迦茵赫斯德也，而贞操可以立破矣。"因此说包、杨译本的"半面妆文字，胜于足本"。接着，改良派寅半生（钟骏文）也著文批评林琴南道："凡蟠溪子所百计弥缝而曲为迦茵讳者，必欲历补之以彰其丑，亦复成何体统。"又道："传其淫也，传其贱也，传其无耻也，迦茵有知，又曷贵有此传哉！"

后来，加入批评林琴南翻译的《迦茵小传》的文人更多了。林琴南却并不理会那些批评。他认为寅半生之流是站在传统的礼教立场来挞伐他，但是年轻人喜欢他翻译的《迦茵小传》。其实，《迦茵小传》与《巴黎茶花女遗事》的故事情节，非常相似。而他翻译的目的，不就是促进年轻人的思想解放意识，以及激发国民反帝反封建思想上的觉醒吗？

这年四月，林琴南趁着京师大学堂举办第一次运动会之际，又与魏易合作翻译英国历史小说家、诗人司各特的小说《撒克逊劫后英雄略》，今译为《艾凡赫》。《撒克逊劫后英雄略》是司各特以英格兰和欧洲历史为题材的历史小说，通过主人公艾凡赫的历险，表现了英国狮心王理查时期复杂的民族矛盾和社会矛盾。故事情节曲折动人，人物形象栩栩如生，人物个性鲜明，是作者最为脍炙人口的小说。

林琴南非常喜欢司各特历史小说中的磅礴气势，喜欢他出色地反映了英格兰、苏格兰和欧洲历史重大转折时刻的矛盾冲突。他认为在司各特的笔下，历史事件毫不枯燥，总是和故事人物悲欢离合的曲折遭遇有机地结合在一起。因此，林琴南笔录时也特别用心，当不能用古文时，他便用口语取而代之。在他看来，翻译小说的语言，最重要的是贴近人物个性，以通俗且富有弹性的文言，才能活泼生动地展现人物的心灵世界，打动读者。

翻译完《撒克逊劫后英雄略》后，林琴南凭着对政治与市场的敏锐嗅觉，注意到了拿破仑的文献。因此，当魏易在图书馆找到了洛加德的《拿破仑本纪》时，林琴南便高兴不已，两个人一拍即合，随即沉浸到拿破仑的世界中去了。待《拿破仑本纪》译完，正好到了六月底。这时北京的五城学堂，有三十四名毕业生将去天津上大学，林琴南撰序送行，勉励学生要"肆力学问，以苏国困"。

转眼，又到了盛夏，林琴南一方面又与曾宗巩合作翻译《鬼山狼侠传》和《斐洲烟水愁城录》，另一方面为《撒克逊劫后英雄略》写序。他在序中盛赞西洋小说的艺术成就，并以自己"已五十有四，不能抱书从学生之后，请业于西师之门，凡诸译著，均侍耳而屏目"，为"吾生之大不幸"；又说："欧人志在维新，非新不学……若吾辈酸腐，嗜古如命，终身又安知有新理耶？"

林琴南一直忙于译书，已经很久没有和孩子们在一起了。一眨眼，小林琮已满周岁，能扶着床沿自己走路了。林琴南这才想到，应该带孩子们出门去玩儿一下。于是，他放下手头的工作，与杨道郁带着三个幼小的孩子来到了王府大街。今年王府大街更名为王府井大街了。原来明朝时这里建造了十个王府和三个公主府，故称为王府大街。而今，重新厘定地名，因街上有一眼甘冽甜美的水井，遂定名为王府井大街了。

其实，王府井大街的商业活动，最早出现在十五世纪中后期。到了一九〇三年，在清朝八旗兵神机营废弃的练兵场上，建起东安市场；所以近两年随着东交民巷使馆区的形成，一些为外国人服务的银行、商号也落户王府井了。现在，王府井除了商业还有了金融气息。这天，林琴南全家在王府井的一家小饭店里吃了饭，在百货商店给孩子们买了食品和玩具。由于拖儿带女的，五十四岁的林琴南回到家里真是累坏了。他想到底年纪不饶人啊，许多该干的事情必须趁早干起来。

这些日子，上海《时报》刊布了《筹拒美国华工禁约公启》。上海巨商领衔抵制美国货，其理由是，要求废止美国政府与清政府签订的"限制来美华工保护寓美华人条约"（这个条约以保护寓美华侨为幌子，使美国的排华合法化）为契机，使全国人民掀起了以抵制美国货为中心的反美爱国运动。后来，上海商务会宣告将专设总会，联络各埠，抵制美货。林琴南便致函商会道："林肯去后，美人竟以奴虐黑人者处黄种。诸公此举，拔吾同胞于苦海。鄙人喜而不寐，感而欲涕。惟愿诸公力持此议，外示和平，内含刚果，必竟所志然后已。中国再造之机在此，万不可失。"

虽然翻译文学书忙极了，林琴南的确还是关心时事政治的。通过阅读报刊，他便能得知最新消息。譬如：孙中山、黄兴等在东京正式成立了同盟会。徐锡麟、陶成章等光复会成员创办的绍兴大通学堂开学了。吴樾刺杀五大臣未成，身殉革命。中国同盟会机关报《民报》在日本东京出版，在发刊词中，孙中山首次提出"民族、民权、民生"三民主义。还有留日学生、同盟会会员陈天华，因参加反对日本《取缔清韩留日学生规则》的斗争，留下绝笔书，蹈海自绝以一死抗议日本，唤醒同胞。另外，今年还有一条新闻，是令林琴南最为兴奋的：清廷下诏废除延续了一千三百多年的科举制度。

当然，得知了这些信息，林琴南总是有所思考。他一方面为这开放的社会而欢欣鼓舞，另一方面也担忧因为革命国家面临着动荡的隐患；但他对帝国主义的侵略是非常痛恨的，对新鲜事物却又好生喜欢，有时竟然像孩子那样感到好奇。比如十月份，袁世凯在直隶省河间秋操，首次用电报、电话进行联络。那么，电报、电话是什么样子的东西呢？林琴南遐想着：莫非通过电话，人在北京说话，远在杭州也能听到？如果是真的，那就太神奇了。

清光绪三十一年（1905），林琴南一共翻译出版了九部书。其中，与魏易合译的哈葛德《英孝子火山报仇录》是他非常喜欢的一部书。译完后，他一个重孝道的儒家弟子，很有见地和革新思想道："西人不尽不孝矣，……封一隅之见，沾沾以概五洲万国，则盲论者之言也。""今西学流布中国，不复周遍。"

尽管林琴南不是一位政治思想家，但他承认西学存在于中国这个事实，并尝试与之搏斗；同时也认为流行已久的"体用"理论，对现在和未来的中国远远不够。在远离西方思想和意识形态领域之余，又要实践西方的"用"，如枪、船、电报、铁路等，这种局限的做法实在不再可行。因此，林琴南便以自己的行动，在译作中着手解决西方的"体"；这使他大胆地迈出了第一步。

朋友同事们都夸林琴南勤奋，而他觉得远远不够，必须更加勤奋，翻译更多的西方文学；让阅读林译版的西方文学，成为这个时代的新生事物。

五

由于勤奋翻译，稿酬又高，再加上教职薪水，林琴南的月收入颇丰，基本达到近万元了；但他乐善好施，只要学生、朋友有经济困难，肯定倾囊相助。其中，有不少学生受到他的接济出国留学去了。另外，对一些陌生的穷苦人来求助，他也从不让人空手而归，总是给予一些钱物。他的贤惠的箧室杨道郁，从来不计较他把钱接济给别人。

腊月里，杨道郁正为过年忙的时候，林琴南在街头书摊买了本李伯元著的《官场现形记》。这是一部刚在上海出版的新书，全书六十回，曾在《世界繁华报》上连载。林琴南在《世界繁华报》上看过连载，虽然有删节，但非常喜欢作者以揭露官场黑暗为主题，对形形色色的官僚群像作了淋漓尽致的刻画，表现了作者对社会黑暗的批评勇气。这回买新书回家，林琴南是想读完整版，并从中学习如何创作小说，以备日后自己作小说积累经验和技巧。

丙午年（1906）的元宵节刚过，慈禧太后面谕学部，实兴女学。消息传来，林琴南非常激动，他想他在八九年前就提出来的"兴女学"，现在终于由慈禧太后面谕学部，那么全国将有多少女孩子可以上学，多少女子学校将在瞬间创办啊！这消息实在太好了，他想五岁的女儿林璿，明年就可以上学堂啦！

　　说实话，林琴南对慈禧太后有许多不满的地方，但平心而论她是一代杰出的女政治家。拿她的从政经历来看，慈禧太后所遇到的是中国数千年未有的大变局。作为一个女人，她用自己的那双手，把大清朝支撑了整整四十六年。她亲身经历了第二次鸦片战争、英法联军火烧圆明园、辛酉政变、太平天国运动、捻军起义、苗民起义、陕甘回变、洋务运动、收复新疆、中法战争、中日战争、戊戌变法、戊戌政变、义和团运动、八国联军侵华战争，包括现在的新政等等许多大事件。她不仅是这些事件的见证者，更是许多大事的决策者。在四十六年风起云涌的历史惊涛骇浪中，慈禧太后于内于外，始终处在风口浪尖之上。你想想她容易吗？

　　清王朝已到了千疮百孔不知何去何从的迷茫时期，慈禧太后面临着内忧外患。外部西方列强的刺激催生内部官制变革，社会冲突的权力斗争又此起彼伏。慈禧太后却始终牢牢掌控中央集权的稳定，使中国得以保存统一的国家局面，免于被列强瓜分和地方分裂割据。林琴南想在这个历史转型时期，慈禧太后一方面有其历史局限性，另一方面她也力所能及地实行变革。比如：去年废除了科举，今年又实兴女学。

　　然而，社会越开放，社会上的事情就越是层出不穷。慈禧太后面谕学部实兴女学还不到半个月，南昌那边就发生血案：法国传教士王安之凶杀了南昌知县江召棠，于是南昌群众怒毁教堂，杀法国传教士王安之等六人、英国传教士三人。慈禧太后得到这样的讯息后，权衡再三，结果以处死民众领袖龚栋等六人，赔款三十五万两白银了事。如果不这样做，慈禧太后着实害怕八国联军卷土重来。这是无奈之举。国力不强，被列强欺凌，只能忍辱负重，保全中国。因此，慈禧太后推出以忠君、尊孔、尚公、尚武、尚实五端为教育宗旨，罢选八旗秀女，禁止买卖人口，力求国家安稳。

可是，社会要前进，历史的洪流滚滚而来，谁也阻挡不了。春暖花开时节，由梁启超在日本横滨创办的保皇派机关报《新民丛报》，与孙中山在日本创办的中国同盟会机关报《民报》，就革命与保皇、民主立宪与君主立宪、土地国有等问题，开始进行激烈的论战！林琴南想究竟能论战出什么来不知道，吾还是先做个旁观者吧！

于是，林琴南一边勤奋译书，一边腾出时间阅报观战。一九〇六年才过去四个多月，林琴南已与魏易合译了三部哈葛德的小说。现在，手上又与曾宗巩合译哈葛德的小说《雾中人》。近些年，林琴南翻译哈葛德的小说，为数真不少，以至于鲁迅在日本见到书讯总是说：林琴南怎么又一本翻译哈葛德的。其实，也不仅仅是鲁迅，其他文人也不看好哈葛德。他们认为，哈葛德不过是个二三流作家。然而，林琴南觉得哈葛德的作品里有帝国主义意识，加以利用，可表达一些更有建设性的见解。自从八国联军入侵中国后，林琴南对白人带有种族仇恨；而林琴南的爱国思想，就像哈葛德的帝国主义思想一样是带有种族主义的。因此，林琴南固执地喜欢哈葛德的小说。

这年的盛夏，林琴南已翻译完成五部哈葛德的小说，魏易的确是一个很不错的搭档。接下来，林琴南与魏易都要休息一段时间，然后再继续合作。应该说，北京的夏天，热起来也是汗流浃背的。林琴南索性什么事儿也不干，虽然"余宦情已扫地而尽"，但关心时政阅读报刊是他的嗜好。除此，他便给福州的老朋友丁和轩写信、汇一些钱去，以表思念之情。

当然，报上总会有些令人激动的新闻。进入八月，镇国公载泽上呈了《奏请宣布立宪密折》，其中指出："宪法之行，利于国，利于民，而最不利于官"，并将日本宪政推为列国之首，依伊藤博文、惠积八束等讲说备述君主统治大权十七条，强调立宪有"皇位永固""外患渐轻""内乱可弭"三大利处，并严厉驳斥了"宪政既行，于满人利益有损"的说法。后来，朝廷果然宣布立宪，北京学界举办庆祝会的那天，林琴南便早早地出门赴会去了。这天他心里很开心，对朝廷又开始充满希望。

自从这年三月李家驹（字柳溪）接任京师大学堂校长以来，他一直看好京师大学堂译书局任"笔述"的林琴南。于是，李家驹校长就聘林琴南为京师大学堂预科和师范馆经学教员。林琴南欣然受聘，当然他也不放弃五城学堂总教习的职位，亦还兼了闽学堂的国文教习。林琴南教学颇受学生欢迎，因为他朗诵古文手舞足蹈，余音缭绕。教书虽然辛苦，但收入颇丰，且也是他非常喜欢的事。

九月开学之前，林琴南已选定明清之际哲学家孙奇逢的《理学宗传》中诸理家语录，诠释讲解，待主讲三年后，可编成《修身讲义》二卷。的确，这样既教学又有自己的研究成果的事，何乐而不为呢！

终于到了开学时光，林琴南站在京师大学堂的讲台上，心里非常自豪。尽管他不是进士出身，且六试不第，可只要努力不也成为京师大学堂的教师了吗？因此，林琴南的自信心大增，大器晚成的他，的确可以告慰父老乡亲了。

深秋之时，北京的风很大。林琴南围着大围脖，在京师大学堂会见了著名桐城派古文家马通伯。两人一见如故，颇投缘。谈起古文，马通伯夸林琴南道："比吴汝纶有过之而无不及。"林琴南谦虚道："哪里哪里。"晚餐时，林琴南请马通伯到王府井的酒楼里喝酒、吃饭、聊天，很是愉快。他们谈到了袁世凯编刊《立宪纲要》，谈到了清廷命各省兴办图书馆、博物院、动物园、公园。其实，这之前各省图书馆、公园是有的，博物院、动物园倒是没有。如此一号召，博物院、动物园肯定如雨后春笋般兴起，那就是孩子们的福气了。

这天晚上，林琴南回到家，收到了老朋友高凤岐的来信。高凤岐自从光绪三十年（1904）在浙江任知县后，一直忙于政务，如今他调往广西梧州任知府了。高凤岐视官事如家事，事必躬亲，政声非常好。然而，林琴南还是为高凤岐"廷试上上名"却没有得到朝廷重用而愤愤不平。当然，收到老朋友高凤岐的来信，林琴南心里很是快乐。他即坐下来给高凤岐回信，大意是："广西梧州路途遥远，望兄保重。"

转眼，又入冬了。林琴南早早地穿上了厚厚的棉袍。一周之中，他要去京师大学堂和五城学堂给学生们各上几堂课。因此，他必须抓紧所有空余时间，与魏易合作翻译。而魏易呢，也是格外勤奋，总能找到比较好的书，让林琴南特别放心。那天，魏易一下找到了英国狄更斯的五部小说。魏易不太懂文学，但他告诉林琴南书中大意后，林琴南便觉得狄更斯小说对当下国民有教育意义，于是他们一拍即合，立即行动。他们通常约好时间，或魏易赶去林琴南家，或在酒楼茶馆里魏易口述，林琴南笔录。他们先翻译狄更斯的两部小说《滑稽外史》和《孝女耐儿传》，今译本就是《尼古拉斯·尼克尔贝》和《老古玩店》。

已经翻译了很多部西方文学的林琴南，翻译完这两部书后，对狄更斯小说的评价很高。他在译作的序中大意这么说，狄更斯的作品对他很是吸引；他先是欣赏狄更斯的文学技巧，将之与他喜欢的司马迁相比；接着又认为狄更斯是个认真的，时常带有悲剧性的社会评论家；最后他发掘狄更斯小说里的道德意义。因此，狄更斯的感情和人道立场，在林琴南心里得到了温暖的共鸣。后来，鲁迅在《致增田涉》一文中说："……中国流行林琴南用古文翻译的外国小说，文章确实很好，但误译很多。"林琴南闻之，便认为是自己"不审西文也"。

六

近些年，林琴南只要沉浸在翻译或者教学中，心还是颇平静的。然而，每当读到新闻消息，尤其是有关枪杀等扰乱社会秩序的事儿，他的心就不能平静了。如果这时家里正巧某个孩子不听话，便遭他一顿训斥。面对越来越复杂的中国社会，林琴南主张开放，但不想在政治和军事上看到动乱。

去年底，中国同盟会在东京举行《民报》周年纪念会，孙中山作三民主义与中国前途的演讲道："我们已经成了亡国之民了！……想起我汉族亡国时代，我们祖宗是不肯服从满洲的。……民族革命的缘故，是不甘心满洲人灭我们的国，主我们的政，定要扑灭他的政府，光复我们民族的国家。"此刻，林琴南读完孙中山的演讲文，却不能完全认同这演讲文的意思。他想中国本来就是一个多民族国家，民族革命怎么能行呢？如果要抢权夺政，到头来不就是中国人打中国人吗？

林琴南的内心显出了忧郁和担心。虽然满清有许多黑暗的地方，但好比家里的父母争吵，孩子还是希望一家人团团圆圆的；再说满清政府近些年的确做了不少前所未有的事；再没有哪个时代能像现在这样如此开放了。就拿今年年初来说，《中国女报》就在上海创刊了，秋瑾、陈伯平任编辑兼发行人。接着，清廷又颁布了《女子小学堂章程》和《女子师范学堂章程》，女子教育由此取得合法权。林琴南对清廷颁布这两条章程，内心充满激动。

由于还要与魏易合作翻译狄更斯的《贼史》①《块肉馀生录》②和《冰雪因缘》③，林琴南只能把精力又投入到翻译中来，更何况狄更斯是他最喜欢的作家之一。当然，他还有京师大学堂和五城学堂的教职工作。这年二月，大学堂师范馆毕业生将离校，林琴南便抽出时间绘图记其事，并撰文勉励学生要"念国勿安其私"。林琴南认为：要救国则必须务学，且必须"治新学"，"顾不治新学，徒慎守其门户，而将以祛客，客将愈求进而无艺"。

这之后，林琴南见缝插针地与李世中合作翻译了法国作家沛那的小说《爱国二童子传》，作了一篇《爱国二童子传·达旨》的文章。文中，林琴南把自己前几年就有的观点写了进去，即，提倡实业救国，主张建立"立宪之政体"；并说自己翻译外国文学，就是实业救国的一种方式。

林琴南与魏易合作的翻译工作，通常是废寝忘食的。仅几个月工夫，他们就把狄更斯的《贼史》《块肉馀生录》翻译完了，且林琴南的

---

① 今译《奥立弗·退斯特》。
② 今译《大卫·科波菲尔》。
③ 今译《董贝父子》。

笔录非常认真仔细。当然，林琴南完全相信魏易对文学小说的选择。这次魏易选的五部狄更斯小说，让林琴南爱不释手。现在，狄更斯的四部翻译书稿已经完成，剩下的《冰雪因缘》就待魏易有空时再合作了。每次完成翻译书稿，林琴南心里总是愉悦的。这年头，很多年轻人在读他翻译的西方文学，而他就是为他们提供精神食粮的"二道贩子"。他能做的便是尽量多贩些给他们，以促使年轻人在世纪之初、乱世之时，拓宽眼界，实业救国。

北京的六月初，已是非常炎热了。林琴南怕热，每次去京师大学堂必带上一把纸扇，即使如此，他薄薄的棉布长衫，背上还是会湿透一半。簏室杨道郁便让他随身带一件衣服去，到了学校换上，这样面对学生就雅观一些。在北京定居六年多了，比较而言，林琴南还是非常喜欢这座皇城，不仅信息流通快，还是一流人物的聚集地，是可以真正放眼世界的。

然而，社会开放的同时，也会产生动乱。林琴南知道想推翻清政府者大有人在，孙中山领导发动的黄冈起义虽然失败了，但接下来便有惠州的七女湖起义。看来，执政两百多年的满清王朝已经摇摇欲坠，有朝一日要灭亡了。林琴南不免有些悲伤。毕竟他生于咸丰二年（1852），大半辈子都活在清朝，今年五十六岁了，怎么说也不想过一种国难临头的灾难日子。可是，历史潮流谁也不能阻挡，这个林琴南明白。

终于，到了放暑假时间了。已经有六年多没有出京城的林琴南，突然想利用暑假出去走走，去庐山观观风景。簏室杨道郁知道他教学和译书都比较辛苦，便支持他出去散散心；这样不至于让他看到孩子吵闹就呵斥，也不至于让他的坏脾气得到滋长。当然，男人出门，摆脱家庭几天总是一件高兴事，尽管林琴南在家里也没时间做家务，但总是被家庭牵着，而出门旅游，心就会完全沉浸在大自然中，全身放松，才能得到最好的休息。出发前，林琴南规划好了路线以及要约见的朋友，这样心里有底了，出门才不会乱套；林琴南喜欢把自己安排得井井有条。

经过几天的奔波，林琴南到了第一站武昌。到武昌，他是专门来拜访湖北按察使梁鼎芬的。此前他们有过通信，彼此都感到非常投缘。现在终于见面了，那喜悦之情溢于言表。梁鼎芬是光绪六年（1880）进士，授编修，曾经因弹劾李鸿章名震朝野。

在梁鼎芬因参劾李鸿章迁粤时，康有为与梁鼎芬因为同为广东名士，便互慕才名，康有为依依不舍，作《梁星海编修免官寄赠》和《寄梁大编修》，为梁鼎芬壮行；一句"花发越台重把酒，不须悲瘵话时艰"，道出了两人的惺惺相惜。戊戌变法前，康有为在北京成立了维新派的重要政治团体强学会，梁鼎芬遵照张之洞指示，积极支持强学会的筹划。康有为、梁启超后来在上海创办《时务报》，张之洞大力资助，委派梁鼎芬主管，经常与康有为等商议诸事。

然而《时务报》后期，梁启超言论日益激进，时常言及"革命"，便与梁鼎芬出现了摩擦。于是，梁鼎芬干脆解除梁启超主编之职。在张之洞的授意下，梁鼎芬编制了《劝学篇》，强调"中体西用"论，同时攻击康、梁等人信奉邪教，形如国贼、土匪。维新政变后，梁鼎芬又撰写《康有为事实》一文，罗列了康有为三十二条罪状，不仅批判其政见，而且进行人身攻击，揭其隐私，称康有为是"一贪鄙狂悖，苟图富贵之人"；现在两人的关系已到冰点了。

林琴南欣赏梁鼎芬的敢作敢为，也看重张之洞的洋务新政，尤其是文教兴革；而这些，梁鼎芬都是重要的实践者。张之洞视梁鼎芬为知己，相继委任其为武昌知府、湖北按察使，并请求朝廷赏加二品衔，以示鼓励。尽管这样，梁鼎芬还是名武昌之宅谓"食鱼斋"，用的是"武昌鱼"的典故。他在宅中贴了一副自撰对联："零落雨中花，旧梦难寻栖凤宅；绸缪天下事，壮心销尽食鱼斋。"从此联中，林琴南不难看出梁鼎芬对往事不堪回首的落寞心情，也可以感知梁鼎芬不喜欢"革命"，自然不想看到社会动乱。这些观点，也正和林琴南一拍即合。林琴南反对帝国主义入侵，也反对国民起义造反。告别梁鼎芬，林琴南便只身上庐山去了；当然，有朋友在庐山接应他；翌日，他就登上了庐山。

林琴南在庐山游玩的当儿，闻知光复会起义失败。革命党人徐锡麟在召集巡警学堂学生训话时，从容拔枪击杀安徽巡抚恩铭；恩铭的妻子就是庆亲王奕劻的女儿。于是，徐锡麟被押到安庆抚院东辕门外的刑场上斩首，其行刑惨不忍睹。徐锡麟被斩首后，那位办《中国女报》的秋瑾也被捕了。据说，被押送到绍兴轩亭口，临刑前，有人问秋瑾："还有什么遗言？"秋瑾愤怒地说："革命党人不怕死，欲杀便杀；但是我警告你们，我死后不准扒我的衣服、解我的纽扣。"林琴南非常震惊，一时呆若木鸡。接下来，他再也没有心情游玩了，便早早地打道回府。

林琴南回到北京，杨道郁发现他并没有因外出旅游而感到高兴，反而比先前更加郁郁沉闷，问其缘由，原来是那个办《中国女报》的秋瑾，因为参加起义被政府杀害了。杨道郁道："一个女子，这么有胆量，了不起！"林琴南道："是了不起！可是女子可以好好地干些文化事业，为什么去起义呢！那么多革命党想起义，那么我们国家会变成什么样子？"杨道郁想这国家大事我可管不了，于是道："这世界又不是你想怎么样就怎么样，谁也没有办法的。"林琴南想想也是，还是继续自己的翻译、教学最重要。

然而，这社会的动荡总要影响着林琴南的思维。许多纷至沓来的事情，难免让他进入思考状态。虽然他不是哲学家，可他是男人。男人就是"国家有难，匹夫有责"。回京几天后，林琴南得知梁鼎芬上奏清廷："请明确下诏化除满汉界限。"而梁启超在日本东京召开政闻社成立大会，并宣称："今日之中国，只可行君主立宪。"这两方面的呼声，在林琴南看来倒是对清廷有利。如果不赶快实行君主立宪、改变政策，那么便有亡国的危险。这不，孙中山领导的镇南关起义爆发，虽然失败了，但革命的火种大有燎原之势，谁说最终不会成功？

七

人之长河，许多事情都在重复。人，就是在重复中长大，最后走完一生。世界上的万物，其实只是轮流享用，死时谁也拿不走。尽管这样，人的劣根性还是喜欢你争我夺，谁不想当皇帝呢？然而，如果像光绪皇帝这样真是太冤了。如今，这三十四年的傀儡皇帝，被困瀛台，形同废帝，唯行光绪年号而已。

林琴南非常同情光绪皇帝。光绪皇帝自小孤苦伶仃，没有父母之爱，亦没有兄弟和朋友，却一辈子被强势的慈禧太后的权力和淫威所笼罩，这样的日子不好过。虽然有人指责光绪皇帝懦弱，没有政治谋略，但在林琴南眼里，光绪皇帝以社稷为重，推行变法，在关键时刻不退缩、不自保，为了变法置生死安危于度外，这就是作为一个傀儡皇帝的行为价值，其人格亦是光亮的。

转眼，又是新的一年来临了。时间像水一样流淌过去，林琴南五十七岁了。他拼着老命翻译的西方文学作品，已经硕果累累了。今年他仍然与魏易合作翻译，魏易已选好了四部英国柯南达利①的小说。柯南达利的小说林琴南并不看好，但考虑到像《电影楼台》《髯刺客传》《蛇女士传》等小说会吸引不少普通读者，林琴南便欣然接受。于是，他又一头扎进翻译里，直到有一天感冒发烧才停下笔来。几天后，他又继续翻译。杨道郁劝其休息几天，他道："我已经老了，现在不干，更待何时？"杨道郁知道他的脾气，也就不再作声了。近年来，林琴南虽然一头扎进翻译里，但他对时政越来越敏感了。说实话，他真的不想看到出现大灾大难的局面。

新年刚过，清廷授醇亲王载沣为军机大臣。林琴南拍手称赞，可不久闻知钦州马笃山起义，他又闷闷不乐了。自从前年立宪派开始结成组织推动君主立宪，民族资产阶级上层的代表人物纷纷响应。比如张謇、汤寿潜等人，先在上海成立预备立宪公会，之后汤化龙、谭延闿、丘逢甲分别建起湖北宪政筹备会、湖南宪政公会、广东自治会等团体，梁启超等人亦在日本东京建立政闻社。他想朝廷怎么还不"君主立宪"呢？

好在这时高凤岐的三弟高梦旦亦在北京，并被商务印书馆编译所所

---

① 今译柯南·道尔。

长张元济聘为国文部部长，主持编辑教科书。高梦旦便来向他组稿，要求编选《中国国文读本》。林琴南觉得这个工作有意义，便立即答应了。他决定从五月开始编选，全书预计十卷，从近代上溯至古代。因为，五月他手头的翻译也就做得差不多了，完全可以有时间编选读本。

高梦旦与林琴南亦是老朋友了。高梦旦想起自己尚未中秀才时，林琴南曾在《赠高梦旦序》中称赞他道："其艺不售，退居一楼，读书不辍，其所为类有道者。夫士之战艺于有司，屡试而辄北者，其艺果皆可信，又果皆有司之不明耶？耻其不得，而忮人之得，遂发为牢骚侘傺，以自托于贾生、刘蕡者，妄也。……然旦不非同进，不罪有司，怡然理其旧业，竟日对之无倦容，而谓不贤者能之乎？"

这会儿，他们谈起在上海养病的大哥高凤岐，林琴南便道："他是为官事必躬亲，因劳成疾啊！"高梦旦道："大哥做事认真，天生的劳碌命。"林琴南点点头。这时，箻室杨道郁挺着大肚走过来给他们沏茶，高梦旦道："琴南兄，真是儿孙满堂，好福气啊！"林琴南有些不好意思，微微一笑，没有搭话。应该说，林琴南到北京后心情不错，教书、翻译、画画忙得不亦乐乎，事业和家庭，一切风调雨顺。因此，他和杨道郁每隔几年就会生一个孩子，到今年产下这个孩子，他俩已经生了三子一女，四个孩子了。孩子一多，经济负担重，而家里又全靠林琴南的收入。因此，林琴南明白只要靠自己劳动所得挣钱养家，在所不辞。

好在林琴南在跟随老师陈文台先生习画的最后几年中，其花鸟画风格也逐渐形成。这个时期的中国花鸟画艺术，以任伯年为代表的"海上画派"正如日中天，改变了人们对花鸟画一贯的审美趣味，树立起全新的花鸟画美学典范。林琴南祖师爷谢琯樵早年创立的"诏安画派"，他的后期盟主马兆麟即把"诏安画派"与"海上画派"合流为一；而林琴南现在的花鸟画也深受海派影响。如果说，早期他的花鸟画以水墨为主，表达自己风雅空灵的文人趣尚，认真师承元明画家花鸟情趣；那么近十年林琴南却出现了相当数量的水墨设色花鸟画，画风近似海派"写意没骨"风格，即使是临摹八大山人风格特点的作品，明眼人也能看出他是在"借壳上市"，以八大的体裁，用海派的技法，水墨设色互施，兼工带写，自觉地参与其中，把自己多年所学有意无意加以融合，充分地发挥了个人独特的气质。这气质包括他的思想、学识、胸襟、人品、审美诸要素。

因此，现在的林琴南已掌握了相当娴熟的绘画技法，造型生动准确，神态逼真，用笔生动洒脱，兼工带写，粗细结合，墨色互施，相映生辉。

四月底，林琴南果然与魏易完成了柯南达利的小说翻译，进入编选《中国国文读本》的工作了。本来可以马上安静下来进入状态，然而时局动荡，让他的思绪不由自主地开小差：孙中山领导的河口起义，黄兴发动的钦州、廉州、上思的武装起义，虽然均告失败，但让林琴南感到了清廷的危机，心里想如果再不请愿立宪，那为时就晚了。

这天晚上，林琴南什么事儿也没干，思来想去睡不着，半夜时分起床走了出去。箧室杨道郁以为他梦游了，赶紧跟了出来。林琴南道："嗨，你跟出来干什么？我有事儿要做，你回去睡吧！"杨道郁乖乖地回去睡了，但她心里不明白，嘀咕道："半夜三更能做什么事？"这时，月光流淌着，风儿轻轻地吹拂着林琴南。林琴南反背着双手，在院子里来回踱步。突然他想出了一个好主意，便三脚两步地进书房，拿出纸墨，写起了立宪请愿书。写完，林琴南听到公鸡的啼叫声，往窗外一看，天亮了。

林琴南觉得肚子饿得慌，正想进厨房拿些吃的，却听见杨道郁的呻吟声。原来快生了，进入阵痛阶段了；林琴南赶紧让保姆刘妈去唤接生婆，自己就守候在杨道郁的身边。一会儿，接生婆来了，林琴南才到客堂吃早餐去。待他早餐吃完，就听见新生儿呱呱落地的哭声了。接生婆出来报告道："恭喜老爷，是个儿子。"这是林琴南第五个儿子了，但他依然非常兴奋，立即给孩子取名：林璈。

接下来，全国掀起了立宪请愿高潮。这真是大快人心，林琴南想全国人民的眼睛是雪亮的，这样的时局谁都感到了危机，清廷应该是醒悟的时刻了。

到了这年八月，清廷批准了《钦定宪法大纲》。这是中国历史上第一部宪法文件。共计二十三条，由"君上大权"和"臣民权利义务"两部分构成。虽然确认了君主立宪制的政治改革方向，但由于君权强大，议院立法权和监督权非常有限，臣民的自由权利微不足道并缺乏有效保障，因而激起朝野不满，立宪派大失所望。梁启超认为：这个宪法大纲是"涂饰耳目，敷衍门面"。

林琴南仔细阅读了《钦定宪法大纲》，他认为《钦定宪法大纲》虽然一限制了皇帝的权力，二确认了公民的一些基本权利，三规定了三权分立的政权组织形式，但是以《日本帝国宪法》为其蓝本而制定的《钦定宪法大纲》，保留了君上的种种大权，赋予公民的一些基本权利特别狭窄，且君权凌驾于立法、行政、司法三权之上，仍是神圣不可侵犯的主宰，对此也十分失望。

林琴南只好把全部精力又投入到编书、译书上，并且每出一书，皆亲自写序。那几天，他写了柯南达利小说《蛇女士传》的序。他在序中道："……夫所谓女权者，盖欲天下女子不归于无用，令有裨于世界；又何必养蛇、蹴鞠、吹觱篥、吃烟斗始名为权耶？孺之言权，恶少之权，非男子之权。男子自爱者且不必是，胡至女子为之，足以使人称可，则科南之书诚乎其与女界为难矣。畏庐一心思昌女学，谓女子有学，且勿论其他，但母教一节，已足匡迪其子，其他有益于社会者何可胜数！畏庐不精新学，亦不敢妄为议论，惟云女学当昌，即女权亦可讲，惟不当为威斯马考之狂放，则畏庐译本正可用为鉴戒，且为女界之助，想女界同胞其尚不唾骂畏庐为顽固乎？"这里，林琴南对《蛇女士传》中只知吃喝玩乐、贪鄙狂妄、不务正业的女性威斯马考提出了批评。

林琴南翻译的作品，大部分是表现西方资产阶级伦理观念的文学作品，对中国文人来说是新思想、新东西。而对他自己呢，在译作中虽然也接受一些西方文学的新思想，但为人处世还是个遵守程朱理学的传统儒士，孝悌忠恕、名分等级观念在他的头脑中依然根深蒂固。他的言行举止，亦都是以一个醇儒的学者形象来要求自己的。当然，这样的行为对出生于晚清的林琴南来说也不难理解，毕竟生于斯长于斯嘛！

转眼，又进入秋天了。这年的深秋不同寻常，慈禧太后和光绪皇帝同时生了重病。十月的某一天，慈禧太后在中南海召见军机大臣，商量立储人选。军机大臣认为，在内忧外患之际，当立年长之人。慈禧太后听后勃然大怒，最后议定，立三岁的溥仪为帝，并让溥仪的亲生父亲载沣监国。后来，大臣将此事告知光绪皇帝；因为溥仪是自己的亲侄子，又让自己的亲弟弟监国，光绪皇帝十分满意。

一九〇八年十一月十四日，先是光绪皇帝爱新觉罗·载湉驾崩于中南海瀛台涵元殿，终年三十八岁；仅隔一天，慈禧太后叶赫那拉·杏贞亦病死，终年七十三岁。林琴南得知讯息，仿佛世界末日来临了，号啕大哭起来。

第十章 巨变与惊恐

（1909—1911）

国破山河在，城春草木深。

感时花溅泪，恨别鸟惊心。

——唐·杜甫《春望》

一

长子林珪已经在东北做官八年，去年底被调往河北廊坊下辖的大城县任知县。大城县距北京只有一百六十公里，这让林琴南很是高兴。早在林珪去东北的第一年，林琴南就开始写《示儿书》了，到如今已写满厚厚一本。如今林珪继续为官，林琴南又告诫道："处处出于小心，时时葆我忠厚。谨慎须到底，不可于不经意事掉以轻心；慈祥亦须到底，不能于不惬意人出于辣手……"

已有好多年没有回到父亲身边的林珪，见到自己有四个弟妹了。后母虽然只比自己大一岁，但很贤惠，对父亲也温柔且照顾得颇好。只是母亲已去世那么多年，为什么父亲不扶正后母呢？于是，林珪对父亲建议道:"给她扶正吧,这样对孩子好!"然而,林琴南道:"这事儿我自己知道。"林珪也不再作声了。

自从去年底,年仅三岁的爱新觉罗·溥仪即位,今年改年号为宣统了。林珪虽然做着知县,但他亦明白世道在变,清廷现在是一盘散沙,群龙无首。尽管根据慈禧太后和光绪帝的安排,隆裕皇太后拥有最后否决权,而摄政王监国载沣拥有日常事务处置权,但林珪并不看好载沣,感觉他没有足够的魄力。在林珪眼里,摄政王载沣不该听张之洞婉说,命军机大臣、外务部尚书袁世凯开缺回籍,而应该立即处死,以防后患。当然,林珪的这一想法和见地,并没有与父亲林琴南交谈。在父亲面前,林珪并不想谈时事和政见。于是,他在父亲家待了大半天,便赶回大城县去了。长子林珪一走,林琴南莫名其妙地有些失落。的确,长子林珪比自己有出息多了,林琴南由衷地替他高兴。

再过些日子,又要过新年了。宣统元年(1909),这新的纪年让林琴南惶恐不安。尽管林琴南对慈禧太后有很多不满,但他突然感到慈禧太后有她独有的魄力和魅力。为什么慈禧太后活着时,国家经历了那么多灾难和屈辱,可老百姓心里还是踏实的?这许是慈禧太后像个中国大家长苦撑危局、五十年如一日吧!可如今光绪皇帝死了,慈禧太后也死了,而中国就像一团乱麻,三天两头,不是这里起义,就是那边起义,谁都想推翻清廷,看来清廷的寿数也不长了。

林琴南虽然不是政治家,但对时局的敏感,或许是男人的天性。远在上海养病的高凤岐,得知光绪皇帝爱新觉罗·载湉驾崩,亦伏枕大哭,伤心欲绝,仿佛清廷将亡,为此,他的病情顿时严重了起来。这些天,林琴南三天两头给高凤岐写信,给予安慰。可是远水救不了近火,据高凤岐的三弟高梦旦道:"大哥已病入膏肓了。"这让林琴南非常焦虑和悲郁,但也只能在内心默默祈祷。

新年之后,很快就迎来了元宵节。元宵节也称灯节,元宵燃灯的风俗起自汉朝,到了唐代,赏灯活动更加兴盛。皇宫里、街道上处处挂灯,还要建立高大的灯轮、灯楼和灯树。唐朝诗人卢照邻曾在《十五夜观灯》中这样描述元宵节燃灯的盛况："接汉疑星落，依楼似月悬。"到了清代赏灯活动虽然只有三天，但赏灯活动规模很大，盛况空前，除燃灯之外，还放烟花助兴。现在，每逢元宵节又增加了舞龙、舞狮、跑旱船、踩高跷、扭秧歌等"百戏"内容。林琴南每到元宵节必赏灯。他喜欢在灯海中行走，特别是北京的元宵节之夜，那流光溢彩的灯海，令他赏心悦目。

今年的元宵节，林琴南与老朋友陈衍一起赏灯。现在陈衍与林琴南都在京师大学堂任教，成为同事的他们常常聚在一起闲聊，有时也互相开开玩笑。林琴南虽然对老朋友陈衍倡导的"同光体"诗风并不赞同，甚至提出过批评，但并不影响两个人的友谊。林琴南青少年时作过不少诗，认为诗歌应发于衷肠，如骨鲠在喉不得不吐；应忧思国家，吊古纪行，叹逝悲别，发于内心，播之音律，令人长吟，催人泪下。然而，后来他所见到的"诗人"，多半是把诗变成交际的手段，让他大失所望。他道："余恒谓诗人多恃人而不自恃。不得宰相之宠，则发己牢骚；莫用伧父之钱，则憾人鄙啬。迹其用心，直以诗为市耳，乃绝意不为诗。"因此，林琴南有很多年几乎不作诗，偶尔作，也是题画诗。

元宵节之后，林琴南又与魏易合作翻译狄更斯的《冰雪因缘》，那是去年翻译五部狄更斯小说时余下的一部。林琴南已经与魏易合作翻译多年，彼此都有着深厚的感情。今年魏易又找了英国柯南达利著的《黑太子南征录》和英国斐立伯倭本翰著的《藕孔避兵录》等四部书。也就是说，翻译完狄更斯的《冰雪因缘》，他们还有四部文学书要动手翻译呢！因此，这几个月林琴南将有很多时间与魏易在一起。

说实话，林琴南之所以能真正走上翻译道路，魏易的功劳很大。尽管魏易比林琴南小一辈，但他初受旧式教育，出身书香门第，中文造诣甚佳。十六七岁时，听说上海梵王渡学院（即圣约翰大学前身）不收学费，便决定去就读。三年后，他大学毕业回到杭州，遇到了林琴南，两人合作翻译《黑奴吁天录》。接着，林琴南北上，魏易也到了北京。应该说，魏易对西方文学很有鉴赏力，选的读本大部分令林琴南喜爱。

　　林琴南和魏易合作翻译之余，也会聊些时事新闻。魏易对时局非常关注，对政治也越来越感兴趣。三月六日，清廷诏谕"预备立宪，维新图治"之宗旨，魏易便兴奋不已；可到了三月十二日，四川革命党人佘英、熊克武于广安起义失败，魏易便沮丧极了。林琴南虽然赞成"预备立宪，维新图治"，但反对革命党人起义。因为，他不希望中国人打中国人，不希望中国到处是战场，烽烟四起。聊了一会儿天，林琴南和魏易又继续合作翻译。这么多年来，魏易在林琴南的熏陶下，文字功夫亦有了很大的进步，如果自己笔录，也绰绰有余了。

　　盛夏来临之时，林琴南和魏易把今年的五部西方文学书，全部译完了。这真是一个比较大的工程，虽然很累，但他俩废寝忘食，乐在其中。近年来，由于时局不稳定，林琴南越来越喜欢沉浸在翻译中，在翻译中周游西方世界，比面对乱糟糟的当下中国现实好得多。因此，本该休息的他又马不停蹄地与陈家麟合译英国哈葛德小说《玑司刺虎记》。陈家麟与林琴南是首次合作，两个人却也非常默契快乐，很快就把两卷本的《玑司刺虎记》翻译完了。

　　接下来，魏易不再教书和翻译，将转入仕途，担任大清银行的正监督秘书。因此，魏易便停止了与林琴南的合作。林琴南虽然感到惋惜，但尊重他的选择，也从内心感谢他多年来的合作，以及共度的美好时光。

　　与林琴南合作翻译过的王寿昌，虽然只一部《巴黎茶花女遗事》，但让他一炮走红；而魏易呢，不仅是他最好的合作伙伴，而且还一起翻译了许多部世界名著。当然，曾宗巩这位合作者也很不错，虽然一起翻译的作品不多，但《利俾瑟战血馀腥记》《鲁滨孙漂流记》《美洲童子万里寻亲记》，都是林琴南非常喜欢的。特别是翻译《鲁滨孙漂流记》，林琴南颇有见地地认为：鲁滨孙有活力，独立而富有冒险精神，敢与死亡搏斗，有实用的知识，懂得发明，又能随机应变，即使面对最恶劣的环境，都能一一解决。鲁滨孙展示了儒家中庸之道的精髓，是"中人之中，庸人之庸"。

　　曾宗巩也是因为追求海军生涯，无法一门心思地投入他喜欢的翻译工作。不过，前些天曾宗巩来拜访林琴南，倒是谈起他找了一部英国哈葛德的小说《三千年艳尸记》，抽空儿可以一起合作翻译。林琴南一听说是哈葛德小说，便来劲儿了。因为哈葛德的小说，大多以爱情故事为基础，但其故事情节则以非洲或阿拉伯为地理环境，以古代为时代背景，穿插远古神话史实，洪荒沙漠古墓幽灵，皆为其小说之关节；既有异国情调，又富神怪气氛，在小说界别树一帜，惊人耳目，让很多年轻读者喜欢。

　　暑假之后，学校又开学了。在开学之前，林琴南与曾宗巩合作翻译完了哈葛德小说《三千年艳尸记》。林琴南已经翻译出版二十多部哈葛德小说了，不少懂西文的读者，譬如钱锺书，宁愿读林琴南的译文，也不喜欢读哈葛德原文。因为林琴南的中文文笔，比哈葛德的英文文笔高明很多。哈葛德的原文很笨拙，对话更呆蠢板滞，尤其是冒险小说里的对话，把古代英语和近代语言杂拌一起。当然，林琴南的译笔说不上工致，但大体比哈葛德的轻快明爽。

　　文学圈内很多人不喜欢哈葛德小说，认为他是二三流作家；但林琴南并不这么看，认为哈葛德的小说颇有特色。果然，后来哈葛德在西方文坛的地位渐渐上升，主要是由于一位有世界影响的心理学家对《三千年艳尸记》的称道。

　　与曾宗巩的合作翻译工作完成后，林琴南几乎每天都给病重的高凤岐写信。然而，高凤岐还是病逝了。噩耗传来，林琴南失声痛哭，悲恸极了，随即作《祭高梧州文》："俯视庭轩，仰对穹昊，忽忽若痫，莫知所可。"林琴南忆及与他同游杭州、嘉兴，"若漆投胶"，后廷旨征他，他"自吴履燕，再馆吾家，夜谈失眠"。他"廷试上上名"，却未被任用，对此，林琴南一直愤愤不平。接着，林琴南又作《夜坐展高啸桐亡友遗墨怆然有作》："旧情潮上如何遣，藏却遗笺更取看。……"

　　很长一段时间，林琴南都沉浸在失去好朋友的悲恸中，心情格外阴郁。那天，他去京师大学堂的路上，看见清廷为超荐光绪皇帝制作的楮木龙舟；虽然仪仗庄严，但却令人感伤。他认为当年清廷群臣不以礼事光绪皇帝，现在徒做这些表面文章，只能使西人增其讪笑。他是非常同情光绪皇帝的，在他眼里没有人能比光绪皇帝更痛苦了。因此，晚上教学回家后，他仍然郁郁不乐。

两个月后的某一天，林琴南到张筱帆①家做客，听闻沈瑜庆说："日本公爵伊藤博文在哈尔滨被朝鲜人刺死了。"林琴南觉得这是好消息，至少是个有利的机会。遗憾的是，中国人缺乏精气神儿，没有振作精神、励精图治的气象。于是，他感叹道："伊藤处心积虑，欲灭中国。先吞陪京，进乃蚕食。虽为日人元勋，于我则元凶也。今已死，吾不敢曰日人即为戢其野心。或可以少挫其锋。吾国当枢，乃皆庸才，不能乘此奋发有为，则伊藤之死，于吾初未有补。"可以看出林琴南的这一见地，并非天真幼稚，而是希望国民振作精神，奋发图强。

其实，虽然整个社会风气不太好，但在林琴南眼里，正直有责任感的儒士还是不少的。那些儒士不因为失望对社会不管不问，相反敢于触犯龙颜、大胆议政。林琴南非常欣赏这样的儒士。譬如，梁鼎芬就是一个刚直敢言的官吏。庚子年（1900）间，梁鼎芬曾因弹劾权倾一时的李鸿章，遭皇帝贬官，连降五级任用。林琴南对这种骨气很赞赏，当年赴庐山时，便与梁鼎芬武昌相会，一见如故，引为至交。

前年，也就是一九〇七年十月，梁鼎芬再次上书朝廷，言挽回颓局，莫亟于禁贿赂、绝请托，严词弹劾庆亲王奕劻与封疆大吏袁世凯等夤缘比附，贪私误国。朝廷以其有意沽名钓誉为借口，将其免官。林琴南因此更看重梁鼎芬的为人，在《送梁节庵先生南归序》中道："呜呼！天下大势岌岌矣，今又屏斥其忠谠敢言者，使之汩没于诗流，栖隐于幽邃，资后世史家之叹惋，宁为国家之福耶？"

庆亲王奕劻是朝廷一大贪官，权倾一时。因为受慈禧太后赏识，升官很快，由四品、二品，到光绪二十年（1894）已升为头品官了。光绪

① 张筱帆曾经官至浙江巡抚。

二十九年（1903），荣禄死后，升授军机领袖大臣，又继荣禄得守陵大臣之要差。宣统即位后，因系摄政王载沣的长辈，权力更为显赫，俨然全国政界最高人物；梁鼎芬弹劾他自然不果了。

这年十二月，由张謇等人发起，由江苏、浙江等十六省咨议局代表在上海成立"国会请愿同志会"，发表通电，创刊《国民公报》，请求清廷"速开国会，组织责任内阁"的请愿，然而遭到了清廷的拒绝。林琴南闻讯，为之感叹道："清廷将失民心也。"

现在，林琴南除了京师大学堂、五城学堂，还兼着闽学堂和高等实业学堂的课。其实，仅教学就够他累的，但他还兼着编选十卷本的《中国国文读本》，以及每年都以惊人的速度和力量出版十几部翻译小说，还有许多绘画作品，甚是勤奋。

二

尽管已到了宣统二年（1910），但整个政局依然混乱不堪。林琴南对清廷也有着越来越多的不满，摄政王监国载沣性格懦弱，才疏识短，难当大任；面对鼎沸的局势，总是屡屡举措失当；这难道不是加速清朝灭亡吗？中国将何去何从？林琴南为中国的前途担忧着，心里总是忐忑不安。新年来临时，他也没什么心情，一味扑在他的"春觉斋"书房里。

前些年，林琴南将自己的书房取名"春觉斋"，自己就是"春觉斋主人"。"春觉斋"是一间宽敞的书房，有一张丈把长的画桌，还有一张较矮的书桌，用来译书、作文。他和魏易合作的许多译作就在"春觉斋"里完成，而不少画作也产生于"春觉斋"。为此，他每年有上万银元收入；他的好友陈衍打趣道："春觉斋乃造币厂也。"林琴南并不生气，亦打趣道："此乃自食其力也。"

正月，寒假一过，京师大学堂开始分科，林琴南不再在预科和师范馆讲课，改教大学经文科是他的选择。因为，林琴南三十四岁时就跟福建谢章铤先生系统地钻研汉宋两代儒学经典，他正期待把学到的知识传授给学生呢！然而，正当林琴南埋头教学时，与梁鼎芬一样秉性的另一位监察御史江春霖因七次上疏弹劾庆亲王奕劻老奸误国，被清廷斥退，于是辞官回家。林琴南认为江春霖百折不回的坚强耿直精神值得称道；而清廷腐败至此，其寿命一定不长了。因此，林琴南特意绘《梅阳归隐图》，并作序送行。那天送行的人很多，大家纷纷作诗赠序；江春霖亦作诗三首，其中一首是这样的：

> 殷勤博酒足流连，骊唱还兼写凤笺。
> 俊逸清新今鲍庾，悲歌慷慨古幽燕。
> 良朋何日重携手，事主同时半比肩。
> 莫怨别离六千里，北来南去信能传。

江春霖的诗，的确写得洒脱旷达，林琴南非常喜欢。送走江春霖，林琴南自选历年所作古文一百零九篇，编成题名为《畏庐文集》一书，交商务印书馆印行。这对他来说是一件值得庆贺的大事。虽然翻译西方文学著作为他赢得了名声和丰厚的报酬，但他最看重的是古文。在他眼里，只有古文好，才是真正的好。因此，无论翻译和教学多么忙碌，他都会抽出时间，研究学问，撰写古文。

一九一〇年九月，林琴南的《评选船山史论》二卷，由商务印书馆出版了。上卷所录三十九篇，自周秦及汉；下卷共三十四篇，自三国及南北朝。每篇约五六百言，皆首引船山之史论，其后附"林纾曰"，发表议论。林琴南还在序中道：评选王船山的史论，是因为中学生课业门类繁多，"虽有通敏之才，亦仅括其大略，即欲求精，不复可得"，"祖国文字，亦几于燔矣"。于是"不得已采选船山史论，取其博辩者，逐篇讲解。间有疑义，则随时发明。或出口授，或笔篇末，久之笔者成帙"。

应该说，《评选船山史论》是一部史论结合、论证严密、颇具哲理和文采的新论。林琴南以丰富的史学、文化与文学知识逐一评述船山史论，纵横古今，驰骋东西，对于船山史论据义执经，豁然发其所疑，示之以信，堪称文史评论之典范。

《评选船山史论》二卷的出版，让林琴南非常高兴。然而，此时外边的革命势力已经风起云涌，大有翻天覆地之势；而腐败的清政府却连立宪、开国会的改良措施都不愿意实行。林琴南一方面痛恨清廷不肯顺应潮流，另一方面也不赞成革命。早在三年前，林琴南就在翻译《爱国二童子传》的"达旨"中呼吁清政府实行"立宪"政治。他道："立宪之政体，平民一有爱国之心，及能谋所以益国者，即可立达于议院。故郡县各举代表入为议员，正以此耳。若吾国者，但恃条陈。条陈者，大府所见而头痛者也。平心而论，所谓条陈，皆爱身图进之条陈，非爱国图进之条陈也。"

林琴南强烈要求废除封建"专制政府体"，顺应整个社会的呼声，及早立宪，争取民心拥戴，以免失去民心，被革命力量推翻。与此同时，他对出现的革命力量，以及暴动、刺杀行为表示反对和恐惧。因此，从"百日维新"失败，到中国同盟会成立，短短数年间，历史的脚步在艰难困苦中前进着，而林琴南却原地不动。

所以，当林琴南的翻译事业步入了黄金时期，他的政治立场仍留在维新运动的年代里。而他的译文序跋中，虽然对于反帝、维新仍不惜再三致意，但对于"革命"二字，却不敢涉及。"救国"的热望使他在文学事业上继续走在前面，但"尊王"的思想却使他的政治立场落在后头。前些年，他始终寄希望于光绪皇帝能重新执政，但光绪一直被囚禁在瀛台，形同亡国之君。林琴南寄希望于"变法""立宪"；但变法何年？立宪何年？

接下来的日子，林琴南埋头写古文。他多么想"两耳不闻窗外事"，然而簉室杨道郁怀孕几个月了，家里又要添丁；时局不稳定，这孩子将在乱世中出生，令他虽喜且忧。当然，更令他担忧的还是时局。他手头正在为高凤岐的二弟高子益写《送高子益之官云南序》，文中表达了对清廷堵塞言路、讳疾忌医的不满:"嗟夫!今日中国如沉瘵之夫,深讳其疾,阳欢诡笑以自镇。用介福繁祉之言进,则悦;若曰抑抑于座隅,疾者决以为不祥而斥之。"

高子益与林琴南亦是非常好的朋友。高子益举人出身,光绪三十三年(1907),任外务部右参、云南交涉使。宣统元年(1909),高子益任划界大臣。自一九〇八年发生日轮"二辰丸"号军火走私案后,引发澳门界址问题。清廷派高子益查勘澳门之界,与葡方代表马沙度谈判澳门界址,葡方妄图索取所谓"澳门属地"附近岛屿,高子益反对,拒绝签字,葡方代表退出谈判,谈判不了了之。今年,高子益任外务部右丞,林琴南很是为他高兴。林琴南想高家三兄弟,二弟高子益确是当官的料。

与高子益一样,林琴南的老乡和好朋友严复,近些年也走上仕途。严复先任京师大学堂译局总办,接着任上海复旦公学校长、安庆高等师范学堂校长,清朝学部名辞馆总编辑;宣统元年,他被派充为宪政编查馆二等咨议官、福建省顾问官,当年十二月七日清廷赐予他文科进士出身。今年(宣统二年,1910)海军部授他为协都统,接着出任资政院议员。林琴南虽然对严复出任资政院议员表示祝贺,但他更看好严复的学问而不是仕途。

早年,严复在李鸿章创办的北洋水师学堂任教期间,培养了中国近代第一批海军人才,并翻译了《天演论》、创办了《国闻报》,系统地介绍西方民主和科学,宣传维新变法思想,将西方的社会学、政治学、政治经济学、哲学和自然科学介绍到中国。林琴南认为严复提出的"信、达、雅"的翻译标准,对后世的翻译工作肯定会产生深远的影响。

那天晚上,林琴南回忆起年轻时与严复一起喝茶的日子。那时严复叫严宗光,林琴南叫林秉辉,乳名群玉。如今,林秉辉也变成了大名林纾、字琴南,一个有名气的人物了。虽然没有像严复那样走仕途,也是他不愿意走仕途,他作为翻译家和古文家能闻名于世,心里非常欣慰了。

　　林琴南想自从纳了杨道郁为妾，生活比较安稳；不像严复因为妻妾矛盾，搞得很烦恼。严复在写给妻子朱明丽的信中道："至汝来后，（江姨）更是一肚皮牢骚愤懑，一点便着，吾暗中实不知受了多少闲气。此总是前生业债，无可如何，只得眼泪往肚里流罢了。"今年五月时，严复小妾江莺娘大病了一场，在莫名其妙地大骂了严复一通后，负气离京。严复长舒一口气，感叹道："今日即算与伊永别，不但今生不必见面，即以后生生世世，亦不必窄路相逢罢了。"此后，严复每月"付姨太四十元"。后来江莺娘有意返家，严复断然拒绝了。十月上旬，严复接朱明丽夫人和儿女们搬迁到了北京，结束了从一九〇四年搬到上海后，六年来一直留居上海，而严复则时南时北的分居生活。为此，前些天林琴南专门上严复家表达了他的祝贺！

　　转眼，冬至又到了。今年北京冬至的这一天，正大雪纷飞。林琴南与杨道郁以及他们的四个孩子在家里围着火炉吃馄饨。林琴南边吃馄饨，边望着杨道郁隆起的大肚子，心里想这将是他和杨道郁的第五个孩子了。孩子一多，经济负担自然就重，且这副重担又落在林琴南一个人身上。林琴南心里十分明白，只有自己拼命工作，才能养活这一家子人。那些与他合作翻译的伙伴如魏易、曾宗巩等，后来选择走仕途远离了翻译，但林琴南十分幸运地又遇到了新的合作者——陈家麟。

　　现在，正是隆冬时节，天气非常寒冷，但陈家麟与林琴南都抑制不住对翻译的热情，开始合作翻译英国测次希洛的小说《残蝉曳声录》。测次希洛，就是后来大名鼎鼎的英国首相丘吉尔，写这部小说时才二十多岁，在东方世界作为一名大不列颠的军官四处服役，而现在他已是一名议员了。

　　《残蝉曳声录》是丘吉尔平生唯一的一部虚构性作品，小说原名《沙乌拉，罗兰尼亚革命记》，是一部描写罗兰尼亚人革命过程的书，内容在林琴南看来与当下中国时局十分相似。比如书中描写国君的凶暴、议员的恣戾、百姓的怨愤等因素而导致革命爆发，而革命之后，局势却依然岌岌可危。林琴南想尽快翻译完此书，以给清廷敲一下警钟，也给革命者敲一下警钟。

应该说，林琴南几乎每翻译一部书，都要写篇序发表自己的议论和高见；而《残蝉曳声录》还没有全部译完，他就迫不及待地写序了。他在序中道："呜呼！岂人民之乐于革命耶？罗之政府，不养其痛而厚其毒，一旦亦未至暴发如是之烈。凡专政之政体，其自尊也，必曰积功累仁，崇仁厚泽，此不出于国民之本心，特专制之政府自言，强令国民尊之为功、为仁、为深、为厚也。呜呼！功与仁者，加之于民者也。民不知仁与功，又强之使言，匪实而务虚，非民之本心，胡得不反而相稽，则革命之局已胎于是。"

林琴南的这些议论，一方面为清政府感叹，另一方面不赞成革命。此刻的林琴南，在政见方面处于矛盾之中。他认为革命就是战争、暴力、流血，这种靠武力的争夺，比起共和更可怕。林琴南想如果某一天清王朝灭亡，那么他只想做一个共和国的"老民"。

三

眼看着满清王朝行将灭亡，林琴南心里是多么的不舍。作为大清举人，林琴南与王朝有着割不断的感情；但作为一介布衣，又无可奈何。为此，林琴南非常沉郁，多年不写诗的他，又一次拿起诗笔，排遣内心的苦闷。于是，在辛亥年（1911）的春天来临时，林琴南与樊增祥等诗人结了诗社。

尽管诗坛是同光体的天下，有着很大的势力，可与南社相抗衡，但林琴南组织的诗社其目的是排遣苦闷，选择名胜之地聚会，与诗友们一起吟诗作画。当然，那些同光体诗人也都是林琴南的朋友，譬如陈宝琛、郑孝胥、陈衍等。早在十年前，林琴南就对同光体诗提出过批评意见。好在学术上的不同，并不影响私交。林琴南与他们亦时常聚在一起，出入于陶然亭、法源寺、积水潭等地，诗酒宴集，甚是雅意。

林琴南的老朋友郑孝胥，近些年往返于京沪之间。郑孝胥因局势不稳，已在上海买下别墅，林琴南得知不以为然。不过，两个人在北京久别重逢，忽觉老之将至，感慨良多。于是，怀旧之感油然而生。

这天，林琴南相约陈宝琛、郑孝胥、陈衍一起游净业湖。林琴南见湖山之胜，忽然想起了远在故乡的已故诗人沈葆桢。沈葆祯是"同治中兴"时洋务运动的重臣之一，曾先后任总理船政大臣及南洋通商大臣，对台湾近代史有重要影响。沈葆桢之妻林普晴是清朝著名大臣林则徐的女儿。沈葆桢也是林琴南好友沈瑜庆的父亲。接着，林琴南在秘魔岩壁上，发现了他的恩师宝竹坡（即宝廷，竹坡为其号）的题诗："竟似重生再见期"。这让他不由得想起恩师宝竹坡的两个儿子伯茀、仲茀。伯茀与仲茀都是林琴南的好朋友，遗憾的是在八国联军入侵北京时，伯茀、仲茀与他们的两个妹妹，不堪羞辱，同时自尽。十年后（1910）恩师宝竹坡的四个孙子又染疫而死。命运真是太捉弄人了，林琴南不胜唏嘘感叹："八口宁忘泉下痛，廿年犹泄壁间诗。"此刻，林琴南又想起了宝竹坡师的遗稿还未付梓，有些愧对先师道："早晚商量校遗草，门生也感鬓边丝。"

三月，乍暖还寒时节，林琴南与箧室杨道郁的第五个孩子（女儿）出世了；这是林琴南的第三个女儿。比起长女林雪、仲女林璿，这女儿出生得真不是时候，林琴南便给她取名林瑚。一方面是希望她质美似玉；另一方面也用谐音表示自己糊里糊涂就让她来到这个乱世上了。当然，林琴南明白多一个孩子，就多一份责任。有时他心里想，自己从小多病，竟然还能养育这么多孩子，也算是个奇迹。

家里又添丁了，全家人都沉浸在喜悦中。林琴南虽然心里高兴，但他的心思还是在时局上。当然，清明时节，他总是不忘葬在故乡福建的亲人们。他想起母亲、亡妻和两个已故的孩子林雪、林钧，便泪如雨下地从书橱里取出亡妻的照片，让他和杨道郁所生的三个儿子、一个女儿祭拜，并教育他们要记住"当年若母长贫死"的生活。同时，他自己也禁不住悲悼亡妻："客中没奠宁来饷，身后称贤枉有诗。"接着，他又祭奠高凤岐，并写悼念诗。近些日子，他特别怀旧，这许是进入老年的征兆吧！

清明一过，林琴南因冒广生（官至淮安关监督）之邀，参加了在北京夕照寺为其先人冒辟疆做生日的活动。冒辟疆，号巢民，生于明神宗万历三十九年（1611），岁在辛亥三月，现在又是辛亥，距今正好三百年。林琴南参加这次活动，深有感触，并当场写诗数首，以作祭奠。这天晚上他回到家里，辗转难眠，半夜起身作《夕照寺为冒巢民先生作生日记》一文，视冒辟疆为自己的旷代知音。

的确，他俩的遭遇有所相同。冒辟疆在一六二七至一六四二年间，六次去南京乡试，六次落第，仅两次中副榜，连举人也未得，深感怀才不遇。一六四四年，李自成的农民军攻入北京，明亡；随后，清兵入关，建立大清国。清兵平定全国后，降清的复社成员陈名夏曾从北京写信给冒辟疆，转达了当权人物对他"天际朱霞，人中白鹤"的夸奖，要"特荐"他。但冒辟疆以痼疾"坚辞"。康熙年间，清廷开"博学鸿儒科"，下诏征"山林隐逸"。冒辟疆也属应征之列，但他视之如敝履，坚辞不赴。他以明朝遗民自居，淡泊明志，决不仕清，与此同时缅怀亡友，收养东林、复社和江南抗清志士的遗孤，如在水绘园内增建碧落庐，以纪念明亡时绝食而死的好友戴建。然而，随着岁月的流逝，冒辟疆已是垂垂暮年，生活穷困潦倒，只能靠卖字度日。他自述道："献岁八十，十年来火焚刃接，惨极古今！墓田丙舍，豪强尽踞，以致四世一家，不能团聚。两子罄竭，亦不能供犬马之养；乃鬻宅移居，陋巷独处，仍手不释卷，笑傲自娱。每夜灯下写蝇头小楷数千，朝易米酒。"这表达了冒辟疆不事二姓的遗民心态，让林琴南很是赞赏。

当然，林琴南明白他俩有许多相似之处，但也有很多不同，起码时代的大背景有着根本的不同。于是，林琴南在文中道："今日无厂珰之祸，然贵要沮兵行赇，天下疲癃如沉瘵，人心思乱者众。兀然一不之悟，余安能不瞿然而怀先生耶？"

盛夏之后，林琴南的新生女儿林瑚六个月了。这小女孩儿，一到晚上特别爱哭闹，惹得林琴南夜不能寐，经常半夜起来抱着小女儿到户外溜达。真是"天皇皇，地皇皇，家里有个夜哭郎"。然而，林琴南哄她入睡后，自己却没有了睡意，常常思来想去整夜无眠，有时竟会感到一种莫名的恐惧。后来，那种莫名的恐惧感纠缠着他，让他在大白天也胆战心惊，仿佛要出什么大事了。箜室杨道郁是个贤妻良母，但见自己的丈夫近两个月神经兮兮的，夜不能寐，便道："有什么好怕的？乱世总乱不到我们家来吧？"林琴南道："你没有经历过战争，不懂什么叫横尸遍野，那是非常可怕的。"

杨道郁听丈夫这么一说，心里也忐忑不安起来。她想如果战争来了，我们全家老少，包括这六个多月的婴儿，能逃往何处去呢？毕竟丈夫已经六十岁，跑起路来也没有年轻人快了啊！杨道郁这么一想，连连说："那我们怎么办呢？"林琴南没有作声，默默地望着杨道郁，亦不知往后的日子怎么过。

接下来，家里平平静静地过了两个月。正当林琴南以为时局在好转稳定时，却不料一场震惊中外、覆灭清朝的大革命爆发了。

湖北那边经过几天的激烈战斗后，有小道消息传来：经过一夜的战斗，街上到处都是逃难的群众，哭声、喊声响成一片。此刻，武昌城内各个城门全部被关闭了，有不少学生前来列队庆祝起义，他们高呼"驱除鞑虏，恢复中华，建立民国，平均地权"的口号，起义胜利的欢呼声一浪高过一浪。在官方，湖北省咨议局议长汤化龙和议员刘赓藻等议员们，首先跑来与起义军头领一起议事。汤化龙本是湖广总督瑞澂手下的一名干将，但他觉得革命党起义也许能给他更大的机会，不妨借此一展身手。于是议事会议聚集各界名流，很快在咨议局会议室召开了。这次会议的核心内容主要是商议成立湖北军政府，并推举出军政府都督。

开会前，汤化龙与刘赓藻已在私下里对选何人当都督议论了一番。因此，会议刚一开始刘赓藻就倏地站了起来，道："武昌起义胜利，值得庆贺。但是当务之急是举荐一位有声望、懂军事、能服众心又能统帅全局的人。吾知道统领黎元洪现在城内，如果合适，举他为都督当否？"刘赓藻话音一落，全场鸦雀无声，少顷汤化龙表示赞成。接着，大家纷纷表示赞成，连临时总指挥吴兆麟也表示赞成和拥护。于是，黎元洪就成了缺席被推举的湖北军政府大都督。

其实在血战总督府的夜里，黎元洪所在的三营一阵骚动，虽然有人呼喊三营起来革命吧，但黎元洪按兵不动，还接连杀死了共进会员邹玉溪和文学社员周荣棠，手上沾着革命党人的鲜血。毫无疑问，黎元洪是革命党的敌人。然而这个革命党的敌人，现在却被推举为革命军的最高统帅了。

临时总指挥吴兆麟派刘赓藻等人去寻找黎元洪，黎元洪见起义胜利了，自己打死了两名革命党人，也许罪责难逃，便先后躲到了几户人家里，最后又逃到了三营管带谢国超家。当刘赓藻等人来到谢国超家门口时，黎元洪听见门口有嚷嚷声便吓得躲到床底下去了。可是他在慌忙中躲进了头和上身，却把两条腿露在了床外。纵使谢国超帮他撒谎，也瞒不过刘赓藻的眼睛，刘赓藻哈哈一笑道："黎统领，您别怕，我们是请您去当都督呢！"

一会儿，黎元洪被几个士兵从床底下拉了出来。满脸灰尘的他，浑身颤抖着说："我不行，我不能当都督。"士兵们见他执意不肯，托着枪把子道："这是上级的命令，你若是不做，我们就毙了你！"黎元洪生怕子弹从士兵的枪中崩出，害怕得不敢再出声，乖乖地跟着刘赓藻等人走出谢国超的家。然后刘赓藻让黎元洪骑上一匹骏马，奔赴湖北省咨议局。而此刻，湖北省咨议局门口，士兵们早已等候在那里，远远地见黎元洪骑着骏马过来，便吹响欢迎号；待黎元洪下马后，士兵们立即鸣号、致敬！

这时候，除了普通士兵，咨议局门口已是群贤毕集、名流荟萃。那些名流也加入了起义者的队伍，前来群策群力。湖北省咨议局会议室里，有了前所未有的热闹。大家严肃认真地讨论着，一会儿剑拔弩张，一会儿和颜悦色。汤化龙建议道："我赞成革命事业，但我不是军人，不能带兵打仗。可是武昌既已发难，各省现在还不知道，是否应该先通电各省，请他们一致响应，以助大功告成。"

吴兆麟赞许道："汤先生所言极是，瑞澂弃城逃走，肯定会卷土重来。我们必须迅速扩充兵力，努力准备着。倘若清廷派兵为难我们，那么我军胜算亦多。兄弟拟举黎统领为湖北都督，起来支持全国的起义大计，号召天下，则各省必能响应。"

来参加会议的人心里都明白，黎元洪是湖北都督的当然人选，因此大家鼓掌赞成。然而，黎元洪却不愿意。他胆怯地连连说："不行不行，我不能做都督。"这惹火了一些与会成员，有人拿着长枪指着黎元洪道："你杀了两个革命党，本该杀你，现在既没杀你，还选举你为都督，你再敢不从，我就杀了你，举吴总指挥为都督。"黎元洪吓得慌了神道："您别开枪，我做，我做。"

黎元洪答应了革命，整个会场的气氛一下轻松了起来。大家脸上挂着笑容，不少人为之雀跃，都觉得全国起义胜利在望，清政府即将垮台了。这天的会议开得非常成功。会议决定建立"中华民国"，以黎元洪为中华民国军政府鄂省大都督，发布《告全国父老书》，发布《安民告示》等，并且在咨议局成立了湖北军政府。

然而，十月十一日那天，摄政王爱新觉罗·载沣约总理大臣奕劻、协理大臣那桐和徐世昌来家吃饭，奕劻是乾隆第十七子的孙子，历经嘉庆、道光、咸丰、同治、光绪、宣统六朝，深知醇王府从来不请客，因此辞了载沣的饭局，但他知道载沣一定有事要与他商量，便邀了那桐和徐世昌在下午三点到达醇王府。这就是武昌起义后，清政府最高领导人的第一次会面。

武昌起义让载沣震惊，但兵变一隅并没有让他太在意，他在意的是有风声说非袁世凯带兵赴鄂剿办不可。所以他约载沣、那桐、徐世昌来府，目的是想除掉袁世凯，可是几次在嗓子眼的话语却无法说出；而奕劻棋胜一着，抢先封住了他的嘴为袁世凯说话，使得载沣只能改换话题。载沣窝着一肚子火，心里想祖宗二百多年的天下，就要败在自己人的手里啦！

不久，长沙独立成立了湖南军政府。接着，陕西新军攻占西安，江西九江、南昌以及上海、杭州等都光复了。革命形势真是一派大好！此时，孙中山在美国丹佛市得知武昌起义的消息后已到纽约，并且决定先往伦敦再回中国。

那天美国驻中国大使馆代办威廉从北京拍发电报，向美政府报告中国形势："现在南方有可能分裂出去，若袁世凯出来领导，并改组政府将分裂的各省争取过来，那么清朝是可以得救的。否则，除非有外国的帮助，看来是很小希望能恢复对南方地区的控制。"英国驻华公使朱尔典，向英国外交部报告道："袁世凯将于明天接受重要任命。"

在朝廷，监国摄政王载沣是灭袁的，然而他势单力薄，敌不住总理大臣奕劻以及两位协理大臣那桐和徐世昌的拥袁。一时间，拥袁派呼之欲出，连山东巡抚孙宝琦、两江总督张人骏等也紧密呼应，要求袁世凯出山掌管全部军事。那两个与袁一向不睦的邮传部大臣盛宣怀、度支部大臣载泽也三上奏折，催朝廷立即决策用袁。顿时，拥袁的声浪一浪高过一浪，摄政王载沣处在内外交困之中，感到从没有过的压力，其内心的痛苦不堪言说。最终，内阁会议上总理大臣奕劻等人连续发动攻势，奏准隆裕太后，发出谕旨。

谕旨一经颁布，京津各大报刊首先头条刊载，并且还一起刊出了袁世凯的出山六条。后来黎元洪在武昌得到消息，喜极而泣，情不自禁地说："袁世凯的出山六条多么好，我得救啦！"然而那一刻，监国摄政王载沣在他的醇王府却沮丧极了，宛如被人投入十八层地狱，他倒在床上，预感到大清将亡，心如刀割。他没想到这个被历朝重用的奕劻，竟然要埋葬了祖宗打下的江山，不择手段地把他晾在一边，再次将另一份谕旨发往孝感。孝感，是陆军大臣荫昌带兵打仗的地方。

陆军大臣荫昌接到电报，自然勃然大怒，但大怒也没有办法，连监国摄政王载沣都不是奕劻的对手，何况他区区一个陆军大臣。而袁世凯为钦差大臣后，立即全权指挥武汉战事：冯国璋为第一军军统，段祺瑞为第二军军统，并由冯国璋亲往汉口督战。不久，清军占领大智门，革命军据守歆生路。清军先后攻占了歆生路口及华商跑马场，革命军只得退守玉带门及歆生路以南街市。然而，糟糕的是代理第四协统领谢元恺等领导骨干先后牺牲，因此前线指挥乏人，部队开始涣散。就在这时候，同盟会领导人黄兴在十月二十八日那天偕宋教仁、日本人萱野长知、李书城，还有南京第四陆军中学堂第一批赴鄂参战的学生陈铭枢、李章达、王卓、陈果夫等十余人坐船抵达武昌。

这时武昌起义已经十八天，都督黎元洪得知黄兴、宋教仁等人来武昌，立即派小汽船迎接，不仅自己在都督府门口亲迎，还下令做一面旗帜，写上"黄兴到"三个字，让士兵骑着马、举着旗帜在武昌城内和汉口没有被清军攻陷的地方兜一圈，以造声势。

都督黎元洪这天穿了一件蓝布长袍，看上去和蔼可亲。他的长辫已剪成了短发，脸上满是笑容。在他的左边排列着军政府的主要官员汤化龙、吴兆麟等，右边排列着革命党人孙武、蒋翊武等。

"久仰久仰！"黎元洪快步迎上去握手道。接着又说："黄公，乃革命领袖，海内皆知，黎某仰慕已久。此次能拨冗来鄂，是我黎某的荣幸，亦是武昌百姓的荣幸！"黄兴道："过奖过奖！"双方寒暄过后，共进晚餐。在这天晚上的宴席中，黎元洪请黄兴任总司令到汉口指挥军队。黄兴毫不犹豫，爽快地答应了。晚宴后，黄兴即率部队渡江出战。而袁世凯这边也将由彰德出山。双方的两位将领旗鼓相当。于是，武汉前线展开了一场前所未有的保卫战，尽管后来革命军失败了，但黄兴的部队给北洋军以重大杀伤，使首义地区成为坚固的革命堡垒。革命的星星之火，已成燎原之势，迅速遍及大江南北。

那些天汉口的枪声如暴风雨般激烈，武昌与汉阳也炮声隆隆。战地总司令黄兴跃马横刀，率参谋长李书城等督战。双方炮兵猛烈射击，子弹像流星雨一样；火光闪烁处，山崩地裂。与冯国璋的部队较量，黄兴深知会有令人震骇的激战。没想到冯国璋竟是无赖之徒，打不过革命军便放火焚城。大火烧了三天三夜，大半个汉口化为灰烬。街上积尸日曝，野狗宵鸣，大量居民流离失所，废墟上传来孩子的啼哭声。黄兴面对清军的焚烧，愤怒道："冯国璋不顾民命，丧心病狂，我相信全国百姓不会饶恕他。舆论愤怒，就更利于我们发动革命。革命党人不怕死，血的激励，会唤起民众。我们正是有黄花岗的精神，才有今天的武装起义！"黄兴的话激励着士兵们。

清军无情的枪炮和火焰，吞没了几十万汉口百姓的生命。古老的汉水哀声悲鸣，长江呜咽东去。可就在这一天，袁世凯行辕的车上，一片欢声笑语，军官们正在庆贺。其实，革命之火已成燎原之势，全国不包括满洲在内的十八行省，有十个竖起了革命的旗帜。

那些日子，因为武昌起义，战火在南方燃起，警报到了北京，人们便纷纷奔避，唯恐一夜之间北京也起战火。林琴南听到警报，又看到几份报上的新闻，恐慌中亦封存好家中财物，携带全家老小奔走天津租界。离开时，他回屋凝视，忽然思绪万千，挥笔写下：

初闻南军起，颇疑智虑疏。

武昌固形胜，瘠地难为糈。

忽失十万仗，武库一夕虚。

烽火西被蜀，楼船东走吴。

战声沸汉水，警报惊燕都。

达官竞南逝，荒悸如避胡。

仆妪半散走，家人声喁喁。

我老亦舐犊，安忍听为俘？

璐子年十三，文笔已清腴。

阿橘亦八岁，绁勒若套驹。

阿度方四龄，盈盈玉雪肤。

二女尤可念，出入相抱扶。

焉能聚危城，阖门殉老夫。

舍我壁间画，委我橱中书。

草草挈之行，晓趁津门车。

> 回念手植柳，秋态含春姿。
>
> 再见当何时？或不成荒墟。

林琴南是多么不愿意离开自己的家过逃难的生活啊！虽然寓居在天津英人租界里，能保证他们全家平安，衣食暂不发愁，但林琴南的心却时刻关注着外界的局势。毕竟，他生于晚清、长于晚清，对晚清有着很浓重的感情。因此，当他得知许多省份被新军占领，其感觉仿佛国家落入敌手，心疼难忍又万念俱灰。于是，他吟道："西兵吹角伐鼓过余门外，自疑身沦异域。"又道："托身若异域，一夕数疑猜。昨传陷金陵，炮轰雨花台。群公已束手，坐待南军来。"

因为感伤，也因为老来遭遇离乱之苦，林琴南的心情非常苦闷。他听说故乡福州也发生了兵变，新军起义了；旗汉之间、革命军与官府之间的战争更加激烈。他很为父老乡亲担忧，终夜不眠道："流血波都市，纵炮颓城垣。所惜无辜民，蹂躏谁见援？商疲寡便家，灾酷无完村。一旦罹兵革，挈孥恣崩奔。吾家居苍洲，流水环槛轩。亡弟遗二女，长者已许婚，未能取之来。悬盼心如刂，长夜坐不眠，瞬息升朝暾。"显然，林琴南此刻的心情是颓丧和不安的，立宪派的思想和立场使他对革命怀着本能的恐惧，因此，他唱这样不合时宜的哀歌，也就在所难免了。

在天津避难的日子里，时局的发展和变化，让林琴南疑团丛生。林琴南曾希望大清王朝能够用人得当，再度中兴，但他又感到清廷再度起用袁世凯是靠不住的。他想起袁世凯在戊戌年间背叛光绪皇帝，葬送"维新"和"立宪"的大业，非常气愤和哀伤。于是，他握笔写下一首题为《辛亥十月十六日感事》的诗。

"辛亥十月十六日"也就是公元一九一一年十二月六日。这时候袁世凯已被清廷任命为总理大臣，不仅清朝王室把"中兴"的希望寄托在这个实力派北洋军阀身上，大多数守旧臣民亦寄希望于他。然而袁世凯另有谋算，欲想借机攘取天下。从这首诗中，不难看出林琴南处在痛苦的两难心态中，一方面他期望清室能平定叛乱实现"中兴"，另一方面他又清楚地意识到清室即将死亡；一方面他觉得起用袁世凯恐怕是用非其人，另一方面他又感到清室其他成员也不能力挽危局。于是，他就必须正视现实，在赞同还是抵制革命之间作难堪的抉择。他的思想经历着前所未有的激烈搏斗，他的心情充满着无法排遣的抑郁和烦恼，他又写下这样一首沉郁苍凉的感事诗："不眠中夜起，无计振时艰。冰气寒逾雪，楼峰暗似山。琴书屏人外，天地在兵间。累月尽无事，吾心未觉闲。"

这首诗，无疑是林琴南的真实写照。他不再是维新激进主义者的那个林琴南，他明显落伍于时代了。当然，他仍然在诗中流露出对国家前途、对人民生活的忧虑。因此，在矛盾与痛苦中，林琴南最终正视现实作出了一个重要抉择：接受革命。

第十一章 共和之局

（1912—1913）

> 革命军起，皇帝让政。
>
> 闻闻见见，均弗适于余心。
>
> ——林纾《畏庐诗存·自序》

一

民国第一天，也就是公元一九一二年一月一日；可在大多数国人心里，还是宣统三年的十一月十三日。这时的林琴南仍旧避难在天津租界里，尽管对新成立的中华民国有些陌生，但并不十分反对。毕竟共和是必须之势，他脑海里有时也会闪现孙中山的名字，想象着南京城里的情景，寄希望于未来。

当然，对革命军来说这天是个大喜的日子。南京城里随处可见彩旗飘扬，灯火辉煌。火车站更是黑衣警察来回穿梭，戒备森严。军乐奏响时，临时政府副元帅黄兴、总司令徐绍桢、江苏都督程德全以及宋教仁等全体代表、驻南京各国领事、基督教主事等站在一边恭迎从上海来南京上任的孙中山先生。在一片欢乐声中，紫金山天堡城炮台、幕府山炮台、雨花台炮台、石头城炮台，以及所有泊在南京港的战舰，皆炮口向天，鸣炮二十一响。

孙中山穿着土黄色呢质军服，尽管没有佩戴肩章金带，但浑身洋溢着军人气质和领袖风范，让欢迎他的官兵莫不惊叹。下车后，一辆金黄色彩绸的马车载着孙中山朝总统府驶去。总统府设在前清两江总督衙门，即太平天国天王府。此刻的天王府，电炬闪亮如白昼，很是辉煌。孙中山目光炯炯，与所有在总统府的人含笑握手。

晚上十点，临时大总统就职典礼开始。前一天黄兴奉孙中山特派，已向代表会议提案：临时大总统建议改用公历，自辛亥年十一月十三日起，以中华民国纪元，称中华民国元年一月一日。

孙中山在大家的簇拥下，步履矫健地走到大堂。大堂雷鸣般的掌声，经久不息。礼炮声又隆隆地响起，各军团长、各部司署科长以上，或穿礼服或穿西装，排列两侧。军乐奏毕，孙中山举左手宣读誓词道：

> 倾覆满清专制政府，巩固中华民国，图谋民生幸福，此国民之公意，文实遵之，以忠于国，为众服务。至专制政府既倒，国内无变乱，民国卓立于世界，为列邦公认，斯时文当解临时大总统之职，谨以此誓于国民。

接着是代表致颂词，然后是胡汉民代替大总统致答词，由授印代表授印，孙中山受印后，交给胡汉民，盖印于就职宣言之上，印文为"中华民国大总统印"。一切礼成后，乐队重新奏乐，盛大的临时大总统就职典礼，就在乐曲声中结束了。这天晚上孙中山无比激动，但也非常冷静地在临睡前亲笔写下"天下为公"四个字。

几天后，孙中山被选为中华民国第一任临时大总统的消息不胫而走。袁世凯闻讯大怒，拿起电话筒责备唐绍仪道："你议和议和，怎么把人家议和成大总统了？你为什么不加以干涉？为什么不派人去扔颗炸弹？你这是怎么搞的？"唐绍仪语无伦次道："我……我也不知道……怎么会这样？"袁世凯道："我免去你全权代表的身份，你闭门思过去吧！"唐绍仪连连说："是，是，我一定闭门思过。"

后来，袁世凯派了北方密使冯耿光。某天，胡汉民对冯耿光道："我和孙中山先生对国内情形和袁世凯个人情形不够熟悉，因此对袁世凯有些意见；不过慢慢熟悉了，就多一些理解。南京临时政府会做些让步，孙中山先生认为只要对国家有利，决不计较个人得失，愿意把总统让给袁世凯。"

胡汉民这样讨好北方密使冯耿光，也许是给自己留一条后路；万一南京临时政府解体，他就能够得到袁世凯的重新任命和器重。而冯耿光的这趟南京之行，已看出南京临时政府成立以来，仅发布剪辫子、禁刑讯、禁缠小脚、改年号、定国旗、城门改名等一系列政令；在军事实力的筹划和组织上并没有下功夫。冯耿光认为没有雄厚的军事实力做后盾，临时政府就很难维持下去。他心里十分清楚，袁世凯无疑是大总统的最佳人选；但他又认为，孙中山的革命精神着实可嘉。

冯耿光完成秘密赴宁使命后，袁世凯非常高兴，当即封他为士官二期，军咨府厅长，每月得五百元钱。袁世凯的这一手段，拉拢了不少重要人物。他不仅出任清廷的总理内阁大臣，还想当中华民国大总统，因为他接到了孙中山的亲笔信，信中郑重说明就任临时大总统是"暂时承乏，虚位以待"，他更觉得胜券在握了。

袁世凯早在一八九五年受命以道员衔赴天津督练"新式陆军"，并仿造欧洲军制训练军队扶植自己的势力，形成北洋军阀班底。现在革命当前，他深知清廷气数已尽，无可挽回，便倒戈联络起革命党人，逼迫溥仪小皇帝退位，结束清廷统治。袁世凯的辣手在于重新回京后，通过奕劻把摄政王挤掉，挤出隆裕太后的内帑，逼着亲贵输财；这样军、政、财三权就全到他手上了。

由于革命派自身的软弱和实力不够强大，"南北议和"最终达成了这样的协议："如果袁世凯赞同共和，并力促清廷退位，革命派则举袁世凯为民国正式大总统，并对退位的皇室实行优待。"

当然，摄政王载沣也知道大势已去，先前已责成资政院根据第二十镇统制张绍曾等兵谏时提出的敦促立宪的十二条款，采纳各国立宪章程，颁布《宪法重大信条十九条》；在宣统三年（1911）的十一月六日，代表皇帝率在京王公大臣并四品以上官员，及资政院全体议员，宣誓太庙。摄政王载沣的心情可想而知，没有人能超过他此刻的沉重。

那天摄政王载沣从天安门进入太庙庙门时，身后跟随了各亲王、贝勒以及满汉大臣。二百六十八年的满族专制王朝，也许就从宣誓太庙起结束了。实行君宪共和，皇室将成为虚设。摄政王载沣极其无奈地、悲伤地代表爱新觉罗·溥仪向全国诏告：

> 益信致乱之源，实由政治。彷徨宵旰，良用恻然。倘不早变计，后患何可胜言。痛切剥肤，须臾难忍……凡统兵大员，务皆仰体朕心，剀切布告，妥速安抚，俾皆晓然朝廷实心与民更始，不忍再以兵力从事之意。人同此心，心同此理，或亦可涣然冰释乎……

摄政王载沣向祖宗拜告了《宪法重大信条十九条》后，黯然神伤。

在这样的时代背景下，林琴南也一脚跨进了民国。在"南北议和"达成协议之前，林琴南给他的同乡吴敬宸写信道："……共和之局已成铁案，万无更翻之理。而慕、涛①二卿图死灰复燃，合蒙古诸王咆勃于御前，以震慑孤儿寡妇②，滋可悲也。项城③似有成算，重兵在握，已与孙中山密电往来。大抵亲贵群诺，共和立成；亲贵反对，共和亦成，不过在此数日中决定耳。仆生平弗仕，不算满洲遗民。将来仍自食其

---

① 指皇室成员载慕、载涛。
② 指溥仪与太后。
③ 指袁世凯。

力，扶杖为共和国老民足矣。"

进入民国了，林琴南一家仍居住在天津租界。而林琴南呢，由于不放心北京的家，时常回京察看小住一阵。于是，京津两边跑就成了林琴南那段生活中的一项特殊内容。那天他在火车上作题为《由京至天津火车中偶成，时眷口仍居天津也》的诗，从这首诗里，可以看出林琴南客居他乡，四处奔波。

在京小住时，林琴南与朋友们一起关注谈论时局，回天津的日子自然一拖再拖。一种愧于亲人的内疚，使他的心情更加沉重悲凉。因为，他满脑子都在想袁世凯究竟能干出些什么名堂来。

其实，袁世凯那天坐马车来到清宫，清宫再不是从前钟鸣鼓响、韶乐齐奏、群臣拜舞的盛大景象。摄政王辞位后，皇宫里冷冷清清，一片萧瑟。太后隆裕和小皇帝溥仪在惊恐中不时听太监们前来禀报："革命党朝北边儿打来啦！""天津将沦陷啦！""孙中山已将飞机大炮运到南京啦！"太监们这么大声嚷嚷，把隆裕太后与小皇帝吓得胆战心惊。

袁世凯便趁隆裕太后单独召见他时，直接提出了让小皇帝退位的要求："除了共和，别无出路。"隆裕太后明白大势所趋，早日逊位才能接受优待。然而她又想侥幸保住大清江山，她知道只要自己点一下头，祖宗二百六十多年的江山就断送在她手里了。一想到这些，她便惶恐不安，犹豫不决。

袁世凯有点沾然自得，完全陶醉在自己的胜利中。革命党将让他稳稳当当地做上中华民国大总统，而他认为自己将完成革命党"驱除鞑虏"的革命使命。为了让清廷早日退位，袁世凯每天将一份份编造假消息的报纸，派人送到隆裕太后的桌案上，让隆裕太后看得惊慌失措，没了主张。的确，后来隆裕找来载沣和奕劻商量，可这两个人的口径是一致的。

正当隆裕太后拿不定主意时，北京的洋车夫暴动了。成群结队的洋车夫冲上街道，高喊："打倒清廷，打倒太后！"接着还有枪声响起以及手榴弹的爆炸声。爆炸声逐渐逼近皇宫，吓得隆裕太后从梦中惊醒道："革命党打到皇宫来了吗？"她身边的小德张说："肯定是革命党，不然谁敢打到皇宫来？"隆裕太后着急地说："这可怎么得了？快去找人，找王爷来商量呀！"小德张跑出去，一会儿又跑回来道："不得了啦！皇宫被革命党包围啦！"隆裕听后脸色都煞白了，她着急地说："那可怎么办？"不过她很快冷静了下来道："这样吧，告诉他们不用打了，咱们认了共和总该可以吧？"其实，这是京津同盟会策划和组织的一次暴动。

经过一夜的惊吓，隆裕太后到了第二天仍然惶恐不安。她找来徐世昌想问个明白，同时也想听听他的建议。谁知徐世昌胆怯地说："救亡之策，顺从民意、赞成共和、下诏逊位才是上上策。"隆裕太后听他这么一说，心里想退位也该讲条件吧，否则逊位之后皇上还有什么保障？于是隆裕太后降旨，命袁世凯与革命党方面磋商退位条件。隆裕太后要看到满意的优待条件，才能宣布退位。

经双方代表秘密磋商，拟出了退位优待条件八款，皇族待遇四条，满、蒙、回、藏待遇七条。后来经南京参议院表决，孙中山临时大总统认可，袁世凯和隆裕太后同意，将在一九一二年二月十二日向全国公布宣统皇帝的"逊位"诏书。

二

大清国，在退位颁诏仪式上草草结束了。大清国的龙旗，被降了下来。中国两千多年的帝制，至此宣告正式终结。当然，最后在帝制完结过程中办手续的隆裕皇太后，成了满人的众矢之的。

而袁世凯心里非常高兴，他给南京临时政府拍电报，向孙大总统说了许多好听的话。第二天，北京、上海、南京的多家报纸刊登了清帝退位诏书。年轻人见到报纸奔走相告："换朝代啦！换朝代啦！我们不再是大清的子民；现在是中华民国的天下啦！"也就在这天，孙中山在南京得知清帝退位的确切消息后，即向南京参议院提出辞职咨文。但他在咨文末尾，又郑重提出了临时政府设在南京的观点和看法。

二月十四日，南京参议院按照"和谈协议"召开会议，审核孙中山大总统的辞职咨文，一致同意临时大总统辞职，并选举袁世凯为临时大总统。然而，袁世凯等人置前临时大总统的观点和看法于不顾，重新提议表决，以十二票对八票的优势，通过了临时政府设在北京的提案。而与此同时，章太炎又在《时报》与《大共和日报》上，发表了《致南京参议院论建都书》《驳黄兴主张南都电》《敬告对待间谍者》等文章，指出定都南京的五个害处。二月二十七日，南京临时政府教育总长蔡元培到北京，迎接袁世凯南下。

然而，袁世凯不仅不愿意南下，还密令曹锟在二月二十九日夜晚在北京发动兵变。于是，袁派兵马在东安门、前门一带纵火抢劫，并袭击从南京前来迎接袁世凯的专使蔡元培、汪精卫等人的住处。那天，林琴南正好从天津返回北京，与朋友刘冠雄①及外甥高稔在"小有天"酒家的三楼饮酒，听到窗外乱七八糟的声音，三个人不约而同地走向窗前，刘冠雄一眼看见了袁世凯手下的曹锟，便对林琴南道："肯定是袁世凯让他干的。"

窗外正在发生兵变，他们也无心喝酒了，几次想回家，却因纵火抢劫无法出去。于是，三个人一整夜被困在酒楼上，第二天一早才得以回去。回到家里，林琴南感慨道："汝曹一夕恣捆载，吾民百室空储蓄。大帅充耳若弗闻，拥贼作卫谬钤束。利薰心痒那即已，都门行见一路哭。"

这是一个动荡的年代。壬子年刚刚开始，就经历了南京兵变、浦口兵变、北京兵变、天津兵变、保定兵变等。南京临时政府，即将结束。三月三日，中国同盟会在南京召开本部全体大会，宣布其宗旨为"巩固中华民国，实行民生主义"，并举孙中山为总理，黄兴、黎元洪为协理。

① 刘冠雄，字资颖，闽县人，后官至袁世凯任命的熊希龄内阁海军部总长。

三月六日，参议院允许袁世凯在北京就职。三月十日，袁世凯终于等到了就职典礼的这一刻。

袁世凯在北京向全国人民宣誓道："民国建设造端，百凡待治，世凯深愿竭其能力，发扬共和之精神，涤除专制之瑕秽。谨守宪法，依国民之愿望，蕲达国家于安全强固之域，俾五大民族同臻乐利。凡兹志愿，率履勿渝。俟召集国会，选定第一期大总统，世凯即行告退。谨掬诚悃，誓告同胞。"

辛亥革命的胜利成果，竟成为袁世凯的囊中之物。这关键在于，孙中山在黄埔建军以前没有自己亲手建立的军队。所以，他在与袁世凯和形形色色的军阀打交道的过程中，总是屡屡受挫。因此，孙中山交出临时大总统的职位，虽是无奈之举，亦的确是顾全大局。以流血最少的革命，改朝换代，此前没有先例，孙中山实乃伟人也。

林琴南自从接受革命，心情一天天好起来了。宣统逊位的那天，他又给老乡吴敬宸写去一信，信上不仅表示拥护革命，而且还说过农历新年时要穿西装，让自己成为"新政"下的新派国民，他这样写道：

> 此间自逊位诏下，一带报馆各张白帜，大书"革命成功万岁"，见者欢呼，此亦足见人心之向背矣。……闻新政府将立于南京，刻尚未有动静，大抵数日之内定有明文。弟四海为家，久不作首丘之想。……新正当易洋装，于衣服较便。

现在，袁世凯柄政的"共和"政府在北京组成，唐绍仪为国务总理。局势初步稳定后，在京的学堂陆续开学，林琴南所任教的五城学堂和京师大学堂亦先后开学了，但林琴南一家还留住在天津。为授课，林琴南每周进京一次，逗留三日。他看到小报上一则新闻道："三月十一日，孙中山颁布《中华民国临时约法》。四月一日，孙中山正式解临时大总统职。"

接受革命后的林琴南，看到这样的报道忽然为孙中山惋惜起来。说真的，林琴南只想改朝换代后，能让中国像某些西方国家那样快速发展起来、强大起来。他在自己的不少译著中，看到了西方的文学、科学、建筑、金融等。由于时局动荡，辛亥年，林琴南只发表了翻译小说《薄幸郎》。

春暖花开时节，南京临时参议院迁到了北京，同盟会本部也迁到了北京；南北统一初步告成。袁世凯上任后，任命范源濂为教育次长，总长仍为蔡元培。五月三日那天，京师大学堂改名为北京大学，设一院、二院、三院，严复以大学堂总监继任北京大学校长，全校分文、法、商、农、工等科。

严复先前也是南下和谈的各省代表之一，与袁世凯的关系不错。他坚持自己的观点：国人程度不适合共和，并提出"共和女性"之说。他的意思是共和属于阴类，将这个名词尊为国家名号，岂非大谬。

老朋友严复做北京大学的首任校长，林琴南心里自然很开心。他比较欣赏严复的教育理念，尤其是妇女教育。严复认为中国妇女摆脱封建礼教束缚的开始，就是中国妇女自强的开始。中国妇女应和男子一样，在女学堂里既要读书又要参加社会活动。这一观点，在林琴南看来就是高出一般人之处。

林琴南依然往返于北京和天津。本来时局已稳，可以把家搬回北京，然而辛亥年出生的女儿林瑚刚满周岁，簉室杨道郁又身怀六甲了。拖儿带女，再加孕妇，林琴南生怕路上发生意外。于是杨道郁肚里这孩子，就决定让他（她）出生在天津了。每次回天津，林琴南总会想起初到天津时，时局混乱，心里闷闷不乐的日子。

在《离恨天·自序》中，他写道："余自辛亥九月，侨寓析津，长日闻见，均悲愕之事。西兵吹角伐鼓，过余门外，自疑身沦异域。"还写有一首长诗《十四夜天津果大掠》，其中有这样的诗句："南军即至亦奚补，主客疑骇将凶终。政府趣立宪法定，南北联合平内讧。"

这次在回天津的火车上，林琴南在一份小报上看到一则新闻：一艘名为泰坦尼克号的豪华巨轮，四月十日从英国南安普敦出发，途经法国瑟堡·奥克特维尔以及爱尔兰昆士敦，到美国纽约的处女航行中，不慎在北大西洋撞上冰山，造成一千五百多人葬身海底的重大航海事故。林琴南心里一沉，天灾人祸，真是无法避免；看来好好活着，多多做事，才是重要的。林琴南决定等孩子出生后，就把全家搬回北京去。

接下来又到了暑假，林琴南安居天津，等待新生儿的降生。但他仍不忘关注时局。七月十二日教育部在蔡元培主持下，在北京召开了临时教育会议，重订学制，规定初小四年、高小三年，中学四年，大学预科三年、本科三年或四年；主张采用西方教育制度，废止祀孔读经，实行男女同校等改革措施。这完全是西方新式教育规模，林琴南非常认同这样的学制。然而这个教育会议开后两天，蔡元培便辞去教育总长之职了。林琴南有点想不明白，也许蔡元培不愿意在袁世凯手下任教育总长吧！

袁世凯上任后，不断地换国务总理，唐绍仪之后换了陆征祥，现在又换了赵秉钧；还发布《尊崇伦常文》，宣称中华立国，以孝悌忠信礼义廉耻为人道之大经；提倡国民尊崇伦常，教育以孔子之道为修身大本，且支持成立孔教会。

不久，陈焕章等在上海发起成立了第一个孔教会。而就在这时，北京大学首任校长严复辞职，章士钊继任。林琴南虽然与严复是好朋友，但对他为什么辞职似乎不便多问。

到了八月，林琴南不放心北京的家，又坐火车回去察看。这时正好遇上应袁世凯邀请北上的孙中山先生。北京城里一时万人空巷，市民争睹其风采，各大报刊争相采访报道孙中山之行。林琴南因年老体弱，站在人群中不堪拥挤，只能回家去了。后来据说，当晚，袁世凯为孙中山举行了盛大的欢迎宴会，并亲自为孙中山执盏，谓："刻下时事日非，边警迭至，世凯识薄能鲜，望先生有以教我。""财政外交甚为棘手，尤望先生不时匡助。"孙中山表示，国内经济凋敝，民不聊生，唯有恢复生产，兴办实业，开源节流，而交通为"发达之媒介"，故提出修筑全国铁路之务，希望袁世凯给予帮助。

宴会结束后，袁世凯对人感慨与孙中山相见恨晚，道："不图中山如此嘹亮！"孙中山亦对其他人称："袁总统可与为善，绝无不忠民国之意，国民对袁总统，万不可存猜疑心，妄肆攻讦，使彼此诚意不孚，一事不可办，转至激迫袁总统为恶。"其实，孙中山此趟入京，对袁世凯来说可谓雪中送炭。因为武昌起义元勋之一的革命党人张振武与黎元洪闹矛盾，被黎元洪电请袁世凯杀害，一时舆论哗然，革命党的报纸激烈抨击，其他报纸也纷纷加入声讨队伍，指责这一"违法"行为。此时，袁世凯政府面临很大的政治压力。后来，孙中山在张振武被杀这事上为袁世凯开脱，在催促黄兴进京的电报中，孙中山明确表示，袁世凯同意处死张振武是迫不得已，是为了促进南北统一大局。由于孙中山的坚持，本已放弃入京计划的黄兴终于来到了北京。

其实，袁世凯虽然"礼遇"孙中山，但政府的重要部门都是袁世凯手下的旧派人物，革命派宋教仁幻想以多数党的身份组责任内阁，以架空袁世凯。于是在他的策划下，八月就将中国同盟会，改组成为中国国民党。当然，袁世凯也不服输，在他的授意下，守旧派也先后成立了共和党、进步党、统一党等。

林琴南得知这些消息，心里想从表面上看，目前孙中山与袁世凯关系融洽，但双方很可能各怀心事呢！在他眼里袁世凯是一个很有政治手段的人。先前重新出山时，袁世凯就把摄政王载沣拱掉了，让隆裕真正做了几天太后，就逼太后把宫里攒的银子交出来，把大清江山交出来；袁世凯真是过招高手呢！

唉，民国究竟会是什么样子呢？林琴南心里无底，但他对这种五彩斑斓的政治也有着美好的幻想。他又写信给老乡吴敬宸道：

仆所望者，吾乡同胞第一节以和衷不闹党派为上着。弊政已除，新政伊始。能兴实业则财源不溃，能振军政则外侮不生，能广教育则人才辈出。此三事者，为纾日夜祷天所求，其必遂者也。

三天后，林琴南回到了天津。第二天，他的第六个儿子出生了。已经六十一岁的他，老来又添一子，心里自然欢喜，立即给这新生儿取名为林殉，希望他长大后有一种殉道精神。这是林琴南与篁室杨道郁所生的第六个孩子了。家里有六个孩子，热闹极了，喧闹声此起彼伏，林琴南有时嫌烦，便经常出门去走走，散散心。那天，他正巧在路上遇到了刚从日本返国来到天津的梁启超。两个人在天津偶遇，真是高兴不已。尽管梁启超比林琴南小二十一岁，但梁启超的某些观点与林琴南不谋而合。因此，两个人见了面，林琴南也不以长辈自居，对梁启超很是亲切和热情。

一八九四年，梁启超提倡变法，并于上海主撰《时务报》，著《变法通议》，刊布报端，启发国人革新思想。与谭嗣同等六人同参新政，因保守派反对，变法失败，谭嗣同等被杀，梁启超逃亡日本。梁启超在日本一度与孙中山为首的革命派有过接触。在日期间，他先后创办《清议报》和《新民丛报》，鼓吹改良，反对革命。同时也大量介绍西方社会政治学说。一九〇五至一九〇七年，改良派与革命派的论战达到高潮，梁启超作为改良派的主将，遭到革命派的反对。前些日子，梁启超在袁世凯的多次邀请下，在国内各界人士的期盼下，才决定回国。但他表示回国后不入政界，愿意办报，通过报纸发表政见，指导当局，影响社会。

自这次路上碰面，后来他们又在天津会晤过几次，讨论了一些时事，如袁世凯颁布临时大总统令，特授孙中山"筹划全国铁路全权"，规定在借款方面，纯然输入商家资本，不涉及政治意味；权限方面，未动工之铁路归孙中山经营，已修未成之路线，其管理权限需要与交通部商定；用人方面，一切以孙中山为准，政府不加干涉；经费方面，暂由交通部每月拨款三万元以资开办，日后再行续筹。孙中山具体实施了铁路计划，在上海创建了中国铁路总公司。

这些日子，因为有了与梁启超的会晤，林琴南在天津忽然觉得有了意思。不过待新生儿满月，林琴南一家老小还是搬回北京去了。全家人在天津租界整整住了一年。

三

全家回到北京，林琴南不用两头跑，自然轻松不少。再说北京的朋友比天津多，时事新闻也比天津消息灵通。一切安顿完后，林琴南又重新投入他的翻译和写作中。一九一二年十一月一日，《平报》在北京创办。

这是一份旧派人士办的报纸，其立场站在袁世凯柄政的民国"政府"一边，并且有着军阀强大的后盾，属于陆军部机关报。段祺瑞为陆军总长，徐树铮为次长。徐树铮身居高官，却爱好作诗填词写古文，尤其喜欢桐城派古文，对林琴南非常尊重。尽管林琴南不喜欢袁世凯，但有徐树铮的再三邀请、有报刊能发表他的文章和译著，这事儿何乐而不为呢？毕竟，对于一介书生来说，只有发表作品才能表达他对社会、政治的观点，也才可以作为一名共和国老民，用"笔"来为"新政"效力。因此，林琴南即成了该报"铁笛亭琐记""讽谕新乐府""文苑""译论""社说"等专栏的专栏作家，后来亦成了《平报》的编纂。

在"铁笛亭琐记"栏目的笔记体古文中，林琴南主要发表生平所见所闻的轶闻趣事，用笔名餐英居士。发表于"讽谕新乐府"的诗歌，则多为讽刺时俗和国会议员之作，署名射九。发表于其他专栏的作品，均署名畏庐。"践卓翁短篇小说"一栏，则发表他的短篇小说。而在"译论"专栏里，他主要翻译发表外国报纸上的评论文章，这些文章大部分均关涉中国，一小部分报道世界局势。林琴南在某些译文的序跋中，流露出对中国时局的关切和忧虑。

时隔一个月后，梁启超在天津创办了《庸言》，邀林琴南为《庸言》的撰述人。林琴南欣然答应，把自己最满意的文章投给《庸言》。后来《庸言》一创刊就发行了一万份，是发行量最大的刊物。这当然有赖于梁启超的巨大声望，以及刊物内容也非常丰富的原因。

做了专栏作家，林琴南每天的工作安排得满满的。不去学校授课的日子，他便在家里写文章、翻译、画画。搬回北京后，他又与陈家麟继续合作，翻译完了测次希洛的小说《残蝉曳声录》，并开始翻译英国作家哈葛德的小说《古鬼遗金记》。

转眼，全家回到北京已经两个多月了。林琴南在《平报》的《社说》栏目发表了《论中国海军》和《论中国人心》两篇论文。在《论中国海军》一文中，林琴南回顾了近代中国海军的三次厄运：其一"甲午"之前为慈禧修建颐和园而挪用海军军费，致使"甲申一挫，甲午再挫"；其二"庚子"以后慈禧"变排外为媚外，以买船为应酬"，结果"海军衙门长日闲坐而已"；其三"共和"后又有人以"中国财力单弱"为由，主张舍海军单备陆军。林琴南为此写道：

> 吾国海岸之多，指不胜屈。乃以海中权力拱手授人，谓既难制人不如不备。是掷长戈大戟于战场，但备短兵以巷战，此策之下下者也。至于购舰造船之事，当先清理财政，稍可措手，即当注意海军。海军之强弱，即可卜中国命运之修短。可不务哉？可不务哉？

林琴南对挪用海军军费是非常反感的，他希望"新政"能使国家尽快富强起来，希望朝野上下，均悉力于"振军政""兴实业""广教育"。为此，他在赞同"共和"、接受"革命"的同时，无比珍惜这个千载难逢的"新旧势力合作"的"共和"了，并且希望自己也能为国家出点力。

然而，民国元年的年末，全国一瞬间产生了许多党派，其目的都是为了"国会选举"。革命派的国民党为了"国会选举"，甚至把大批政客都拉进党内。接着，中华民国工党在南京举行联合大会，据说支部已发展到十六省，党员已达四十万。这乱糟糟的局面，让林琴南非常反感。本来很好的心态，转瞬就让他增添了许多个"愁"。民国究竟往何处去呢？说实话，他真不想看到战争、流血。

正当林琴南对时局又陷入痛苦中的绝望时，大名鼎鼎的康有为从日本回到了上海。康有为给林琴南写信索画来了。林琴南知道辛亥革命成功后，康有为在日本认为"共和政体不能行于中国"，提倡"虚君共和"。现在，康有为在上海主编《不忍》杂志，发表反对共和、保存国粹的言论，并任孔教会会长。无论怎么说，林琴南在此时日，接到康有为的信还是有些兴奋，情绪一下好了许多。当天晚上他就拿起画笔，开始为康有为绘《万木草堂图》一幅，并题诗一首道：

> 海东堂较瀼西稳，投老孤臣此息机。
> 历历忠言今日验，滔滔祸水发端微。
> 荒台何地招朱鸟，并辔当年想白衣。
> 万木萧森秋又暮，飞鸿谁盼我公归。

从这首诗里，可以看出林琴南赞康有为反对革命的主张为"忠言"；而康有为收到画则这样答谢道：

> 译才并世数严林，百部虞初救世心。
> 喜剩灵光经历劫，谁伤正则日行吟。
> 唐人顽艳多哀感，欧俗风流所入深。
> 多谢郑虔三绝笔，草堂风雨月披寻。

完成《万木草堂图》后，时光已进入民国二年（1913）的元旦了。元旦过后，北京参众两院复选，国民党获三百九十二席，共和、统一、民主三大党仅得二百二十三席；国民党胜券在握了。然而，林琴南并没有理会国民党，而是鼓足气写时论。到二月底他完成了三篇，即《论南北断不可更分意见》《译叹》《论中国丝茶之业》。在《译叹》中，林琴南这样感叹道：

呜呼！《译叹》何为而作也？叹外人之蔑我铄我蹂践我吞并我。其谬也至托言爱我而怜我，谋遂志得。言之无检，似我全国之人均可儿侮而兽玩之。呜呼！万世宁可忘此仇哉！顾不译其词，虽恣其骂詈轻诋，吾人木然弗省，则亦听之而已。迨既译其词，讥诮之不已，加以鄙啰；鄙啰之不已，加以污蔑，污蔑之不已，公然述其瓜分之谋，而加我以奴隶之目。呜呼！此足咎外人乎？亦自咎耳！"

　　完成这三篇时论的第二天，林琴南即与老乡陈宝琛、陈衍等同游原清宫太液池西海子。老乡陈宝琛一八六八年二十一岁时登同治戊辰科进士，官至内阁学士兼礼部侍郎。中法战争后因参与褒举唐炯、徐延投统办军务失当事，遭部议连降九级，从此回家乡闲居达二十五年之久。一九〇九年，陈宝琛奉旨来京任礼学馆总裁，一九一一年担任溥仪之师。林琴南对年长他四岁的陈宝琛，非常尊重。大家在一起游玩得很开心，但目睹清宫陈迹，这些老派人士便悲从中来。林琴南潸然泪下，道："——怀想当时，悲从中来，有不能自已者。"

　　这天回到家里虽然很累了，但林琴南因为目睹了清宫陈迹，为现在纷乱的时局而悲郁，一时翻来覆去睡不着，便披衣起床，为弟子朱羲胄著的《悟园文存》题词，称其"极力摹古、善转善折，年来古文一道，几绝响矣，不图意见悟园也"。放下笔，窗外的公鸡已经啼叫了，天空也露出鱼肚白，林琴南赶紧上床睡觉。没想到第二天起床已是八点多了，他赶紧洗漱吃早餐，匆匆忙忙赶去北京大学授课。

　　傍晚回家的路上，林琴南得到隆裕太后在西六宫之一的太和殿病逝的消息，不禁潸然泪下。隆裕太后毕竟才四十六岁，这一死也就意味着清朝彻底灭亡，她将成为"亡国太后"而青史留名。林琴南越想越悲伤便痛哭了一场。箴室杨道郁知道他的秉性，亦理解他的心情，便低声道："人死不能复生，还是自己保重吧！"

其实，作为皇太后，隆裕也希望自己能像慈禧一样垂帘听政，叱咤风云，只可惜她并没有统领全局的政治能力。在走投无路的情况下，以"诸皇族宜俯从民意，以救生灵"，接受《优待清室条例》，签发《退位诏书》，宣布宣统皇帝退位。自此结束了清朝两百余年的统治，并授权袁世凯组织临时共和政府。

清帝退位后，社会各界对隆裕太后此举大加赞扬，称其有"让国之德"，是"女中尧舜"。然而隆裕本人因为大清朝亡在了自己手中，这是无论如何不能让她释怀的事。于是，她终日忧愁，积郁成疾，自然便一命呜呼了。后来，林琴南听说隆裕弥留之际，对年仅九岁的溥仪道："孤儿寡母，千古伤心，睹宫宇之荒凉，不知魂归何所。……汝生帝王家，一事未喻，而国亡，而母死，茫然不知。吾别汝之期至矣，沟读道途，听汝自为而已。"当时在场者，无不悲伤落泪。林琴南听说后，又满眼含泪，十分同情隆裕太后。

好在后来的葬礼非常隆重。清室方面，由清官太保徐世昌、内务府大臣世续组成十余人的丧礼处，遵照清朝帝后丧仪的旧制办理。隆裕皇太后的遗体于二十二日申时殓入梓宫，停灵于皇极殿。但由于隆裕去世时光绪的陵寝崇陵尚未修建完毕，光绪皇帝的梓宫还留存于西陵梁各庄行宫内，因而几天后隆裕太后的梓宫也只能暂时存放于此，待崇陵竣工方可一起入陵。宣统帝为隆裕太后定谥号"孝定隆裕宽惠慎哲协天保圣"，庙号为"景皇后"。

民国方面呢，大总统袁世凯下令，隆裕皇太后葬礼以君主的最高礼仪举行：全国下半旗三日，为皇太后致哀；文武官员服丧二十七天，全体国务员前去致祭。袁世凯本人还亲自在衣袖上缠了黑纱，以示哀悼。

尽管当时财政状况十分困窘，但民国政府还是担负了总计一百万两的葬礼经费，并给予溥仪三万元抚恤金。随后，袁世凯又安排在太和殿举行了国民哀悼大会，由参议长吴景濂主祭。由于民国各方人士对隆裕太后丧礼的礼遇，满族亲贵和前朝遗老们都感到十分安慰。

在这十几天里，林琴南也和很多老派人士一样，重新换上了清朝的袍褂，脑后拖着辫子，仿佛清朝还能卷土重来。溥仪的老师陈宝琛还作了《大行隆裕皇太后哀辞》："迟暮偏蒙恩礼绝，侧身墙翣重歔欷。"陈宝琛后来还在诗中写道："钟簴无惊鼎遂迁，故忧薪积火终然。"他很清楚，清朝正是在长年积累的危机中一步步走向末路的。他对这个王朝，也许本身并无太多留恋，但对最后一位小皇帝的未来，他认为自己有无法推卸的责任。因此，林琴南和陈衍等好友劝他效仿其他遗老退隐，他却坚定地回答道："吾起废籍，傅冲主，不幸遘奇变，宁忍岊然违吾君，苟全乡里，名遗老自诡耶？"他已决定将自己的余生维系在这未尽的君臣之义上了。

接下来，社会各界亦为隆裕太后的逝世表示惋惜。驻京各国公使，除去太和殿致祭外，在哀悼会期间，各使馆均下半旗志哀。由于隆裕皇太后葬礼的隆重，林琴南心里虽然悲伤，但也得到很多安慰。因此，拥护新政，出任《平报》编纂之职，对林琴南来说就是自己为"新政"效力的一种政治姿态。

然而，正当林琴南对"新政"充满希望时，传来了革命党人宋教仁在上海沪宁车站遇刺的消息。这好比晴天霹雳。谁是凶手？林琴南的第一敏感神经直接告诉他：天下将乱。为此，林琴南对"新政"一下忧郁而疑惑了起来。说真的，他骨子里不想看到"南北之争"愈演愈烈，亦仍旧希望稳定新旧势力合作的"共和之局"。于是，他惊恐不安地关注着事态的发展，满怀悲哀地用写诗来表达自己的心境。他这样写道："此心望治几曾灰！时变纷乘胆欲摧。横议直非常理测，边氛谁引切身灾？国先难问遣言党，心果能公转胜才。锢疾日深医又误，唐衢泪眼向谁开？"

的确，林琴南为国家的前途担忧着。试问宋教仁遇刺，能不影响刚刚建立起来的"共和之局"吗？林琴南有些焦虑，如果乱局不断，那么如何来走"兴实业""振军政""广教育"的振兴之路呢？因此，从不对时局直接发表意见的林琴南，经过一夜冥想，决定在《平报》上撰写发表自己"政见"的时论文章了。

一九一三年四月一日，林琴南即完成了《论专制与统一》一文。他道："且今日举国命脉，全悬于两议院之中。法当将遁初①之冤付之法司。议员心中但空空洞洞，以国家为前提，须认定'统一'二字之宗旨。盖不统不一，则势必破碎。纵使采美制也，采法制也，终须有指臂运动之牵连，使上下成为一气，方是共和之真面目。若愤愤然挟遁初不白之冤载入议院，以英雄报仇之泪眼，定国家共和指南之盘针，则断无和平之议，亦断有偏毗之争端。究竟此次革命，南士固属有功，而北军亦未尝无力。彼此推让则谦德生，彼此呶竞则恶声出。……鄙人一身如叶，在四万万人海中，特一寒蜩之鸣。顾身为国民，不能不持和平之论。今救亡之策，但有两言：一曰公，一曰爱。公者争政见不争私见；爱者爱本党兼爱他党。须知兄弟虽有意见，终是兄弟。外人虽肯借款，终是外人。但观此次借款，如何唆削，如何挑难，昭昭可见。吾辈同胞之亲，讵可授人以刀俎，而不筹其善后耶？"

当然，林琴南的这一政见，很难脱离书生之见，未免幼稚。

四

一九一三年四月八日，民国第一届国会在北京新落成的众议院议场开幕了。这天风和日丽，街市悬国旗，自上午九时起，议员们身着特制礼服陆续齐集会场。参议员、众议员、国务总理及各部总长皆列席，其他内外观礼代表千余人。十一时，宣布典礼开始，拱卫军鸣礼炮一百零八响以致敬。

筹备国会事务局委员长施愚报告国会召集经过，并公推议员中年事最高的云南参议员杨琼为临时主席。杨就席后，委托林长民代读开会词，继请袁世凯特派代表总统府秘书长梁士诒登台致贺。梁代袁致辞

---

① 遁初，即宋教仁，字遁初。

道："我中华民国第一次国会正式成立，此实四千余年历史上莫大之光荣，四万万人亿万年之幸福。世凯亦国民一分子，当与诸君子同深庆幸"，并高呼："中华民国万岁！民国国会万岁！"

这则消息，林琴南是当天晚上从参加国会的朋友那里听来的，还听说参加国会的多半都是旧派人物。也就是说，政府中的重要部门几乎全是袁世凯手下的人，根本就没有"共和"。为此，林琴南的心情有些复杂，亦有些悲郁。加上最近发生的轰动全国的宋教仁在上海沪宁车站遇刺一案，无论是谁暗杀的，在场面上革命党肯定不会再相信袁世凯了，不兴兵讨伐才怪呢。因此，革命乎、战争乎，抑或是镇压乎，是在所难免的事情了。再加上本月袁世凯向英、法、德、俄、日五国银行团签订善后借款合同；借那么多钱，日后怎么还呢？

果然，时隔不久，上海各党团体为宋案、为借款事宜声讨袁世凯。湘、粤、赣、皖四都督亦联名发出通电，严词反对大借款。于是，黎元洪居中斡旋，希望化解北京及国民党之争。然而事情已经闹大了，袁世凯立即于总统府召开秘密会议，为发动内战进行军事部署。接着，全国就有十七个省的都督联名支持善后大借款。

孙中山在宋教仁遇刺后第五天，即从日本回到上海。孙中山给宋教仁的挽联是："作公民保障，谁非后死者；为宪法流血，公真第一人。"因为，宋教仁遭暗杀前，在演讲中多次讲到要"先定宪法，后举总统"，这和袁世凯"先选总统"的主张针锋相对。宋教仁道："不能因人的问题以法迁就之，亦不能因人的问题以法束缚之。吾人只求制定真正的共和宪法，产出纯粹的政党内阁，此后政治进行，先问诸法，然后问诸人。"宋教仁认为："讨论宪法，行政、立法、司法三权应如何分配，中央与地方之关系及权限应如何规定，都应该依据法理、事实，以极细密的心思研究，而且明确宪法应由国会制定。"然而，袁世凯想绕过国民党人占多数的国会，另外组织一个"制宪委员会"。这种分歧在全国大小报刊都有刊登，非常激烈。所以，宪法之争，也许成为宋教仁被暗杀的重要原因之一吧！因此，孙中山此时已看透了袁世凯的真面目，决心武装倒袁。

面对这乱糟糟的时局，林琴南想起先前与老乡陈宝琛、陈衍等同游原清宫太液池西海子的情景，想起那些清宫陈迹，便格外怀念光绪。他低声吟道："这苦命皇帝啊，臣民来看您啦！"

于是，在四月十二日那天，林琴南终于按捺不住要去谒崇陵了。箧室杨道郁道："你都已过花甲之年，跑那么远去做什么呢？"林琴南道："你不懂的。"箧室杨道郁知道丈夫脾气不太好，若是再劝上几句，他就要大发雷霆了，便马上默不作声。其实，这时光绪皇陵还没有竣工，林琴南只是凭着自己一腔热血，要先去看看崇陵罢了。到了崇陵，他在陵殿内跪下，像个孩子那样失声痛哭。

归来后，林琴南赋诗一首，题为《癸丑上巳后三日谒崇陵》，抒发对光绪皇帝的无限思念，以及对光绪皇帝的遭遇表示伤感。可想而知，作为男人，作为一个传统文人，忧国忧民的思想此时在他心中更加深化和沉重。

好在这些天，林琴南选评的《左孟庄骚精华录》由商务印书馆出版了。该书内录《左传》文三十二篇、《孟子》文六篇、《庄子》文十二篇及《离骚》中的《九章》全部。林琴南逐篇加以诠释批评。到了五月初，林琴南自著的《技击余闻》一书，也由商务印书馆出版了。这是一部笔记体小说，能够出版让林琴南心里暖暖的。这些年因时局动荡，林琴南心里有话要说，便在点滴的空余时间操起了小说写作，一发而不可收。

那天，林琴南独游陶然亭，忽然有南归故里的想法，回家后即作诗一首。同时，他还把这个想法写信告诉了在大城县做知县的长子林珪。没想到，林珪接到信后做出了一个决定：辞官南归。林琴南认为长子林珪是个孝子，代老爸先回故乡，确实不错；更何况这年头做官，谁能确保乌纱帽不丢，人头不落地呢？于是，林琴南为长子林珪回故乡写诗道："旦晚裹书来就汝，琼河数曲狎鸥凫。"

林珪刚刚辞官南归，北京大学的学潮便惊动了朝野，袁世凯饬令整顿学风。这时孙中山亲信控制的江西、江苏、上海、广东等地爆发了武装革命，企图脱离中央政府独立。六月九日，李烈钧因专制残毒、违法殃民、恣睢暴戾等罪名，被袁世凯免职。

后来，李烈钧发起"二次革命"，成为江西讨袁军总司令。在孙中山的指示下，李烈钧从上海回到江西，在湖口召集旧部成立讨袁军总司令部，正式宣布江西独立，并发表电告讨袁。接着，黄兴抵达南京，组织讨袁，宣布江苏独立。随后，安徽柏文蔚、上海陈其美、湖南谭延闿、福建许崇智和孙道仁、四川熊克武亦宣布独立。浙江朱瑞、云南蔡锷中立。陈炯明响应孙中山号召宣布"广东独立"。

林琴南看到战争又将燃起，便大骂革命派的"独立"造反。而这时，全国很多地方官员、商会及其团体都发出反对动武的电文。由于袁世凯的镇压，那些宣布独立的省份很快就失败了。譬如：广东独立失败，陈炯明逃往香港；胡万泰倒戈，取消安徽独立；谭延闿宣布取消湖南独立；江西南昌独立失败，李烈钧撤出南昌，前往湖南；张勋攻入南京后，"二次革命"失败，孙中山、黄兴再次逃亡日本。不久，四川讨袁失败，熊克武离渝出走；黔军占领重庆，"二次革命"全部沉寂。

林琴南一向反对战争，"二次革命"那么快失败，他倒是松了一口气。他想这是民国成立后的第一次南北战争，战争的最终结果是袁世凯所代表的军政集团大获全胜。国民党在广东、江西、安徽三省的势力，都被袁世凯部下逐一清除。因此，"宁做太平犬，不做乱世人"，社会的动荡反而使市民百姓，期待一个强有力的领袖和中央政府出现。此刻的袁世凯，正好成了全国人民所期盼的安定力量和太平象征。

众望所归，袁世凯就在这时获得民众的支持，也获得正义性与合法性的地位。而"二次革命"，使刚刚具有公开、合法性的政党政治毁于暴力革命的失败。于是，国民党得到一个恶谥："暴民专制"。这在于革命党人当年闹革命的时候过多地吸收了会党领袖，而这些人往往是一些为社会所不齿的渣滓流氓。这些人实际上毫无革命信念，一旦当权，必然危害地方，乱搞一气，弄得民国还不如腐朽但稳定的大清。

林琴南怀念大清，他脑后依然拖着辫子，仿佛大清才是他真正的祖国。而对"共和"，他已经表示出不满和失望。他作了《十哀诗》，哀政府、哀党人、哀难民、哀学生、哀全国各地方，一切都可哀，一切都绝望了。

> 共和实在好，人伦道德一起扫。
> 入手去了孔先生，五教扑地四维倒。
> 四维五教不必言，但说造反尤专门。
> ……
> 议员造反亦无罪，引据法律施黄雌。
> 稍持国法即专制，大呼总统要皇帝。

这就是"共和"的结果。林琴南习惯了皇帝统治下的秩序，习惯了尊王的伦理道德与礼教思想。"共和"之后，一切全打乱了，统治者没有了九五之尊，百姓也没有了仁义规范，人人可以自由造反，这如何得了呢？所以，自从一九一二年十二月二十二日在《平报》的《社说》栏内发表第一篇文章起，至一九一三年五月二十四日止，林琴南先后发表了十篇时论，即：

《论中国海军》（1912 年 12 月 22 日）
《论中国人心》（1912 年 12 月 23 日）
《论南北断不可更分意见》（1913 年 1 月 27 日—28 日）
《译叹》（1913 年 2 月 2 日）
《论中国丝茶之业》（1913 年 2 月 24 日）
《论专制与统一》（1913 年 4 月 1 日）
《释疑篇》（1913 年 4 月 28 日）
《辨党旨》（1913 年 5 月 1 日）
《论救国先宜去私》（1913 年 5 月 19 日）
《国难私仇缓急辨》（1913 年 5 月 24 日）

林琴南除了这十篇时论，还在《平报》的《译论》栏内翻译外国时评多篇。譬如《论中国铁路新政策》《论川粤汉铁路借款事》《论中国借款事》《论中国财政及借款》《论借款》等，是反对袁世凯五国大借款。《论中国财政》《论中国更革币制》《论中国物产及其实业》《论山东铁路情形》《论中国盐税》等，是针对中国经济、财政及工商业而译。《论中国海军》《论中国时局之危》《论选举》《论中国宪法》等，是针对中国政治状况而发。

然而，"二次革命"失败后，由于国会受到了恐吓，袁世凯被选为正式大总统。接着，袁世凯下令解散国民党，取消了国民党议员资格。林琴南认为袁世凯这么一来，问题肯定会激化，战争又将打起来；这让他对乱七八糟的民国绝望极了。

五

金秋时节，天气晴朗，由于长篇小说《剑腥录》由北京都门印书局出版了，林琴南心情不错地道："著此书，意在表彰修伯芾之忠。"当然，林琴南还有高兴的事儿是他自著的《践卓翁短篇小说》第一集，也将由北京都门印书局出版。他在序中道：

> 余年六十以外，万事皆视若传舍。幸自少至老，不曾为官。自谓无益于民国，而亦未尝有害。屏居穷巷，日以卖文为生。然不喜论时政，故着意为小说。计小说一道，自唐迄宋，百家辈出，而余特重唐之段柯古。柯古为文昌子，文笔奇古，乃过其父。浅学者几不能句读其书，斯诚小说之翘楚矣。宋人如江邻几，为欧公所赏识者。其书乃似古而非古，胶沓绵覆，不审何以有名于时。宛陵梅叟，诗笔为余服膺。而《碧云骃》一书，至诋毁名辈，大不类圣俞之为人。吾恒举邻几杂志，疑为伪作。盖小说一道，虽别于史传，然间有记实之作，转可备

史家之采摭。如段氏之玉格天尺，唐书多有取者。余伏匿穷巷，即有闻见，或具出诸传讹，然皆笔而藏之。能否中于史官，则不敢知。然畅所欲言，亦足为敝帚之飨。

　　这篇序中，林琴南所表达的是他将不再直接用时论来发表政见，而改用小说的方法来参与时政了。的确，清末民初积弱不振的社会现实，激发了文人强烈的担当意识。林琴南以输入文明的本能自觉，已经有着洋洋大观的"林译小说"引领国人徜徉于一个陌生的小说世界，开启了一个崭新的文学接受视野；而现在林琴南将继续用活脱的古文笔法从事小说翻译与创作，提升小说的文类地位。

　　当然，除了小说写作与翻译西方文学作品，林琴南始终坚持着古文写作。尽管进入民国以来，桐城派古文受到冲击；章炳麟提倡的魏晋文，以及章炳麟的文字训诂学正在蓬勃兴起；但林琴南并没有把他们放在眼里，称追学章氏古文的人为"狂谬巨子"。而事实上，章炳麟狂傲自大，绝非有意要冲击桐城派。因为在章炳麟眼里，桐城派的马其昶、姚永概、林琴南虽然古文写得好，但学问上远远不如他章炳麟。章炳麟连康有为、梁启超都瞧不起，更遑论林琴南等人了。再说，章炳麟对严复和林琴南的翻译是更加瞧不起，曾道：

　　　　下流所抑，乃在严复、林纾之徒。复辞虽饬，气体比于制举，若将所谓曳行作姿者也。纾视复又弥下，辞无涉选，精采杂污，而更浸润唐人小说之风。夫欲物其体势，视若蔽尘，笑若龋齿，行若曲肩，自以为妍，而只益其丑也！与蒲松龄相次，自饰其词，而祇敬之，曰：此真司马迁班固之言。若然者，既不能雅，又不能俗，则复不得比吴、蜀六士矣！

　　章炳麟说得也不是没有道理，林译小说的确存在着某些误译和粗糙。但正如陈炳堃在《最近三十年中国文学史》中说的："严复、林纾，运用古文翻译西洋近世思想的书，或近世文学的书，他们替古文延长了二三十年的运命。"此论确矣！

章炳麟是个狂人，袁世凯都拿他没有办法。他所向披靡的革命，以及文学家的呼风唤雨之势，在新青年中很有威望和力量。相比之下，桐城派的马其昶、姚永概、林琴南自然黯然失色，显得守旧而空洞无力了。因此，林琴南感叹自己如"明日黄花"号召不力，更担心章炳麟炫学问、掉书袋的作风过多地影响着青年人，而使青年人不讲义法、意境，藐视古文，使中国古文传统面临失传的可怕境地。于是，他在《送大学文科毕业诸生序》中，勉励学生"力延古文之一线，使不至于颠坠"。

由于时局不稳定，再加上北京大学聘请了章炳麟，以及章炳麟的飞扬跋扈，林琴南心里有诸多不开心。那不开心和苦闷，有时真的无法排解，使他内心常常隐隐作痛。于是，一九一三年十一月十六日，当光绪陵墓正式竣工时，林琴南不顾大雪纷飞，冰冻三尺，竟第二次路远迢迢地去谒崇陵。仿佛他那颗对"共和"彻底失望的苦闷的心，只有去谒崇陵才能得到一些安慰。

此刻，林琴南是那样的虔诚，在临近崇陵望见"红墙浓桧杂立于万白之中"时，他心里的一种悲伤油然而生。刚至宫门，遥望数十丈外的飨殿，情不自禁匍匐陵前；及至陵下，"未拜已哽咽不能自胜。九顿首后，伏地失声而哭"。尽管天寒地冻，但林琴南由于情绪激动，丝毫不感到寒冷。守卫宫门的卫士们，十分愕然，但也为之动容。后来，此消息经林琴南的老乡陈宝琛传到溥仪耳朵里，溥仪也为之动容，并特意写"四季平安"春条一幅，颁赐林琴南。

林琴南收到清废帝溥仪颁赐的"四季平安"春条后，感动得泪流满面，夜里辗转反侧久久不能入睡。他想到底与溥仪有了近距离的联系，受到了莫大的恩宠啊！第二天一早，林琴南决定花半年时间绘一幅《谒陵图》。这一宏大的想法，让他有些激动。接下来，就在当天匆匆吃过早餐后，他就开始创作《谒陵图》了。

进入十二月，北京城里的气候真是越来越冷了。除去教学，林琴南很少出门。他想自从去年五月，京师大学堂改成北京大学后，首任校长严复只干了十个月，即换了章士钊。章士钊只干了两个月，又换了何燮侯。这学校在他眼里没有从前安宁了。更何况，辛亥年后进北大的章炳麟，让他一直感到压抑和喘不过气来。回想当年，进入京师大学堂后，林琴南先有吴汝纶这样的古文宗师对他的大力赞扬，后有马其昶、姚永概等桐城名家共事，形成了占据京师大学堂桐城派古文的势力，而现在那好时光已经远去也。

林琴南的同事姚永概也和他有同样的感觉。在章炳麟魏晋派的排斥下，他俩头痛、气愤和沮丧，真是日子一天比一天不如人意。有时两个人见面，便痛骂一顿魏晋派和章炳麟的那些新式弟子出出气，但丝毫不能挽回局面。于是他们想，与其这样受人排斥，倒不如一走了之，省得冤家窄路相逢。这样的想法一旦确定，他们就在一九一三年岁末，一起辞去了北京大学的教职。

辞职后，姚永概南下回他自己的故乡桐城。那天他们在酒馆吃饭、喝酒，把酒言谈后，林琴南作了《送姚叔节归桐城序》与他告别。子夜时分，回到家的林琴南仍然坐立不安，似乎还有话说，便握笔致书姚永概，痛痛快快地对推崇和学习章炳麟古文的人，又大加挞伐了一番，才心里感到平衡和舒畅些。

当然，章炳麟的学问远在林琴南之上。林琴南的宗派思想很重，顽固保守，唯我独尊，他不是桐城人，却成了桐城派的护法使者，非桐城的文字不入法眼，动辄韩柳欧苏，重唐宋而轻魏晋，八大家之外没什么别的人。而章炳麟呢，作为一代古文大师，满脑子革命思想，尤好魏晋文章，他的弟子受其影响，多少都有些魏晋风骨。在章炳麟看来，林琴南认为唐以前的古文不可学，实在是可笑的胡说八道，不值一驳。

谁想独霸文坛都是痴人说梦，桐城派在文坛的影响日渐衰落，终于失去了在北京大学的霸主地位，代替桐城派占据北大讲席的是章炳麟的弟子们。章门弟子分成两派，一派后来成为新文化运动的主将，以周氏兄弟为主，加上钱玄同和许寿裳；另一派继承章氏旧学衣钵，如黄侃和马裕藻；他们都取得十分突出的成就。然而，章门弟子无论新旧两派都不把林琴南放在眼里，这也是令林琴南十分气愤的事。

现在，辞了职的林琴南只能靠稿费和书画养家。他的书房有两张书桌，左边画画，右边翻译和著述。他的朋友陈衍早就打趣地誉他的书房为"印钞房"，所以即使辞掉了北京大学的教职，林琴南全家人的物质生活亦是富足的。其实，整日在家，也未必轻松。林琴南道："长日闭户，浇花作画"，"日必作山水半幅"，并且继续著书、译书。

然而，闲居在家的林琴南的那颗心，却是骚动不闲居的。不久，国民党人在云南大理策动驻军起义反袁世凯，林琴南便大骂国民党。而后，袁世凯重兵围剿河南白朗，并在南苑开办了中国第一所航空学校，林琴南对袁世凯亦同样很有看法。

十二月二十三日冬至，刚刚登上民国正式大总统之位的袁世凯来到天坛举行祭天仪式。林琴南从报刊图片上得悉，仪式按传统方式进行，袁世凯身着十二章衮服，看上去真有些像皇帝那么威武呢！于是，他自言自语道："这样子莫非想当皇帝吗？"

年末，林琴南发现孩子们放学回家，嘴里总是哼着调儿，便问："你们哼着什么？"十五岁的林璐道："国歌《于万斯年歌》。"林琴南这才想起去年教育部在《临时政府公报》上，公开征求国歌一事。张謇、梁启超、王闿运、严复、蔡元培等人都撰了词，没想到最后入选的是位无名作者的词："于万斯年，亚东大帝国！山岳纵横独立帜，江河漫延文明波；四百兆民神明胄，地大物产博。扬我五色民国徽，唱我民国歌！"面对民国国歌在孩子们的嘴里哼出来，林琴南摇了摇头，苦笑了一下。

接着，林琴南盘点今年的译著，只有与王庆骥合作的法国小说家森彼得的《离恨天》，已由商务印书馆出版，另一部与新合作伙伴陈器合作翻译的英国作家倭尔吞原的小说《深谷美人》，已译讫；他在序中道：

"余老矣，羁旅燕京十有四年，译外国史及小说，可九十六种，而小说为多。其中皆名人救世之言，余稍为渲染，求合于中国之可行者。"当然，林琴南自己也知道，没有了最好的合作伙伴，譬如魏易、曾宗巩等，无论在选材和译法上，其译著已与先前大相径庭矣！

第十二章 眷旧与遗老（1914—1915）

壮心久零落，白首寄人间。

天下兵常斗，江东客未还。

穷猿号雨雪，老马怯关山。

武德开元际，苍生岂重攀。

——唐·杜甫《有叹》

一

赋闲在家的林琴南，其实并不闲，几乎每时每刻都在抓紧时间，写小说，写古文，翻译，画画，做研究，真是忙得不亦乐乎！当然，让他得意的是自己又一部长篇小说《金陵秋》，最近由商务印书馆出版了。这部小说据林琴南的弟子朱羲胄道："乃据同县林述庆都督镇江日记铺叙而成，于辛亥革命之史，关涉不鲜。"

其实，《金陵秋》与去年秋出版的《剑腥录》，有着共同的"时事"特色。如果说林琴南在《剑腥录》里对"共和"还寄予希望，那么到了

《金陵秋》时，他对"南北之争"非常不满，但对"共和"仍然没有彻底绝望。

因此，在《金陵秋》里，林琴南对辛亥革命有一个比较客观的描绘。早在一九一二年冬，林琴南在为《剑腥录》作的序言中，就曾宣告自己的创作动机："桃花描扇，云亭自写风怀；桂林陨霜，藏园兼贻史料。作者之意，其在斯乎？"把"时事"写进小说，这对林琴南来说仿佛是一项使命了。除了写作，他每天必修的功课就是阅读报刊，密切关注着国内外新闻大事。

上个月，袁世凯重兵围剿河南白朗。现在白朗军六七千人，连续破光山、潢川、商城、霍山等县城。从这股势力看，林琴南估计白朗军肯定还会攻克很多地方。这社会如何才能安定呢？林琴南对国家的安危心有所系，但又无可奈何！他认为社会不安定，学校也就不稳定。且看自从京师大学堂改成北京大学后，短短两年已经换了四任校长。去年十一月，何燮侯校长换成了胡仁源校长。唉，校长轮流做，能给教育带来什么呢？林琴南认为如何把大学建设好，校长的决策和教育理念至关重要。

当然，如今的大总统袁世凯忙着他的政务，根本无暇来关心学校的教育，倒是让教育部下令各学校、商店，将教科书中有孙文、黄兴的照片，及对孙、黄赞扬之词，一律删除净尽；并下令停止全部参众两院议员职务，着手修改约法。一个月后，他就公布《约法会议组织条例》。

而就在此时，林琴南得知章炳麟被袁世凯软禁于北京龙泉寺了。林琴南并不是一个落井下石的人，倒是替章炳麟的安危着急了起来。接着，袁世凯为了灭口，派人将宋教仁案的凶犯应桂馨，暗杀于京津路上的火车内。再接着，赵秉钧在直隶都督兼民政长任内，莫名其妙地暴死了。这一连串的事情，让林琴南感到民国前途渺茫。照此下去，中国发生内战是在所难免的。

如果内战发生，时局大混乱，怎么可能没有帝国主义入侵中国呢？历史的教训已经很多，诸如英法联军火烧圆明园等悲惨遭遇难道还不够吗？林琴南为国家的安危忧心忡忡，可自己又心有余而力不足。他想起楚霸王项羽那首悲壮的诗歌："力拔山兮气盖世，时不利兮骓不逝。骓不逝兮可奈何，虞兮虞兮奈若何！"便仰天长叹，陷入深深的悲哀中。

这悲哀的心情，让林琴南埋头书斋，一个多月足不出户。尽管这期间正迎来了一九一四年新年，弟子、朋友们来拜年时，想邀请他出门游玩，都被他婉拒了。特别是大年初一，孩子们穿着新衣，放着鞭炮，吃着糖果，开心地嬉戏、闹腾着，却莫名其妙地遭到了老父亲的一顿臭骂。孩子们惊愕住了，但他们都知道老父亲的脾气，便乖乖地回自己的屋去了。

篓室杨道郁又怀孕了，这将是她与林琴南的第七个孩子。她见到丈夫在大年初一呵斥孩子们，心里虽然不高兴，但能体谅丈夫的悲哀和失落感。于是，她劝丈夫进书房去画他的《谒陵图》，又给丈夫沏上一杯上好的西湖龙井茶。应该说，杨道郁对丈夫非常尊重，从来不抱怨他什么。杨道郁认为做好一个称职的主妇，就是她的责任；为林家生儿育女，就是她的成就。

元宵之后，"年"就过完了。孩子们都去学校上学了，家里安静下来。三月，乍暖还寒时节，林琴南依旧埋头书桌，没有出门。但此时，袁世凯公布《治安警察条例》，禁止政治结社及同盟罢工，规定学生不得政治结社，也不得参加政治集会。接着，袁世凯又公布《报纸条例》，限制言论自由。

林琴南心里暗暗想，袁世凯不就是怕学生造反吗？青年人可是初生牛犊不怕虎的。且看那些白朗军，前阵子攻克了老河口，这些天在陕西连续攻破了乾县、永寿等县城，弄得袁世凯只能派南苑航空学校的四架法式双翼机在陕西侦察白朗军了。对此，林琴南认为自晚清取消科举制度后，青年人没有了寄托，想出人头地也没门儿了，这社会岂能不乱呢？

那天严复来探望他，两个老朋友便谈了一些对时局的看法。严复自辞去北京大学校长后，先是任总统府外交法律顾问，接着被举为约法会议议员、参政院参政、宪法起草委员。林琴南对严复担任的这些官职，不以为然，甚至有些反感。

林琴南认为一个有能力了解西方浩瀚哲学思想的中国人，为什么要止步于《天演论》和以英国哲学思想为主的翻译工作呢？民国正在动乱之中，谁是谁非尚无定论，严复为什么要去冒这个险？林琴南很想劝他，但严复正在官运上，这样的劝能听得进吗？林琴南到了嘴边的话，又吞了回去。毕竟，严复是他的老乡和多年好友，好朋友选择的道路他不能干涉，这是对朋友起码的尊重！

进入五月，袁世凯公布《中华民国约法》，废止《临时约法》，扩大总统权限，改责任内阁制为总统制；并撤销国务院，设政事堂于总统府，任命徐世昌为国务卿。徐世昌青年时期和袁世凯义结金兰，一八八六年考取进士，任翰林院编修。甲午战争以后，袁世凯在小站练兵，聘请徐世昌做参谋长，引为智囊。从此，随着袁世凯势力的日益增长，徐世昌也官运亨通，短短几年已做到军机大臣。一九一一年辛亥革命爆发，徐力主起用袁世凯镇压革命。同年十一月袁组织责任内阁，徐改任军咨大臣加太保衔。一九一二年三月，袁世凯继任中华民国临时大总统，徐力辞太保，隐居青岛观望时局变化。林琴南深知徐世昌的老谋深算，没有十足的安全，他不会出任如此之重职。有了这么个稳坐泰山的徐世昌出任国务卿，林琴南对严复的若干官职也就放心不少了。

春天是出游的好季节。林琴南应弟子陈徵宇、陈任先、林宰平等之邀，一起南下山东，登泰山，谒孔林，泛舟大明湖。旅游中，林琴南与弟子们在一起身心得到了放松，忧心的事儿也随之消散。

说起弟子们，林琴南总是有些自豪的。在京师十四年，除了盛享文名，还有弟子一千多人散处四方，可谓桃李满天下。陈徵宇是林琴南的侄子，与林宰平在外务部做官。他们的工作都非常繁忙，特别是林宰平放弃升官机会，就学于林琴南，让林琴南非常感动。虽然这些学生是林琴南的晚辈，但林琴南对待他们就像朋友、知己一样。

在旅途中，林琴南一边游山玩水，一边与弟子们聊天，心情非常愉快。在泰山，林琴南"坐乾坤亭外，望汶水如带"，"起观日出，徂徕之东有赤光荡漾"。在济南大明湖，船"出苇间，襟袖皆碧，日翳雨集，凉翠爽肌，至铁公祠下，钓竿满于湖栏之上。余别西湖十四年，仿佛身在杭州矣"。由此可见，林琴南对杭州非常有感情。如果没有杭州，也许就没有他的京师十四年了。

来到孔林时，林琴南与三位弟子步行至孔子墓前，师弟四人"敬谨拜于墓下，四叩首起"。林琴南的内心极为恭敬，诚惶诚恐。想起前两年，民国新政议员曾有提议砍伐孔林树木卖钱，林琴南后来在《谒孔林记》一文中道："夫子之道，吾不能揭以示禽兽。但就新学言之，所学不本诸欧西乎？然西人争雅露撒冷盈尺之地，十字军死如邱山，何也？今去圣人之居如此其近，而贪焰炽于圣林，吾于斯人又何诛耶？"

从山东回到京城，林琴南写有《登泰山记》《谒孔林记》《明湖泛雨记》。这些文章在报刊上一经发表，便有孔教会的人员前来邀请他讲课。孔教会，一九一二年十月在上海成立，一九一三年九月便将总会迁到了北京，是一个尊孔的社团，会长由康有为担任。林琴南欣然答应。因为，林琴南与康有为是好朋友，近年来更觉得心性相通。

林琴南准备讲古文的源流、作法及如何学习古文等。仿佛很久没有去学堂讲课了，林琴南去孔教会讲课的兴致很高，再说讲的是他喜欢的古文，便心情非常舒畅地道：

古文一道，本不能以一人之见，定为法律。一家之言，立为宗派。一先生之说，侈为嫡传。……虽然，《全唐文》一部，浩如渊海，何以后人不宗燕许而宗韩柳？南北宋文家，亦人人各有所长。何以后人但称欧曾王苏六家？讵上下数千年，仅有此八家能文耶？正以此八家者，有义法，有意境，入手者正，不至于迷惑失次耳。惟其有义法，则文字谨严，不至有僿佻伦俗诸弊。惟其有意境，则文字始饫衍，不至有险恶怪诞诸弊。夫文体之坏，岂但僿佻伦俗险恶怪诞而止？盖一染此病，则终身不药矣。有志之士，间有鄙八家而不为者，则高言周秦汉魏，猎采古人字句，摹仿《典引》《封禅书》及《剧秦美新》之体。又用换字之法，避熟字而用生字，舍俗书而用《说文》，一篇乍出，望者骇慄。以为文必如此，方成作手。不知此等文，直以健步与良车驯马斗力也。

林琴南的这番话，明白人一看便清楚是针对章炳麟的。其实，林琴南与章炳麟没有多少恩怨情仇，只是双方都看不起对方。林琴南看不起章炳麟的炫学耀博，而章炳麟亦看不起林琴南的学问不深。文人相轻，自古亦然嘛！

二

盛夏时节，林琴南与福建同乡陈宝琛、傅嘉年、叶苔棠、曾福谦、林孝恂、李寿田、严复、卓孝复、郭曾炘、陈衍、力钧、李宗言、张元奇、孙葆晋、郑孝柽共十六人组成了晋安耆年会。这是仿唐朝白居易的"香山九老会"、宋代司马光的"洛中耆旧会"而设立的同乡耆旧会。这些人的年龄在五十一岁到六十七岁之间，林琴南刚刚六十三岁，属于中坚力量。最小的郑孝柽五十一岁，乃郑孝胥的弟弟。

十六位同乡聚在一起，彼此都感到非常亲切。大家七嘴八舌地谈论着，林琴南道："与会诸公均长德君子，乱后又幸得长聚于京师，虽年龄未及富弼、文彦博洛中耆旧，但可同臻高寿。"其他几位也先后应和着。其实，他们的年龄都还不到"人生七十古来稀"，正是中年有为的时光呢！然而，他们的心态似乎提前迈进了老年。后来，林琴南撰写《晋安耆年会序》道："方今俗尚污骜，少年多蹇纵，其视敦尚古谊者，往往恣其欢丑。敬长之道，既弛而弗由。吾辈尤宜聚讲道德，叙礼秩，为子孙表式。"这个晋安耆年会，维持了八年才解散，其时可谓长矣！

接下来，北洋政府设立清史馆，纂修清史，以赵尔巽为馆长，下设总纂、纂修、协修等若干人，参与者多是前清的翰林进士，许多遗老都以能参与修国史为荣，求之不得。如果以林琴南的"举人"科名，那是比较低的，但林琴南古文名气大，赵尔巽馆长予以"殊荣"，聘其为名誉纂修；然而林琴南却以"畏庐野史耳，不能参正史之局"婉言谢绝了。

因为，林琴南一方面在撰写小说《劫外昙花》《虎牙余息录》，并与陈家麟翻译英国达威生的原著《泰西古剧》；另一方面还在为中华书局出版的《中华大字典》写序，正忙得不可开交呢，根本不需要什么"名誉纂修"的头衔。

林琴南在《中华大字典》序文中道："中国则一字但有一义，非联合之，不能成文。故翻译西文，往往词费，由无一定之名词，故与西文左也。"因此，林琴南建议道："由政府设局，制新名词，择其醇雅可与外国之名词通者，加以界说，以惠学者，则后来译律译史译工艺生植诸书，可以彼此不相龃龉，为益不更溥乎？"林琴南喜欢提建议，尽管他自小就遵承祖母的遗训"畏天而循分"，但个性使然，那些与生俱来的尚气秉性，总是会时常流露出来，难以彻底摒除。

转眼，到了秋高气爽的日子。那天林琴南与晋安耆年会的同仁卓孝复、李宗言，一起游览了颐和园、玉泉山、戒坛、潭柘寺等地；每到一地，几乎都引起诗人们对国家兴亡之感慨。特别是颐和园，很多年前林琴南曾与高凤岐、寿福、卓孝复等一起荡舟湖上，而今只有他与卓孝复还活着，而李宗言之兄李宗祎也已经作古。于是，三个同乡老友非常珍惜相聚的时光；但旧地重游难免又使他们坠入往昔的情景里，感慨着大清被葬送的悲惨结局。因此，他们也就格外地怀旧，怀念在政治、婚姻上都非常不幸的光绪皇帝。

而林琴南呢，自从组织了晋安耆年会，便常周旋于这些同乡老友之间。由于兴味相投，彼此也都有些"满清遗老"的气息了。他给李宗言写诗道："不图再见在长安，各把须眉仔细看。述旧事同前世幻，惬心人数晚交难。稍能近酒偏防病，累药寻山竟畏寒。永日清闲无计耐，转寻余味列微官。"而此时，林琴南时常想念在上海的朋友高梦旦、沈瑜庆和郑孝胥等；想起高家三兄弟的长兄高凤岐已过世五年，不禁悲从中来；想起二兄高子益，如今还在意大利任公使；而三弟高梦旦则费时八年，编成了一部新型百科辞典《辞源》。林琴南祝贺高梦旦，更为中国近现代出现了这部规模较大的新型百科辞典，兴奋不已。

当然，值得安慰的是林琴南所著《韩柳文研究法》上下卷，也刚刚由商务印书馆出版。该书上卷论韩愈之文，下卷论柳宗元之文。桐城派古文家马其昶为之作序，序文中道："今之治古文者稀矣，畏庐先生，最推为老宿。其传译稗官杂说，遍天下。顾其所自为者，则袗慎敛遏，一根诸性情，劬学不倦。其于史汉及唐宋大家文，诵之数十年。说其义，玩其辞，醰醰乎其有味也。"

林琴南非常喜欢马其昶为他写的这篇序文，时常拿出来翻阅，心情亦是不错。这年入冬不久，箧室杨道郁就产下了第七个孩子，排行老四的女儿。林琴南给这新生婴儿取名林莹。现在家里最大的孩子林璐也就十五岁，林璿十三岁，孩子们就像楼梯档一样；除新生儿林莹外，最小的林殉才两岁，家里到处都是孩子们的玩具、尿片什么的。林琴南虽然嫌烦，但对自己的亲生骨肉，他还是满心欢喜，不厌其多。这年头别的没有什么可慰藉他的心灵，但生儿育女，传林家之香火，是真正可告慰他的祖宗的。他亦没想到年轻时多病的他，竟然能一直走到古稀，并且一直繁衍着祖宗的香火，这真是对他莫大的安慰啊！为之，他望着新生女儿，精神一振，发出爽朗的笑声。

新生儿林莹还没有满月，林琴南便第三次去谒崇陵。与前两次不同的是，这次他先到了"种树庐"，与梁鼎芬作静夜长谈，第二天才与前清大臣梁鼎芬及前御史臣温肃一起去谒崇陵，共表忠君之心。想当年溥仪退位，清朝灭亡，梁鼎芬在苦寒的冬天专程到河北易县拜祭崇陵——光绪帝陵墓。那时因为缺钱，皇陵工程已经暂时停工；梁鼎芬便掏出积蓄，买了一批瓷瓶，内盛崇陵宝顶上融化的雪水，奔走于清室的遗老遗少间，痛说崇陵状况，请他们出钱集资修陵；经过梁鼎芬的一番努力，陵墓终于得以完工。然而，梁鼎芬见崇陵缺少绿化，又决意守陵三年。

于是，他日夕荷锄浇灌，种树成活达十余万株；其中在崇陵三座牌坊内栽植云杉十八株，象征十八罗汉为皇帝守陵。

去年，民国政府派出内务总长赵秉钧为首的使团前来祭奠。使团成员大多换上清朝臣子的袍褂行礼，只有外交总长孙宝琦穿着西装。梁鼎芬走上前去，愤怒地指着孙宝琦的鼻子问："你是谁？你是哪国人？"孙宝琦被问得一下怔住了。梁鼎芬继续指着孙宝琦道："你忘了你是孙诒经的儿子？你做过大清的官，你今天穿着这身衣服，行这样的礼，来见先帝先后，你有廉耻吗？你是个什么东西？"孙宝琦顿时吓得面无人色，低下头认错道："不错不错，我不是东西，我不是东西。"

其实，根据旧例，普通百姓没有参加祭陵之权。如今皇权没有了，皇帝让政了，普通百姓亦可以自祭于先皇陵下。林琴南非常珍惜这样的机会，他想他一定每年清明或光绪皇帝的忌日，来尽自己的"犬马恋主"之情。所以这次拜祭崇陵回来，因为与梁鼎芬聊得非常投缘，林琴南受其影响，尊王精神又深了一层。

回到家里，林琴南第一件事便是展开刚画完的《谒陵图》，期望交付子孙："永永宝之，俾知其祖父身虽未仕，而其恋念故主之情有如此者！"

其实，在此之前的两个月里，林琴南应邀到北京某青年会演讲，讲到激动时他喊"中华民国万岁！""中华民国青年万岁！"此乃十分可爱之举，根本还没有想做前清遗老的意识。那时他心里一直认为自己是没有资格，也没有必要做前清遗老的。因此他的"哀崇陵""谒崇陵"，都只是对光绪皇帝的景仰和纪念罢了。可现在不同了，一方面他对"共和"彻底失望了，也就是说没有寄托了；另一方面梁鼎芬进入了他的内心深处，彼此有了心灵上的交流、沟通和共鸣。那么，谒崇陵就是他晚年的精神寄托，他将把这事当作一件最严肃、最认真、最有意义的活动了。

三

一九一五年二月，林琴南全家搬到了宣南新居。宣南是林琴南一直向往的居住之地，也是他六次会试客居之地。从前参与编纂《四库全书》的四千二百多位清代士人，多在会馆住过。这里会馆鳞次栉比，住着不少名人。许多政治家、学者、诗人在这里彼此往来，非常热闹。当然，搬到宣南新居的林琴南，总这些与众不同的地方。那天他在家的大门上，大书"畏天"二字，说这是秉承祖母"畏天而循分"的遗训。因此，朋友们尚未进门，便远远就能观林琴南之书法"畏天"二字。

家里虽然孩子多，但宣南新居比较宽敞，林琴南的书房离孩子们的住处比较远，这样孩子们的喧闹声不再会影响到他的写作、翻译、画画和思考。他在宣南新居写的第一篇文章是《原习》。他在《原习》中说，因为中国提倡"无为哲学"，因而"以忍辱为让，以全身为智，故数千年受异族凌践而不愧"，他希望中国能养成"尚武之习"。因有此观点，一九一五年四月北洋军阀政客徐树铮创建正志学校，聘林琴南为该校教务长，林琴南欣然受聘；而另一个重要原因是徐树铮曾留学日本，喜谈桐城派古文，每见林琴南必称琴师，让林琴南对他颇有好感。

有了正志学校教务长之职，林琴南显然又忙碌起来了。仿佛是一只勤劳的蜜蜂，林琴南总是努力工作着，以此来养活一家大小九口人。可是最小的女儿林莹才几个月大，箕室杨道郁又怀孕了。这接连的怀孕，让林琴南又惊又喜：毕竟他已六十四岁了啊，居然还能有这样的活力。这当儿林琴南忽然觉得自己的身心都很年轻，有着蓬勃的生命力。

也许心情不错，也许觉得还能生孩子的男人一定年轻，林琴南这时趁着自己感觉还"年轻"，决定在暑假期间南游徐州、南京、上海等地。这个想法也得到了箕室杨道郁的理解和支持。杨道郁认为一个男人不能总闷在家里，出去走走、散散心，与朋友们在一起肯定对身体有益。

一九一五年的初秋，林琴南提着箧室杨道郁为他准备的简单行李出发了。这让他想起小时候母亲为他打点行李赴台北淡水港的情景，不禁潸然泪下。四十八年过去了，往事依旧历历在目。林琴南在去火车站的路上，心事满满的，直到上了赴徐州的火车，望着车窗外天空中白色的云朵，他的思绪仿佛插上了想象的翅膀，开心地吟诵道："心上江南日往还，今朝真个破愁颜。通宵诗思偏无月，数里徐州早见山。"

后来，在赴上海的火车上，林琴南想起高凤岐已去世六周年了；高子益还在意大利任公使，已经多年不见；而此趟到上海唯一能见到的是高家三兄弟中的三弟高梦旦。高梦旦亦是林琴南的挚友，因此到上海林琴南就住在高梦旦家里。他在《至沪上居梦旦寓楼，感怀愧室不已。居十日，且归，留呈梦旦兼怀子益》中道："士林万口说梧州，节义文章到尽头。贤弟得名宁易事，江南相见适残秋。真看许掾全家乐，也学东坡十日留。惆怅有人方在使，寄身云海路悠悠。"

到了上海，除了与高梦旦朝夕相处，林琴南还去探望了沈瑜庆和郑孝胥。与老朋友会面、聊天总是非常开心的，自然也有许多往事不堪回首。林琴南见到沈瑜庆时作诗道："当年老猛会遗老，海上相逢话故林。"此趟南游，林琴南作了不少诗。回到北京，他细细盘点整理；亦将近两年的画作，也细细盘点整理，竟有一百多幅；而且"每作一画，必草一绝句于其上"。于是，他整理了三十首诗歌拿到《公言报》上发表了。

其时，正值陈独秀主编的《青年杂志》在上海创刊。也许"二次革命"失败后，中国时局变化使陈独秀深受刺激地认为，在中国搞政治革命没有意义，而欲"救中国、建共和，首先得进行思想革命"。所以经过努力，上海群益书社应允发行由陈独秀主编的《青年杂志》。陈独秀所写的发刊词《敬告青年》开宗明义指出：人权说、生物进化论、社会主义这三事是近代文明的特征，要实现这社会改革的三事，关键在于新一代青年的自身觉悟和观念更新。他勉励青年崇尚自由、进步、科学，要有世界眼光，要讲求实行和进取。他总结近代欧洲强盛的原因，认为人权和科学是推动社会历史前进的两个车轮。从而，首先在中国高举起科学与民主两面大旗。

林琴南得此信息，对"救中国、建共和，首先得进行思想革命"并不认同。

近些年来，林琴南虽然仍坚持翻译西方文学著作，但由于口译合作者的队伍不够稳定，除了老搭档口译者陈家麟外，其他基本都是临时合作者，且找来的翻译书，大多也不是林琴南喜欢的文学著作，但林琴南还是乐意和他们合作翻译，丰富不同层次、不同口味的读者。譬如，今年发表和出版的翻译小说便有《石麟移月记》《云破月来缘》《鱼海泪破》等，另有已经翻译完成的小说《鹰梯小豪杰》一书，并在该书序言中道："计自辛丑入都，至今十五年，所译稿已逾百种。然非光明正大之行，及彰善瘅恶之言，余未尝著笔也。"

深秋来临时，北京的气候已经转冷了。林琴南和杨道郁的第八个孩子出生了。这是个男孩，是林琴南的第七个儿子，林琴南为他取名林琯。望着这小小的新生儿子，林琴南不由得非常感谢篷室杨道郁，的确有几次想给她扶正，可一想到前妻刘琼姿便又打消了念头。在他心里妻子的名分只能给一个女人，那就是与他同甘苦、共患难的刘琼姿。

忙完了翻译，又得一子，林琴南正在喜悦之中时，忽然听说前不久，杨度串联孙毓筠、李燮和、胡瑛、刘师培及严复，联名发起成立了"筹安会"。然而，孙、李、胡、刘四人都曾参加过同盟会，是名噪一时的革命党。杨度便花言巧语地用了许多手段把严复列为发起人，使袁世凯得知后极为欢悦。

现在以杨度为理事长、严复等人为理事的"筹安会"，公然通电全国各省将军、巡抚使派代表来京讨论国体问题，以造成"请愿"改行帝制的声势。参议员假意"征求多数国民之公意"，要全国各地的官员、绅士及"硕学通儒"表示意见。袁世凯政府内务部人也来请林琴南以"硕学通儒"的身份赴衙向袁世凯署"劝进表"。林琴南坚决拒绝，以病力辞道："自计果不免者，则豫服阿芙蓉以往。"

然而，林琴南实在想不明白严复为何要参加"筹安会"，更何况，袁世凯的"嵩山四友"徐世昌、赵尔巽、李经羲、张謇都没有一个参加的。徐世昌身为国务卿，眼看袁世凯公开推行帝制，以局势难卜，退居河南辉县水竹村避风头去了。

这期间袁世凯操纵的参议院正拟出《国民代表大会组织法》，接着在全国各省进行"选举"。现在"选举"结束，全国两千张选票竟然一律是"谨以国民公意，恭戴今大总统袁世凯为中华帝国皇帝"。所谓"民意"就这样如法炮制出来了，袁世凯宣布复辟帝制，改国号为"中华帝国"，开始接受朝贺，封官封爵，并称次年为洪宪元年，实行君主立宪政体，把总统府改为新华宫。

在中国古代历史上，一个新王朝建立之后都要"徙居处、改正朔、易服色、变牺牲"。袁世凯认为"牺牲"祭品可以不要，"徙居处"也没有必要，但在"改正朔"上，他将在一九一六年后改用《洪宪元年历书》；至于"易服色"，按今文经学的"夏黑商白周赤"的三统循环理论，洪宪王朝应崇尚红色，因而登基三大殿的廊柱都要刷成红色，瓦也要换成红瓦，以示喜庆。

十二月二十三日，袁世凯身着衮冕在天坛祭天，并拟定于一九一六年一月一日举行登基大典；还拟定《新皇室规范》，其中包括"亲王、郡王可以为海陆军官，但不得组织政党并担任重要政治官员；永废太监制度；永废宫女采选制度；永废各方进呈贡品制度；凡皇室亲属不得经营商业，与庶民争利"。

正当袁世凯做着皇帝梦时，孙中山的中华革命党和梁启超的进步党等组织，派人赴云南策动武装起义。曾经表示支持君主立宪国体的蔡锷背叛袁世凯，与唐继尧、李烈钧等人于一九一五年十二月二十五日在昆明宣布云南独立，旋即建立云南都督府，组织约两万人的讨袁护国军；接着，贵州、广西相继响应，护国战争开始了。

林琴南一向反对战争，反对流血。他认为如果袁世凯不称帝，就不会发生护国战争了。这场战争究竟要打多久，让多少人流血牺牲呢？为此，林琴南每天在自己的宣南新居里，静观时局，却又焦虑不安；有时他在家里踱着方步想，吾既不认同"共和"，亦不认同袁世凯政府；那么吾只能是一个愤世嫉俗的"遗老"了。

第十三章

宣南烟云楼

（1916—1917）

十年卖画隐长安，一面时贤胆即寒。

世界已无清白望，山人写雪自家看。

——林纾《晨起写雪图有感》

一

由于护国战争开始了，袁世凯并没有在一九一六年一月一日正式登基。因为就在这一天，云南军政府发布了讨袁檄文，历数袁世凯二十大罪状，号召全国军民共同讨伐袁世凯，保卫共和民国；接着，又有广东、浙江、陕西、四川、湖南等省先后宣布独立，并且通电袁世凯退位。而此时，北洋系军阀、官僚亦与袁世凯离异，帝国主义各国亦"警告"袁世凯暂缓称帝。然而，袁世凯虽然没有正式登基，还是过了三个月的皇帝瘾。

在这三个月的皇帝岁月中，袁世凯的日子并不好过。首先在朝贺仪式上，前陆军总长、老部下段祺瑞和前副总统黎元洪就不曾前来。袁世凯给黎元洪封了个"武义亲王",不料这前副总统却屡加拒绝,不肯接受。这事传出去后,一首童谣就不胫而走:"好江山,坐不牢;好江山,坐不牢;亲王奉送没人要!"

这期间,袁世凯也派徐树铮前来聘请林琴南为"高等顾问",又为"参政"。然而无论徐树铮怎么劝说,林琴南坚决拒绝,并对徐树铮道:"将吾头去,此足不能履中华门也。"后来,林琴南在《答郑孝胥书》中道:

> 洪宪僭号万恶之袁贼,曾以徐树铮道意,征弟为参政。弟毛发悚然,如遇鬼物,抗辞至四日之久。至第五日,弟无术自解,面告徐树铮:"请将吾头去,此足不能履中华门也。"又铮颇重弟为人,力为关说,得免从贼。

其实,这时候袁世凯的洪宪帝制,已引起了大多数国人的义愤。北洋将领段祺瑞、冯国璋等也深为不满。段祺瑞致电袁世凯:"恢复国会,退位自全。"其时,北洋派内部危机四伏,以往在北洋一呼百应、说一不二的袁世凯,成了众叛亲离的孤家寡人。后来,蔡锷等护国军将领适时变更部署,持重待机,重视瓦解敌军,并采用佯动、袭击、割裂等手段,使袁世凯三路攻滇计划失败;加上在广东、山东等地袁军亦遭到打击,外交上又连受挫折,袁世凯被迫于一九一六年三月二十二日宣布撤销帝制,恢复"中华民国"年号。袁世凯前前后后只当了八十三天皇帝,但现在仍居大总统位。

推翻了洪宪帝制的这段时间,林琴南的心亦平静些了,又回到了自己的书斋。正好这时他的《修身讲义》在商务印书馆出版了。该书内分立志、事亲、友爱、齐家、接物、制行、劝学、应务共八篇。那天他买了许多样书回来,分送给朋友和学生;随即又写了一些诗。其中,也有借古讽刺袁世凯称帝活动中的一些人物,并以陶渊明自况。其实,林琴南虽然已把自己看成一个愤世嫉俗的"遗老",实际上对于政治仍非常敏感，而且绝对是明哲保身，根本不像梁鼎芬那样直言、敢作敢为和锋芒毕露。

清明节来临时，林琴南第四次谒崇陵。这次他又与梁鼎芬作静夜长谈，次日才一起去谒崇陵，共表忠君之心。礼毕，两人慨然于世风颓败，寡廉鲜耻，忠义无存。在清幽静穆的崇陵，林琴南作《宿葵霜阁赠梁节庵》一诗，表明自己披肝沥胆，秉承天良，坚守名节之志。后来，林琴南与梁鼎芬谈到洪宪帝制的一些滑稽之事，不免为袁世凯而遗憾。

谒崇陵结束后，林琴南还请梁鼎芬一起吃了顿饭，方才告辞回家。因为林琴南知道梁鼎芬被陈宝琛推荐，即将入宫做废帝溥仪的师傅，那么下次便不大可能再与梁鼎芬同谒崇陵了。回到家里，林琴南作《丙辰清明四谒崇陵礼成志悲》诗一首；又写了一些对"知名人士为袁世凯称帝活动效劳"表示悲叹的诗，其中这样写道："眼底可怜名士尽，那分遗臭与流芳。"

这时候护国战争还没有结束，为了彻底推翻袁世凯的独裁统治，五月八日，已独立的滇、黔、桂、粤等省，在广东肇庆成立了对抗北洋政府的军务院。唐继尧任抚军长，与袁世凯政府对峙。五月下旬，袁世凯在一片讨伐与责骂声中，病倒在"居仁堂"二楼的大铜床上了。自撤销帝制后，袁世凯就患病了，虽然吃着中药，却还是在"居仁堂"办公和会客，直到四月中旬以后，病势渐渐加重，才不再下楼。但他在楼上卧室里，仍旧下床坐着看公文，有时候还会见一些重要的来客。

六月初，法国医生卜希尔和中医萧龙友等负责给袁世凯治疗，诊断为尿毒症，需要住院动手术。但袁世凯死活不肯到医院去。于是决定先行导尿，以解除痛苦；但导出来的全是血水。此时，袁世凯的病情已到了极其危重的时刻，但他的神志始终清醒如常。那天到了黄昏，他可能意识到自己的病情不太好，但尚不至于死，于是叫人把段祺瑞和徐世昌找了来，并把总统印交给徐世昌，对他们两人道："总统应该是黎宋卿（元洪）的，我就是好了，也准备回彰德啦！"

因此，袁世凯根本没有想到自己会死。一九一六年六月六日突如其来的病死，让全中国震惊了。段祺瑞以"国务院"的名义通电全国说："袁大总统于本月六日已在京因病薨逝，业经遗令遵照约法第二十九条宣告以副总统黎元洪代行中华民国之职权。"

由于袁世凯死的时候仍旧是在职的总统，因此黎元洪在继任总统后，还以在职国家元首的规格给他治丧。中央政府除了拨五十万公款用于丧葬费用外，还通令文武机关下半旗、停止宴乐二十七天，民间娱乐也停七天；文武官员和驻京部队一律佩戴黑纱；设立"恭办丧礼处"，以曹汝霖、王揖唐、周自齐三人承办大典丧礼，黎元洪、徐世昌、段祺瑞三人总负责。国葬，是国家实行最高规格的一种葬礼。北洋政府对前任大总统待以国葬礼，以表"崇德报功"之至意，这说明官方对袁世凯的评价很高。

后来，因为袁世凯的葬礼过于奢华，最后结算的时候发现入不敷出，政府所拨的专款扣去葬礼费用后不足以建造墓地工程。为此，徐世昌、段祺瑞、王士珍等八人联名发起公启请求社会各界人士解囊相助，凑到了二十五万元，才最终结束了袁世凯的丧事。袁世凯生前为官多年，如果按"三年清知府、十万雪花银"的标准应该置下不菲的家产，可袁世凯一生经手的钱财无数，但其"贪权不贪财、不以公谋私"的名声，还是为世人所公认的。

在袁世凯的国葬期间，林琴南也对袁世凯出任大总统后的政绩细细思考了一番。平心而论，在袁世凯几年的治理中，民国发展已经上了轨道，中央财政亦已有了很大的改观，从民国初年的借债度日，到每年库存可余两千万元，这已经是非常不容易了。遗憾的是袁世凯头脑不够清醒，立场不够坚定，其长子袁克定误父误国；还有杨度为首的"筹安会"，真是一并把他拉下了水。难怪袁世凯患病期间，揪心疼痛般地写道："恨只恨我，读书时少，历事时多。今万方有事，皆由我起。帝制之误，苦我生灵，劳我将士，群情惶惑，商业凋零，如此结果，咎由自取。误我事小，误国事大，摸我心口，痛兮愧兮。"

现在袁世凯死了，谁还有统领全国的威慑力和权威感呢？林琴南认为黎元洪不可能,段祺瑞不可能,就是与袁世凯义结金兰的徐世昌也不可能。的确,袁世凯这样的将才是千载难逢的,可惜被洪宪帝制这么一折腾,几年的苦心经营以及治理成果,瞬间灰飞烟灭,化为乌有。林琴南认为中国将会陷入一个群龙无首的境地,各派军阀势力互相争斗,进而出现混乱的时代。从这一方面看,袁世凯的病死实在是对中国人民的巨大损失。

国葬过后,林琴南听说"筹安会六君子"以帝制祸首罪被通缉。林琴南闻讯,半夜跑到严复家中道:"又陵,赶快离京去天津租界避一避吧!"严复道:"我问心无愧,为什么要避呢?"林琴南再三相劝道:"还是避避风头吧,不要让无辜的家人也受牵连。"严复这才决定去天津避难,并非常感谢林琴南的半夜来访。

不久,洪宪帝制的罪犯杨度等人被黎元洪搜捕惩办。林琴南看见街上大肆搜捕,不觉为之同情和担忧;毕竟那些人有的是误入歧途,有的是被迫做了帮凶。他脱口而吟道:"吉征早为诸君哭,大索仍难十日藏。"说实话,林琴南眼看着袁世凯"称帝"以来的各种风波,乃至袁世凯的病死,仿佛看破红尘了,归隐田园、避开乱世的想法,亦一日日强烈起来;他吟诗道:"把酒吟陶诗,颓然已微醺。"

正当林琴南"把酒吟陶诗"的时候,刚上任四天的国务总理段祺瑞放下繁多的公务,屏去随从,微服轻车,亲自到林琴南的宣南新居来拜访他了。这让林琴南非常惊讶,但心里很高兴;说明他这个没有官衔不走仕途的"遗老",照样可以用"文名"惊动一国之总理。当然,敏感的林琴南也知道国务总理段祺瑞此行绝非闲情聊天来的,那么林琴南心里先要想好婉拒他的一些理由。这兵荒马乱的年月,林琴南老早就下定决心誓不为官的。而如今,国家政权更为复杂,站到任何一方都将有祸水。

林琴南一方面与段祺瑞客套闲聊,另一方面主意已定。当段祺瑞说明来意,提出聘请他任"顾问"时,林琴南微笑道:"在昔尝宣言愿以举人终其生,今斯志未改。"(《新语林·栖隐》)接着,林琴南又让家人取来笔砚，就着茶几即席赋诗道:“长孺但能为揖客，安期何必定参军。”段祺瑞自然明白了林琴南不愿当“顾问”，也就不再提及此事。这让林琴南有些不好意思，又即兴赋诗道:“乍闻丞相徵从事，果见元戎莅草堂。九谐谁讥刘尹薄，一家未为武安忙。到门鉴我心如水，谋国怜君鬓渐霜。云雾江天长寂寞，何缘辨取客星光。”

段祺瑞喜欢林琴南的书法，他细细观赏时，林琴南又添上了题目:段上将屏从见枉即席赋呈。写完后，两个人又闲聊客套一阵，林琴南方才送走了段祺瑞。送走段祺瑞后，林琴南心里既感到轻松，又感到喜悦:毕竟自己一介老夫，国务总理段祺瑞能够光临草舍已经不易;自己还巧妙地婉拒了他的要求，那是更加的不易啊!

二

林琴南的小儿子林琯半岁多了，以林琴南六十五岁的年纪怀抱这小儿，别人都以为是祖孙呢!林琴南暗暗自喜着，越发喜欢这白白胖胖的小儿子了。当然，林琴南这段日子最重要的是安下心完成手头的长篇小说《巾帼阳秋》;而去年发表在《小说月报》上的长篇小说《冤海灵光》，最近亦在商务印书馆出版发行了;连同正在写的《巾帼阳秋》，林琴南一共有五部长篇小说了。

因为翻译西方文学作品，林琴南的长篇小说自然就受到西洋小说技巧的影响。他曾在《块肉馀生述》第五章中，加了一段评语:“外国文法往往抽后来之事预言，故令观者突兀惊怪，此其用笔之不同也。余所译书，微将前后移易以便观者。若此节则原书所有，万不能易，故仍其本文。”其实，这段评语是在告诉那些有志小说创作者，如何吸收西方小说技巧。就拿林琴南自己的五部长篇小说来讲，确实没有一部采用章回体。郑振铎非常推崇这一点。若干年后，郑振铎在《林琴南先生》一文中道:“中国的‘章回小说’的传统的体裁，实从他而始打破。”

当然，受益于林译小说的不仅仅是林琴南自己，而是一代人。鲁迅、周作人、郭沫若、沈从文、叶圣陶等，都是林译小说的读者，并且不同程度汲取过营养。周作人若干年后说，晚清文人中，林纾对他文学上的影响最大。正是因为大量阅读林译小说，于是便"引我到西洋文学里去了"。

应该说，早期的林琴南的确开创了译介西洋文学之风气，在促使中国作家探首域外、汲取异域营养中发挥了巨大的影响！如今虽然依旧坚持翻译西方小说，但因为合作伙伴的原因，其原作的选择并不是他自己满意的。譬如，今年他就翻译完成了《雷差得纪》《亨利第四纪》《亨利第六遗事》等十部译作。而这些翻译作品，除了能为他赚来稿费和版税，已经很难如《巴黎茶花女遗事》那样引起轰动了。因此，他希望把大部分时间和精力，转到古文和小说创作上。

最近，上海中华编译社特设国文函授部，并印行《文学讲义》。自六月起，每月一期，共十二期。上海中华编译社特邀林琴南为《文学讲义》的编辑主任，林琴南欣然答应。虽然会比较忙碌些，但这事儿是他喜欢、乐意的。后来在《文学讲义》上，就陆续刊登了他编写的《论文讲义》《文法讲义》《史记讲义》《文章流别》《文学史》等文章。

进入盛夏时，有个叫臧荫菘的人搜集了林琴南在《平报》"铁笛亭琐记"专栏里所发表的古文笔记，共二百三十六则，编成《铁笛亭琐记》一书，由都门印书局出版了。林琴南并不认识臧荫菘，但有这样热心的读者，他心里暖暖的，想必自己总还不是太孤单吧！

由于暑热高温，加上袁世凯刚病死不久，整个社会亦在风雨飘摇中，林琴南闭门不出。他想尽管"护国战争"因袁世凯病死而结束，但孙中山发表恢复《临时约法》宣言，并致电黎元洪要求"恢复约法""尊重国会"，从而使北京政府国务院被迫恢复旧约法。但现在各派系矛盾开始明朗化，中国是否即将进入军阀割据的混战时代？林琴南想想都有些害怕。唉，还是暂且不管这烦人的事，写自己的文章吧！

近些年，林琴南仍然对妇女问题做些研究。早在一九〇二年创刊的《白话报》上，他发表了《兴女学 美盛举也》的诗歌，然而十多年过去了，妇女的地位有了提高和改观，可是某些妇女解放的现象令他不满。故他在撰写的《读列女传》一文中道："古礼虽不之行，而廉耻存即礼义存。咸同之间，妇人之车必帷，出入必裙，外言弗入，内言弗出，男女之限截然。至于今日，则女子咸急装缚绔，为武士服。王莽之妻，衣不曳地。今则短不及脐矣。名曰文明，而尚武邪？妇人既可以袒服过市，则此外又何所不可？礼防既撤，结婚离婚均可自由，则男子所恃以成家者，乃日不测。妇人之用心狷薄者，稍有外昵而内旷，至有入宫不见其妻者，则夫妇之伦废矣。"

林琴南对看不惯的事，总是要发表议论的。在他对女人的观点中，虽然"兴女学"，但绝对不赞成衣服"短不及脐"。可当下新派的年轻女人中，衣服"短不及脐"的实在不少；民国才不过短短几年，年轻女人竟然连肚脐都可以露出来了。林琴南直摇头，叹息道："这世道都变成什么样子了？"

由此，从另一个角度来说，林琴南的女权意识并不彻底。他的文化观念并没有真正完成现代转型，因此对一些现象及一些新派思想的人物肯定看不惯，因而形成距离乃至对立或者抗争，就他的耿直秉性而言，这都将是有可能发生的。

一九一六年九月，陈独秀主编的《青年杂志》改名为《新青年》。据说，该刊将成为反封建和鼓吹民主革命的中心刊物。林琴南脱口而出道："嗨，《新青年》，又将闹腾些什么名堂来呢？"与此同时，总统黎元洪对督军团干预政府事务深感忧虑。林琴南猜测，许是总统黎元洪与国务总理段祺瑞产生了矛盾？不久，林琴南的这一猜测得到证实，北洋元老徐世昌被总统黎元洪请入北京，调停府院之争。

接着，有消息传来说，黄兴因操劳过度，胃病复发，在上海寓所溘然长逝了。相隔没几天，又有消息传来说，蔡锷在八月时，经上海去日本治病，最近亦病逝于福冈大学医院；现在遗体由日本运回中国。这两位为民国建立、保护民主共和制度做出过重要贡献的人物，最终被民国政府依"国葬法"以国葬的形式纪念他们。

进入深秋后，林琴南已完成了《左传撷华》。本书共选《左传》文八十三篇，其中有三十篇《左孟庄骚精华录》亦被选入。林琴南在每篇之末，缀以评语；这是他自认为的得意之作。完成了这么重要的作品，本该轻松的他内心并不轻松，究其原因是对时局的失望；因而内心空荡荡，没有寄托。

好在这些年，谒崇陵是林琴南的一根救命稻草，抑或是他的精神寄托。每次去崇陵跪拜哭泣后，林琴南仿佛释放掉了许多郁闷，从而变得振作起来，继续投入到他的翻译、画画、写诗、教学等诸多工作中。

今年十一月十六日，林琴南是第五次谒崇陵了。这次非常幸运地又与梁鼎芬一起谒崇陵。接连三次一起谒崇陵，林琴南与梁鼎芬志同道合的感情已经非常深厚了。在行完九叩大礼之后，林、梁二人抱瓮跪浇陵树，静静缅怀光绪；这时他们的心是相通的。后来废帝溥仪得知，非常感念他俩的忠心。

也就在这时，林琴南的同乡老友、清废帝溥仪的老师陈宝琛把林琴南撰写的《左传撷华》进呈给了溥仪。溥仪阅读后，向陈宝琛问及林琴南的一些情况和嗜好，知道林琴南善画，便有些兴趣。不久，林琴南得知清废帝溥仪对他的画儿感兴趣，非常激动，赶紧画了两个扇子送给溥仪。农历十二月，溥仪特书"烟云供养"春条赐给林琴南，又让陈宝琛把内府的名画拿出来，专门给林琴南观赏。林琴南狂喜地认为，此系"三公不与易"。于是，他命自己的宣南新居为"烟云楼"，并写下一首纪恩诗：

螺江太保鸣驺至，手捧天章降荜门。
耀眼乍惊新御墨，拊心隐触旧巢痕。
一身何补皇家事，九死能忘故主恩？
泥首庭阶和泪拜，回环恪诵示儿孙。

自从给溥仪画了两个扇子后，林琴南作画更勤快了。他连续绘大屏巨幛山水四十余轴，终日沉湎在所画的山樵、梅花、清泉、道庙、古寺之中。今天，他又画了两幅雪图，并题诗两首，其中一首是这样的："十年卖画隐长安，一面时贤胆即寒。世界已无清白望，山人写雪自家看。"如果说，林琴南卖文、卖画都是为赚钱，那么，他的诗多为遣怀而作。几十年来，林琴南画画、作文、译书，即使有客人来了，亦一边聊天一边工作，并不辍笔。如此辛劳，在六十多岁的文人中是不多见的。

林琴南有勉励自己的妙招，那就是在书房门上贴有自己手书的"磨坊"二字。有朋友问及"磨坊"为何意时，林琴南微笑着摇摇头道："余年垂老，尚有庶出幼小子女，一切生活，均恃余一人供给。余每日入画室，即是驴子下磨坊磨粉，一天不磨，即须挨饿，个中苦况，不足为外人道也。"

然而，林琴南慷慨豪侠如故。他所赚的辛苦钱，只要有人急难，他就仗义疏财，解囊相赠，从不吝啬。因此几十年来，林琴南资助亲友病老丧葬以及周济贫寒子弟衣食学费，不计其数。后来，很多素昧平生的人慕名而来请求他的帮助，他亦慷慨相助。因此，他助人为乐的名声流传很广，有人称他道："没遮拦的周人之急。"有一次，林琴南给一位求助者寄去十元钱，但他思来想去，觉得有必要告诉求助者一些事，便写一首诗赠他。

由于林琴南乐于助人，所以家里并不富庶。后来，他的弟子朱羲胄在为《贞文先生学行记》写的序中道：林琴南晚年以卖文卖画为生，"虽友朋门生多显贵，而独以自食其力为甘，未尝屑纳不劳而获之金。越七十龄，而犹屹立画案前，日可六七小时，劳作不少休"。因此，宣南烟云楼是林琴南一生画画最多的地方。

十二月，林琴南在小报上看到两则消息：一则是《新青年》由上海迁到了北京；另一则是干了三年北京大学校长的胡仁源干不下去了，总统黎元洪便经人推荐任命了蔡元培为北京大学校长。林琴南想，《新青年》搬到北京，肯定会比在上海热闹；胡仁源和蔡元培均是浙江人，蔡元培原是民国教育总长，做个北大校长应该绰绰有余也。

三

又是一个新年来临了。一九一七年是民国六年，亦是农历丁巳年。元旦这天，胡适在《新青年》二卷五号上，发表了《文学改良刍议》，系统阐述了对文学改良的八条建议：一、须言之有物。二、不模仿古人。三、须讲求文法。四、不作无病呻吟。五、务去滥调套语。六、不用典。七、不讲对仗。八、不避俗字俗语。

胡适主张破除旧的文学规范，创造一种全新的文学面貌，引发了二十世纪中国文学最具革命性的变革。真可谓：风乍起，吹皱一池"死"水。仿佛一夜之间，大洋彼岸的胡适名声大震。不久，胡适在美国拿到了哲学博士学位，被蔡元培聘到北京大学做教授，并且参加编辑《新青年》，又回安徽绩溪与江冬秀结婚。

而此时的林琴南，暂时还未读到《文学改良刍议》。一方面，他正在自家门上大书"戒慎恐惧"四字，因为他忽然觉得自己"深患浮名"，在这个乱世也许会惹来麻烦，便以此提醒自己；另一方面，他自著的小说《合浦珠传奇》《天妃庙传奇》《蜀鹃啼传奇》刚由商务印书馆出版，面对油墨清香扑鼻而来的新书，林琴南自然是欣喜的。俗话说"文章自家的好"嘛！

开年万事新，去年底刚任北京大学校长的蔡元培，元旦过后即发表校长演说。蔡元培对学生提出三点要求：一曰抱定宗旨，二曰砥砺德行，三曰敬爱师长；并且开始实行大学改制。接着，蔡元培聘请《新青年》主编陈独秀为文科学长，又聘请李大钊、钱玄同等"新派"人物在北大任教，采用"思想自由，兼容并包"的办学方针；实行"教授治校"的制度，提倡学术民主。后来著名哲学家梁漱溟也被蔡元培聘请到北京大学讲授印度哲学，徐悲鸿应蔡元培之邀从日本东京返回北京，担任了北京大学画法研究会导师。顿时，北京大学人才济济一堂。

不久，当上了北京大学文科学长的陈独秀，在《新青年》二卷六号上发表了《文学革命论》一文，提出了文学革命的"三大主义"："曰推倒陈腐的铺张的古典文学，建设新鲜的立诚的写实文学。曰推倒迂晦的艰涩的山林文学，建设明了的通俗的社会文学。"陈独秀非常明确地表达了向封建旧文学开炮，并且挥起文学革命大旗声援胡适。

这时的林琴南，首先阅读了《文学革命论》，又回转头去阅读《文学改良刍议》，便心里着急了起来。他想如果把古文废了，那成何体统呢？于是，他连夜作《论古文之不当废》一文，表达自己的观点。此文，后来发表在二月八日的《民国日报》上。其实，他在文章中非常平和理性，并没有什么谴责和批评。其中道：

> 文无所谓"古"也，唯其"是"。顾一言"是"，则造者愈难。……呜呼！有清往矣，论文者独数方、姚，而攻掊之者麻起，而方、姚卒不之踣，或其文固有其"是"者存耶？方今新学始昌，即文如方、姚，亦复何济于用？然而天下讲艺术者仍留"古文"一门，凡所谓载道者皆属空言，亦特如欧人之不废腊丁[①]耳。知腊丁之不可废，则马、班、韩、柳亦自有其不宜废者。吾识其理，乃不能道其所以然，此则嗜古者之痼也。民国新立，士皆剽窃新学，行文亦泽之以新名词。夫学不新而唯词之新，匪特不得新且举其故者而尽亡之，吾甚虞古系之绝也。向在杭州，日本斋藤少将谓余曰："敝国非新，盖复古也。"时中国古籍如皕宋楼之藏书，日人则尽括而有之。呜呼！彼人求新，而惟旧之宝；吾则不得新，而先殒其旧。意者后此求文字之师，将以厚币聘东人乎？夫班、马、韩、柳之文，虽不协

---

① 即拉丁文。

于时用，固文字之祖也。嗜者学之，用其浅者以课人，转转相承，必有一二巨子出肩其统，则中国之元气尚有存者。若弃掷践唾而不之惜，吾恐国未亡而文字已先之，几何不为东人之所笑也？

　　林琴南的这个说法原本并没有什么不妥当，根据他对西方近代文化发展史的了解，西方人讲维新讲变革，并没有将拉丁文作为文化垃圾予以废弃，而是有意识地从拉丁文中汲取营养，作为近代思想文化的资源。然而，林琴南这个比较平实温和的说法，在被胡适、陈独秀等人大肆渲染之后，则成为一种比较荒唐的文化主张。胡适说："吾识其理，乃不能道其所以然。"

　　胡适的观点并不被陈独秀所接受。陈独秀表达自己的观点道："鄙意容纳异议，自由讨论，固为学术发达之原则，独至改良中国文学，当以白话为文学正宗之说，其是非甚明，必不容反对者有讨论之余地；必以吾辈所主张者为绝对之是，而不容他人之匡正也。盖以吾国文化，倘已至文言一致地步，则以国语为文，达意状物，岂非天经地义？尚有何种疑义必待讨论乎？其必欲摒弃国语文学，而悍然以古文为文学正宗者，犹之清初历家排斥西法，乾嘉畴人非难地球绕日之说，吾辈实无余闲与之讨论也。"这实际上，开启了一场原本不一定会出现的文化论争。

　　后来，陈独秀发表的《再论礼教问题》《儒教与家庭》，李大钊在《甲寅》上发表的《孔子与宪法》《自然的伦理观与孔子》，都是对康有为尊孔复辟的口诛笔伐，还没有把林琴南当作主流论及。也许，这时胡适与陈独秀正联手倡导新文学运动，一方面忙得不可开交，另一方面对林琴南还不屑一顾吧！

　　林琴南看着热热闹闹的场面，心想这边是"文学革命"，那边是段祺瑞与总统黎元洪之间因参与第一次世界大战问题引发的"府院之争"，而强人袁世凯已死，国家真要大乱了。中国往何处去呢？林琴南心里着急，可着急也没有用，自己一介书生，无权无势。只是关注时局，差不多是这乱世中每个有血性、有责任、有良知的男人的本能。

几天后，林琴南得到新的时局消息：段祺瑞向日本贷款一事被披露，总统黎元洪借机免掉了段祺瑞的国务总理兼陆军总长之职；而段祺瑞呢，在天津唆使各省督军推翻黎元洪，使府院之争愈演愈烈，到了白热化的状态。

说实话，黎元洪在军队实力不足，正巧长江巡阅使张勋表示愿意入京，黎元洪便召张勋进京调停。张勋是军阀出身，看不起现任总统黎元洪。民国之后，张勋率领的军队仍然留着辫子，以效忠清室。所以，张勋被人称为"辫帅"，其军队被称为"辫子军"。张勋见黎元洪找他入京，觉得有机可乘，正好借助机会复辟满清王朝。

六月初，张勋率领的五千余"辫子军"抵达天津，其目的是想取得段祺瑞的支持。当然，老奸巨猾的段祺瑞正好借张勋复辟推翻黎元洪，岂有不支持的理？于是段祺瑞表面上支持张勋复辟，暗地里却组织他的"讨逆军"，准备讨伐张勋。

现在有了段祺瑞的支持，张勋仿佛胸有成竹。而此时，黎元洪被迫下令解散了国会。六月十四日，张勋率他的"辫子军"到达北京，立即驱逐了黎元洪，使黎元洪只得避居日本使馆内。黎元洪心里想，真是引狼入室啊，可为时已晚，没有后悔药吃的。

而此时的张勋，经过一阵紧张的策划，并且与康有为密谋后，于六月三十日潜入清宫，决定当晚发动政变——复辟。于是，七月一日凌晨一时，张勋穿上蓝纱袍、黄马褂，戴上红顶花翎，率领刘廷琛、康有为、陈光远、沈曾植、王士珍、江朝宗，以及几位辫子军统领共五十余人，乘车进宫。此时，北京街头已挂起了清朝龙旗。三时许，废帝溥仪在养心殿召见张勋。张勋率领诸人给溥仪行三拜九叩礼，拥立溥仪重登帝位，恢复清朝旧制，改日历为宣统九年五月十三日，并封官封爵。

一场复辟的闹剧开始上演了。溥仪封黎元洪为一等公，授张勋、陈宝琛等为内阁议政大臣，授张勋兼直隶总督北洋大臣、冯国璋为两江总督南洋大臣，授徐世昌、康有为为弼德院正副院长，等等。那些清朝旧官，譬如梁鼎芬，抱着病重之身去劝黎元洪退位归政清朝，以为可以再次效忠于清室了。

七月一日上午，林琴南看见在北京街头悬挂了清朝龙旗，听到了"少帝"又一次登基、封官封爵的传言，仿佛又回到了光绪年间，不禁心里一阵感动；内心涌出的兴奋和喜悦之情是无与伦比的。因为他知道梁鼎芬与康有为、陈宝琛等人，是这场"复辟"最有实力的推动者。

于是，林琴南当即写下一首题为《五月十三日纪事》诗："衮衮诸公念大清，平明龙纛耀神京。争凭忠爱苏皇祚，立见森严列禁兵。天许微臣为父老，生无妄想到簪缨。却饶一事堪图画，再盼朝车趋凤城。"然而，这场复辟仅在两三天内就遭到全国各地的反对，湖北、湖南、江西、浙江、四川等地的督军，纷纷通电反对复辟。七月五日，段祺瑞假手张勋撵走黎元洪后，即在天津马厂誓师"讨逆"，起兵向北京进发。

林琴南在报上得此消息，意识到复辟之举不可能成功了，于是又在《阅报有感》这首诗中，略致微词地写道："仪同端首各分官，起废除新印再刊。孤注一掷博卢雉，大家共梦入邯郸。"的确，在林琴南的感觉中，一场战争是在所难免了。因此，他有些担心这样闹腾下去，难说是否会取消对清室的"优待"条款。

当然，为了家里孩子们的安全，林琴南遣箧室杨道郁带领孩子们到天津租界避难，自己则留在北京宣南烟云楼作画、译书、写诗。七月十二日，段祺瑞的"讨逆"军攻入北京，与张勋辫子军激战，炮弹掠过屋顶，响彻云霄。林琴南在炮弹轰鸣中悲凄、担心。他担心清宫古老的建筑被毁，担心皇室继辛亥之后再受挫折而"灭亡"。万般焦虑中，林琴南写诗以吐心曲："六年让政久相安，夺门失计危冲主。人心嚣动万卒叫，区区乃用千夫御。煤山置炮亦何济，流弹入宫过伏弩。群奄奔走卫三宫，少帝仓皇吁列祖。我处围城屹不动，祈天愿勿惊钟虡。为君为国漫不计，但觉眼鼻自酸楚。此军再挫清再亡，敢望中兴作杜甫！"

其实，林琴南在政治上是非常明哲保身的，只要有危害到自身及家人的可能，便格外小心翼翼。说到底，林琴南内心也不是不赞成满清复辟，而是他从时局敏锐地感觉到满清根本没有办法复辟，所以他对张勋"孤注一掷"的做法略致微词，便是符合潮流大势所趋的话。后来，他在《答郑孝胥书》中谈到过自己的真实思想："故弟到死未敢赞同复辟之举动，亦度吾才力之所不能，故不敢盲从以败大局。"

复辟闹剧短短十几天便收场了。冯国璋在南京宣布就任代理大总统，段祺瑞为国务总理；而孙中山则偕朱执信等人，开始了护法活动。七月二十一日，孙中山在致广西督军陆荣廷的一份电报中称："张勋强求复逆，亦属愚忠，叛国之罪当诛，恋主之情可悯。文对于真复辟者，虽以为敌，未尝不敬也。"也就是说，孙中山此评论是把张勋的政治态度与他的人格区分开来，分别对待之。

这个军阀混乱的年代，真是各领风骚三五日。八月十四日，代理大总统冯国璋的北京政府正式向德意志帝国和奥匈帝国宣战，废除中德、中奥条约。而八月十八日，孙中山在广州黄埔公园宴请南下国会议员，协议在粤召开非常会议。九月一日，国会非常会议选举孙中山为大元帅，唐继尧、陆荣廷当选为元帅。

林琴南虽然闭门不出，却时刻关注着时局。现在政权动荡不安，一个国家有好几个政权应该不是好事吧，谁知道还将发生什么战争呢？林琴南是最反对战争的。他认为无论谁当政，只要停止战争，同心抗外敌侵略，振兴国家实力，那么百姓就少遭殃了。他写诗《遣怀》，无奈地，他只能眼睁睁看着这世界"你方唱罢我登场"的乱局了。

四

复辟的闹剧过去之后，有一天林琴南在《新青年》（三卷二号）上，看到了钱玄同致陈独秀的信中提到他，并且把他列为批判对象道："能作散文之桐城巨子，能作骈文之选学名家"皆是"高等八股"。接着，直点其名："林纾与人对译西洋小说，专用《聊斋志异》文笔，一面又欲引韩柳以自重；此其价值，又在桐城派之下，然世固以'大文豪'目之矣。"看到这里，林琴南心里自然不悦。他继续往下看："惟选学妖孽所尊崇之六朝文，桐城谬种所尊崇之唐宋文，则实在不必选读。"

林琴南并不认识钱玄同，但这个小自己三十五岁的年轻人，说话锋芒毕露，真是后生可畏啊！在《新青年》（三卷六号）上，钱玄同致胡适的信中说："彼选学妖孽、桐城谬种，方欲以不通之典故，肉麻之句调，戕贼吾青年。"这些信，一经《新青年》发表，影响很大。一时间，反对封建道德、旧文学，提倡新道德、新文学在青年人中成为一种风气和时尚。林琴南就像吞了苍蝇一样，激愤忧虑；可他暂时只能忍气吞声，静观文坛这大戏台吧！

不久，有消息传来康有为、章炳麟、严复、辜鸿铭、林纾等，都被钱玄同那帮所谓的"文学革命青年"划入守旧派大本营。林琴南想，守旧莫非是罪吗？吾创新的时候，他们还是不足十岁的毛孩子呢！当然，林琴南只是自己生气，并没有去理会他们。早在此前的五月，陈独秀在《答胡适之》的信件中更明确表示："改良中国文学，当以白话为文学正宗之说，其是非甚明，必不容反对者有讨论之余地，必以吾辈所主张者为绝对之是，而不容他人之匡正也。"这话讲得多么霸气。林琴南认为许是因为民国这动荡的政局，青年人与从前已是截然不同了。古文家的理由，或许正如林琴南所道："吾识其理，乃不能道其所以然"，但陈独秀等人的态度无疑是一种新的文化专断主义，专断到不容别人讨论只能执行、采纳的程度；这恐怕就有些问题了。

好在这时光，林琴南的第五部长篇小说《巾帼阳秋》由上海中华小说社出版了。这部书写的是当下发生的故事。书中借美人之口，将满清让位、袁世凯称帝、张勋复辟告败等事，林林总总，以幽默的笔法叙述了出来。林琴南自谓《巾帼阳秋》远胜《茶花女遗事》；而社会舆论对林琴南小说的评论，则有"琴南得力于《史记》者多，故其叙事也简而明，渊然而有光"。

盛夏时节，林琴南曾在《偶成》一诗中这样写道："生平自笑作吟痴，海内投书谬见知。文字何曾真有价，乾坤试问此何时？老来早备遗民传，分定宁为感遇诗。两字纲常还认得，仍将语录课诸儿。"看来，林琴南已铁定自己要做"遗老"了。

转眼，又入冬了。老实说，自从看见钱玄同对他的批判，虽然表面上沉静，但内心还是很愤懑的。这帮"文学革命青年"，究竟要闹腾到什么地步呢？林琴南不敢想，也不愿意想。苦涩、孤独且越来越迷惘的他，在"冬至"前夕，又抱住谒崇陵的那根救命稻草，第六次谒崇陵去了。

那天天气很冷，还飘着雪花，他有点感冒，但穿上棉大袍，裹上围巾，便毫不犹豫地出门了。一路上，他的心情非常悲郁而沉闷。如今的世道，即使你不惹谁，也难保太平。唉，这世道啊！林琴南感慨着，来到崇陵光绪墓地前，远远地便三叩九拜哭成泪人儿了，仿佛一个受了委屈的孩子；他的哭声在山谷中回荡，显得格外悲凄。

也许，这次没有了梁鼎芬的陪伴，倒是可以尽情在光绪墓前发泄自己的悲愤，把那一腔悲愤倾诉给睡在墓地里面的光绪皇帝。于是，林琴南久久地跪着，直跪到膝盖疼痛，眼前发黑、晕眩起来才起身。离开时，他对着墓地里的光绪皇帝道："天高难问沧桑局，事去宁灰犬马心。"

自第六次谒崇陵回来，林琴南觉得与其被青年人废除古文，不如自己身体力行地去创办古文讲习会。于是，他趁着自己还有体力和精力，短短几天内就把古文讲习会组织了起来。第一天来听讲的达近百人，这让他非常安慰。他提倡读古文，讲授《左传》《史记》《庄子》及汉魏唐宋文章，其意在于以自己的行动与《新青年》反对旧文学、提倡白话文学相对抗。

尽管这时"割裂古子、填写古字用以骇众者"的章炳麟、刘师培、黄侃已经和他成为同类的"旧文学"中人物了，他还不忘批评他们。他道："夫读书固宜多，而刘贡父讥欧九为不读书。试问学古文者，宜宗欧耶？抑宗刘耶？此等鼠目寸光，亦足啸引徒类，谬称盟主。仆尚何暇而与之争？然此辈亦非废书不观者。所苦英俊之士，为报馆文字所误，而时时复掺入东人之新名词。新名词何尝无出处？如'请愿'二字，出《汉书》，'顽固'二字，出《南史》，'进步'二字，出《陆象山文集》。其余有出处者尚多。惟刺目之字，一见之字里行间，便觉不韵。而近人复倡为班马革命之说。夫班马之学，又焉可及？不能学班马者，正与革命无异。且浮妄不学者，尚不知班马为谁，又何必革？仆为此惧，故趁未朽之年，集合同志，为古文演讲之会。"

林琴南所说，也正是他担心的地方。他非常担心年轻人无学问，鄙薄自古而今的文学传统。譬如：《新青年》倡导的反对尊孔读经、废除古文、提倡白话文。他觉得废除古文是最可怕的事情。如何才能不废除古文，让每一代年轻人发扬光大下去，这才是最重要的。因此，他力所能及地开办古文讲习会，以桐城派姚鼐所编的名著《古文辞类纂》为范本，选取其中篇目，作详细讲解，以期为影响年轻一代学习古文尽自己的绵薄之力。然而，林琴南这样的想法自然是天真的。他天真的想法在现实社会的潮流中，既无力又无奈，怎能不被冲击呢？

十一月七日，俄国爆发了"十月革命"。在列宁和托洛茨基等人的领导下，俄国共产党（布尔什维克）领导工人士兵发动武装起义，建立了第一个苏维埃政权国家——俄罗斯苏维埃联邦社会主义共和国；其中中国一千五百余名华工参加革命，编为"中国团"。俄国的革命有中国人参加，那么中国无论如何也会走革命的道路，这已经是不容置疑的事实。就拿上海来说，上海的《民国日报》《申报》《时报》《晨钟报》等，都报道了十月革命的消息。李大钊发表了《俄法革命之比较观》《庶民的胜利》《布尔什维主义的胜利》等文章，歌颂十月革命。

在这样的时代背景下，批判摧毁旧礼教、旧道德已是必然之趋势；可林琴南不愿相信，更不愿相信时代滚滚向前的潮流会将古文废弃。而事实上，他所见到的《新青年》上的文章，已有不少是白话文。林琴南并不奇怪推动白话文学，早在一八九七年他就出版了白话诗集《闽中新乐府》，一九〇〇年在杭州时他为林万里、汪叔明两人创办的白话报，曾作白话道情，颇风行一时呢！他所着急的是年轻人在提倡白话文后，却要把几千年传承下来的古文废除；为什么不能两全其美呢？

说实话，林琴南不希望文坛像政坛那样烽烟四起。且看自一九一七年十月以来的时局：先是湘南宣告独立，组成护法军，以南北对峙为主要形式的护法战争拉开了战幕；接着，湘南战事开始，两广出兵援湘；再接着，七省督军团在天津聚会，决议出兵西南；曹锟、张怀宣、张作霖等十人联名电请北京政府颁发明令，讨伐西南。林琴南看到有关战事的新闻，就非常头痛，又无可奈何。

因此，有很大一部分时间，林琴南就躲进书房成一统，勤奋写作、画画和翻译。今年林琴南与老朋友陈家麟合作翻译了英国作家大威森的小说《拿云手》、布司白的小说《女师饮剑记》等五部英国小说，另外两人还合作翻译了俄国托尔斯泰的小说《人鬼关头》，今译为《伊凡·伊里奇之死》。

一九一七年年底，文学改革思想已经赢得许多北大学生的热情支持，其中包括傅斯年、罗家伦等。而此刻的林琴南在自家的宣南烟云楼里，把陈独秀主编的《新青年》杂志，全部找出来重新阅读了一遍。林琴南想，先前他们围绕"孔教"问题与康有为等展开论战时，吾只是冷眼旁观；但康有为的某些观点，拿吾的话来说，便是"夫子之言，于我心有戚戚焉"了。然而，现在这帮年轻人对"古文"做出了激烈的批评和否定，这是让吾最最痛心的事。凭吾的脾气，怎容那些年轻人继续糟蹋古文？吾不能再置若罔闻了。吾已出版了《修身讲义》《读〈列女传〉》，还有吾编选的各种古文读本；吾从小就受儒家传统教育，绝对不放弃儒家思想。

当然，林琴南只是这么想，并没有开始应战。拿刘半农后来在《复王敬轩书》中的说法，新文化阵营，"颇以不能听见反抗的言论为憾"。

第十四章 遭遇人生滑铁卢（1918—1919）

> 天下兴亡，匹夫有责。
>
> ——清·顾炎武《日知录》

一

袁世凯去世后，民国进入了混乱的时代。一九一八年刚开始，便以护法的名义，全面拉开了南北战争。虽说是南北战争，可在执政的北军中，直系冯国璋与皖系段祺瑞都各怀鬼胎；而护法的南军中，滇系唐继尧和桂系陆荣廷也都对孙中山的军政府十分不满。这样的一场战争，岂能达到共同的结果？

于是，在你争我夺又相互勾结的混乱局面中，孙中山认识到自己成了别人利益之争的舌尖语，欲依靠一个军阀来打击另一个军阀，以达到建立民主与法治国家的目的，根本不可能实现。一月三日，孙中山亲自指挥炮击督军署，然后，孙中山向桂系提出了五项条件：承认军政府为护法各省的最高领导机构；承认大元帅有统帅军队全权；承认广东督军由广东人选任，必要时大元帅得加以任免；被捕民军代表，交由军政府处理；广东外交人员由军政府任命。可是，代理粤督莫荣新并未接受孙中山提出的各项条件，反而在背后酝酿除去孙中山，瓦解军政府。

一月九日，孙中山在元帅府会见各界人士，揭露桂系军阀阻挠护法的罪行，解释炮击督军署的初衷是："当陈炳焜督粤时，……谓听军政府自生自灭。……今则愈逼愈紧，只许自灭，不许自生。"日前炮击督署"实所以表公道，伸不平，而使军政府自辟其生路者也"。孙中山同时还表示，鉴于事变中地方当局未还击，又能接受各项条件，军政府未有其他苛求，为减轻广东人民负担，准备督师北伐。然而军政府成立后，滇、桂军阀通过改组军政府将大元帅制改为七总裁合议制，推举岑春煊为主席总裁，促成了"以岑代孙"的政治局面。孙中山洞悉了滇、桂军阀的政治阴谋，非常气愤；但由于部分议员被串通，却又无可奈何。而此时，直系主和派王占元泄密，冯国璋陷于被动。皖系引奉军入关，劫走大批直系军火。冯国璋又以代理大总统名义公布《国会组织法》和《参议员选举法》《众议员选举法》。接着，唐继尧直接控制四川，皖系政客发起成立了安福俱乐部。

在林琴南眼里，这真是个乱糟糟的世界啊！国家政权不稳定，战争不断发生，最遭殃的就是老百姓了。当然，林琴南做梦也没想到，他亦成了这乱哄哄世界的牺牲品。

一九一八年一月，《新青年》在北大教授的主持下全新改版，改为完全刊登白话文作品，并以崭新的面貌与读者见面了。胡适用十个大字概括"建设的文学革命论"，那就是："国语的文学，文学的国语。"恰在这先后，北大校长蔡元培聘请了李大钊担任北大图书馆主任；聘请了提倡新文学的刘半农任北大教授；还聘请第一个向中国介绍爱因斯坦相对论的夏元瑮主持北大理科。由于这些学术精英的到来，北大无论在思想上抑或是学术上，都空前活跃了起来，这些新知识分子纷纷尝试白话诗写作，并且刊登在《新青年》和其他一些刊物上。

然而推广白话文，在社会上乃至文坛的反响并不热烈，毕竟古文在人们心中是根深蒂固的。也许因为忍不住寂寞，也许是渴望得到大家的认同，一九一八年三月，钱玄同与刘半农在《新青年》第四卷第三号上，策划了一出不太道德的"双簧戏"，以求反响。于是，由钱玄同模仿守旧者的口吻和笔调，化名王敬轩写了一篇攻击新文化运动的信，其中故意推崇林琴南的翻译和古文道：

> 林先生为当代文豪，善能以唐代小说之神韵，移译外洋小说，所叙者皆西人之事也。而用笔措词，全是国人风度，使阅者几忘其为西事，是岂寻常文人所能企及。……林先生所译小说，无虑百种，不特译笔雅健，即所定书名，亦往往斟酌尽善尽美，如云吟边燕语，云香钩情眼。此可谓有句皆香，无字不艳。

接着，刘半农以《新青年》记者的身份作《复王敬轩书》，以调侃的口气点名批判林琴南，而且言语之间多有调侃羞辱之词：

> 林先生所译的小说，若以看"闲书"的眼光去看他，亦尚在不必攻击之列；……若要用文学的眼光去评论他，那就要说句老实话：便是林先生的著作，由"无虑百种"进而为"无虑千种"，还是半点儿文学的意味也没有！……若《吟边燕语》本来是部英国的戏考，林先生于"诗""戏"两项尚未辨明，其知识实比"不辨菽麦"高不了许多。……

这种完全否定式的批评，显然已经超越一般的文学批评范畴，带有蓄意攻击的意味了。也可以说，这是对林琴南人权和名誉权的侵害。因为《新青年》发行量很大，这出"双簧戏"一经刊登，立即在社会上引起了强烈的反响。

林琴南看见惹到自己头上的祸水，自然是非常愤怒和痛苦的。他曾经在译作《爱国二童子传·达旨》序言中，对青年非常有好感地道："至宝至贵，亲如骨肉，尊若圣贤之青年有志学生。"现在他不仅对"青年"失去好感，而且对打着"新文化阵营"的文化观念的某些青年人是否有道德人品，产生了极大的怀疑。他觉得滑稽的是自认为是新文学的同盟，却被新文学中的人物视为守旧、视为反动。他觉得自己小心翼翼、最怕惹事，却偏偏祸水就降到自己头上。现在除了痛苦，他该如何为自己辩护呢？

林琴南虽然暂且不理，但内心非常痛苦，其痛苦又不能与外人道。整整两个月，他在家里都是闭门书斋，与箧室杨道郁也不多说一句话。有时杨道郁多安慰一下，反惹他大发雷霆。好在杨道郁已经习惯了他的坏脾气，只得默默地不再劝他。然而，当他得知因为前一年发生了张勋拥立溥仪复辟之事件，部分国会议员愤而提案要求裁减"优待"清室条款，他心有所急，竟亲自上书参众两院议员，请求他们"副今日总统总理笃旧之心，留他年皇子皇孙啖饭之地。百凡如旧，一切从优"。信中，他亦曲意为复辟之事解脱。

然而，这期间政局中孙中山被排斥的遭遇，让林琴南忽然有同病相怜的安慰。一九一八年五月四日，孙中山被广州政学系与桂系联合排斥，愤而向非常国会提出辞职，赴上海去了。林琴南原本以为政局动荡不安，烽烟四起，文坛最多是文学观点不同，发生分歧也最多是学术辩论而已；可现在人家把他当作靶子点名批判了。

好在这时，"桐城谬种""选学妖孽"们也捺不住起来反攻了。"选学妖孽"的代表刘师培等人，筹办《国粹丛编》与《新青年》为敌。接着，刘师培又创办《国故》，并道"昌明中国古有之学术"。刘师培以这样的方式，来对抗新文化运动。而鲁迅在致钱玄同的信中说："阅历已多，无论如何复古，如何国粹，都已不怕。但该坏种等之创刊屁志，系专对《新青年》而发，则略以为异。初不料《新青年》之于他们，竟如此其难过也。"

五月十五日，鲁迅在《新青年》第四卷第五号上，发表了白话小说《狂人日记》。鲁迅在这篇小说中，揭示了封建制度和封建思想"吃人"

的主题。全文由十三段狂人的日记组成，是一篇精密安排的心理小说。它以一个"迫害狂"患者作为主人公，以狂人的病情和意识的流动作为具体内容；通过对其精神状态和心理活动的描写，揭露了从社会到家庭的普遍的"吃人"现象。鲁迅借狂人之口，表达了他对中国历史的颠覆性看法。

新派的《新青年》和传统派的《国粹丛编》《国故》，让北京大学校长蔡元培认为大学应该是"共同研究学术之机关"，"囊括大典，网罗众家"之学府，并且应遵循思想自由、兼容并包的原则。因此，激进的《新青年》杂志同仁陈独秀、钱玄同、胡适、李大钊等，可以鼓吹新道德、新理论，传统派的刘师培等，自然也可以要求维护封建伦理道德，宣扬国粹；甚至极端顽固守旧的辜鸿铭，亦可以拖着他的长辫子，在课堂上宣扬他的观点。

在这样一个自由的学术环境和氛围中，不少青年学生很快养成了一种弃旧图新、积极向前、参与政治的风气。比之《国粹丛编》《国故》，他们尤其喜欢有着西洋味儿、令人眼界开阔、思想进步的《新青年》这一派人士。因为，他们代表着时代的趋势、社会的进步，特别是陈独秀、李大钊在北大公开演讲，宣传马克思主义、俄国社会主义。新道德、新文化、新观念，立即就引起了学生们的兴趣。

于是，学生中成立了不少研究社会问题的社团，如救国会、新闻研究会、新潮社等。特别是傅斯年以"北京大学文科学生"的身份，在《新青年》第四卷第一号上发表了《文学革新申义》，从道义和学理上为胡适、陈独秀等人倡导的文学革命提供声援和支持。傅斯年在这篇文章中，以历史进化论的观点对文学革命的必要性、必然性进行了充分阐释。紧接着，傅斯年又发表《文言合一草议》一文，对废文辞而用白话的主张深信不疑；认为文言合一，合乎中国语言文化发展的必然趋势。

林琴南虽然心里愤懑，但一场世界性的流感很快分散了他的注意力。报界新闻报道称这次流感为"骨痛病""五日瘟"；并道：三月起，流感从广州到东北，从上海到四川，到处流行。哈尔滨百分之四十的人感染；温州有百分之十的病人死于流感；抚顺患者七千人，煤产量减少百分之七十五；台湾感染八十万人，死亡两万五千人；齐齐哈尔和长春每日各死百人，棺材商都来不及制造棺材了。林琴南得知此消息后，心里格外紧张，关照妻儿们少出门，别去人多的地方。真的，面对灾难，还有什么比生命更重要呢？

二

那天林琴南翻译之余阅读报刊，突然看到一则消息：北京国民政府以"时事多艰，人才难得"为由，对洪宪祸首和辫帅复辟案犯均一律实行特赦。张勋获自由后，蛰居津门德租界六号寓所。看到这则消息，林琴南就想起早已从天津回到北京的老朋友严复，想起他们的耆年会因张勋复辟之事，已经很久没有活动了。此刻，林琴南多么想约耆年会的老朋友重逢，但听说严复正为孩子们的婚事忙碌着，就不便打扰了。

而这时，又传来另一消息，六月十四日那天，徐树铮诱杀直系将领陆建章于天津中州会馆。林琴南听到这则消息吓了一跳，徐树铮不就是段祺瑞的幕僚吗？前不久，他策划组织了安福俱乐部，他这样做不就加深了直、皖军阀的矛盾和斗争吗？吾不赞成战争，可他又是吾的学生。三年前，吾受聘他创建的正志学校任教务长，明年底第一批学员即将毕业了呢！唉，直系将领陆建章的部下或亲属肯定会报仇，说不定哪日徐树铮的头就被砍下了。这冤冤相报何时了呢？还好最近南北两军终于坐在一起宣布罢战休兵，而参政两院选举也已经揭晓；安福系控制各地选举，获百分之八十的选票。应该说，林琴南对这乱七八糟的局势，已经厌烦透了。

到了暑假，林琴南不顾天气炎热，依然与陈家麟合作翻译英国作家参恩女士的《桃大王因果录》，与陈器合作翻译英国作家赖其铠女士的《痴郎幻影》。如果说，林琴南的翻译早期是对西方文学等方面的探索和好奇，中期更多的是赚版税养家糊口，而现在则是拿翻译作品来疗内伤、解寂寞了。因为在忙碌的翻译中，林琴南便能暂时忘却那些向他刺过来的暗箭和明枪。

八月，上海中华编译社创刊《文学杂志》，该杂志由苦海余生编辑，他"以诱进天下学者"，邀请了林琴南、郑孝胥、姚永概、马其昶、陈衍等二十五人为撰述人；林琴南欣然受邀。接着，中华编译社又创刊《文学常识》，苦海余生任总纂，林琴南、陈衍等九人为撰述人。在第一期《文学常识》上，林琴南发表了《论文》《论画》两篇作品。

当然，这时光林琴南依然关注时局。到了八月十二日，新国会在众议院成立。冯国璋自知当选无望，于一九一八年八月十三日，通电辞职。因为皖系政客已建立"安福俱乐部"，策划新的总统选举。也就是说，冯国璋代总统是被段祺瑞胁迫下台的。九月四日，安福国会选举徐世昌任大总统。北洋元老徐世昌就这样被北洋军阀段祺瑞，扶上了北洋政府大总统的宝座。林琴南想如今的世道，真是"各领风骚三五日"。

一九一八年十一月十一日，德国政府代表埃尔茨贝格尔，与协约国联军总司令福煦在法国东北部贡比涅森林的雷东德车站签署停战协定，德国投降。第一次世界大战，以协约国一方的胜利而宣告结束。中国是战胜国，作为战胜国成员之一的国家代表，徐大总统可谓享尽了风光。一九一八年十一月二十八日，大总统徐世昌在"庆祝第一次世界大战胜利"大会上致辞，宣称"公理战胜强权"。

这天，紫禁城太和殿前的广场上，举行了隆重的庆祝一战胜利的仪式。在数以千计的高官显贵、社会名流以及协约国和中立国公使的注视之下，盛装的大总统徐世昌在各国乐队演奏的乐曲声中，健步走上台阶，发表了庆功演说，并检阅了参战督办段祺瑞率领下的中国参战军仪仗队。庆功仪式结束后，徐世昌乘车在协约国飞机的引导下回到了自己的住所。这真是徐世昌一生中最荣耀的一天了。

林琴南亦为世界大战结束而欢欣鼓舞，希望从此世界和平。为此，这天晚上他还喝了酒，微醺之后即进书房作画，画完还题诗一首。从那诗中，也可看出诗人所描绘的是一幅风云变幻的图景，象征时局的动荡、军阀的割据与纷争。最后一句，则表达对这些当代"英雄"的藐视与厌恶。后来，在《新青年》上，林琴南读到李大钊文章中的预言：社会主义旗帜一定会插遍全球。他便觉得十分可笑，世界上存在着那么多问题，就连中国军阀混战都还没有结束，哪里会有社会主义旗帜插遍全球呢？许是空想罢了。不过，几天后徐世昌发表停战令；广州军政府响应南北双方停战。接着，英、美、法、日、意五国驻华公使劝告徐世昌，希望中国息战和平。林琴南便充满希望地想，也许会有社会主义旗帜插遍中国吧！

现在林琴南最不愿意听见的是"新文化运动"这个词，可偏偏在第一次世界大战结束后，北大师生亦在天安门举行庆祝协约国胜利大会，校长蔡元培还作了《黑暗与光明的消长》《劳工神圣》等演说。而北京大学也就在十一月，成立了一个学生社团——新潮社，校长蔡元培被推选为会长。新潮社的主要成员便是罗家伦、傅斯年、杨振声、顾颉刚、俞平伯等。一九一八年十二月十三日，《北京大学日刊》刊登了《新潮杂志社启事》。启事说："同人等集合同趣组成一月刊杂志，定名曰《新潮》。专以介绍西洋近代思潮，批评中国现代学术上、社会上各问题为职司。不取庸言，不为无主义之文辞。成立方始，切待匡正，同学诸君如肯赐以指教，最为欢迎！"接着，在十二月二十二日，陈独秀创办了《每周评论》。这热热闹闹的场面，这"新文化运动"，究竟会不会保存中国旧有的伦理道德和传统文化呢？林琴南不知道，只能拭目以待。

好在这个月，林琴南编选的《古文辞类纂选本》前五卷，由商务印书馆出版了。《古文辞类纂》为桐城派祖师姚鼐所遍选。林琴南又从其中"慎择其尤，加以详评"，以成是书。全书共十卷，分为论说、序跋、章表、书说、赠序、传状、箴铭、杂记、辞赋、哀祭十一类，收入一百八十一篇古文。所以，林琴南面对"新文化运动"，认为自己最重要的事便是弘扬中国传统文化，力延古文之一线，使不至于颠坠。因此，他所创办的古文讲习所，其目的并不是纯粹地讲文章、讲技法词章，而是希望青年人通过了解古文的博大精深，进而了解文中之道。

在古文讲习会和正志学校，林琴南从周秦经传、诸子、西汉史论，一直讲到唐宋明清文，有通则、明体、鉴赏、评论等；还给正志学校的学生兼上伦理学，把文学和伦理结合在一起。他认为学习经史百家文章的目的，便是为了通经明道。

那天，高家二兄高子益病逝了。噩耗传来，林琴南失声恸哭。因为悲伤，半夜睡不着，林琴南起来作诗《哭高子益四首》。回忆三十年前认识高子益，"子益当时持节使欧西"，林琴南为之饯行，今"检取六年前小影"，见到"蝇头细细尚留题"；林琴南道："昨夜梦中呜咽醒，挑灯起草哭君诗。"林琴南共为高子益写有三篇古文：《送高子益之官云南序》《祭高子益文》《高子益哀辞》。为同一人写三篇古文，这在林琴南的古文创作中实属罕见。然而，因了高家二兄高子益的病逝，林琴南又想起大哥高凤岐了。大哥高凤岐病逝近十年，林琴南每年坚持祭祀亡友。的确，林琴南与高家兄弟情同手足啊！

年末，有消息传来陆征祥准备赴法出席巴黎和会，讨论第一次世界大战之战后问题；同去的还有顾维钧、王正廷、施肇基、魏宸组等五人，他们为参加巴黎和会全权代表。林琴南虽然关注世界局势，但因为翻译西方文学作品比较多，对洋人那套鬼把戏他亦提高警惕；并且真心希望代表们在国际舞台上，以自己的智慧、修养和爱国热忱，维护中国的利益和尊严。

三

新的一年又来临了，这是民国八年（1919），亦是农历己未年。在农历戊午年的除夕，清废帝溥仪书"有秩斯祜"春条一幅赐给林琴南。去年冬至，林琴南冒着风雪第七次谒崇陵，这许是废帝给他的奖励，林琴南感动得热泪盈眶，心里暗暗发誓，吾一定做一满清老遗民，以效忠光绪皇帝。而这宣统废帝虽然还不足二十岁，但正像一九一六年梁鼎芬入宫做宣统的师傅时说的，"真英主也"。想起梁鼎芬一九一八年夏因病住院了，林琴南探望后心里很难过。说真的，梁鼎芬是林琴南志同道合的朋友，现在梁鼎芬已病入膏肓，林琴南很是担忧和不安。

新年里，林琴南丝毫没有休息。最近一段时间，他一直用文言写短篇小说。当然写作之余，他也不忘关心时局。一九一九年一月十八日，巴黎和会开幕了。这是第一次世界大战的战胜国（协约国）和战败国（同盟国），在巴黎凡尔赛宫召开的和平会议，共二十七国参加，苏俄未被邀请。会议标榜通过媾和建立世界永久和平，但实际上是英国、法国、美国、日本、意大利帝国主义战胜国，分配战争赃物，重新瓜分世界，策划反对无产阶级革命和民族解放运动的会议。有消息传来，在列强分赃的巴黎和会上，年轻的中国代表顾维钧不惧日美英法勾结欺侮弱国的淫威，为维护中国山东权益大义凛然，挺身而出，怒斥列强，拒签和约，震惊了世界。

中国在巴黎和会上的政事，让北京的学生议论政治热情高涨。这让林琴南想起去年五月，北京大学等学校学生两千多人，因抗议中日秘密军事协定而走上街头示威游行的事。林琴南当时正在街头，看见熙熙攘攘的人群，青年学生高呼口号，围观者人山人海差点把他撞倒。而现在，陈独秀又在《新青年》六卷一号上发表了《本志罪案之答辩书》。驳斥封建卫道者对《新青年》的指责与诬蔑。陈独秀道："要拥护那德先生（即民主），便不得不反对孔教、礼法、贞节、旧伦理、旧政治；要拥护那赛先生（即科学），便不得不反对旧艺术、旧宗教。""若因为拥护这两位先生，一切政府的压迫、社会的攻击笑骂，就是断头流血，都不推辞。"

由于《新青年》杂志的宣传，陈独秀等人鼓起了青年学生的爱国热潮，并且让学生们有了干预政治的勇气。这让林琴南看来，其形势再一天天这样发展下去，简直是每况愈下。说真的，林琴南实在太担心几千年的孔孟之道以及古文传统，因了所谓的"新文化运动"而消亡。所以，他在写给侄子的信中道："年少气盛之人，苟无人以怂恿之，患亦弗烈。一遇丑言怪节之士，坐拥皋比，诡御之计既生，养痈之祸始烈，因而有'家庭革命'之举，近者尤有'辟孝'之文，'讨父'之会，吾至于掩耳不忍更闻。辟孝之文如何著笔，吾不之知。至于讨父，尤极离奇。虽然，此事谁责？不仍责在教习乎？"

林琴南这番话的意思，当然是有针对性的；这"坐拥皋比"的教习，不就是直指陈独秀、钱玄同、刘半农之流吗？别看这过去的大半年时间，学界对林琴南的批判声洋洋盈耳，他却一直保持沉默，而实际上以他固执善怒、急躁暴烈的性格，怎能善罢甘休呢？

一九一九年二月四日起，上海《新申报》为林琴南特辟"蠡叟丛谈"栏目，专门发表他用文言所作的短篇小说。这无疑是一个让林琴南发表"言论"和"观点"的阵地，因而沉郁多时的林琴南，终于可以一吐为快了。或者说，可以为自己进行辩护、辩论和说明。当然，以他自幼"木强多怒"的性格，也就兼带着睚眦必报的意味了。

一九一九年二月十七日和十八日的上海《新申报》"蠡叟丛谈"栏目上，发表了林琴南的短篇小说《荆生》。《荆生》写的是"皖人田其美""浙人金心异"和"新归自美洲"的"狄莫"，三人同游京师陶然亭。他们"力主去孔子灭伦常"和"废文字以白话行之"，激怒了住在陶然亭西厢的伟丈夫"荆生"。这位"荆生"破壁而入，怒斥三人："中国四千余年，以伦纪立国，汝何为坏之！"于是，伟丈夫"荆生"出手一顿痛打，三人抱头鼠窜，狼狈而逃。林琴南在小说中痛快淋漓地破口大骂，把他们三人的言论比作夜狗吠叫、白鹭作声、禽兽自语等。

这里的皖人田其美，不难看出就是指陈独秀；因为田与陈本一家，这是中国史上的常识；美与秀对。浙人金心异，显然是指钱玄同，钱为金嘛，同对异。新归自美洲的狄莫，当然指新近留学归来的胡适了；胡为汉人对周边族群的称呼，而狄则带有某种程度的歧视。至于伟丈夫荆生，应该就是练过武功的作者本人了。林琴南用了古文字的同源和近义手法，替代了人物的真实原名。这种一眼即破的手法，林琴南却大胆地运用了。也就是说，林琴南竟然冒天下之大不韪，开始独自与新文化运动对抗了。

然而，就在《荆生》发表后的几天里，北京开始有政府将驱逐其至逮捕陈、胡等四人的传言，虽然没有证据表明与林琴南有关，但这两件事很快被联系起来了。三月二日《每周评论》十一号有署名"独应"周作人的《旧党的罪恶》，其中谈到"若利用政府权势，来压迫异己的新思潮，这乃是古今中外旧思想家的罪恶，这也就是他们历来失败的根源。至于够不上利用政府来压迫异己，只好造谣吓人，那更是卑劣无耻了"。

一周后，第十二期《杂录》刊发了《荆生》全文，并定性为"想用强权压倒公理的表示"。按语指出："甚至于有人想借用武人政治威权来禁压这种鼓吹。前几天，上海《新申报》上祭出一篇古文家林琴南的梦想小说就是代表这种武力压制的政策的。"

林琴南自然还不知道坊间的这些流言蜚语，《荆生》的发表使他痛痛快快地出了一口恶气，并且似乎有点得寸进尺，得理不饶人。紧接着，一九一九年三月十九日至二十三日，他又在《新申报》"蠡叟丛谈"栏目上发表了第二篇影射小说《妖梦》。

《妖梦》写一个叫郑思康的人梦游阴曹地府，见到一所"白话学堂"，门前的楹联是："白话通神，《红楼梦》《水浒》真不可思议；古文讨厌，欧阳修、韩愈是甚么东西。"进学堂后，有一间"毙孔堂"，堂前也有一副楹联："禽兽真自由，要这伦常何用；仁义太坏事，须从根本打消。"学堂内有三人："已而元绪出见，则谦谦一书生也。田恒二目如猫头鹰，长喙如狗。秦二世似欧西之种，深目而高鼻。"林琴南对这三个人物痛恨无比，骂得粗俗刻薄。到小说结尾处，他让阴曹地府中的"阿修罗王"出场，将"白话学堂"中的这些"无五伦之禽兽"通通吃掉，化之为粪。

《妖梦》中的元绪，读者一看便知道是在影射蔡元培；而田恒呢，是在影射陈独秀；秦二世则是影射胡适之。毫无疑问，林琴南是在借《荆生》和《妖梦》这两个短篇小说，一改从前谨慎的态度，图一时之快，畅快淋漓地发泄心头之愤。然而这样的泄愤，的确是一种非常拙劣的影射和比附，有失一个学者的基本风骨与人格。

因此，《荆生》和《妖梦》一经发表，便"流言"四起，很多人除了猜测，就是对号入座。特别是"荆生"这一人物，很多人自然联系起徐树铮来了；似乎是林琴南寄希望于他的弟子——段祺瑞手下第一谋士徐树铮，希望这个才高八斗的奉军副总司令能够阻止新文化主将们的活动，挽救传统的伦理道德和古文。这样无端的猜测，让林琴南十分冤枉地、无意识地充当了段祺瑞政府的帮凶，后来段祺瑞政府成为历史陈迹，林琴南的形象自然就比较负面了。

可实际上，一九一九年初的徐树铮，已经任西北筹边使兼西北边防军总司令，并且准备率兵进入外蒙古。人在沙场，哪里还会与林琴南这个老夫保持联系呢？"荆生"这人物，应该就是林琴南本人，或者就是林琴南心目中卫道英雄的化身。林琴南自己曾这么感叹道："如此混浊世界，亦但有田生、狄生足以自豪耳，安有荆生？"

林琴南虽然自小"木强多怒"，但他始终牢记祖母"畏天而循分"的遗训，处事十分谨慎，怎么忽然就写这两篇以影射和辱骂为痛快的小说呢？莫非是一时糊涂了，竟然不顾自己的道德情操，刻薄地痛骂一顿以解心头之恨？其实，协助林琴南发表这两篇小说的是北大学生张厚载。

张厚载是北京大学法科政治系学生，曾在一九一八年的《新青年》上与胡适、钱玄同、刘半农等北大教授因旧戏评价问题上展开过激烈争论，为胡适、钱玄同等师长所不喜。因为张厚载指摘胡适谈剧的常识性错误，同时他又在《京报》公开反对钱玄同的打击京剧论（钱玄同主张无条件地毁灭京剧，指斥脸谱为"粪谱"），因此，张厚载或许有意动员他在五城中学堂读书时的老师林琴南创作影射小说丑诋胡适、钱玄同、陈独秀、蔡元培。张厚载亦或许认为，老师林琴南是名满京城的前辈名人，再说老师林琴南不也正受胡适、钱玄同等人的鄙薄吗？

或许正由于张厚载的唆使，师徒二人同病相怜，才使年近古稀的林琴南接连写了这两篇只能是发发牢骚的影射小说；却惹祸上身，逼自己走上了绝路。因为，林琴南的诅咒与痛恨，并不能阻止新文化运动的步伐，时代的潮流总是滚滚向前的。

四

当林琴南将第二个短篇小说《妖梦》交给张厚载寄往上海《新申报》的当天，就收到了蔡元培的来信。蔡元培信中的大意是：有一个叫赵体孟的人想出版明代遗老刘应秋的遗著，拜托蔡元培介绍梁启超、章太炎、严复、林纾等学术名家题词。蔡元培的来信让刚刚写了《妖梦》的林琴南无地自容，毕竟他们是老熟人。一九〇一年，林琴南客居杭州时与蔡元培有过交往，并且当时林琴南曾写信给赋闲在家的陈宝琛道："此间蔡鹤卿太史力主开创师范学堂，为汪柳门、樊介轩二人所格。……蔡公新进，莫可如何，时来纾寓，相向太息。"此时，蔡元培的日记中，也留有与林琴南交往的记载。只是后来蔡元培走向革命，林琴南坚持立宪，便疏于联系了。

现在，林琴南突然清醒了过来，认为自己这样以小说影射蔡元培，实在不道德。一想到自己近乎做了件荒唐事，林琴南一方面嘱张厚载无论如何也要将《妖梦》一稿追回，另一方面致信蔡元培坦言自己对新文化运动的若干看法。林琴南给蔡元培的信是这样写的：

鹤卿先生太史足下：

与公别十余年，壬子始一把晤。匆匆八年，未通音问，至以为歉。属辱赐书，以遗民刘应秋先生遗著嘱为题词。书未梓行，无从拜读，能否乞赵君作一短简事略见示？谨撰跋尾归之。

呜呼！明室敦气节，故亡国时殉烈者众，而夏峰、梨洲、亭林、杨园、二曲诸老，均脱身斧钺，其不死，幸也。我公崇尚新学，乃亦垂念遹播之臣，足见名教之孤悬，不绝如缕，实望我公为之保全而护惜之，至慰！至慰！

虽然，尤有望于公者。大学为全国师表，五常之所系属。近者，外间谣诼纷集，我公必有所闻，即弟亦不无疑信。或且有恶乎阛茸之徒，因生过激之论，不知救世之道，必度人所能行，补偏之言，必使人以可信。若尽反常轨，侈为不经之谈，则毒粥既陈，旁有烂肠之鼠；明燎霄举，下有聚死之虫。何者？趋甘就热，不中其度，则未有不毙者。

方今人心丧敝，已在无可救挽之时，更侈奇创之谈，用以哗众。少年多半失学，利其便己，未有不糜沸糜至而附和之者。而中国之命，如属丝矣。晚清之末造，慨世者恒曰："去科举，停资格，废八股，斩豚尾，复天足，逐满人，扑专制，整军备，则中国必强。"今百凡皆遂矣，强义安在？于是更进一解，必覆孔孟，铲伦常为快。呜呼！因童子之羸困，不求良医，乃迫责其二亲之有隐瘵逐之，而童子可以日就肥泽，有是理耶？外国不知孔孟，然崇仁、仗义、矢信、尚智、守礼，五常之道，未尝悖也，而又济之以勇。弟不解西文，积十九年之笔述，成译著一百三十三种，都一千二百万言，实未见中有违忤五常之语，何时贤乃书有此叛亲蔑伦之论，此其得诸西人乎？抑别有所授耶？

我公心右汉族，当在杭州时，间关避祸，与夫人同茹辛苦，而宗旨不变，勇士也。方公行时，弟与陈叔通惋惜公行，未及一送。申伍异趣，各衷其是。盖今公为民国宣力，弟仍清室举人，交情固在，不能视为冰炭，故辱公寓书，殷殷于刘先生之序跋，实隐示明清之季，各有遗民，其志均不可夺也。弟年垂七十，富贵功名，前三十年视若弃灰，今笃老，尚抱守残缺，至死不易其操。前年梁任公倡马班革命之说，弟闻之失笑。任公非劣，何为作此媚世之言？马班之书，读者几人？殆不革而自革，何劳任公费此神力。若云死文字有碍生学术，则科学不用古文，古文亦无碍科学。

英之迭更，累斥希腊腊丁罗马之文为死物，而至今仍存者，迭更虽躬负盛名，固不能用私心以蔑古，矧吾国人，尚有何人如迭更者耶？须知天下之理，不能就便而夺常，亦不能取快而滋弊。使伯夷、叔齐生于今日，则万无济变之方。孔子为圣之时，时乎井田封建，则孔子必能使井田封建一无流弊，时乎潜艇飞机，则孔子必能使潜艇飞机不妄杀人，所以名为时中之圣。

时者，与时不悖也。卫灵问陈，孔子行；陈恒弑君，孔子讨。用兵与不用兵，亦正决之以时耳。今必曰天下之弱，弱于孔子。然则天下之强，宜莫强于威廉，以柏灵一隅，抵抗全球，皆败衄无措直，直可为万世英雄之祖。且其文治武功，科学商务，下及工艺，无一不冠欧洲，胡为恹恹为荷兰之寓公？若云成败不可以论英雄，则又何能以积弱归罪孔子？彼庄周之书，最摈孔子者也。然《人间世》一篇，又盛推孔子。所谓《人间世》者，不能离人而立之谓。其托颜回，托叶公子高之问难，孔子在陈以接人处众之道，则庄周亦未尝不近人情而忤孔子。乃世士不能博辩为千载以上之庄周，竟咆勃为千载以下之桓魋，抑何其可笑也。

且天下唯有真学术、真道德，始足独树一帜，使人景从。若尽废古书，行用土语为文字，则都下引车卖浆之徒，所操之语，按之皆有文法，不类闽广人为无文法之啁啾，据此，则凡京律之稗贩，均可用为教授矣。若《水浒》《红楼》，皆白话之圣，并足为教科之书，不知《水浒》中辞吻，多采岳珂之《金陀粹篇》；《红楼》亦不止为一人手笔，作者均博极群书之人。总之，非读破万卷，不能为古文，亦并不能为白话。

若化古子之言为白话演说，亦未尝不是。按《说文》，演长流也，亦有延之、广之之义。法当以短演长，不能以古子之长，演为白话之短。且使人读古子者，须读其原书耶？抑凭讲师之一二语，即算为古子？若读原书，则又不能全废古文矣。矧于古子之外，尚以《说文》讲授，《说文》之学，非俗书也。当参以古籀，证以钟鼎之文。试思用籀篆可化为白话耶？果以篆籀之文，杂之白话之中，是引汉唐之环燕，与村妇谈心；陈商周之俎豆，为野老聚饮。类乎不类？弟闽人也，南蛮鴃舌，亦愿习中原之语言，脱授我者不以中原之语言，仍令我为鴃舌之闽语，可乎？盖存国粹而授《说文》，可也。以《说文》为客，以白话为主，不可也。

乃近来尤有所谓新道德者，斥父母为自感情欲，于己无恩，此语曾一见之随园文中，仆方以为拟于不伦，斥袁枚为狂谬。不图竟有用为讲学者。人头畜鸣，辩不屑辩，置之可也。彼又云："武曌为圣王，卓文君为名媛。"此亦拾李卓吾之余唾。卓吾有禽兽行，故发是言。李穆堂又拾其余唾，尊严嵩为忠臣。今试问二李之名，学生能举之否？同为埃灭，何苦增兹口舌，可悲也！

大凡为士林表率，须圆通广大，据中而立，方能率由无弊。若凭位分势力，而施趋怪走奇之教育，则惟穆罕默德左执刀而右传教，始可如其愿望。今全国父老，以子弟托公，愿公留意，以守常为是，况天下溺矣，藩镇之祸，迩在眉睫，而又成为南北美之争。我公为南士所推，宜痛哭流涕，助成和局，使民生有所苏息；乃以清风亮节之躬，而使议者纷纷集矢，甚为我公惜之。

此书上后，可以不必示复，唯静盼好音，为国民端其趋向，故人老悖，甚有幸焉！愚直之言，万死万死！林纾顿首。

林琴南在信中并没有直接批评蔡元培对新思想、新道德的支持与纵容，但至少奉劝蔡元培善待全国父老之重托，守常为是。然而，林琴南这封《致蔡鹤卿书》又很快被张厚载寄往《公言报》；《公言报》于一九一九年三月十八日以《请看北京大学思潮变迁之近状》为题发表了出来，并大力渲染指责陈独秀、胡适"绝对的菲弃旧道德，毁斥伦常，诋排孔、孟"。

真是的，小说《妖梦》没有被追回，又发表了公开信；且《公言报》为安福系的机关报，专以反对新思想、新文化，反对北京大学为能事。也许，林琴南原本可以与蔡元培等人达成某种妥协，却因这种机缘巧合而丧失了机会。后来，蔡元培收到张厚载具有挑衅性的来信后，非常愤怒，他指责张厚载道："在兄与林君有师生之谊，宜爱护林君。兄为本校学生，宜爱护母校。林君作此等小说，意在毁坏本校名誉，兄徇林君之意而发布之，于兄爱护母校之心，安乎，否乎？仆生平不喜作谩骂语、轻薄语，以为受者无伤，而施者实为失德。林君詈仆，仆将哀矜之不暇，而又何憾焉。惟兄反诸爱护本师之心，安乎，否乎？"

说实话，自林琴南在上海《新申报》上发表了短篇小说《荆生》《妖梦》后，便激起了新文化阵营的义愤填膺，奋起讨伐。而这次林琴南《致蔡鹤卿书》的公开发表，令一向温文尔雅的蔡元培勃然大怒。三月十八日，蔡元培即公开示复《答林君琴南函》。三月二十一日，《答林君琴南函》发表在《北京大学日刊》上。四月一日，蔡元培的《致〈公言报〉答林君琴南函》与林琴南的《致蔡鹤卿书》，一并发表在《公言报》上。

蔡元培的信写得雍容大度，很有气量。他列举大量事实，对林琴南的指责逐一驳斥，针锋相对，有理有据有节。蔡元培的信是这样写的：

《公言报》记者足下：

读本月十八日贵报，有《请看北京大学思潮变迁之近状》一则，其中有林琴南君致鄙人一函。虽原函称"不必示复"，而鄙人为表示北京大学真相起见，不能不有所辨正。谨以答林君函抄奉，请为照载。又，贵报称"陈、胡等绝对的菲弃旧道德，毁斥伦常，诋排孔、孟"，大约即以林君之函为据，鄙人已于致林君函辨明之。惟所云"主张废国语而以法兰西文字为国语之议"，何所据而云然？请示复。

答林琴南君函如下：

琴南先生左右：

于本月十八日《公言报》中，得读惠书，索刘应秋先生事略。忆第一次奉函时，曾抄奉赵君原函，恐未达览，特再抄一通奉上，如荷题词，甚幸。（赵体孟原函附后）公书语长心重，深以外间谣诼纷集为北京大学惜，甚感。惟谣诼必非实录，公爱大学，为之辨正可也。今据此纷集之谣诼而加以责备，将使耳食之徒，益信谣诼为实录，岂公爱大学之本意乎？原公之所责备者，不外两点：一曰"覆孔、孟，铲伦常"，二曰"尽废古书，行用土语为文字"。请分别论之。

对于第一点，当先为两种考察：（甲）北京大学教员，曾有以"覆孔、孟，铲伦常"教授学生者乎？（乙）北京大学教授，曾有于学校以外，发表其"覆孔、孟，铲伦常"之言论者乎？

请先察"覆孔、孟"之说。大学讲义涉及孔孟者，惟哲学门中之中国哲学史。已出版者，为胡适之君之《中国上古哲学史大纲》，请详阅一过，果有"覆孔、孟"之说乎？特别讲演之出版者，有崔怀瑾君之《论语足征记》《春秋复始》。哲学研究会中，有梁漱溟君提出"孔子与孟子异同"问题，与胡默青君提出"孔子伦理学之研究"问题，尊孔者多矣，宁曰覆孔？

若大学教员于学校以外自由发表意见，与学校无涉，本可置之不论。今姑进一步而考察之，则推《新青年》杂志中，偶有对于孔子学说之批评，然亦对于孔教会等托孔子学说以攻击新学说者而发，初非直接与孔子为敌也。公不云乎？"时乎井田封建，则孔子必能使井田封建一无流弊。时乎潜艇飞机，则孔子必能使潜艇飞机不妄杀人。卫灵同陈，孔子行。陈恒弑君，孔子讨。用兵与不用兵，亦正决之以时耳。"使在今日，有拘泥孔子之说，必复地方制度为封建；必以兵车易潜艇飞机；闻俄人之弑其皇，德人之逐其皇，而曰必讨之，岂非昧于"时"之义，为孔子之罪人，而吾辈所当排斥之者耶？

次察"铲伦常"之说。常有五：仁、义、礼、智、信，公既言之矣。伦亦有五：君臣、父子、兄弟、夫妇、朋友。其中君臣一伦，不适于民国可不论。其他父子有亲，兄弟相友（或曰长幼有序），夫妇有别，朋友有信，在中学以下修身教科书中，详哉言之。大学之伦理学涉此者不多，然从未有以父子相夷，兄弟相阋，夫妇无别，朋友不信，教授学生者。大学尚无女学生，则所注意者，自偏乎男子之节操。近年于教科以外，组织一进德会，其中基本戒约有不嫖、不娶妾两条。不嫖之戒，决不背于古代之伦理。不娶妾一条，则且视孔、孟之说为尤严矣。至于五常，则伦理学中之言仁爱，言自由，言秩序，戒欺诈，而一切科学皆为增进知识之需。宁有铲之之理欤？

若谓大学教员曾于学校以外发表其"铲伦常"之主义乎，则试问有谁何教员，曾于何书、何杂志，为父子相夷、兄弟相阋、夫妇无别、朋友不信之主张者？曾于何书、何杂志为不仁、不义、不智、不信及无礼之主张者？公所举"斥父母为自感情欲、于己无恩"，谓随园文中有之，弟则忆《后汉书·孔融传》路粹枉状奏融有曰："前与白衣祢衡跌荡放言，云：父之于子，当有何亲？论其本意，实为情欲发耳；子之于母，亦复奚为？譬如寄物瓶中，出则离矣。"孔融、祢衡并不以是损其声价，而路粹则何如者？且公能指出谁何教员，曾于何书、何杂志，述路粹或随园之语，而表其极端赞成之意者？且弟亦从不闻有谁何教员，崇拜李贽其人而愿拾其唾余者。所谓"武曌为圣王，卓文君为贤媛"，何为曾述斯语，以号于众，公能证明之欤？

对于第二点，当先为三种考察：（甲）北京大学是否已尽废古文而专用白话？（乙）白话是否能达古书之义？（丙）大学少数教员所提倡之白话的文字，是否与引车卖浆者所操之语相等？

请先察"北京大学是否已尽废古文而专用白话"。大学预科中，有国文一课，所据为课本者，曰模范文，曰学术文，皆古文也。其每月中练习之文，皆文言也。本科中有中国文学史、西洋文学史、中国古代文学、中古文学、近世文学；又本科、预科皆有文字学，其编成讲义而付印者，皆文言也。《北京大学月刊》中，亦多文言之作。所可指为白话体者，惟胡适之君之《中国古代哲学史大纲》，而其中所引古书，多属原文，非皆白话也。

次考察"白话是否能达古书之义"。大学教员所编之讲义，固皆文言矣。而上讲坛后，决不能以背诵讲义塞责，必有赖于白话之讲演，岂讲演之语，必皆编为文言而后可欤？吾辈少时，读《四书集注》《十三经注疏》，使塾师不以白话讲演之，而编为类似集注，类似注疏之文言以相授，吾辈岂能解乎？若谓白话不足以讲《说文》、讲古籍、讲钟鼎之文，则岂于讲坛上当背诵徐氏《说文解字系传》、郭氏《汗简》、薛氏《钟鼎款识》之文，或编为类此之文言而后可，必不容以白话讲演之欤？

又次考察"大学少数教员所提倡之白话的文字，是否与引车卖浆者所操之语相等"。白话与文言，形式不同而已，内容一也。《天演论》《法意》《原富》等，原文皆白话也，而严幼陵君译为文言。少仲马、迭更司、哈德等之所著小说，皆白话也，而公译为文言。公能谓公及严君之所译，高出于原本乎？若内容浅薄，则学校招考时之试卷，普通日刊之论说，尽有不值一读者，能胜于白话乎？且不特引车卖浆之徒而已，清代目不识丁之宗室，其能说漂亮之京话，与《红楼梦》中宝玉、黛玉相埒，其言果有价值欤？熟读《水浒》《红楼梦》之小说家，能于《续水浒传》《红楼复梦》等书以外，为科学、哲学之讲演欤？公谓"《水浒》《红楼》作者，均博极群书之人，总之非读破万卷，不能为古文，亦并不能为白话"。诚然，诚然。

北京大学教员中，善作白话文者，为胡适之、钱玄同、周启孟诸君。公何以证知为非博极群书，非能作古文，而仅以白话文藏拙者？胡君家世汉学，其旧作古文，虽不多见，然即其所作《中国哲学史大纲》言之，其了解古书之眼光，不让于清代乾嘉学者。钱君历作之文字学讲义、学术文通论，皆大雅之文言。周君所译之《域外小说》，则文笔之古奥，非浅学者所能解。然则公何宽于《水浒》《红楼》之作者，而苛于同时之胡、钱、周诸君耶？至于弟在大学，则有两种主张如左：

（一）对于学说，仿世界各大学通例，循"思想自由"原则，取兼容并包主义，与公所提出之"圆通广大"四字，颇不相背也。无论为何种学派，苟其言之成理，持之有故，尚不达自然淘汰之运命者，虽彼此相反，而悉听其自由发展。此义已于《月刊》之发刊词言之，抄奉一览。

（二）对于教员，以学诣为主。在校讲授，以无背于第一种之主张为界限。其在校外之言动，悉听自由，本校从不过问，亦不能代负责任。例如复辟主义，民国所排斥也，本校教员中，有拖长辫而持复辟论者，以其所授为英国文学，与政治无涉，则听之。筹安会之发起人，清议所指为罪人者也，本校教员中有其人，以其所授为古代文学，与政治无涉，则听之。嫖、赌、娶妾等事，本校进德会所戒也，教员中间有喜作侧艳之诗词，以纳妾、狎妓为韵事，以赌为消遣者，苟其功课不荒，并不诱学生而与之堕落，则姑听之。夫人才至为难得，若求全责备，则学校殆难成立。且公私之间，自有天然界限，譬如公曾译有《茶花女》《迦茵小传》《红礁画桨录》等小说，而亦曾在各学校讲授古文及伦理学，使有人诋公为以此等小说体裁讲文学，以狎妓、奸通、争有妇之夫讲伦理者，宁值一笑欤？然则革新一派，即偶有过激之论，苟于校课无涉，亦何必强以其责任归之于学校耶？此复，并候著祺。

八年三月十八日蔡元培敬启

蔡元培的解释或许有道理，但对林琴南来说，之所以公开致信蔡元培，并非指责蔡元培管理不力，而是期望他能够利用自己的背景，特别与那些年轻激进分子的特殊关系，方便时稍作提醒，不要让他们毫无顾忌地鼓吹过激之论。林琴南认为对于传统、对于文学，还是持适度的保守态度比较好。

然而，继蔡元培的《答林君琴南函》发表后，李大钊在《每周评论》第十二号上，发表《新旧思潮之激战》一文，明确正告林琴南道："须知今日中国如果有真正觉醒的青年，断不怕你们那'伟丈夫'的摧残。你们的'伟丈夫'也断不能摧残这些青年的精神。"接着，李大钊话锋一转道："我确信这两种思潮，都是人群进化必要的，缺一不可。我确信这两种思潮，都应该知道须和他反对的一方面并存同进，不可妄想灭尽反对的势力，以求独自横行的道理。……我又确信这二种思潮，一面要有容人并存的雅量，一面更要有自信独守的坚操。"李大钊后面这段话具有了包容的意义，只是被来势汹涌的学潮，一下就覆盖了过去，谁还会来细细琢磨和思考这段话呢？

后来，鲁迅亦写了《随感录五十七·现在的屠杀者》："做了人类想成仙，生在地上要上天；明明是现代人，吸着现在的空气，却偏要勒派朽腐的名教，僵死的语言，侮蔑尽现在，这都是'现在的屠杀者'。……却只能在呻吟古文时，显出高古品格；一到讲话，便依然是'鄙俚浅陋'的白话了。四万万中国人嘴里发出来的声音，竟至总共'不值一哂'，真是可怜煞人。"刘半农则在给钱玄同的信中道："他（指林琴南）要借重荆生，却是无论如何不能饶恕的。"而陈独秀呢，点名点姓地写了《林纾的留声机器》《婢学夫人》予以痛击。

接着，《每周评论》第十二号上转载了《荆生》全文。第十三号上，组织文章对《荆生》逐段评点批判，并同时编印了题为《对于新旧思潮的舆论》的"特别附录"，摘编了北京、上海、四川、浙江等地十余家报纸上谴责林琴南的文章。这就使林琴南成了众矢之的，其情势对他十分不利。但他在与新文化运动的奋战中，却顾不得那么多了，索性豁了出去。

一九一九年三月二十六日至四月二日，上海《新申报》"蠡叟丛谈"栏目上发表了林琴南的短篇小说《演归氏二孝子》。这篇小说是在《致蔡鹤卿书》的第二天（三月十九日）写的，旨在抨击某些人宣扬的父母有子乃"自感情欲"之结果，故父母于子并无恩可言的褒父褒母现象。林琴南在为小说写的跋语中，同时表明了他对新文化运动的反对不为名利，也无私怒，纯粹是为了"天理良心"，才甘冒天下之大不韪，跳出来与新文化运动激战。他道：

> 吾译小说百余种，无言弃置父母，且斥父母为无恩之言。而此辈何以有此？吾与此辈无仇，寸心天日可表。若云争名，我名亦略为海内所知；若云争利，则我卖文鬻画，本可自活，与彼异途。且吾年七十，而此辈不过三十。年岁悬殊，我即老悖颠狂，亦不至偏衷狭量至此。而况并无仇怨，何必苦苦跟追？盖所争者天理，非闲气也。……昨日寓书谆劝老友蔡鹤卿，嘱其向此辈道意。能听与否，则不敢知，至于将来受一场毒骂，在我意中。我老廉颇顽皮憨力，尚能挽五石之弓，不汝惧也，来！来！来！

其实，像林琴南一样保守的人很多，只是他们不像林琴南那样锋芒毕露。在一个越来越激烈反对儒家思想的时代里，林琴南坚持自己的信念表现儒家思想，尽管他的儒家道德观是因为家里的经历而形成，是感性而非学术性的。现在，他虽然以"老廉颇顽皮憨力"自励来对抗众人对他的围剿，但以个人绵薄之力，又如何能对抗得了一个摧枯拉朽的文化潮流？因此，林琴南的失败是注定的。

五

面对来势凶猛的批评，林琴南承受着巨大的压力，他感到有点力不从心、寡不敌众了。一九一九年三月二十一日，当林琴南读到蔡元培发表在《北京大学日刊》上的《答林君琴南函》后，心里非常不安。他反思自己的所作所为，不仅方法失当，而且听信传言写了那些骂人的刻薄之语，亦失自己的道德。于是，他后悔莫及，立即给各报馆打电话，在报上公开认错道歉，承认自己在这一系列问题的处理上，有过失和过错；并且回书蔡元培表示接受批评：

> 弟辞大学九年矣，然甚盼大学之得人。幸公来主持，甚善。顾比年以来，恶声盈耳，至使人难忍，因于答书中孟浪进言。至于传闻失实，弟拾以为言，不无过听，幸公恕之。然尚有关白者：弟近著《蠡叟丛谈》（见《新申报》），近亦编白话新乐府（付之《公言报》），专以抨击人之有禽兽行者，与大学堂讲师无涉，公不必怀疑。……

林琴南同时还致书包世杰，痛心疾首地表示愿意接受批评：

> 承君自《神州日报》中指摘仆之短处，……切责老朽之不慎于论说，中有过激骂詈之言，仆知过矣。……当敬听尊谕，以和平出之，不复谩骂。

但是，林琴南并不认为自己维护传统文化、传统道德的基本立场和观点有什么过错。就在那封向蔡元培承认自己"孟浪进言""不无过听"的回信中，他仍这样表示：

> 与公交好二十年，公遇难不变其操，弟亦至死必伸其说。彼叛圣逆伦者，容之即足梗治而蠹化。拼我残年，极力卫道，必使反舌无声，瘈狗不吠然后已！

因此，林琴南的"适度保守的文学改良"主张没有获得应有的尊重，尤其是没有得到新文学倡导者的重视，连严复也在与友人的信中道："革命时代，学说万千，然而施之人间，优者自存，劣者自败，虽千陈独秀，万胡适、钱玄同，岂能劫持其柄，则亦如春鸟秋虫，听其自鸣自止可耳。林琴南辈与之较论，亦可笑也。"

也许，正因为缺乏有力的响应与支持，一九一九年四月初，林琴南在《文艺丛报》第一期发表了《论古文白话之相消长》一文，文章以无可奈何的口吻道：

> ……康乾之盛，文人辈出，亦关气运。然道咸以下，即寥寥矣。间有提倡者，才力亦薄；病在脱去八股而就古文，拘局如裹足之妇，一旦授以圆履，终欠自由。然犹知有古文之一道。至白话一兴，则喧天之闹，人人争撤古文之席，而代以白话。其但始行白话报，忆庚子客杭州，林万里、汪叔明初为白话日报，余为作白话道情，颇风行一时。已而予匆匆入都，此报遂停。沪上亦间有为白话为诘难者，从未闻尽弃古文，行以白话者。今官文书及往来函札，何尝尽用古文？一谈古文，则人人瞠目。此古文一道，已厉消烬灭之秋，何必再用革除之力？其曰废古文而用白话者，亦正不知所谓古文也。但闻人言

韩愈为古文大家则骂之，此亦韩愈之报应。何以言之？楞严华严之奇妙，而文公并未寓目，大呼跳叫，以铙钹钟鼓为佛，而楞严华严之妙处，一不之管，一味痛骂为快。于是遂有此泯泯纷纷者，尾逐昌黎，骂之于千载之后。盖白话家之不知韩，犹韩之不知佛也。然今日斥白话家为不通，而白话家决不之服。明知口众我寡，不必再辩。且古文一道，曲高而和少，宜宗白话者之不能知也。……吾辈已老，不能为正其非；悠悠百年，自有能辩之者。请诸君拭目俟之。

自这一篇文章后，林琴南又在《公言报》上发表了一篇题为《腐解》的古文。他这样自我劝解、自我激励，并且宣告要"卫道"至死：

七十之年，去死已近。为牛则羸，胡角之砺？为马则驽，胡蹄之铁？然而哀哀父母，吾不尝为之子耶？巍巍圣言，吾不尝为之徒耶？苟能俯而听之，存此一线伦纪于宇宙之间，吾甘断吾头，而付诸樊於期之函；裂吾胸，为安金藏之剖其心肝。皇天后土，是临是监。

此后，林琴南与新文化运动的激战，暂时告一段落了。因为公开道歉，他得到了新文化运动主将之一的陈独秀的称赞。陈独秀道："林琴南写信给各报馆，承认他自己骂人的错处，像这样勇于改过，倒很可佩服。"的确，林琴南敢作敢当，非真性情者不能也。

当然，在这场新文化运动——文言与白话之争的风波中，林琴南并不是一个人战斗；他的弟子、北京大学学生张厚载，亦卷入其中。张厚载也就是张谬子，虽然是北大学生又兼任上海《神州日报》记者。他坚定地站在林琴南一边，被认为是林琴南在北大的内应。然而，由于他喜欢捕风捉影，尽管他的通讯有部分实情。譬如一九一九年二月，《神州日报》发表张厚载《半谷通信》，说陈独秀、胡适、陶孟和、刘半农等人以思想激烈，受到政府干涉，陈独秀已去天津，态度消极云云。因为陈独秀、胡适等人名气很大，张厚载的流言立即被上海等报刊转载，《神州日报》一时走俏。三月初，张厚载又在《神州日报》发表《半谷通信》说，"北京文科学长近有辞职之说，记者往访蔡校长，询以此事，蔡校长对于陈学长辞职一说，并无否认之表示。"三月十日，胡适致函《北京大学日刊》说："两个星期以来，外面发生一种谣言，说文科学长及胡适等四人，被政府干涉，驱逐出校，并有逮捕的话。还说陈先生已逃至天津。这个谣言越传越远，竟由北京电传到上海各报，惹起了许多人的注意。这事乃是全无根据的谣言。"而此时，林琴南的小说《荆生》《妖梦》，正好是由张厚载转寄上海《新申报》发表的。

《妖梦》发表后，张厚载去信向蔡元培解释道："（林纾）近更有《妖梦》一篇攻击陈胡两先生，并有牵涉先生之处，稿发后而林先生来函谓先生已乞彼为刘应秋先生作序，《妖梦》当可勿登。但稿已寄至上海，殊难终止，不日即可登出。倘有渎犯先生之语，务乞先生归罪于生，先生大度包容，对于林先生游戏笔墨，当亦不甚介意也。"

蔡元培一九一九年三月十九日复张厚载函，载同年三月二十一日《北京大学日刊》第三三八号，并附有张厚载致蔡元培函。蔡元培作为北京大学校长，写给学生的信，执礼甚恭，称自己的学生为"兄"，言语谆谆，态度诚恳，可谓晓之以理动之以情；但蔡元培对有损北大声誉之举，不会坐视不管。

一九一九年三月三十一日，《北京大学日刊》登出一则"本校布告"："学生张厚载屡次通信于京沪各报，传播无根据之谣言，损坏本校名誉，依大学规程第六章第四十六条第一项，令其退学。此布。"

当然，这个决议不是胡适个人决定的，也不是蔡元培个人决定的，是北大评议会做出的决定。周作人回忆说："当时蔡子民的回信虽严厉而仍温和地加以警告，但是事情演变下去，似乎也不能那么默尔而歇，所以随后北大评议会终于议决开除他的学籍。"而此时，距张厚载毕业仅差三个月。

面临开除，张厚载当然不服。一九五一年四月十五日，张厚载在《亦报》上署名余苍发表《新青年谈屑》一文，说明五四前夕他被北大校方开革的原委："去找蔡校长，校长推之评议会，去找评议会负责人胡适，既又推之校长。本班全体同学替他请愿，不行，甚至于教育总长傅增湘（沅叔）替他写信，也不行。他因为校中挂牌开革，理由是'在沪报通讯，损坏校誉'，特请他所担任通讯的《新申报》出为辩白，列举所作的通讯篇目，证明没有一个字足以构成'破坏校誉'之罪，结果仍不能免除处分。蔡校长给了他一纸成绩证明书，叫他去天津北洋大学转学，仍可在本学期毕业。他却心灰意懒，即此辍学了。"

张厚载被除名后，不得已准备南归，便去拜访林琴南与之告辞。林琴南在《赠张生厚载序》中这样安慰道："为余故也……临窗读孔孟之书……其容充然，若无所戚戚于其中者也……君子之立身也，当不随人为俯仰。古之处变而安者，宁尽泯其怨咨之声，顾有命在不可幸而免也……不随人为俯仰。"

其实，在《新青年》同仁全盘否定中国旧戏的时候，张厚载站出来与老师们辩论，恰是自由精神的体现。可新旧之激战，最后落得"令其退学"，以个人悲剧收场；作为学校评议会负责人的胡适除了推托，始终没有发话，颇令人遗憾。

六

公开道歉后的林琴南，暂时告别与新文化运动的激战；但作为校长的蔡元培，此刻正为"陈独秀逛八大胡同嫖妓，而且因争风抓伤某妓女下部"这一惊天动地的特大新闻烦恼着。事实上，一九一九年初，北大就发起进德会，规定不嫖、不赌、不娶妾、不作官吏、不作议员、不吸烟、不饮酒、不食肉。虽然有点禁欲主义的味道，可陈独秀还是在这个戒约上签了字，成为会员的。

现在陈独秀出了这样的问题，正好让那些反对他的人抓住了把柄。蔡元培有心保护陈独秀，可短短几个月满世界流言蜚语，还有张厚载在报刊上的那些无风不起浪的报道，以及进入一九一九年后，一些政治上对政府有看法的知识分子代表，正利用第一次世界大战结束带给中国的机会向政府发难，北大的学生们也被以爱国的名义调动了起来。政府对这样的情形很不满意，自然把矛头对准了北大校长蔡元培。而林琴南那两篇影射小说，以及致蔡元培的公开信，如果说不被某种政治势力所利用，抑还是迎合了政府对北大、对蔡元培不满的这个契机。

一九一九年三月二十六日，蔡元培与汤尔和、沈尹默、马叙伦商量陈独秀之事至深夜。汤尔和、沈尹默、马叙伦与陈独秀、胡适、钱玄同一样，同属于新文化阵营。这晚四个浙江人，把精力、智慧都用在怎样对付同是新文化阵营的陈独秀的问题上。汤尔和等三人侃侃而谈，蔡元培一直倾听他们三人的发言，几个小时不说话。直到汤尔和说："如果我们一味保护陈独秀，那么北洋政府就不会放过北大，那么我们多年来的辛苦就将付诸东流。"或许这话有道理，蔡元培突然站起来道："这些事我都不怕，我忍辱至此，皆为学校，但忍辱是有止境的。北京大学一切的事，都在我蔡元培一人身上，与这些人毫不相干。"

由于新文化阵营内部存在着倾轧、斗争，在私人情感上，沈尹默尤其不肯放过陈独秀，其原因是陈独秀曾经得罪过他；而汤尔和亦认为此种行为如何可做大学师表？汤尔和的观点与林琴南写给蔡元培公开信中的观点是一致的："大学为全国师表，五常之所系属。近者外间谣诼纷集，我公必有所闻，即弟亦不无疑信。"

因此，社会上有小人借私人行为攻击陈独秀，其实质，是攻击北大新思潮的几个主将的一种手段；而沈尹默为了一己之私怨，汤尔和"不分私行为与公行为"（胡适语），只听小报胡诌，遗憾地堕入奸人术中了。说真的，谁亲眼目睹"挖伤某妓之下体"了？某妓女为何不跳出来当众指责？

一九一九年四月十日，《北京大学日刊》刊登《大学本科教务处成立纪事》：选举马寅初为教务长，陈独秀实际上被就地免职了。说实在的，蔡元培不愿驱逐陈独秀，但汤尔和的态度对驱逐陈独秀起到了极重要的作用。想当初，陈独秀出任北大文科学长，也是汤尔和的极力推荐。现在陈独秀被排挤出局，与被勒令退学的张厚载一样，都是新文化运动中北大迫于外界压力丢弃的牺牲品。

这个结局，令新文化运动发起人陈独秀始料未及，自然十分气愤。毕竟，陈独秀是一个有性格的男子汉。四月十一日，当陈独秀在途中遇到汤尔和时，"面色灰败，自北而南，以怒目视"，内心的愤怒溢于言表；而汤尔和也只好自嘲为"亦可哂已"。

林琴南得知这一讯息，认为虽然在"新旧之激战"中，他的学生张厚载落得"令其退学"的结果，但陈独秀不属于"新旧之激战"范畴，更多的是他的"私生活"和新文化阵营的内讧。这么看来，北大校长蔡元培在处理事情上还是颇公平的，拿新文化阵营主将开刀，的确需要胆略和魄力。现在林琴南想起陈独秀的一些公之于报的言论："孔子之道不合现代生活"，"现代生活，以经济为之命脉，而个人独立主义，乃为经济学生产之大则，其影响遂及于伦理学"，"救治中国政治上、道德上、学术上、思想上一切的黑暗"，就必须拥护舶自西洋的"德先生"和"赛先生"等，林琴南不免嗤之以鼻，心想别以为外国的月亮就比中国圆。虽然西方现代文化较之中国传统文化更文明些，但救治中国应该以儒学为本位。因为文明的西方，在某些地方还不如中国。他道："欧西今日之文明，正所谓花明柳媚时矣。然人人讲自由，则骨肉之胶质已渐薄。"而中国传统文化虽形成于"顽固之时代"，但这种文化却"于伦常中胶质甚多，故父子兄弟，恒有终身婉恋之致"。因此，林琴南希望中国的传统文化能够在现代文化的建设中得以保存。他继续道："故有心人每欲复古。盖古人元气，有厚于今人万倍者。必人到中年，方能领解，骤与青年人述之，亦但取憎而已耳。"

然而，就在四月初，鲁迅在《新青年》上发表了《孔乙己》，随同一篇《附记》，其云："这一篇很拙的小说，还是去年冬天做成的。那时的意思，单是描写社会上的或一种生活，请读者看看，并没有别的深意，但用活字排印了发表，却已在这时候，——便是忽然有人用了小说盛行人身攻击的时候。大抵著者走入暗路，每每能引读者的思想跟他堕落：以为小说是一件泼秽水的器具，里面糟蹋的是谁。这实在是一件极可叹可怜的事。所以我在此声明，免得发生猜度，害了读者的人格。"这话自然是基于林琴南在上海《新申报》上发表《荆生》《妖梦》的影射手段而发的。

鲁迅与林琴南没有正面发生冲突，但鲁迅在具体创作中回应与顺手一击林琴南的地方也不少，这关键在双方的文化立场存在着差异。林琴南读到这篇短文，再次感到自己写那两篇小说的不对之处；尽管已经公开道歉，但他内心仍深有歉意。

转眼到了一九一九年的五月一日，这天从巴黎那边传来讯息，英国代表将巴黎和会关于山东问题的决议通知中国代表。中国代表抗议巴黎会议割山东权利给日本。陆征祥密电北京政府，报告中国外交在巴黎和会上失败的消息。北京国民外交协会议决，如果巴黎和会不能采纳中国主张，即请政府撤回代表，并决定于五月七日在中央公园召开国民大会。

一九一九年五月二日，北京《晨报》发表了林长民《外交警报敬告国人》一文，反对巴黎和会袒护日本，将原德国在中国山东的一切权益转让给日本；并且证实巴黎和会中国外交失败消息。这一消息的传来，首先震惊了北京各界人士。五月三日下午四时，北京国民外交协会开全体职员会，议决五月七日在中央公园召开国民大会，并电全国各省各团体同日举行。晚七时，北京大学全体学生在法科礼堂开会，高师等校代表亦参加，议决四日齐集天安门举行学生界的大示威活动；同时通电各省于五月七日，举行全国游行示威活动。

因为有去年五月北京大学等学校学生两千多人，因抗议中日秘密军事协定而走上街头示威游行所取得的经验，所以在今年的五月四日，北京十三所学校的学生三千余人齐集天安门前举行示威游行，并提出"外争国权，内惩国贼""废除二十一条""抵制日货"等口号，主张拒绝在巴黎和约上签字，要求惩办北洋军阀政府的亲日派官僚曹汝霖、章宗祥、陆宗舆。这些口号，来自北大新潮社主要成员之一罗家伦亲笔起草的印刷传单《北京学界全体宣言》。

五月五日，北京中等以上学校实行总罢课。六日，北京学生联合会成立了。到了七日，上海举行国民大会，天津、济南、太原、长沙、吉林、南京、广州、武汉、南昌等城市群众也先后集会声援北京爱国学生。此外，东京留日中国学生也在本日集队向英、美、法、俄、意各国公使馆呈书，要求将胶州湾直接交还中国。接着，由北京女师发起、北京各女校代表集会，议商救国方法，呼吁全国女界同胞奋起救国。北京政府迫于群众压力，释放全部被捕学生。而此时，北大学生罗家伦和傅斯年被选为北京学生界代表。罗家伦是蔡元培的得意门生。

然而五月八日，北京政府再次颁布镇压学生运动的命令。对此，北大校长蔡元培非常气愤，立即愤然离职出京，回到杭州。五月二十六日，《每周评论》发表了罗家伦的文章，第一次提出了"五四运动"这个名词。林琴南一向反对战争，对政府镇压手无寸铁的学生，自然也是非常愤怒的。后来，林琴南听说蔡元培写了辞职声明，心里对蔡元培还是充满好感；只是自两个人各自发表公开信后，彼此不再联系了。一九一九年六月，北大蔡元培校长手书辞职声明：

（一）我绝对不能再作那政府任命的校长：为了北京大学校长是简任职，是半官僚性质，便生出那许多官僚的关系，哪里用呈，哪里用咨，天天有一大堆无聊的照例的公牍。要是稍微破点例，就要呈请教育部，候他批准。什么大学文、理科叫作本科的问题，文、理合办的问题，选科制的问题，甚至小到法科暂省学长的问题，附设中学的问题，都要经那拘文牵义的部员来斟酌。甚而部里还常常派了什么一知半解的部员来视察，他报告了，还要发几个训令来训饬几句。我是个痛恶官僚的人，能甘心仰这些官僚的鼻息么？我将进北京大学的时候，没有想到这一层，所以两年有半，天天受这个苦痛。现在苦痛受足了，好容易脱离了，难道还肯投入进去么？

（二）我绝对不能再作不自由的大学校长：思想自由，是世界大学的通例。德意志帝政时代，是世界著名开明专制的国度，他的大学何等自由。那美、法等国，更不必说了。北京大学，向来受旧思想的拘束，是很不自由的。我进去了，想稍稍开点风气，请了几个比较的有点新思想的人，提倡点新的学理，发布点新的印刷品，用世界的新思想来比较，用我的理想来批评，还算是半新的。在新的一方面偶有点儿沾沾自喜的，我还觉得好笑。哪知道旧的一方面，看了这点半新的，就算"洪水猛兽"一样了。又不能用正当的辩论法来干涉了，国务院来干涉了，甚而什么参议院也来干涉了，世界有这种不自由的大学么？还要我去充这种大学的校长么？

（三）我绝对不能再到北京的学校任校长：北京是个臭虫窠（这是民国元年袁项城所送的徽号，所以他那时候虽不肯到南京去，却有移政府到南苑去的计划）。无论何等高尚的人物，无论何等高尚的事业，一到北京，便都染了点臭虫的气味。我已经染了两年有半了，好容易逃到故乡的西湖、鉴湖，把那个臭气味淘洗干净了。难道还要我再作逐臭之夫，再去尝尝这气味么？

我想有人见了我这一段的话，一定要把"我不入地狱，谁入地狱"的话来劝勉我。但是我现在实在没有到佛说这句话的时候的程度，所以只好谨谢不敏了。

七

林琴南本以为学生运动很快就过去了，没想到六月三日北京发生了

"六三"事件，近千名学生被捕，到了六月四日又有七百余人被捕。而这期间，上海、天津、南京等地发生罢工、罢市、罢课，时称"三罢"；声援"五四"爱国学生运动，抗议"六三"事件，要求释放学生，罢免曹汝霖、章宗祥、陆宗舆。六月九日，当各地大肆镇压学生之际，直系军阀吴佩孚抗议政府逮捕学生。于是，天津各界四万余人召开公民大会。六月十日天津工人酝酿大罢工；天津总商会急电北京政府。这时总统徐世昌被迫下令，准曹汝霖、章宗祥、陆宗舆辞职。与此同时，徐世昌也施行"苦肉计"，主动向参、众两院提出辞职。

然而，徐世昌的辞职立即在政界引起了震动。辞职书刚送到国会，参、众两院的议长就亲自登门把原件退回；而徐的政敌段祺瑞出乎意料地亲自到徐宅进行挽留。次日，各地挽徐的电文也像雪片般飞来。一时间，颇有总统一职非徐莫属的势头。至此，徐世昌算是在政界稳住了脚跟。

六月二十八日，协约国与德国在法国凡尔赛宫签署和平条约《凡尔赛和约》，该条约于一九二〇年一月十日生效。这时徐世昌在总统府亲自接见了群众代表，表明了政府的态度，即电告在巴黎的中国代表团，如不能解决山东问题，中国将不予签字。于是，五四运动要争取拒签的目的在表面上已经达到，徐世昌本人也算保住了自己的地位。在此后的直皖战争和直奉战争中，徐世昌也依然保持一贯的作风，以调和者的身份出现；直至一九二二年六月，被直系军阀曹锟和吴佩孚赶下台。

在林琴南眼里，大总统徐世昌是个文人。一九一八，在选举民国第二届总统之际，段祺瑞、冯国璋相持不下，一向两面讨好的徐世昌遂作为"理想人选"得以任总统。徐世昌虽"圆滑机变，过于长乐老"，但在大清退位、袁世凯称帝上的思路亦是清晰而进步的。因此，林琴南认为徐世昌的不倒有其必然性。

林琴南虽然关注时局，但他始终坚持到自己创办的古文讲习会以及正志学校讲古文，且从不缺课。他古文讲习会的学生、亦是他的入室弟子朱羲冑在听他的每堂课时，都非常认真地记笔记。到了一九二〇年十月朱羲胄把全部笔记分为通则、明体、籀诵、造作、衡鉴、周秦文评、汉魏文评、唐宋元明清文评、杂评、论诗词十类，一九二一年，题名《文微》，付陶子麟（湖北黄冈人）用仿宋体字镌板，历四年始成。这就成了林琴南又一部论述古文的著作。后来，章炳麟的弟子，音韵训诂学家、文学家黄侃赞誉此书道："彦和以后，非无谈文之专书。而统纪不明，伦类不析。求如是书之笼圈条贯者，盖已稀矣。"

七月，盛夏来临时，传来了梁鼎芬在北京郁郁而终的噩耗。林琴南闻讯大为悲伤，失声恸哭。梁鼎芬的去世，的确让林琴南少了一个推心置腹的朋友。据说，梁鼎芬临终前遗言："今年烧了许多，有烧不尽者，见了再烧，勿留一字在世上。我心凄凉，文字不能传出也。"这让林琴南听起来是多么悲凄啊！梁鼎芬一生正直，不畏权势，然而他的行为、举止，却给人们留下像滑稽剧一样的人生：在光绪帝入葬时，他竟疯疯癫癫地坐在地宫里想给光绪陪葬；在光绪陵墓守陵三年，每天扛着锄头给墓地种树；出任废帝溥仪的老师，每日上"朝"一丝不苟；在张勋复辟的闹剧中，他抱着病重之身到总统府劝黎元洪退位归政清朝。有人说梁鼎芬这样的表演行为是投机，抑或是伪君子，但在林琴南眼里，梁鼎芬的一生就是"吾道一以贯之"的一生。

当然，所幸的是被废的末代皇帝溥仪还赠梁鼎芬谥号"文忠"，派贝勒载瀛往奠，赏陀罗经被，赠太子少保，赏银三千圆治丧。最后，梁鼎芬还被葬在崇陵右旁的小山上，永远地为光绪守陵。这在林琴南看来也是非常体面的事，梁鼎芬应该死而无憾了。毕竟，梁鼎芬还称不上是满清的忠臣，他那侠骨柔肠的心，曾经帮助过他的学生——革命党人黄兴。

那天梁鼎芬面对学生黄兴向他经济求助，最后只得长叹一声道："士各有志，余亦不再费词。从此子为子之革（命）党，余为余之大清忠臣，各行其是可也。"黄兴拿了钱，即告别梁鼎芬，离开了湖北。两天后，梁鼎芬才向湖北全境发出通告："风闻革命党首黄兴，潜来鄂境，应严缉务获。"而此时，黄兴早已远离湖北了。林琴南认为如果不是梁鼎芬放黄兴一马，恐怕整个民国历史都会改写了。

现在，林琴南参加完了葬仪，埋葬了挚友梁鼎芬，回到家里非常忧郁，打不起精神来。一连几天，他都无法写字、画画、作文、翻译。内心满满的隐痛，让他怀念生死故旧，感慨时俗流变。幸好，簉室杨道郁临盆在即，已经六十八岁的林琴南又将添丁，心里自然高兴。有时他心里暗暗想："吾怎么这样能生孩子呢？吾还没有完全老啊！"林琴南这么一想，内心就疏朗了起来，于是作诗道："盛名为艳色，在在足招妒。但有日敛退，慎勿侈健步。泰顶舍身岩，石笋若刀锯。一碎不可拾，死者莫知数。名高势尤险，昂首万目注。细事且毛举，况乃撄彼怒。无罪尚镌诘，孤立谁汝助。所贵无门毒，一宅得安处。游樊亦深韬，名感始勿虑。堲户全所天，安用楄梧据。"

秋高气爽的某一天，林琴南与杨道郁的第九个孩子出生了。这回是个女儿，在女孩中排行第五。也就是说，加上林琴南与前妻刘琼姿生的三个孩子，林琴南正好生了一打十二个孩子。作为一个男人，他真的非常自豪。林琴南给这新生的小女儿取名林珠，意在像珍珠一样宝贵。

家里除了这新生女儿，最小的两个孩子就是四女林莹五岁、七子林琯四岁，其余的都已上学了。林琴南虽然工作繁忙，但他似乎年纪越老越喜欢孩子，常常把四岁的林琯抱在怀里，有时还一手拉着四女林莹，一手抱着七子林琯去公园玩。因为年轻时练过武，六十八岁的他体力还是相当不错的。

今天是一九一九年十月二十三日，新生女儿林珠满月了。林琴南找来了不少亲朋老友和弟子给小女儿办起了满月酒。这回林琴南还找来了多年不见的老朋友严复。一九一八年十一月，严复回到阔别二十多年的故乡阳岐避冬养疴。不久，买下玉屏山庄，一九一九年元旦，为三子琥（叔夏）在山庄完婚。

一九一九年一月二十一日，迁入福州城内郎官巷居住的严复，"在郎官巷病发几殆"，大儿子严璩与朱明丽夫人于一月三十日一起来到福州探视。这是朱明丽在一九〇〇年和严复结婚后，时隔十九年第一次来到福州，也是最后一次来福州。五四运动爆发时，严复在病榻上曰："从古学生干预国政，……皆无良好效果，况今日耶？"五月下旬，严复和朱明丽离福州到上海，严复入住上海红十字医院治病。七月二十日，朱明丽搭新铭轮离上海，先行北上返京。严复则直到十月十二日才离沪北上，十六日到天津，当日下午即乘车返京。也就是说，严复病后回到北京才刚一周，即来参加满月酒，这说明这对老朋友的友谊是非常深厚的。

用了为小女办"满月酒"的名头，邀请亲朋老友和弟子来家里团聚，林琴南这天穿着蓝布长衫，神采奕奕，说话声音洪亮，特别是请来了老朋友严复，林琴南的心情特别好。而严复呢，因为病了大半年，也戒掉了鸦片，能有机会与老朋友团聚叙旧，心情亦是非常好！两个人谈笑中，谈到从前一起赴的一场宴会：那天辜鸿铭也在座，他大放厥词，宣言恨不能杀二人以谢天下。有客问他二人是谁，他回答是严复和林纾。严复涵养好，对辜鸿铭的挑衅置若罔闻。林琴南则是个火爆脾气，当场质问辜何出此言。辜鸿铭振振有词地拍桌骂道："自严复《天演论》一出，国人只知物竞天择，而不知有公理，于是兵连祸结；自林纾《茶花女》一出，莘莘学子就只知男欢女悦，而不知有礼义，于是人欲横流。以学说败坏天下者，不是严、林又是谁？"

谈到这里，两个人都哈哈大笑了起来。林琴南道："吾脾气不好，没有你的涵养。吾若是有你一半的涵养，就不会与钱玄同、刘半农那帮混蛋去干仗了。"严复道："好在事情都过去了。来、来，我们一起干杯！"严复举起酒杯，回避了令林琴南不高兴的话题。其他几个朋友亦举起酒杯，大家站起来在哈哈的笑声中，一干而尽。后来，"满月酒"一直喝到晚上九点多，朋友和弟子们方才酒足饭饱地散去。

八

自一九一九年初，林琴南就开始绘大屏巨幛山水画了。虽然后来与新文化运动激战，但却没有太多影响他的创作激情；到现在他已绘了近四十轴了。由于终日沉湎在画中的山樵、梅花、道人之中，以至林琴南做梦也在福州苍霞翠壁之下和长溪烟霭之中。而在一九一八年前的几年里，林琴南的花鸟画题材也略有变化。

那些年，他专画松、石、竹、山鸟、兰、牡丹等几种题材，画幅以中堂和扇面的形式居多，偶尔也有一两件横幅作品。如果说，早期林琴南的花鸟画体现的是写意空灵的文人格调；那么，风格形成期的花鸟画则侧重于状物抒情，有意表达生命的多彩与激越；而晚年的花鸟画则是托物达意、抒写内心情愫、祈求美好生活的了。或者换句话说：在早年，绘画在林琴南仅仅是作文、译著之余的事；而到了晚年，因为某种客观原因，绘画则成为林琴南主要述志抒情的事业了。

进入一九一九年十月后，孙中山改组中华革命党为中国国民党，公布规约，"以巩固共和，实行三民主义为宗旨"。林琴南闻讯面无表情，依然陶醉在书房里，写他的"烟云楼卧游诗"。直到十一月日本人制造"台江事件"，北京政府外交部向日本驻华公使发出抗议，福建督军兼省长李厚基宣布福州紧急戒严，林琴南这才为故乡同胞的安全而着急，并且到处打听事情的真相。原来，十一月十二日，日本驻闽领事馆捏造：日商货物被劫，日人受到威胁。十六日，日本领事馆组成了六七十人的"敢死队"，由领事馆警察署长江口善海亲自率领，携带武器及棍棒等，分两路寻衅闹事，袭击并殴打过往的中国平民。中国巡警前去劝阻也惨遭毒手，并沿街砸抢中国商店、餐馆等，造成学生黄玉苍、巡警史孝亮等十余人重伤，轻伤数十人，财产损失三千余元。对于日本暴徒的残暴行径，中国警民当场抓获江口善海等凶犯，并缴获刀枪等凶器。然而福建当局惧怕日帝，竟将凶犯送交日本领事馆。事后日方贼喊捉贼，反诬事件为中国学生劫夺日商货物而引起冲突，并从日本调来军舰，以武力进行威胁。

"这简直就是强盗行径！"林琴南大骂日本帝国主义。第二天一早，北京等各界群众数十万人举行集会游行，声讨日本帝国主义罪行。林琴南虽然没有参加示威游行，但他站在大街上为游行队伍助阵，与游行队伍一起喊口号；以至后来回到家里，情绪还久久不能平静，遂提笔给在故乡的长子林珪写信。

长子林珪已经四十四周岁了，辞官回故乡后小日子过得还不错，有时也来北京看望父亲、继母和弟妹们。只是林琴南每次看见长子林珪，就会想起亡妻刘琼姿；刘琼姿活着时实在待他太好了，而他却由于事业不顺经常冲她发脾气；直到如今他还心存内疚。所以，林琴南至今不肯扶正杨道郁，与他对前妻的内疚有些关系；而杨道郁呢，为林琴南生了九个孩子，老早不在乎"正室"这个虚名了。

北京的气候，进入深秋就很冷了。林琴南早早地穿上了棉袄、棉裤和棉鞋，出门时还戴上一顶黑色绒线编织的帽子；这都是簉室杨道郁的手艺活儿。然而进入深秋后，一转眼便是冬至了。冬至上坟，是普通百姓人家的习俗。因此，冬至前几天，林琴南已经让杨道郁准备谒崇陵去的供品和锡箔了。

一九一九年十二月十二日一早，林琴南终于第八次谒崇陵去了。谒崇陵，已成为林琴南晚年生活中一项不可缺少的活动。仿佛与他的生命连接在一起，即使天气冷、身体差，只要他还走得动，拼死也要去谒崇陵。而且，他每次去谒崇陵都写诗，"谒陵"之诗作已有二十余首了。这些诗除去表现对故主的"爱恋之情"外，就是宣扬"纲常之道"，内容虽然陈腐，但因为发乎真情，倒也不乏"悲凉激楚"之致。当然，这些诗也更表明了他坚守心中理想而悲愤难禁的心迹。

这次谒崇陵，许是林琴南经过了一些不快乐甚或对他来说是灾难的事，因此他的内心非常凄楚。他虔诚地哭陵，真心怀念大清岁月。哭毕，他在陵前写下《谒陵礼成志悲》一诗："又到丹墀伏哭时，山风飒起欲砭肌。扪心赖有纲常热，恋主能云犬马痴？陵草尚斑前度泪，殿门真忍百回悲。可怜八度崇陵拜，剩得归装数行诗。"写完诗，林琴南又哭泣了一阵，方才拖着沉重的步子回家去。

回到家里，与林琴南搭档的口译家陈家麟已经在他家等他了。他们正在合译英国作家高桑斯的《欧战春闺梦》（续编）。今年，林琴南与陈家麟合作翻译出版了英国作家美森的《妄言妄听》、武英尼的《鬼窟藏娇》、约克魁迭斯的《西楼鬼语》和法国作家周鲁倭的《情天异彩》。这些书虽然没有像早年翻译的书那样一经出版就红遍大江南北，但林琴南还是乐意翻译它们。自然，一可带来可观的收入；二可娱乐读者；三可与口译者在一起工作，使自己不至于太孤单。这样的好事何乐而不为呢！林琴南曾暗暗发誓：生命不止，翻译不息。

一九一九年末，正志学校的第一批学生毕业了。做了四年正志学校教务长的林琴南非常激动，立即撰文送行道："今诸生毕四年之力，颇闻古圣人之道，且略窥西人治艺之樊矣。或有挟资以西游者，吾又甚愿其勿右西人之艺而左吾道也。"学生们也非常留恋这宝贵的四年时间，有点依依不舍。

这时师生们都想起了远在外蒙古的校长徐树铮。一九一九年十月，三十七岁的徐树铮率领一旅边防军，挥师出塞，向库伦进发。他一路上旌旗招展、浩浩荡荡，大有当年左宗棠收复新疆的气势。徐树铮一到库伦，把外蒙古伪政权的"内阁总理"巴德玛多尔济"请"到了自己的司令部，并将其他王公及哲布尊丹巴活佛加以软禁。在威风凛凛的祖国军队面前，外蒙古伪政权的高官们顿时没了威风。一九一九年十一月十七日，外蒙古正式上书中华民国总统，呈请取消"自治"，废除中俄"蒙"一切条约、协定，回到中国怀抱。同时为保卫国家主权和领土完整，徐树铮将军队派驻外蒙各地，如买卖城（今恰克图）、乌里雅苏台、科布多、唐努乌梁海，完成了对外蒙古的统一。尤其是唐努乌梁海，被沙俄侵占达七年之久，终于回到祖国怀抱。这是徐树铮一项伟大而短暂的功绩！

林琴南和毕业生们得知校长徐树铮的这一信息，都感到非常自豪。林琴南认为一九一九年，尽管有巴黎和会的阴影，但外蒙古及唐努乌梁海的回归祖国，应当就是中国人民最喜庆的大事了！

第十五章 孤寂者的超然

（1920—1921）

长啸梁甫吟，何时见阳春。

——唐·李白《梁甫吟》

一

新的一年又来临了，一九二〇年是民国九年，农历庚申年。

自袁世凯死后，军阀分裂为多个派系，主要有以段祺瑞为首的皖系、以冯国璋为首的直系、以张作霖为首的奉系等。从一九一六年到现在，黎元洪和徐世昌先后担任总统，但段祺瑞控制着北洋军阀政府的实权。段祺瑞提出"武力统一"的口号，企图利用直系军队消灭孙中山的护法军政府，又达到削弱直系的目的。

在政治上，段祺瑞操纵非法的"安福国会"，选举徐世昌取代直系首领冯国璋为总统；在军事上，段祺瑞于一九一九年一月建立辖有三个师、四个混成旅的参战军为其嫡系。直系不甘心皖系的扩张，提出"和平统一"，并在英美帝国主义支持下，与段祺瑞对抗。

一九一九年十二月冯国璋病逝，曹锟继承直系军阀头领，致使直皖之争矛盾更加尖锐化。这在林琴南看来，一场战争是不可避免了。好在国际联盟第一次开会，签署了凡尔赛条约，正式结束第一次世界大战。

一向不喜欢战争的林琴南，心里总算得到了些许安慰。不过，面对自己一九一九年的倒运，林琴南依然有些愤愤不平，于是写下了一首感事诗："举世尽荒经，人人咸坐朽。昌言一无忌，美恶变舜纣。蓰伦侈翻新，叛道诋守旧。吾力非孟韩，安足敌众口。……人生失足易，夺常即禽兽。聪明宁足恃，励学始自救。"

过了腊月，农历新年就来临了。家里的大红灯笼，老早就高高挂在大门前。箸室杨道郁剪了窗花，林琴南写了春联，家里充满着喜庆吉祥之意。大年初一，全家人都穿上了新衣服，林琴南还给家里大小九个孩子发了压岁钱。最大的林璐二十一岁了，想当年二十一岁的林琴南已经在村塾教书了。林琴南心里想比比他的童年，现在的孩子多幸福呀！

一会儿，客人来拜年了。有朋友谈论起前几天有传闻警局要抓捕陈独秀被李大钊秘密护送出京事。谈起陈独秀，林琴南虽然痛恨他鼓吹的"新文化运动"，但还是有些同情他被就地免职逐出北大的遭遇。好在陈独秀是个人才，总会有他的前程的。

元宵一过，年就彻底过完了。乍暖还寒时节，林琴南本想整理汇编一本自己的《题画诗》，但一场感冒让他病倒了。一连几天，他全身酸痛地躺在床上，高烧让他头晕目眩，奄奄一息。他想自己还没到七十岁啊，难道要一命呜呼了吗？唉，吾还有好多工作没有完成呢，吾不能死，吾要活着，吾的小女儿还不满周岁呢！林琴南就这么胡思乱想着，但求生的欲望让他的病渐渐地有了好转。他总算能扶着站起来了，能握笔写字了。那天，他写了一首题为《病起书怀》的诗："暖风渐趣杏花红，扶杖花前一病翁。冷眼似超诸相外，闲身犹滞乱书中。纲常垂纪肠空热，文字还传道未穷。只惜东南诸健者，无端梦里作沙虫。"写完这首诗，林琴南忽然想到应该把题画诗整理出来，寄去《公言报》上发表。于是，林琴南带着病体在书斋里着手这一工作。

说起题画，古人也叫题款，林琴南在这方面是非常讲究的。尽管他有画必题，但他的题画字很注重笔势与画境的配合，文辞与画意相得益彰。加之他温婉动人的小行书题字，能使观者产生挥之不去的回味。

应该说，林琴南早年的书法以楷书为主，受欧阳询、苏东坡、魏碑的影响最深。从他自己早年抄录的读书笔记来看，用笔精严，结构端庄，点画功深。中年后，以行书见长，间作楷书，以米芾结构为基调，颜真卿点画用笔为形质，流丽俊逸，雄健飞动，又不失温厚文雅。林琴南在书法上没有流传之心，反而可以放手一搏，"楚歌自调，不谬风雅"。因此，他的题画字风味隽永，法、意、韵三者浑然天成。

转眼到了春暖花开的四月，林琴南的病痊愈了，心情也好了很多，又开始画画、译书、写诗、作古文了。另外，他创办的古文讲习会已经三年，听讲者百余人；那天他来到讲习会上完最后一堂课后，宣布古文讲习会到此终结。同学们虽然深表遗憾，但也确实感到老师年事已高，且身体欠佳。当然，林琴南终结古文讲习会，只是想有时间写出更多的古文来，用自己的古文与"新文化派"对抗。

这天林琴南把古文讲习会解散回家后，心里闷闷不乐。他突然想到了很多人和事，想到了新文化运动，想到了演双簧戏的钱玄同、刘半农，想到了他和蔡元培的公开信等等。这些事儿虽然已经过去，但流言蜚语仍然不断。于是，他拿出纸墨大书："对天立誓，绝不口言人短。"一会儿，林琴南书斋里的桌上、地上、沙发上、床上，全是这句话儿的书法。簉室杨道郁笑道："何苦呢！写那么多给谁看？"林琴南道："给自己看。"杨道郁道："不愉快的事情，应该统统忘记。"林琴南道："吾又不是圣人，吾爱憎分明。"杨道郁不再答话，抱着最小的女儿出门玩儿去了。

林琴南继续写他的"对天立誓，绝不口言人短"，仿佛是一种宣泄，他越写越有劲，一天下来，竟然写了数百幅，然后自我解嘲般地哈哈大笑起来。笑毕，林琴南独自出门去了。一路上，林琴南想起了高凤岐和高子益两兄弟。这两兄弟虽然都已作古，但林琴南时常想念他们。他想高子益活着时，时常劝他改改臭脾气。可江山易改，禀性难移，林琴南的坏脾气至老不改，仍然在报上发表文章，喋喋不休地骂共和、骂军阀、骂党争、骂新文化运动；直到高子益病逝，林琴南决心痛改自己的脾气，作了《气箴》《言箴》痛斥自己：

> 人惟尔愚，故挑尔怒。褊衷弗载，声色呈露。是非颠倒，
> 与尔何与？……
> ……髯鬓花皤，乃类风汉，斥俗淫奢，汝言先谩……反唇
> 稽汝，为悔已晚。

然而，一到是非争端的关键时刻，林琴南就把这"二箴"忘到爪哇国去了。一九一九年初高子益病逝后，林琴南果然大开杀戒，与陈独秀、钱玄同、刘半农、胡适、蔡元培等激烈争论。争到激动时，林琴南控制不了自己的感情和分寸，常以"禽兽""妖孽""人头畜鸣"等侮辱谩骂的字眼恶语相向，把别人激怒，群起而攻之；他自己却不知道错误所在。现在，林琴南经历了众人的围剿之后，终于明白自己无力挽回纲常伦理与古文，只能知其不可而为之，尽自己的一分力量，鞠躬尽瘁，死而后已罢了。

林琴南在大街上漫无目的地走着，满脑子想着一些乱七八糟的事。想起三月时，李大钊发起成立北京大学马克思学说研究会。而就在这个月，听说经共产国际批准，俄共（布）远东局派维经斯基等来华，先后会见李大钊和陈独秀等人；不知道他们谈些什么。唉，这些年政治对林琴南来说，真是理还乱。罢了、罢了，还是想些自己家里的事吧！

去年侄子林仲易到日本留学，林琴南赠序道："生当无忘中国之所有，取东人之爱国者用以自爱吾国，并以自存吾学，斯幸矣。若夫窃东人之绪余，故为奇创夺常之论，以文之侈其得诸东者，贻笑东人，于生又何取焉？"后来，在为正志学校《同学录》作的序中，他希望他的学生们把他的思想带到其他学校，他虽然不是朱熹，但希望学生们弘扬程

朱理学，不要随波逐流，践踏"伦纪"。然而，他的这些苦口婆心的说教，在呼啸向前的时代浪潮里微不足道地完全被淹没了。他知道寡不敌众，无奈花落去啊！

林琴南明白有些事情，在公众舆论中真是被越描越黑，好比踏进了一潭浑水，要想洗刷干净，已经不可能了。就拿他和徐树铮的关系来说，他不过就是当了徐树铮创办的正志学校的教务长而已，可那些新文化运动的人已死认定徐树铮就是他的靠山了。林琴南愤愤不平道："这真是岂有此理？"可事实就是这样，林琴南气死也没有用。

去年十月三十日，傅斯年在《新潮》第二卷第一号上发表了《〈新潮〉之回顾与前瞻》一文，以颇为得意的口吻回忆本年度新旧思潮之"激战"，对林琴南依然语带调侃，并继续把莫须有的事当作罪状来指责："第三层是惹出一个大波浪。有位'文通先生'，惯和北大过不去，非一次了。有一天拿着两本《新潮》、几本《新青年》送给地位最高的一个人看，加了许多非圣乱经、洪水猛兽、邪说横行的评语，怂恿这位地位最高的来处治北大和我们。这位地位最高的交给教育总长傅沅叔斟酌办理。接着就是所谓新参议院的张某要提查办蔡校长、弹劾傅总长的议案。接着就是林四娘运动她的伟丈夫。接着就是老头们啰唪当局，当局啰唪蔡先生。接着就是谣言大起。校内校外，各地报纸上，甚至辽远若广州，若成都，也成了报界批评的问题。谁晓得他们只会暗地里投下几个石子，骂上几声，啰唪几回，再不来了。'这原不算大侮蔑，大侮蔑也须有胆力。'酿成这段事故，虽由于新青年的记者，我们不过占一小小部分，但是我们既也投入这个漩涡，不由得使我们气壮十倍，觉得此后的希望，随着艰难的无穷而无穷。"

那天林琴南读到傅斯年的这篇文章，真是肺都要气炸了。他想，他从来没有啰唪当局；而徐树铮远在外蒙古，已经很久没有联系了。现在，林琴南一边走，一边回忆着这些不开心的事，心头愤愤难平道："吾，还是要在有生之年，拿起笔来写。吾，不能袖手旁观，即使身败名裂。"

林琴南在街头胡乱逛了一圈后，回到书斋里。他沏了杯茶，坐下来回想自己这几年的所作所为：他为了"力延古文之一线"，已经作了巨大的努力。自从一九一〇年商务印书馆出版了古文集《畏庐文集》后，一九一六年商务印书馆又出版了《畏庐续集》；而一九一六年，北京都门印书局出版了他的重要理论专著《春觉斋论文》。《春觉斋论文》是他在京师大学堂讲授古文时的讲义，一九一三年六月起，曾在《平报》上以《春觉斋论文》为题连载过一部分。出版时，他把全书分为"述旨""流别论""应知八则""论文十六忌""用笔八则""用字四法"六个部分。其实，进入一九一七年后，他最为忧惧的已不再是"割裂古子，填写古字"的章炳麟古文对桐城派古文的打击，也不是梁启超的"报馆文字"对传统古文的冲击，而是"五四"新文化运动中兴起的白话文运动和文学革命运动。

二

　　林琴南一直担心的直皖战争，终于不可避免地打响了。原因是第一次世界大战结束后，随着英、美与日本争夺中国的加剧，直、皖两系军阀之间的矛盾，更加进一步激化了。一九二〇年四月，曹锟在保定召开八省联盟会议，形成直、奉两系联合对皖。五月，被派往湖南与西南军阀作战的吴佩孚，撤防北上，通电指斥皖系"祸国殃民，卖国媚外，把持政柄"。七月八日，段祺瑞胁迫大总统徐世昌罢免曹锟、吴佩孚职务，在团河成立了"定国军"总司令部，自任总司令。直系则设"讨贼军"大本营于保定，以吴佩孚为前敌总司令。奉系军阀张作霖也率兵入关，援助直系。七月十四日，直皖战争正式爆发。双方各投入近十万人的兵力，激战于河北涿州、高碑店、琉璃河、杨村一带。

　　开始，皖系在日军支持下曾获小胜。后来，吴佩孚率军突袭皖军司令部。皖军在西线战败，同时奉军在东线协同直军作战，皖军遂全线崩溃。面对皖军的全线败退，段祺瑞悔恨交加，不得不于七月十八日请求徐世昌下令停战。至此，历时仅仅五天的直皖战争宣告结束。七月十九日，段祺瑞辞职。接着，直、奉军开到北京。北京政权落入直、奉两系军阀手中。而此时，徐树铮亦被免职，蜗居远东的白俄谢苗诺夫武装乘机侵入外蒙古，扶植起新的傀儡政权，外蒙古再次宣布"独立"。对于再次失去外蒙古，林琴南感到非常遗憾。

因此，面对直皖战争的爆发，林琴南对军阀混战的不满可想而知。他遂作了一首《述变》的诗："称兵必有名，今兹变不测。""我老更忧患，有命死胡恤。"他想现在北京政权落入直、奉两系军阀手中，说不定什么时候现在的盟友也将反目成仇，到那时直奉之间的战争，亦是在所难免了。林琴南为中国的前途而焦虑，他感叹道："中国啊，真不知往何处去呢?!"

盛夏时节，林琴南闭门不出地画画。他一下子画了十二幅，并一一命名题诗。其中一首《危峰积雪》的题诗是这样的："万事尽灰冷，岂复畏寒雪。一白直到天，吾亦表吾洁。高哉袁安卧，卓哉苏武节。丈夫畏污染，所仗心如铁。持赠官中人，与彼浇中热。"

林琴南用他的行书把诗题写在画儿上后，一种整整斜斜、疏疏密密、飘风忽举、鸷鸟乍飞、电掣星流、惊筵骇座之美，使画儿马上气韵生动，张弛有度。当然，他的题画字还很注重笔势与画境的配合。他曾在《春觉斋论画》中说："山水无论小幅巨幛，落款均不易易，安置一失宜，则全局皆坏。古人所以不敢落款，或于幅末细书年月姓氏，加以图书即已。"接着，他又说："若书劣而好作大字，诗劣而每有题咏，无论其诗字如何，一著此病，其画即不问可知，天下无胸襟龌龊，识见污下。"

其实，林琴南的绘画观念与他的政治观念和文学观念是趋于一致的。特别是在五四运动以后，林琴南反对美术革命，倡导尊学古人。他的山水画，最能证实他这一时期的艺术主张：多为临古、仿古之作。因此，他的山水画中有创造性的不多，故个性也不够鲜明。但由于他的文学修养比较深厚，又注意观察真山真水，所以他的山水画与一味仿古、与古人同鼻孔出气的画家，还是略有不同的。他的山水画富有书卷气，精神状态不同于流俗，就好比一篇优美的写景散文；而他的散文呢，则好比一幅山水画。譬如《杭州八记》中的《记超山梅花》《记花坞》《湖心泛月记》等，亦可作山水画观赏，读起来真是远近清晰，层次分明，浓淡疏密有致。

林琴南每天沉浸在作画中，日子就像流水一样逝去了。虽然时常感到内心孤寂，但有画儿做伴，他心里还是感到充实有力量。当然，更还有他酷爱了几十年的翻译工作。今年与他合作翻译的仍然是陈家麟。他们合作翻译了俄国作家托尔斯泰的《球房纪事》《乐师雅路白忒遗事》《高加索之囚》等。林琴南虽然不懂西文，但长期翻译积累的经验，让他非常熟悉外国小说的风格流派。他曾自豪道："予尝静处一室，可经月，户外人家足音者，颇能辨之了了，而余目固未之接也。今我同志数君子，偶举西士之文字示余，余虽不审西文，然日闻其口译，亦能区别其文章流派，如辨家人之足音。其间有高厉者、情虚者、绵婉者、雄伟者、悲梗者、淫冶者……"

当然，林琴南也时常为不懂西文而难过。他曾道："予颇自恨不知西文，恃朋友口述而于西人文章妙处，尤不能曲绘其状。"因此，对于他人指出其某些翻译有误，林琴南一概虚心接受。在一部小说的附记中，他诚恳表示："近有海内知交投书，举鄙人谬误之处见篇，心甚感之。惟鄙人不审西文，但能笔述，即有讹错，均出不知，尚祈诸君子匡正为幸。"对于译错的责任，他总是主动承担，不推诿于口述者。他多次声明："谬误之处，咸纾粗心浮意，信笔行之，咎均在己，与朋友无涉也。"

二十年翻译下来，林琴南的翻译小说虽然良莠掺杂，但他开了西方小说翻译之先河，对中国文学的发展起了促进作用。这是他在翻译方面歪打正着、引以为豪的事。因此，自一八九九年从事翻译西方小说以来，林琴南非常庆幸每年都有翻译作品出版；其翻译版税，自然是一笔可观的收入。

夏天是台风高发期，林琴南总是格外关注气象预报。今年林琴南的家乡福建会城台江一带，遭遇了水灾，农民们无衣无食；而下游被军阀割据，州府也无人过问百姓死活。这是林琴南少年读书的地方，虽然已过去了四十三年，但在他仍然清楚记得"忆昔丁丑（1877）夏，读书会城北，萧寺多松杉，襆被就之宿"的生活，心中不免充满乡愁。所以，当他从故乡朋友的书信中得知这消息，凄然泪满流，毫不犹豫地把近年来作画所得的钱全部拿出，捐款救灾；并且还撰《哀闽》诗，对军阀混战给百姓造成的灾害表示谴责。诗中道："下游复苦兵，割据类侯国，恤邻既难望，救灾孰则告？""衔哀告大府，御患谋在凤。大水毒匪深，毒深在民牧。但能去壅蔽，尤为斯民福。"林琴南虽然多年没有回故乡，但对故乡极为关注。

说起捐款的事儿，林琴南的不少朋友都认为他是一个侠义之人。因为林琴南的某个朋友向他借钱，他便把刚刚卖画所得的四百元钱倾囊相助，而此时朋友坚持立下字据，才安心离去。不久，此朋友突然病故，林琴南前往吊唁，就在灵前把借据烧了，并悲伤地写了祭文。回去后，林琴南对这事又作了些补记，大意是：若吾与朋友都健在，则有无借据都一样；现在朋友已死，自己恐来日无多，若死后还有借据存在，难保不使两家产生纠纷。因此，烧掉了借据，则大家平安。

近些年，林琴南由于以画为主业，因此他的题画诗也写了不少。除了题画诗，每当心血来潮情绪激动时，他也会提笔写诗。入秋后，天气凉爽，林琴南心情不错，特地为他的四子林琮书一帖道："祖父不为恶，汝当为善以继之。文章足立名，汝当立品以辅之。读书如积谷愈多，总得救荒之一日，向学如行道不息，终有到地之一日。"林琮已是十六岁的英俊少年，且喜欢读书，与父亲的感情非常好，深得林琴南的喜爱。因此，林琴南只要一有空，便喜欢对林琮多说些什么；而林琮呢，亦非常崇敬自己的父亲。

暑假里孩子们在家，家里总是非常热闹的。林琴南与箧室杨道郁总共生了九个孩子，除了最小的两个孩子，其他全部上学了。有几个还到外地学校上学，林琴南几天给孩子们写一信，免不了鼓励和教导。现在大的几个孩子刚离开家，赴天津等地上学去了，他就立即铺开信笺写信。写信，成了他与在外地读书的孩子们的唯一感情维系。每次他写几封信，才换来孩子们的一封回信；但他并不抱怨孩子们回信少。他认为只有深深理解孩子们，才能做孩子们的朋友和一个合格的父亲。

秋高气爽时节，林琴南本想去看望严复。然而，从其他朋友那里得知严复遵医嘱，又告别了夫人朱明丽等家人，与次女严璆离开北京返闽避寒，回到福州城内郎官巷住宅了。林琴南知道严复才气纵横，但气性狂易自负。中年以后，为减轻病痛而吸食鸦片成瘾，晚年多种疾病缠身，受气喘、腹泻、失眠等症长期困扰。唉，好人只怕病来磨，健康的身体才能做更多事呢！林琴南赶紧给严复发去一信，问寒问暖，表达自己的想念之情。

上了年纪的人，都觉得时光消逝得越来越快，林琴南只想把光阴留住，可是还没等他画完一幅画儿，时间已进入深秋了。就在这个季节，他听说陈独秀在上海建立了共产党的早期组织，随后起草宣言；并且比较系统地表达了中国共产主义者的理想和主张。听到这些信息，林琴南的思绪乱糟糟的，只觉得陈独秀到哪里都不安宁。现在满地的枯叶，让他感到悲凄，而悲凄的心境，又让他想起了光绪皇帝。

那天夜里他竟然梦到光绪皇帝了，这让他醒来后无比激动。又是一年了，去年冬去谒崇陵的情景还历历在目，林琴南有些按捺不住，恨不得立即出发呢！第二天即一九二〇年十一月三十日，是个阴雨绵绵的日子。虽然还没有到冬至，可北京的天气已经非常冷了。清晨，林琴南穿上厚厚的棉衣，撑着一把很大的油布雨伞，第九次谒崇陵去了。一路上，他想起好友梁鼎芬已去世一年，心里又是满满的凄凉。到了崇陵，人去庐空，梁鼎芬已葬在崇陵右旁的小山上，永远地为光绪守陵。林琴南更是悲伤不已，提笔抒怀道：

入门冠履见遗真，门外孤坟马鬣新。

一暝早知关国运，群儿莫悟祭诗人。

不留余憾存青史，但有精魂恋紫辰。

为检敝牛残帙看，无穷酸泪感前尘。

这天谒崇陵的人寥寥无几，只有三五个皇宫中的办事人员。主祭的琳国公，喟然叹道："吾此次来是奉皇上勅来，诸君之来谒陵乃是为天良而来。"林琴南凄然莫对，默默地望着光绪皇陵在荒野中的孤单和凄凉。陵前的祭品，已一年比一年少，陵户一年比一年穷，陵前的神桥已坍塌多年了，亦无人收拾过问。清帝逊位不过九年，而皇陵已成为这种残破不堪的景象；以后更不堪设想，令人担忧。于是从崇陵回来，林琴南还撰写了三首谒陵诗和一篇《九谒崇陵记》的文章，这才把今年谒陵的事儿告一段落。

然而，林琴南从崇陵想到了皇宫。于是，他给清皇室太保陈宝琛写信，请陈宝琛奏请宣统废帝，设法节省宫中费用，并发遣太监出宫。他在信中这样道："皇帝既已让政，则宫廷制度不能不力加樽节……试观今日，各署薪俸，至数月不发，军中欠饷，索者嚣然。就此两事而观，则皇室经费，实危如朝露。若不再行樽节，以为天家体制所关，不惟宝玦王孙，有路隅之泣，即宫中日用，宁堪问焉？"信写完的当天下午，林琴南就去邮局寄出了。然后一边与口译者陈家麟合作翻译，一边等陈宝琛的回信。

三

转眼，就到了民国十年（1921）。元旦过后，高梦旦的女婿郑振铎和他的朋友沈雁冰等，发起成立了文学研究会。林琴南没有见过郑振铎，但他知道郑振铎是新派人士，因此对那文学研究会心里自然是反感也有些害怕的，生怕自己一不小心，又被他们当成靶子来批判了。好在二月初，上海法捕房以《新青年》社出售《阶级斗争》等书，因"言词激烈"将该社强行封闭了。后来，上海的共产党早期组织，将陈独秀在新文化运动中创办的《新青年》改为共产党组织的公开理论刊物。没有了《新青年》，林琴南终于长长地松了口气。

林琴南认为这十年是乱世的十年，国家很贫弱，又遇上了一个丛林时代，西方帝国主义列强总是不忘欺负我们，近邻日本又老谋深算地想把我们灭掉。而我们在这十年中，只有骂街抱怨的份儿。特别是年轻人，只知道要个人自由，对国家和民族不负责任。因此，别人家的孩子林琴南管不着，自己的孩子他就严加管教，并且，将他的书法帖子赠给孩子们。

腊月是大寒到来的日子，也就是中国二十四节气最后一个节气。过了大寒，又迎来新一年的节气轮回了。大寒就是天气冷到极点的意思，是中国大部分地区一年中的寒冷时期。因此，在大寒的日子里，北京总是呈现出冰天雪地、天寒地冻的严寒景象。林琴南怕冷，没有特别的事情便不出门。他在烟云楼里著书立说，翻译、画画、写诗，忙得不亦乐乎；与陈家麟合作的《俄宫秘史》已经翻译完毕，五月将由商务印书馆出版。陈家麟是根据法国魁特的英译本口译《俄宫秘史》的。这部翻译书稿的完成，让林琴南有一种想稍微歇一歇再与口译者毛文钟合作的想法。

一九二一年的元宵节后，天气渐渐温暖起来了。虽然乍暖还寒，但已经不再是冰天雪地的日子了。林琴南的思绪忽然又回到了一九一九年的新文化运动中，他仍然坚持自己的观点，反对新文化运动。他对他的孩子们道：其一，"一染学生习气，不孝不义，立刻陷入心脾；一味先圣遗言，恶衣恶食，不足伤我体面。"其二，"新道德是盗贼的道德；旧学术是保种的学术。"其三，"眼前温饱，须防他靠不住；后来事业，须觅一靠得住。"其四，"做不到事，万万不可轻诺，轻诺便寡信，寡信即无人信。谋不到事，万万不可强求，强求便蒙耻，蒙耻即无耻。"其五，"力学是苦事，然如四更起早，犯黑而前，渐渐向明。好游是乐事，然如傍晚出户，趁凉而行，渐渐向黑。"

那天正当林琴南在教育子女的当儿，一份报纸上的新闻赫然入目："开滦煤矿一千余工人举行罢工"。开滦煤矿不就是光绪三年（1877），直隶总督李鸿章委派轮船招商局总办唐廷枢创建的官督商办开平矿务局吗？一九○○年为八国联军占领，矿务局改隶英国商会。一九○六年，直隶总督札饬天津官银号筹办滦州煤矿公司，开滦煤矿因此而诞生。如今，竟然有一千余工人举行罢工，莫非是公司拖欠工人工资，而使工人们产生的一种革命行动？林琴南这么想着，心里不免觉得世界太乱；于是，又特别关照孩子们要学会自我保护，别到街上去游荡，别参加任何帮派组织。

四月正是春暖花开的日子，气候已经十分温暖了。仿佛窝在家里太久，林琴南有一种蠢蠢欲动的感觉，一颗心儿已飞了出去。于是，他打算约上三五好友出门旅游。只是他的老乡死的死，病的病，健在的有几个生活在上海。幸好北京还有高家三弟高梦旦、郑孝胥之弟郑孝柽以及李宣龚等人。林琴南决定去游雁荡山。作为发起人，这一策划很快得到了朋友们的响应，自然非常高兴。

就在等待出发的日子里，有消息传来：广东非常国会议决废除军政府，通过中华民国政府组织大纲，选举孙中山为非常大总统。而与此同时，北京政府内阁改组，靳云鹏复任国务总理（此为靳第三次任总理了）。"林琴南得知这些消息，嘴里嘀咕道："这边总理，那边非常大总统，军阀混乱的民国，局势如何安稳？"罢了罢了，一团乱麻，如何才能理顺？老夫还是等着四月十七日出发吧！

出发的日子终于到了。的确，已经七十岁的林琴南，跋山涉水的旅游对他来说是一种考验。好在他步履稳健，即使乘车也不头晕，精神状态不错。然而，当他们的车经过沧州时，林琴南看见七百余饥民夹道而哭，要饭、要钱。那一张张面带菜色的脸，那一双双瘦骨嶙峋的手，那一声声凄惨的哭喊和哀求，以及趔趄追车乞讨的场景，让他感到悲哀。

于是，林琴南心有所动，悔恨自己游山玩水、悠然自得，没有饥饿之感；而这些饥民却贫寒交迫。他立即想起了小时候家里贫穷，也让他有过极度饥饿的日子。他再也不忍看下去了，立即从囊中取出一部分钱，嘱人散发。遗憾的是杯水车薪，无法救助更多的人，他心有内疚。因此，直奉、直皖的军阀混战，又让他恨之入骨。

在继续前进的旅途中，他情绪激动地写诗："酸风卷出哭声哀，菜色人人杂色灰。赤地再无登麦望，白头颇悔看山来。探囊恨少金千铤，胜火何资水一杯。河朔雄藩方纵博，那能引作切身灾。"并在诗句下注明"奉顺一带半成槁榇"。这也就是曹锟、吴佩孚以及奉系军阀张作霖等联合部队与皖系在华北混战带来的严重后果。

接下来，他们终于到达雁荡山了。三个人虽然都已上了年纪，但在大自然面前都有些像孩子那样顽皮起来了。他们迫不及待地去游了灵峰、灵岩，还去观看了大龙湫瀑布。大龙湫瀑布美极了，真是"飞流直下三千尺"呢！三个人一边赏景，一边聊天，谈起军阀混战不免又破口大骂起来。两天后，林琴南独自回到了他曾经客居三年的杭州。他在杭州想起了徐霞客的《游雁宕山日记》，便补记散文《记雁宕三艳》。

一别二十年，杭州已有了很大的变化。真是风景不殊、山河有异，说不尽的沧桑变化，兴亡之感，旧日俊游，都为尘迹。林太守林启、高梧州高凤岐、方知府方家澍等都早已作古；谁知二十年后，林琴南还能再来雅游，真是心生感动，感谢上苍。那天他来到林启墓前，一缕斜阳照在墓地上，心里暖暖的，仿佛老朋友林启无声地与他交流着。他一激动，脱口而吟道："廿年踪迹寻前梦，一路芳菲感鬓华。"

二十年后，杭州已没有他的老朋友了。因此，林琴南很快就动身到了上海。上海还有他的几位老朋友，诸如郑孝胥、胡瘦篁、康有为等。一到上海，林琴南首先拜访了康有为。由于两个人久未见面，都感到非常亲切。一番寒暄后，谈起古文，康有为道："何为学桐城？"林琴南道："文安得有派？学古者得其精髓，取途坦正，后生遵其轨辙而趋，不知者遂目为派，然则程朱学孔子，亦得谓之曲阜派耶？"两个人聊得很开心，康有为还一定要留林琴南吃晚餐；于是对酒把歌，直吃得微醺，方才散席。

第二天一大早，林琴南便去拜访郑孝胥。接着，林琴南与郑孝胥一起去胡瘦篁家。三个前清遗老聚在一起，闲聊起来满是凄凉。胡瘦篁当年抗疏权奸，朝野有名，现在却换上了道士服装，做起了隐士道人。真是"垂老方知气类难"，能够聊到一起的人越来越少了。林琴南细数自己的朋友，除了上海这两个，北京也只剩下陈宝琛了。因此，这一天三个人聚在一起畅所欲言，非常快乐。然而他们在新文化、新道德的夹缝里，真正地感到自己的末日来临了，不免悲伤和落寞。

从上海回到北京，天气已进入夏天了。这两个多月的外出，让林琴南感到回家的亲切。瞧，孩子们围着他转，而篁室杨道郁递茶端水，还烧出一桌子美味佳肴。真是金屋银屋不如自己家里的草屋。的确，家庭温暖给予林琴南的内心力量是无穷的。于是，他为此趟南游作了近三十首诗。

然而，时局在林琴南眼里还是那么乱七八糟，仅六月就发生了许多事情。如六月三日，北京八所国立学校教职员和十五所大中小学学生联合请愿，被卫兵用枪柄、刺刀击伤十余人。七日，孙中山致电北京八校教职员，欢迎全体来粤。十八日，孙中山下令讨伐桂系军阀陆荣廷。二十六日，粤军占领梧州。林琴南想，好在吾已经旅游回来了，可以待在家里暂时不出门了。

七月中旬，教育部通令各地尽快设女子中学或于相当学校设女子中学部。林琴南听到这则消息还是颇为开心。他想吾二十多年前就提出"兴女学"了，吾的思想还是超前的吧；如今吾只是为了保护几千年传承下来的古文，那些新派人士便说吾落伍了。唉，时代不同了，人到老的时候才明白不是自己想选择什么便是什么，而是历史在选择让吾成为了另外一个角色，一个吾不想要的"落伍"的角色。唉唉唉，吾只是为了"力延古文之一线"拼尽老命而已嘛！

林琴南一想到前两年那些不开心的事，心情便郁闷起来，真是后生可畏啊！不过再一想，人也如同庄稼一样，总归要被收割的。凡事只能看远一些，想开一些，世界是轮回的，从起点到终点，经历过便是最实在的体验；无论这体验有多么痛苦，都是难能可贵的。

天气越来越热了，林琴南便放下手头的活儿，摇着蒲扇读古书。阅读古书，对他来说是一种莫大的享受。然而，正当他潜心阅读古书时，他不知道在上海发生了一件大事：一九二一年七月二十三日，中国共产党第一次全国代表大会在上海法租界望志路秘密召开。后来，由于会场受到暗探的注意和外国巡捕搜查，会议的最后一天（七月三十一日）改在浙江嘉兴南湖的游船上闭幕。出席大会的有毛泽东、何叔衡、董必武、陈潭秋、王尽美、邓恩铭、李达、李汉俊、张国焘、刘静仁、陈公博、周佛海，还有陈独秀指定的代表包惠僧；他们代表全国五十多名党员，确定党的名称为中国共产党，规定党的奋斗目标是："以无产阶级革命军队推翻资产阶级"，"采用无产阶级专政，以达到阶级斗争的目的——消灭阶级"，"废除资本私有制"。在确定了党成立的基本任务后，制定了党纲，通过了工作决议，选举了党的机构：陈独秀为中央局书记。现在，中国出现了完全新式的、以共产主义为目的、以马列主义为行动指南的工人阶级政党。

盛夏时节，林琴南又进入了潜心翻译时期。今年林琴南的主要合作者是毛文钟，他俩去年约好翻译七八部文学著作，现在已翻译完成了四五部。虽然不是文学名著，但同样适合不同口味的人，就像厨师做菜。因此，林琴南丝毫没有因为不翻译名著、不再走红大江南北而难过。他喜欢翻译，喜欢翻译得来的版税，而且，因为他翻译的名声太大，还带动了画价，"沽者麋至，幅直数十饼金"。所以，他有钱可以在西湖边、在京城买房子住。然而，他最看重的还是古文。他曾大言不惭地说过："石遗言吾诗将与吾文并肩，吾又不服，痛争一小时。石遗门外汉，安知文之奥妙！……六百年中，震川外无一人敢当我者；持吾诗相较，特狗吠驴鸣。"

林琴南在这里所说的文，是有别于韵文的文，即中国古代文化概念中的大散文。他认为近六百年来，除了明朝的归有光，没人能与他匹敌。林琴南不懂外语，通过别人口述转译成中文，译笔怪怪的。因为内容是外国的，腔调却是一板一眼的道地古文；那么多年来，令读者喜欢的原因就是既欣赏了典雅的古文字，又喜欢洋人的离奇故事。所以，外国文学输入中国，没有林译小说这样一个过渡，恐怕要延期很多年；而小说在文坛赢得一席地位及至后来的繁荣，亦将晚很多年。

由于南游和翻译，直到入秋后，林琴南才给远在福州故乡的严复写信。朋友生病，林琴南心里非常难过，欣喜的是他很快接到了严复的来信。严复在信中谈道："五月回阳岐，为捐款修建的尚书庙题匾、题联；并到鳌头山察看生坟。入秋，气喘复作，自觉病深，十月初，手书遗嘱一通。"

林琴南得知严复病重还给他回信，真是感动不已。一生的朋友，仿佛老树枯了，走到生命的尽头了。林琴南不免忧伤，且怀念着从前在一起的美好日子。

林琴南一直希望能够国泰民安，可是进入民国以来，军阀混战，广大穷苦工人生活没有保障。不久前，粤汉铁路武昌、长沙段工人为增加工资、改善生活待遇举行罢工，上海英美烟厂工人九千余人，因反对厂方无故开除和欺压工人举行罢工。想想这么多的老百姓生活在穷苦中，林琴南真是心有余而力不足。中国何时才能民富国强呢?!

几天后，即一九二一年十月二十七日，严复因肺病加剧病逝于郎官巷寓邸，享年六十九岁。严复长子严璩从北京回到福州，为严复举行葬礼；而严复的夫人朱明丽和妾江莺娘等均没有返闽。噩耗传来，林琴南悲恸欲绝，哽咽道："宗光啊！你不该这么早就走。"

很多个日子里，林琴南都为失去好友严复而悲伤得夜不能寐。箧室杨道郁劝解道："人死不能复生，节哀顺变吧！"林琴南这才打起精神写祭文道："……君著述满天下，而生平不能一试其长，此至可哀也。"另有前清内阁学士陈宝琛撰《清故资政大夫海军协都统严君墓志铭》曰："君于学无所不窥，举中外治术学理，靡不究极原委，抉其失得，证明而会通之。六十年来治西学者，无其比也。""其为学，一主于诚，事无大小无所苟。虽小诗短札，皆精美，为世宝贵。"

四

同乡老朋友高凤岐、高而谦、梁鼎芬、严复等都已仙逝，又值军阀混战的乱世，林琴南内心的孤寂有谁能懂得和理解呢?! 林琴南也感觉自己活在世上的时日不多了。俗话说: "人生七十古来稀"。林琴南今年正好七十，再过半个来月就是他的七十岁生日了。林琴南想何不作几首自寿诗呢? 这个想法让他有些激动。是啊，在孤寂的日子里，为自己庆祝生日，写几首诗，略述自己的生平，应该不为过吧?! 林琴南这么一想，便立即行动了起来。几天下来，林琴南作自寿诗二十首。后来，林琴南选出十五首交给弟子朱羲胄，而弟子朱羲胄则在第二年将其刊入《贞文先生年谱》，并在诗存卷下有题曰: 余去年七十，作自寿诗二十首，略述生平，近于搴帘自炫，屏去不录。按先生书以示我者，仅十五首耳。诗墨藏敝笥。

这十五首诗是这样的:

一

畏庐身世出寒微，颠顿居然到古稀。多病似无生趣望，奇穷竟与饿夫几。回头未忍思家难，傲骨原宜老布衣。今日王城成小隐，修篁影里掩柴扉。

二

少年里社目狂生，被酒时时带剑行。列传常思追剧孟，天心强派作程婴（自注: 四十年来，连为亲友鞠孤儿七八。其最廑余怀者，则王林两小生。事见下）。忍寒何必因人热，超义无妨冒死争。到此一齐都忏悔，道书坐对短灯檠。

三

不留宿孽累儿孙，不向情田种爱根。绮语早除名士习，画楼宁负美人恩（自注：余悼亡后，有某校书者，艳名震一时，初不谋面，必欲从余，屡以书来，并馈食品。余方悲感，卒不之报，且不与相间。同辈恒以为忍）。世惟解事方循分，行果知难敢放言。心折竹溪名父子，从他闽洛溯渊源。

四

总角知交两托孤（自注：王薇庵、林述庵两先生），凄凉身正在穷途。当时一诺凭吾胆，今日双雏竟有须（自注：一为雨楼孝廉，薇庵子；一为复生少将，述庵长子）。教养兼资天所命（自注：一在余家十一年，一九年），解推不吝我非愚。人生交友缘何事？忍作炎凉小丈夫！

五

金台讲席就神京（自注：金台书院主讲者，多退老之六卿，次亦词臣，余独以布衣受聘），老友承而晋六卿（自注：素庵尚书）。我不弹冠为贡禹，公先具疏荐祢衡。伧荒那办官中事，萧瑟将为海上行（自注：尚书以壬寅十二月二十七日具草，将以癸卯元旦上之，专折保余引见。余报书将晦日南下）。多谢尚书为毁草（自注：公即焚草，驰而留余勿行），食贫转得遂余生。

六

怜才谁似郭公贤（自注：春榆侍郎荐余经济特科，名在张坚伯诸人之先。余以书陈谢不赴。书见初集），荐名我居诸老先。充隐本非真处士，辞征曾赋返游仙（自注：余作反游仙五首上侍郎）。头皮未送宁奇节，肝胆相亲似宿缘。此事不惟知己感，承平忆到德宗年。

七

卅载倾心沧趣楼（自注：沧趣楼，在螺江，为陈太保别业。太保善余，至为契重），风流宏奖世无俦。自经导诱诗源得，尽览收藏画笔道（自注：公藏画极夥，悉出示余，时或假诸内府，其契重至矣）。艺苑共尊今六一，经筵代进我春秋（自注：余著《左传撷华》，公为进呈御览）。八年前附香山社（自注：京师有晋安耆年会，公首席，余末座），末座匆匆亦白头。

八

文章宁复见为人，我服遗山论世真。尚气立生无为谤，恃名易坠不訾身。投书狃至劳邮传（自注：每岁必得海内名流投书，均不相识。年必数十函，盈筐筥矣），拙集频翻愧手民（自注：畏庐前后集，翻数十次，售至二万部）。两事看来均分外，日防遗行玷吾闽。

九

崇陵九度哭先皇，雪虐风饕梁格庄。百口人争识越分，一心我止解尊王。世无信史谁公论，老作孤臣亦国殇。留得光宣真士气，任他地老与天荒。

十

烟云供养御书鲜（自注：少帝御书春条赐臣纾，凡三次，"烟云供养"为前年十二月所颁），一道纶音落九天。槁项幸从遗老后，剩心欲献圣人前。惜逢颓运如今日，恨不沙场死壮年。得傍皇居臣愿遂，移家争忍出幽燕。

十一

渐台未败焰恢张，竟有征书到草堂。不许杜微甘寂寞，似云谢朏善文章。胁污阳托怜才意，却聘阴怀觅死方（自注：洪宪僭号，征为高等顾问。又劝进时，内务部以硕学通儒见征，赴署署名劝进。余幸以病力辞。计不免者，则预服阿芙蓉以往，无他术也）。侥幸未蒙投阁辱，苟全性命托穷苍。

十二

宦情早淡岂无因，乱世诚难贡此身。移译泰西过百种（自注：余同通西文者，译泰西小说近一百五十种，今合百种为余丛书），传经门左已千人（自注：娄东授经，门左千人，门右千人。余已过之）。自坚道力冥机久，不饮狂泉逐世新。坐对黄花微一笑，原来有味是能贫。

十三

谁拥皋比扇丑图？磨牙泽吻虿先儒。江河已分随流下，名教何曾待我扶。强起捋须撩虎豹，明知袭狗类蟢鼬。一篇道命程朱录，面目宁甘失故吾。

十四

作客长安二十年，时闻乞米到门前。食贫与子尝同病，博施如尧岂有权。未敢自侪游侠传，不妨略剖卖文钱。肯从杜白矜袈厦，阳羡曾无半亩田（自注：十年以来，屡得乞米之帖，余皆应。以四十年计，余所糜者已万金矣）。

十五

能排元美惟熙甫，稍近昌黎只穆修。二子苦甘微有会，一时毁誉竟何忧。终身恨未几神味，下手深知避镂锼。四十年来炉火候，不偏刚处岂偏柔。（先生尝为我曰：诗书三峡，一传子孙，一上陈太傅，一与弟。）

林琴南写的第三首诗谈到了他的艳遇。的确，他从不回避自己的艳遇。在《冷红生传》中，说早在少年时，就"力拒奔女"，后来"以文章名于时"，"有庄氏者，色技绝一时，夤缘求见"，以身相许，他断然拒绝，而"邻妓谢氏"，烧了美味佳肴勾引，也不为所动。林琴南一生艳遇不少，都是主动送上门的，却能坐怀不乱，没有在现实生活中，演义中国的茶花女故事。谈到和妓女的关系，他有自己的见解："必令其摧挫无欢，坐待孀独。"接着又道："余一生不履妓寮，正以触目皆可怜之人，又多蠢蠢不审为终身托人者，故绝迹弗往，此亦君子远避庖厨也。"在男女问题上，林琴南是非常检点的。尽管有读者读了他翻译的《巴黎茶花女遗事》，认为他是个风流情种，这只是某些读者的想当然而已。

朱羲胄是林琴南的得意门生，为了给老师林琴南过七十岁生日，他与老师的其他弟子一起发出通知，征求海内名公，以文艺形式为老师林琴南祝寿。这事儿后来被林琴南知道后，立即致书朱羲胄，表示坚决阻止。

林琴南信中道："乞贤将所有刊布之件，尽拉杂烧之，较以不死药投我为贵。仆七十余生，内不足显亲，外不能报国，偷生人世，苟全性命，直碌碌一虫豸耳。敢辱海内名公，以翰墨称我。兹告之老妾，老妾亦摇首不以此举为万全。惟诸贤雅意重重，本不宜拂，但乞爱我，格外全情。假如所请，则老人感且不朽，万恳万恳。"然而通知已发出，无法追回了。林琴南又写信给朱羲胄，表示了对梁启超和杨度等人的极大不满。这让朱羲胄有些尴尬，回信时便婉转含糊地应付过去了。

林琴南生日那天，康有为、陈宝琛、陈衍、樊增祥、李宣龚、三多、徐世昌等数十人，皆先后寄来了诗文，为林琴南祝寿；还有戏剧画艺界的名人，如：画家齐白石、陈师曾以及京剧名伶梅兰芳、尚小云、程艳秋（程砚秋）等均以绘画祝寿。收到这么多名流的祝福，林琴南非常安慰，内心充满喜悦。

于是，林琴南自题七十岁像赞道："纾，汝为何物，而敢放胆而著书？汝少任气，人目为狂且。汝老自愧，谬托于迂儒。名为知止，而好名之心跃如。名为知足，而治艺之心凑如。为己欤？为子孙欤？吾劝汝，须徐徐而留其有余。辍尔笔，宁而居，养心如鱼，树德如畬。岂无江与湖，何甘马与驴？子孙有福，宁须汝纾。"林琴南在诗歌中，真切地表露了他的"好名之心跃如"。想想也是，他只是个举人，又不在仕途上混，就算靠翻译成名，也未必名动京师。

五

热热闹闹的生日过去之后，林琴南心里非常安慰。毕竟有那么多名流给他祝寿，怎么说也是对他的认同，心里自信满满的。他认为他们亦看重他的得意之作《畏庐文集》《韩柳文研究法》，而这些文章在他自己看来足以传世呢！

心情好，干起活儿也快。林琴南今年的重要翻译合伙人仍然是毛文钟。大半年下来，他们已翻译出版了六七本书，有《鬼悟》《马妒》《沧波淹谍记》等。现在，他俩正在全力合译英国克林登女士的《情天补恨录》。然而，林琴南忽然觉得翻译虽然版税高，但在经济生活已经足够好，而自己的身体似乎欠佳的情况下，再来翻译这些价值不大的书，就没有什么意思了。于是，某一天，林琴南对毛文钟道："吾和你翻译完《情天补恨录》，便金盆洗手了。"

毛文钟笑问："为什么呢？"林琴南笑道："吾年岁老了，精力不济。最近商务印书馆的高梦旦、张菊生邀请我选编明代文学家归有光的散文并加以评语，成《震川集选》。"毛文钟听后道："好吧，你为翻译事业辛苦一辈子了，是该歇歇了。我也正好有别的事情等着我去忙呢！"至此，林琴南不再翻译新作品，但每年依然在出版先前翻译尚未出版的译著。

其实，《震川集选》是商务印书馆高梦旦、张菊生邀请林琴南选编的“林氏评选名家文集”丛书中的一种。这套丛书共十五种，其他十四种为：《刘子政集选》（汉刘向著，其中附《刘子骏文选》，系刘向之子刘歆著）、《谯东父子集》（魏曹操、曹丕著）、《柳河东集选》（唐柳宗元著）、《刘宾客集选》（唐刘禹锡著）、《欧孙集选》（唐欧阳詹、孙樵著）《嘉佑集选》（宋苏洵著）、《后山文集选》（宋陈师道著）、《元丰类稿选本》（宋曾巩著）、《淮海集选》（宋秦观著）、《虞道园集》（元虞集著）、《唐荆川集选》（明唐顺之著）、《汪尧峰集选》（清汪琬著）、《方望溪集选》（清方苞著）。

这年的冬至还远远没有来临，林琴南趁着还没有下雪，路上行走方便些时，便早早地去谒崇陵了。这是他第十次谒崇陵，亦是他的又一次精神救赎之行，心里充满期待。然而，出发的前一晚，篮室杨道郁劝道：“年岁老了，路途遥远，免了罢。”林琴南道：“只要吾还走得动，吾就一定要去谒崇陵，不用劝。”

篮室杨道郁深知林琴南的脾气，也就不再作声了。后来，林琴南此趟谒陵，虽然没有同伴，但一路顺利，平安回来，心里充满感恩；遂作谒陵诗数首，表明憧憬理想，无愧于心，不顾世人毁誉，而一意孤行的心怀。

几天后，林琴南撰《述险》一篇。大意是谈他自己及家人生平所遇到的种种险事，但均化险为夷。林琴南自谓，这是因为他一生长存祖母的遗训“畏天之心”；故“天相予躬，乃并及其子”，“因作《述险》示之，以坚励其畏天之心”。因此，无论怎么说林琴南虽然性格耿直，但他在某些方面的确非常谨小慎微。

接着，林琴南又撰一文，其中道：“余居京二十年，其贫不能归者，恒就余假资。始但乡人，今则楚鄂川靡所不有，比月以来，至者益夥。竭我绵薄，几蹶而不起。”还作“自嘲”诗一首：“等是天涯羁旅身，忍将陈乞蔑斯人。迁流此后知何极，怀刺频来似有因。倘为轻财疑任侠，却缘多难益怜贫。回头还咀穷滋味，六十年前甑屡尘。”

林琴南好周济他人，这是十分难得的品性。他又是个非常勤奋努力的人，那么多年来翻译工作量虽然大，但他依然勤奋作画，在画桌前一站就是数小时，他在《赠李公星冶序》中道："余年七十，以画赡其家。"林琴南对自己卖画所得的钱养家，并且帮助穷困者是非常自豪的，曾多次在文章中表达内心感受。

这年的年末，林琴南真是拼尽了老命。不仅与毛文钟把《情天补恨录》翻译完毕，除了画画还写了《答徐敏书》《答甘大文书》，并向他们介绍学习古文的方法。然而，他一开腔，总不忘力斥那些在古文中划分宗派的人和事。

时至今日，林琴南还非常恼火陈独秀以革命者的姿态响应胡适，在《新青年》第二卷第六号发表的《文学革命论》，将矛头对准旧文学，视前后七子和归有光、方苞、刘大櫆、姚鼐等人为"十八妖魔"。同时，在那一期《新青年》的通信栏内，还刊载了钱玄同致陈独秀的一封信；这封信里钱玄同首次使用了"选学妖孽，桐城谬种"的说法。之后，这两句话成了批判桐城和文选两派的锐利武器，"目桐城为谬种，选学为妖孽"这两句口号由于指明了文学革命的对象，深受年轻人欢迎，其发挥的作用，自然不言而喻。

当然，林琴南也是个明智的人，面对那些懊恼事，他会调整自己的心态，把注意力放到别处。勤奋工作，确实能暂时遗忘一些不高兴的事，让自己处在超然中；尽管孤寂，但内心充实。年末，林琴南还完成了《庄子浅说》一书。这书系一九一七年至一九二〇年在文学讲习会讲授《庄子》时陆续完成的，内收《庄子》文七篇，林琴南逐篇进行疏解，很是下了一番功夫。

第十六章

好名之心

（1922—1923）

远看山有色，近听水无声。

春去花还在，人来鸟不惊。

——清·高鼎《画》

一

　　一九二二年，农历壬戌年是个狗年。元旦这天，中国第一部刑事诉讼法典开始试行。与此同时，中国近代第一部地方性根本法正式公布。接着，上海召开大会要求废除"二十一条"，解决山东问题，反对四国协定；很快，国内各界亦纷纷响应，掀起筹款赎路和追究梁士诒责任的运动。林琴南认为民国已经进入第十一个年头了，如果军阀继续混乱下去，如果没有一部刑事诉讼法国家如何太平呢？这社会不是这里举行大罢工，就是那边有人遇刺身亡；这样的局面下，林琴南真希望重新回到清朝。

　　一月二十七日除夕，林琴南一家团聚在一起，连远在福州的四十七岁的长子林珪也来了。多年不见，林琴南见到长子林珪格外亲切，仿佛总有说不完的话，道不完的情；而林珪见到父亲，亦是有满腹的话儿需要倾吐。于是，年夜饭后弟妹们放鞭炮去了，林珪就陪父亲喝茶聊天，一起守岁到天明。这一晚父子团聚聊天的内容，大多是："在这混乱的民国里，如何保守一颗晚清子民的心。"

几天后，长子林珪南归，林琴南便与林珪一起回故乡。二十多年来，林琴南第一次回故乡，心里真是无比激动；更让他激动的是马上就可以去看望他心里念念不忘的老朋友严复了。只是这次去看望老朋友严复，他俩隔着阴阳之界，令林琴南黯然神伤。回到故乡的第二天，林琴南便携长子林珪去了严复所在的鳌头山墓地。

鳌头山墓地在上岐村东北面，前有小河环绕，后有松山环抱，左有石岗，右有池塘，四季花香氤氲，有"鳌头山好浮佳气"之说。严复生前为自己选择的葬身之地书曰"惟适之安"四个字；而他的好友、帝师陈宝琛为他写有《墓志铭》曰："旗山龙度岐江东，玉屏耸张灵所钟。绎新籀古折以中，方言扬云论谭充。千辟弗试千越峰，昔梦登天悲回风。飞火怒扇销金铜，鲸呿鼍跋陆变江。睨犹阅世君非矇，咽理归此万年宫。"

林琴南此趟专程来祭拜严复墓，还没有走到墓地已泪流满面，悲恸欲绝。后来，在长子林珪的搀扶下来到墓地，并在墓地宣读他早已写好的祭文。祭拜完严复墓，长子林珪搀扶他一起重访了林琴南儿时玩耍过的光禄坊宅院、居住过的泗洲巷和苍霞洲老宅以及龙潭精舍等地。重回故里，林琴南感慨万千。七十年弹指一挥间，一切仿佛就在眼前，一切仿佛烟消云散。

林琴南回到北京已是二月下旬了。早春二月，北京依然十分寒冷。为了尽早完成《震川集选》的评语，林琴南夜以继日地工作着；而这时热热闹闹的"五四"新文化运动，仿佛让位于正在兴起的中国共产党领导的工农运动，革命的中心亦逐渐由北方转向南方；北京这个新文化运动的主战场，一时冷寂了下来。

于是，美国传教士李佳白发起重建北京"尚贤会"的呼吁。"尚贤会"原是辛亥革命后建立的一个尊孔团体，当年与康有为组织的"孔教会"齐名。林琴南认为这是复古的大好机会，便不顾工作忙，年老体衰，积极参与了"尚贤会"的重建工作，并成为该会的发起人之一。

重建的"尚贤会"发行《国际公报》周刊，作为守旧文化的阵地，其宗旨是"昌明圣教"。林琴南应聘为该刊名誉主笔，并且挪出时间积极参与编辑工作；开辟《畏庐痴语》专栏，连续发表《克己篇》《尚耻篇》《主信篇》；这让林琴南颇有点扬眉吐气的感觉，心情非常不错。他的箴室杨道郁见他自故乡回来后，一直精神饱满，忙于工作连说话儿的时间也没有，心里虽然有些心疼他的忙累，但还是为他高兴；毕竟男人还是事业为重，只有事业顺了，男人才会真正地开心起来。

过了三月乍暖还寒时节，天气便逐渐暖和起来了。林琴南脱掉了厚厚的棉袍，顿觉浑身轻松。为了清明节能去谒崇陵，这些天林琴南几乎夜以继日地撰写文章。箴室杨道郁进书房劝他休息，他便冲箴室杨道郁道："出去、出去。"无奈，箴室杨道郁心里担忧，也只得由他去罢了。

清明节那天，林琴南拖着孱弱的身躯第十一次去谒崇陵。箴室杨道郁劝不住，便让四子林琮一路护送。这是林琴南第十个年头谒崇陵了，他知道自己已经老迈，也许这就是最后一次了。毕竟，人生七十古来稀，更何况他已经七十一岁了；这谒崇陵的悲怆之举，也该结束了。

林琴南心里这么想着，不知不觉便来到了光绪墓前。这次他比从前任何一次都哭得更为凄凉和悲伤，四子林琮见父亲几乎哭得晕眩过去惊讶极了，便道："父亲为何哭得这样悲伤？"半晌，林琴南道："吾为心目中的理想政治而哭，为颓败的世风和文化传统而哭；吾更为吾心而哭啊！"四子林琮见父亲这么说，恍然大悟道："原来如此。"

四子林琮善古文辞，深得林琴南喜爱。林琴南曾在一九二〇年初，为四子林琮写过一首诗："举世尽荒径，人人咸坐朽。昌言一无忌，美恶变舜纣。蔑伦侈翻新，叛道诋守旧。吾力非孟韩，安足敌众口。顾恋吾阿琮，生及尚和厚。三传已周遍，三札逾八九。琅琅温周易，厥声出户牖。毛诗吾自释，且晚当汝授。颇爱尊疑语，义言浓于酒。况复为圣言，更出哲学右。涕泗语阿琮，心肺欲吐呕。人生失足易，夺常即禽兽。聪明宁足恃，励学始自救。"在林琴南眼里，四子林琮是他最好的接班人。

那天谒崇陵回来，林琴南略感不适，晚餐只喝了碗粥便早早地睡了。然而，他翻来覆去睡不着，许多往事汹涌而来，竟让他潸然泪下。好在他明白自己还有堆积如山的工作，肩上的担子重着呢，绝对不能病倒。这么一想，到了后半夜他稀里糊涂地就睡着了。第二天起来虽然阳光已洒落在窗前，但他顿觉神清气爽，心情亦好了起来。吃过早餐后他走进书房，忽然想起去年初秋，他和张之汉分别画了《匹马从戎图》；两幅画均为横幅绢本，尺幅相近；后来都送给了好友谈国桓。当时是林琴南的主意，因为林琴南想起徐树铮那年到库伦收回外蒙古的事迹。那是一项多么伟大而短暂的功绩，林琴南便想出了以《匹马从戎图》为题，画塞外荒寒萧疏之气，以及威风凛凛的中国军人之气概。

林琴南希望国泰民安，然而今年一月受英、美支持的直系军阀吴佩孚，联合六省军阀，通电攻击梁士诒内阁媚日卖国，迫梁离职；于是直、奉矛盾日趋激化。前些天，奉军开入山海关与直军对峙，现在直奉战争爆发了。

据报道说，奉军以张作霖为总司令，率领四个师、九个旅，约十二万人，分东、西两路沿津浦、京汉铁路向直军发起进攻。直军以吴佩孚为总司令指挥七个师、五个旅约十万人迎战。两军在长辛店、琉璃河、固安、马厂等地展开激战。吴佩孚出奇兵绕道攻击奉军后方，使卢沟桥奉军腹背受敌；吴佩孚还分化奉军内部，使奉军第十六师临阵倒戈，造成全线溃退。最后直系获胜，张作霖败退出山海关，经外国传教士调停，双方停战。吴佩孚逼迫徐世昌下野，迎回黎元洪。六月十一日，黎元洪重任总统，召集旧国会。

在林琴南眼里，这政局就像一团乱麻绳，真是欲理还乱。林琴南想起吴佩孚五十寿辰时，有人出巨资请他作画，他却坚决拒绝了；而那些普通朋友，他却常以文章与画作赠予。此刻，他想到吴佩孚们这些使百姓生灵涂炭的军阀，想起自己故乡福建的战乱，于是挥笔写下几首讽刺诗。还有，他在《辨岳篇》中谴责吴佩孚等军阀在河南、安徽一带的战争对两省百姓的蹂躏，并感叹道："如此这般混战，局势越来越糟糕，中国怎么办？"的确，林琴南心焦如焚，可又无可奈何。

接下来，又进入盛夏时节了。上了年纪的人，岁月就像风吹一样，日子流逝得快如闪电。林琴南越来越有紧迫感，知道属于自己的日子一天比一天少。因此，他必须抓紧时间把要说的话写出来，把想要画的画儿画出来。唯有工作，才能让他暂时忘却外面世界的纷烦杂乱，进入心灵世界。

二

也许是积劳成疾。八月九日那天，林琴南与往日一样晨起，却意外地发病了。大小便不通，让他的肚子胀鼓鼓的，难受至极。箧室杨道郁一时手足无措，倒是四子林琮道："我去请医生吧！"说着，就冲出了家门。

一会儿，四子林琮引领着德国医生狄博尔前来给林琴南治病。狄博尔诊治一番后，林琴南的小便通了，但大便还是无望。于是，箧室杨道郁和四子林琮立即把林琴南送往狄博尔所在的医院，继续由狄博尔医治。住院对林琴南来说，还是有生以来头一回。年轻时，林琴南吐血吐得非常厉害，因为没有钱连医生也不看；没想到生命竟然那么顽强，后来便奇迹般地痊愈了。能够活到现在，并且赋予生命以价值，林琴南既感恩又自豪。他认为自己实在是个异数，是个奇迹。

躺在病床上的日子，林琴南望着天花板上面一片湿湿的水印，像一只奔跑中的兔子。他想头顶有只奔跑的兔子，自己却跑不了。幸好，每天都有他的亲朋好友和弟子们来探望他，在病榻边与他谈论时事、政治和古文。每天一早，籖室杨道郁就送来了熬好的中药；而德国医生狄博尔呢，也不排斥他喝中医汤剂。这样二十天下来，他的病就痊愈了。出院那天，仿佛重新获得了自由，走在路上他欢快得像个孩子。

回到家里，也就是重新走进书房继续他的笔耕和阅读。几天后，他忽然觉得有一件重要的事情必须立即动手，那就是自辛亥年以来，将自己所写的诗选出来编辑成书。没想到自一八九七年出版《闽中新乐府》以来，这十年所写的诗远远超过了年轻时所写的。一周下来，林琴南选出三百三十首诗，分上、下两卷，成《畏庐诗存》，交商务印书馆印行；并在序中道："十年来每下愈况，不知所穷，盖非亡国不止。而余诗之悲凉激楚，乃甚于三十之时。"

尽管在家编诗成册，但那些时局动乱中的新闻，仍然不绝于耳。譬如：陈炯明叛变，所部四千余人围攻总统府，轰击孙中山住所。孙中山逃离广州，永丰舰蒙难逃亡，蒋介石随身护卫，安抵上海。接着，北伐军回师讨伐陈炯明。最近，中国共产党第二届中央执行委员会在杭州西湖召开特别会议，由国共两党"党外联合"方针，向"党内合作"方针转变……

林琴南听到这些消息，头脑就会发涨。原本还可以的心情，顿时又变得消沉起来。说实话，一会儿国民党，一会儿共产党，他已经越来越弄不清这时局了。未来的中国天下，究竟谁主沉浮呢？幸好，这时有消息传来，清逊帝溥仪即将结婚。这消息使林琴南如沐春风，头脑都清醒了一半。他想该送什么给溥仪做结婚礼物呢？绘画还是书法？然而，仅是绘画和书法不够礼重呀！到底送什么呢？正在左思右想时，忽然灵感来了：绘四镜屏。这个创意，让林琴南兴奋不已。他想绘四镜屏虽然有难度，但他相信自己一定能成功。于是，放下手头的各种活儿，当天就着手干了起来。两个多月后的十二月一日，正是清逊帝溥仪大婚的日子，林琴南的绘四镜屏亦大功告成了。

林琴南对这大喜日子十分关注，他发现这次婚礼之隆重，较之任何一个帝王的婚礼都不逊色。溥仪的婚礼举办了三天，第一天举行大婚典礼迎"皇后"婉容入宫，溥仪之"妃"文绣于同日入宫。第二天"帝""后"在景山寿皇殿向列祖列宗行礼。第三天即十二月三日，为新婚"帝""后"在乾清宫受贺之日。

这天神武门前汽车、马车、骡车摆得满满的，神武门额扎有彩棚，前来庆贺、送礼的人络绎不绝，其中有民国大总统特派的庆贺专使，有宗室亲贵、王公大臣、遗老阔少，不定期有十四国驻京公使团，计中外来宾一千多人；林琴南抓住机会赶紧将自己绘的四镜屏呈进。而新婚中的溥仪，事后即书"贞不绝俗"匾额赐林琴南，并差人送来袍料、褂料数匹。这让林琴南感激涕零，特作《御书记》记其事。文中道："呜呼，布衣之荣，至此云极。一日不死，一日不忘大清。死必表于道曰：'清处士林纾墓'，示臣之死生，固与吾清相终始也。"后来，很长一段日子，林琴南都沉浸在清逊帝溥仪对他的恩泽中。直到有一天，他的老乡和朋友郑孝胥忽然与他闹着一些不愉快的事，他才把很多时间和精力拿来与郑孝胥辩解。

事情是这样的，郑孝胥说林琴南十一次远赴河北易县谒崇陵，是仿效明朝顾炎武（字亭林），顾炎武曾十余次谒南京明孝陵与北京昌平十三陵。而林琴南对郑孝胥说他仿效明朝顾炎武一语有所不满，耿耿于怀。在《答郑孝胥书》中，他反复说："亭林之不宜效，弟早知之。"并且，在《种树庐题壁》一诗中有"频来枉学顾亭林"句，证明自己无心学顾炎武。

对于郑孝胥来信说"一学即非亭林"，林琴南也深有领会。因此，在《畏庐诗存》序中，他又重提此事，"集中诗多谒陵之作，讥者以余效颦顾怪"，"何不谅余心之甚也"。林琴南"本无取法亭林之心"，他的解释是："与亭林之考订，不愿学；与亭林之理财，又不能学。"至于文章，林琴南一向自视很高，"自谓不下亭林之后"。林琴南十九岁时就说过："我的一支笔靠在南门城墙上没有人搬得动。"

因此，亭林不足道，又何必学？但谒陵，此乃"古今事有暗合"。然而，真正让林琴南不高兴的是学顾背后的隐语"好名"与"作伪"。

因此，在《答郑孝胥书》中，林琴南更加剖白申辩道："弟自始至终，为我大清之举人。谓我好名，听之。谓我作伪，听之。谓我中落之家奴，念念不忘故主，则吾心也。"

其实，也不是郑孝胥一人说林琴南"好名作伪"，另有人道："纾为清举人，能文善画，不仕民国，以全其高，固其雅志之所存也。而必与鼎芬数拜崇陵以显其忠，以自托于遗老，是岂其中心之所发耶？抑慕此以为名高，而必标此以自高异耶？"

想想也是的，林琴南既不避居山林，又不跻身官场，却能名动京师。他自己也在自题七十岁像道："名为知止，而好名之心跃如。名为知足，而治艺之心凑如。"说实话，林琴南好名之心不是没有，而是在自己不经意中有些过了，已让人觉得"好名作伪"，为人所忌了。可是，林琴南被自己的好朋友郑孝胥这么认为，心里着实不好受。他想来想去觉得事出有因，那肯定是他受到了清逊帝溥仪的"宠遇"，以致其他清室遗老对此颇有微词；而郑孝胥只是把这件事写信告诉了他，并且表明了自己的观点。

先前与新文化运动决战都没让林琴南气馁，直到如今还有重新论战的勇气；可好朋友郑孝胥也认为他有"好名作伪"之嫌疑。虽然给郑孝胥的回信让他一辩再辩，然而这真是触到了他的疼痛处。为此，林琴南心情郁闷了很久。

好在这年头，虽然林琴南已经老了、不再翻译了，但先前翻译完的作品，还在陆续出版。譬如：法国作家雨果的《双雄义死录》，今译《九三年》；蒲哈德的《德大将兴登堡欧战成败鉴》；美国作家鲁兰司原的《情翳》等。拿到散发着油墨香的翻译著作，林琴南心里确实有那么一丝的感动和欣慰。当然，有时也会觉得这世界真奇妙，竟然让他一个不懂西文的人翻译了那么多书，并且为此而成名、为此而劳作了二十多年；居然还活着，活出了价值；此乃庆幸也。

三

新年伊始，林琴南想起去年住院时，与德国医生聊天后口占一绝句："曾闻女娲似婴儿，坐体遗形那自知。望切居然称寿相，倘能挨到太平时。"唉，什么时候国家才能太平呢？就在前些天，据报纸新闻报道：共产国际执行委员会，通过了《关于中国共产党与国民党的关系问题的决议》。孙中山夺回广州，发表和平统一宣言。接着，孙中山与俄代表越飞发表联合宣言。表明孙中山确立联俄政策，同时也表明苏俄政府对孙中山的支持。

二月五日这天的新闻报道则是：昨天，京汉铁路工人举行大罢工。上午九点，武汉江岸车厂首先罢工。到中午十二点，京汉铁路两万多工人全部罢工，一千二百多公里的铁路顿时瘫痪。这次罢工的主要领导人有张国焘、项英、罗章龙、林育南等。

林琴南觉得时局越来越复杂，乱糟糟的社会离太平实在太遥远了。今天见报上报道：二月七日，京汉铁路工人罢工运动遭到直系军阀吴佩孚武力镇压。京汉铁路总工会江岸分会委员长、共产党员林祥谦及武汉工团联分会律师施洋英勇就义。又是武力镇压，直系军阀吴佩孚简直猪狗不如。林琴南情不自禁地骂起人来，对军阀们的愤恨，已是义愤填膺。

在一顿痛骂后，林琴南的思路忽然回到了那年与新文化阵营的论战中；他想起那些不愉快的事，依然情绪激动、愤愤不平。于是，这天晚上林琴南用古文笔法撰写《续辨奸论》一文，并在文中把新文化阵营中的倡导者、响应者统统斥为"巨奸"。文中这样写道：

彼县其陶诞突盗之性，适生于乱世，无学术足以使人归仰，则嗾其死党，群力褒拔，拥之讲席，出其谩讟之言，侧媚无识之学子。礼别男女，彼则力溃其防，使之媟嫚为乐；学源经史，彼则盛言其旧，使之离叛于道；校严考试，彼则废置其事，使之遨放自如。少年苦检绳，今一一轶乎范围之外。而又坐享太学之名，孰则不起而拥戴之者？呜呼！吾国四千余年之文化教泽，彼乃以数年烬之。……乱丞矣！丧权丧地，丧天下之膏髓，尽实武人之嗛，均不足患。所患伦纪为斯人所歝，行将侪于禽兽，滋可忧也。若云挟有旧仇宿憾，用是为抨击者，有上帝在！有公论在！

从这篇文章里，不难看出林琴南对那些"新文化"的"五四"新人物，依然是满怀着憎恶和反感。他曾经向世人申明自己和新文化阵营的争论，不是个人利益之争和利害之争。现在他再一次向世人申明，自己对新文化人物的抨击不是"挟有旧仇宿憾"，用此报复。他认为他的用心全在于"拼我残年，极力卫道"，并且，"存此一线伦纪于宇宙之间"。然而，时代的车轮滚滚向前，林琴南知道凭自己的绵薄之力，根本无法扭转乾坤；那么，一吐为快地对自己所珍爱的"吾国四千余年之文化教泽"拼尽残力，也不枉此生了。

四月里，桃花盛开的时节，林琴南神清气爽觉得身体不错，便应邀任励志学校讲席。那天他一早到学校，忽然在《读书杂志》上看到胡适的文章《一个最低限度的国学书目》。他发现胡适在序言中这么说："这个书目是我答应清华学校胡君敦元等四个人拟的。他们都是将要往外国留学的少年，很想在短时期中得着国故学的常识。所以我拟这个书目的时候，并不为国学有根柢的人设想，只为普通青年人想得一点系统的国学知识的人设想。这是我要声明的第一点。这虽是一个书目，却也是一个法门。这个法门可以叫作'历史的国学研究法'。这四五年来，我不知收到多少青年朋友询问'治国学有何门径'的信。我起初也学着老前辈们的派头，劝人从'小学'入手，劝人先通音韵训诂。但我近来忏悔了！那种话是为专家说的，不是为初学人说的；是学者装门面的话，不是教育家引人入胜的法子。音韵训诂之学自身还不曾整理出个头绪系统来，如何可作初学人的入手功夫？十几年的经验使我不能不承认音韵训诂之学只可以作'学者'的工具，而不是'初学'的门径。老实说来，国学在今日还没有门径可说；那些国学有成绩的人大都是下死笨功夫干出来的。……在这个没有门径的时候，我曾想出一个下手方法来：就是用历史的线索做我们的天然系统，用这个天然继续演进的顺序做我们治国学的历程。这个书目便是依着这个观念做的。这个书目的顺序便是下手的法门。这是我要声明的第二点。"

胡适在序言中谈到的这些国学入门方法，让林琴南看着很不顺眼。他认为照胡适这样，古文如何能很好地延续下去呢？于是，他心里想不如吾来编一册古文选本吧！有了这个想法，林琴南恨不得立即行动起来。

下课后，走在回家的路上林琴南把书名都想好了。一个多月后，林琴南收集一九一六年至一九二三年的新作之古文，共有九十二篇，编辑成册为《畏庐三集》，并且请老朋友高梦旦为之作序。高梦旦在序中称"畏庐之文，每一集出，行销以万计"，接着又道：琴南的"叙悲之作，音吐凄梗，令人不忍卒读，盖以血性为文章，不关学问也"。

编完《畏庐三集》，林琴南就将此书稿交商务印书馆了。四月底，北京发生了军警闹饷事件。紧接着，有消息传来苏联向孙中山提供两百万金卢布援助，用于统一中国，争取民族独立活动。林琴南对"统一中国"，还是抱很大希望。因此，他对孙中山在广州重新组成的大元帅府表示支持。

进入五月初夏，气候就热了起来，有时上街走一趟，便汗流浃背了。然而，为了给箧室杨道郁过五十岁生日，林琴南亲自上街买生日礼物。这么多年来，林琴南为了前妻刘琼姿没有扶正杨道郁；而杨道郁呢，并不计较且把家操持得井井有条。林琴南心里对箧室杨道郁很觉有些亏欠，因此想在杨道郁五十岁生日时，表达自己对她的感激之情。

终于，到了箧室杨道郁五十岁生日那天，林琴南在酒店里为她办了四五桌生日宴席，并且邀请了亲朋好友和学生；场面虽然不大，但气氛非常浓郁。筵室杨道郁穿着暗红色大襟衣衫，头发盘得干净清爽，脸蛋白里透红，看上去年轻美丽。大家都向她道贺，她却脸红红的只会说一句："谢谢大家！"

林琴南借着杨道郁五十岁生日与朋友和学生们团聚，亦非常高兴。这晚他喝了不少酒，还和朋友们和了诗；仿佛回到年轻时与福州诗社的诗友们唱和那样，林琴南几乎是出口成诗。宴席行将完毕时，林琴南余兴未尽便打发杨道郁和孩子们先回去，自己则留下来继续诗歌唱和。这是他自一九一九年以来最开心的一晚，难得这么放松。这晚，林琴南回到家里已是深更半夜了，倒在床上便呼呼大睡，竟然一觉睡到大天亮。

第二天一早起床，林琴南感觉神清气爽，心情亦不错；于是走进春觉斋画室，开始创作《松云湍庐图》。后来，由于身体和心情时好时坏，林琴南花了很长时间才绘完了《松云湍庐图》。他在《松云湍庐图》上题的绝句是这样的："飞湍何事日潺潺，不似吾生终日闲。溪涧岂尤停蓄地，奔流何必到人间。"

由于前两个月潜心作画，林琴南几乎两耳不闻窗外事，因此，六月紫禁城中建福宫西花园突然起火，林琴南直到现在翻阅旧报才知道，"大火竟然烧毁房屋三四百间，损失的物品，除延寿阁里收藏的全部古物都被烧毁外，还有广生楼的全部藏文大藏经；吉云楼、凝辉楼的数千件大小金佛与金质法器等；其中最宝贵的是金亭四座，都是钻石顶、景泰蓝座；还有敬慎斋所藏的明景泰年间刻制的大藏经版数千块，中正殿雍正时制作的大金塔一座，全藏真经一部和历代名人书画等等。"

林琴南读到这条消息，真是大吃一惊，潸然泪下。这么大的损失谁来弥补？亦无法弥补啊！难怪清逊帝溥仪最近为节约开支、裁撤了宫内太监。然而国家不太平，军阀们混战不断，灾难总是防不胜防。现在，林琴南真是无比痛恨这个乱糟糟、党派林立、战争不断的民国。

如何救国，对林琴南来说，自己已经日薄西山，根本没有能力。他现在力所能及的事，唯有再编一本自己喜欢的古文选集。于是，林琴南说干就干，在八月初秋的日子里，开始自选生平所作古文共一百五十九篇，成《畏庐文钞》；而将《续辨奸论》这一篇列在卷首。这一百五十九篇古文，除《续辨奸论》外，皆自《畏庐文集》《畏庐续集》《畏庐三集》中选入。后来，林琴南在给弟子朱羲胄的信中谈起编此书的缘起道："日来海内征文者，续续而至。此等诔墓之作，吾酌其可留者留之。集隘，不能听应酬之文羼入，吾弟以为如何？"

林琴南原拟《畏庐文钞》为四卷本，但到了定稿时却多出来两卷，成为六卷本了。七月底定稿后，林琴南交湖北黄冈陶子麟刻版并让弟子朱羲胄校勘。这件大事，对林琴南来说到此就已经完成了。所以，林琴南顿时感到一身轻松。的确，一个人想要做的事能做完，这是多么的惬意啊！

那些天，林琴南正在惬意的时候，中国第一部白话小说集，收有十五篇作品的鲁迅的《呐喊》，由北京新潮社出版了。林琴南一听白话小说集出版，自然是非常不开心。他想白话文学取代文言，古文行将灭亡，真是可悲啊！而这个写白话小说的鲁迅，不就是新文化阵营的人吗？林琴南哭泣道："呜呼！吾国四千余年之文化教泽，彼乃以数年烬之。……乱亟矣！丧权丧地，丧天下之膏髓。"

这天林琴南从白天一直哭到深夜，箧室杨道郁劝道："这世界上的事，谁也主宰不了。时代不同了，谁知道将来会怎么样？你何苦折磨自己呢？"也许年纪老了，活在世上的时日不多了，林琴南一改从前的暴躁脾气，对箧室杨道郁这样的大白话劝解，竟然也默不作声、不表示反对了；这让箧室杨道郁感到欣喜和安慰。

第十七章

终结与肇始

（1924年）

> 翻手作云覆手雨，纷纷轻薄何须数。
> 君不见管鲍贫时交，此道今人弃如土。
>
> ——唐·杜甫《贫交行》

一

民国十三年（1924）的这个元旦，林琴南独自在他的春觉斋里闭目冥想；往事汹涌而至，像开了闸的河堤。他想起年少时的恩师薛则柯，想起若干年前给这位恩师写的《薛则柯先生传》，其中的文字，他能倒背如流："先生，隐君子也，薛氏之族成进士者三人，与先生皆辈行。先生顾之，未尝为动。入山后，于经益邃，旁及诸家集。终身未尝为文及诗，殆并文及诗而隐之也。及门中特伟纾，而纾四十不偶，岂先生所伟者，在读书制行不以科名伟耶！呜呼！其将何以报先生也。"

接着，林琴南又想起福州的那个情如兄弟的老朋友丁和轩。民国元年（1912）的元旦，林琴南照例和往年一样给贫病中的老朋友丁和轩汇钱寄药，并写下"梅花影里雪弥天，知尔江楼正醉眠"的诗句。老朋友丁和轩读罢友人诗篇，感慨万端，泣涕不已，和诗道："关塞枫林千里梦，高山流水古人心。"然而，时隔不久林琴南就接到丁和轩亡故的消息，丁和轩的家属来信说丁和轩是将林琴南的来信和诗压在枕下，然后酒醑自沉洪山江离开这个世界的。

　　林琴南回想到这里眼泪又情不自禁地落下来了。泪眼婆娑中，林琴南又想起了亡妻刘琼姿，以及一双去世多年的儿女林钧和林雪。想起他们母子三人的过早病逝，林琴南悲伤不已，索性大声恸哭起来。恸哭一场后，仿佛把闷在心里的悲伤和郁闷都散发了出去，林琴南这才觉得内心舒畅一些。

　　元月里，发生了两件事情令林琴南颇为关注。一为北京政府总统曹锟发布众议院议员改选令，二为孙中山在广州大元帅府主持授勋典礼。当然林琴南的关注和担忧，丝毫改变不了历史的进程。不久，北京政府由孙宝琦组成的内阁成立；而南方的孙中山讲演三民主义，并且在中国国民党第一次代表大会上发表宣言。

　　二月初，甲子新年即将来临了。那天，林琴南为迎新年写了一副春联贴于门上："遂心唯有看山好，涉世深知寡过难。"从这春联的字里行间，可以看出他的心是多么寂寞啊！这不是一般的感叹，而是经过了多少心灵的痛苦和磨砺，才能写出如此之深邃的哲理。一种无法排遣的忧愤、苦恼，不被人理解的隐恨，让林琴南望着自己手写的春联，想着这世上的林林总总，悲哀的情绪又聚满心头。于是，他不顾寒冷素性走出春觉斋，双手反背，低垂着眼睑，沮丧、悲愤、忧患、无奈地徘徊在自家门前的小道上。

　　这个春节，林琴南没有邀请任何朋友来家里做客，自己也没有去拜访朋友们。因此，家里除了热热闹闹的孩子们穿新衣、放鞭炮、吃糖果外，时间留给他的便是浸透骨髓的孤寂。好在过了春节，他又可去励志学校给学生们上课了；以给学生上课来排解内心的孤寂，在林琴南是一个非常不错的选择。

因此，年过七旬的他，虽然双腿走起来已有些蹒跚，但为了"力延古文之一线"，教学亦是他亲自实践的一种方法。想想也是，自从林琴南辞去北京大学教职后，本来专以卖文鬻画为生，但他通过不同的途径和方法，招生授业，扩大门庭。一九一四年，他应北京孔教会邀请，到会讲述古文源流、写作及研究古文的门径。一九一六至一九一七年间，上海中华编译社设立国文函授部，并发行《文学常识》《文学讲义》月刊。林琴南应邀担任《文学讲义》的编辑主任，并陆续在该刊上发表《论文讲义》《文法讲义》《史记讲义》《文章流别》《文学史》等函授教材。一九一七年末，林琴南亲自在北京组织古文讲习会，讲解《左传》《庄子》及汉魏唐宋的著名古文，到会听讲者近百人。一九二三年二月，林琴南应邀受聘励志学校讲席。

元宵节一过，学校就开学了。也许内心太孤寂了，林琴南对去励志学校讲习充满热情，因此那天轮到他授课，一大早就出发去学校了。学校距家有些远，林琴南叫了一辆人力车；坐在车上，街头风景尽收眼底。于是他心里想：这是吾住了二十三年的北京城啊！吾虽然没有入仕途，但这北京的地理风俗、皇城根儿，无不对吾的事业益处多多呢！特别是吾受到了清逊帝溥仪的厚爱，赐吾"贞不绝俗"匾额，还有袍料、褂料数匹，吾真是三生有幸。尽管吾在《御书记》记其事，并道："死必表于道曰：'清处士林纾墓'，示臣之死生，固与吾清相终始也。"然而，吾呼吁全社会"力延古文之一线"都做不到，这皇恩吾无以报答，深觉愧疚啊！林琴南想到这里，学校大门口就到了。付了车钱，林琴南走进大门，接着走进教室；这时离上课时间还有半小时呢！

林琴南忙忙碌碌教学两个多月后，身体感到有些疲乏，不过他继续坚持着。他想只要他能走得动，一定教完这学期。因此，林琴南并没有把自己的身体不适告诉簠室杨道郁，而是埋头工作，尽量把手头的工作都完成。四月是春暖花开的时节，林琴南望着春天的花朵和新枝绿叶，感叹着自己的腿脚不灵和日薄西山，心里又有些悲郁和惆怅。

都说春天越来越短了，进入五月马上就是初夏。天气一日日热起来，有时没走上几步，林琴南便大汗淋漓、腿脚发软了。尽管这样林琴南依然去学校教学，特别是那些天他得知南京"学生会"举行"五四运动"纪念会后，心里便七上八下地不踏实。他知道"新文化运动"被称为"五四运动"，那么纪念"五四运动"就是摒弃古文。这几千年的古文，难道就这样被年轻人轻而易举地摒弃了吗？林琴南内心是多么的不甘，幸好已经写了《续辨奸论》，如果有时间他还将再写上一篇类似的古文，以解心中之愤慨。

也许是心里愤慨，也许是伏案劳作太久，林琴南忽然觉得自己的眼睑不太舒服，眼睛只能眯着，开始他也没有太在意，用手揉揉眼睛便罢了。因此，那些天他照样去学校教学，照样读报了解国家大事。当他得知孙中山下令各机关裁减预算，并且有了自己的军官学校——黄埔军校，心里还是蛮高兴的。林琴南认为这乱糟糟的世界，确实需要一个最杰出的人物来统一中国啊！不过，林琴南转而又想虽然推翻了清王朝，可是吾仍然是大清的举人，这在吾心里是永远不会变的。

那天夜里林琴南翻来覆去睡不着，也许白天累了，眼睑感觉很重，人也感到沉甸甸的疲乏。第二天一早起床，林琴南的眼睛非常模糊，便让签室杨道郁请来了中医郎中陈仲安前来诊治。陈仲安切脉后开了处方，处方上是一些进补的中药。待陈仲安离开后，林琴南自言自语道："吾眼睑不舒服，怎么吃进补的中药呢？莫非这眼睑微病是疲劳引起的？"

然而，林琴南吃了数帖进补药，病情仍不见好转，反而精神日益不振，舌苔黄厚，显得极度衰弱。于是，林琴南又请来陈仲安诊治，改用甘寒汤剂。一周后，林琴南感觉病情有所好转，人也有力气了。因此林琴南继续去励志学校讲课，这段时间他正在讲《史记》中的《魏其武安侯列传》。到了六月中旬，学生们即将进入期末考试了，林琴南亦感觉身体撑不住，不能继续任教，便辞了这教职。辞职后，林琴南写了一首《留别听讲诸子》的诗。诗曰："任他语体讼纷纭，我意何曾泥典坟？驽朽固难肩此席，殷勤阴愧负诸君。学非孔孟均邪说，话近韩欧始国文。荡子人含禽兽性，吾曹岂可与同群。"

当然，辞职在家，虽然不用来回跑，也不用备课了，林琴南却也没有闲着，仍然坚持画画、写题画诗，反复阅读自己的古文；对自己写的《续辨奸论》古文中把新文化运动的倡导者、响应者统统斥为巨奸而颇为满意；并且，特意在《续辨奸论》的篇首用红笔画了个圈，再一次告诉他的四子林琮道："力延古文之一线"。

二

盛夏来临时，林琴南的身体格外虚弱，已经不能站着画画了；有时伏案时间一长，便满头大汗，双手都颤抖了起来。他深感自己老了，不中用了，生命仿佛走到尽头了。孤寂和悲伤充满他的心头，情不自禁中已是泪流满面了。这会儿，林琴南用颤抖的双手，拿一块男人的大手帕擦眼泪。这眼泪是对自己行将逝去的生命的挽留，亦是对自己整个命运的悲叹；当然，更还有对大势所趋的新文化运动的憎恨，对无法保住古文的遗憾。

现在不能站着画画，林琴南便坐着画。贤惠的簉室杨道郁把他的椅子垫高了，这样不至于双手很快疲累。为了不累昏，林琴南不再像从前那样一画数小时，而是画一会儿歇一歇，或者将阅读、写诗、画画，穿梭着进行。然而，这样也好景不长，到了八月二十六日，林琴南突然寒热剧作，体温升至华氏一百零二度；不久，即进入昏迷不醒的状态。簉室杨道郁遂请西医打针治疗，到天明总算稍有好转。第二天上午，四子林琮请来了德国医生狄博尔诊治，被诊断为心脏衰弱。这时候，林琴南已从昏迷中完全醒来，除了服药，只能吃牛奶等流质食物。

两天后，林琴南感到自己已在死亡边缘徘徊，离地狱之门只一步之遥，凶多吉少。除了悲哀，他亦十分清醒地明白该做什么了。于是，就在八月二十八日那天，林琴南在病榻上，以板承笺，写了绝笔书：

清举人林纾，于甲子月日死。长子珪，以母命嗣仲弟泉。今以珪长子大颖，为次子钧后，发丧。临命书此，与京中及海内至交，并及门诸子为别。

林纾绝笔

    林琴南的这一举措，在箧室杨道郁看来是非常悲壮的。一个人当知道自己行将死亡，那该是一种什么样的感受？生命最后的眼泪，是开始也是结束。箧室杨道郁望着即将离开人世的丈夫，不禁失声痛哭了起来。倒是喉咙已经沙哑的林琴南用一双颤抖的手，抓着她的大襟衣衫表达着对她的安慰，她这才鼻子酸酸地止住了哭。

    接下来的几天，家里的空气是沉闷的，悲伤的。那几个年龄较小的孩子，仿佛都明白了他们的父亲行将逝去，个个都十分乖巧，不再像从前那样吵闹了。而林琴南呢，却趁着身体稍微有些精神，便又书遗训十条。其中，第六条是："琼子古文，万不可释手，将来必为世宝贵。"第七条是："无用粗笨家伙，尽拍卖，以免堆积。唯书不可卖，琼儿宝守之。"

    书写完这十条遗训，林琴南方才放心了；但身体完全进入了衰竭状态。林琴南不肯住院，箧室杨道郁只得一次次地请德国医生狄博尔来家里诊治。这次狄博尔医生诊治后，道："肺炎蔓发，当进吐剂。"后来，林琴南服了药，呕吐不止，看情况比原先还严重，病情急转直下，已经不能进食了。这让箧室杨道郁一时手足无措，不知该如何是好。于是，又请来了狄博尔医生，给林琴南挂上了葡萄糖盐水。

    四子林琼见父亲的时日不多了，就给远在武昌的林琴南弟子朱羲胄写信，告知父亲的病情。九月二十一日，朱羲胄接到林琼的来信，不顾正值第二次直奉战争爆发，立即动身赶回北京。两天后，经过旅途颠簸的朱羲胄来到了林琴南的病榻边。林琴南甚感意外，惊喜中强打精神；虽然喉咙沙哑且有些模糊，但他道："已死一次，几不得与吾弟相见。

《文钞》校勘之任，唯弟劳之。刊成，无取乞序，弟跋其尾足矣。"

师徒重逢，本该有说不完的话，但如今病榻上的林琴南，正在死亡的边缘上。弟子朱羲胄见恩师已病入膏肓，就在林琴南家住了下来，时刻陪伴其左右。尽管他手头有很多工作，但为了陪伴恩师最后一程都放下了。十多天下来，弟子朱羲胄无微不至地照顾林琴南，让林琴南甚感温暖。林琴南稍微好些时嘴角噏动着大意是在说："得一知己，足矣！"

十月五日，林琴南的呕吐越来越频繁，望着恩师难受的样子，弟子朱羲胄心里也很难受。他想真是死亦不容易啊，需要遭受那么多的罪才能解脱？可是他除了陪伴，替代不了恩师的疼痛和难受，只能眼睁睁地望着恩师被疾病折磨着、毁灭着。十月八日，在焦虑中的篆室杨道郁，改请了中医郎中陈仲安前来诊治，然而效果亦不佳。林琴南足股大痛，全身不适，他知道自己已在生命最后一刻了。于是，他拼尽力气，用手指书林琮手上："古文万无灭亡之理，其勿怠尔修。"

四子林琮眼里流着泪水，嘴里不停地道："父亲，我知道了。"而此时，林琴南眼里也布满了泪水。这父子二人的泪水融合在一起，确实表达着最后的生死离别；但同时在林琴南心里，年轻的四子林琮，仿佛可以继承他的事业，并在变化中重新开始。

现在悲伤的氛围笼罩着全家，时间随着林琴南逐渐消失的呼吸，一点点移动着。到了十月九日丑时，四子林琮与弟子朱羲胄望着林琴南在万般不舍中，停止了心脏的跳动。顿时，全家人凄厉的哭声从窗口飞了出去，缭绕在漆黑的夜幕中。

林琴南终年七十三岁。

三

两天后，林琴南去世的消息传了出去，很快就有亲朋好友和弟子们前来吊唁或祭奠。在治丧期间，陈衍、陈宝琛、徐世昌、高梦旦、黄侃、魏易等前清进士、民国官僚、文苑名流、生平至交，都分别撰写了祭文、挽诗和挽联；其中康有为用粗犷的大字，这样写道：

> 说部百余传后世，景陵八度哭先皇。
>
> 文章秾郁咸信美，谁识亭林心最伤。
>
> 去岁津沽特来见，是知永诀遂千秋。
>
> 郑虔樗散才三绝，怆其遗图诗画留。
>
> ——畏庐先生哀诗，愚弟康有为拜挽

前来吊唁的人络绎不绝，比他生前热闹多了。然而这热闹的场面，却唯独新文化阵营毫无反应，仿佛这么一个顽固守旧的老头去世，根本不值得理会。然而，逝者如斯夫。这时，林琴南的魂灵已经随着一片云烟飘走了。

林琴南生前身后都是战争年月，譬如：在他去世前的一个月，为争夺上海，直皖军阀间发生了江浙战争。奉系军阀张作霖乘机入关，又在榆关一带发生第二次直奉战争；而到了十月，冯玉祥在北京发动反对直系军阀曹锟、吴佩孚的政变。由于战争连绵所造成的道路梗阻，林琴南的灵柩一时无法归葬故里，只得暂时安置在北京南郊龙泉寺。

林琴南卒后百日，朱羲胄率林门弟子集会于龙泉寺，决定遵古例拟私谥。经过商议，并广泛征求林琴南生前好友意见，决定私谥其恩师号为"贞文"。"贞文"在弟子朱羲胄看来也是恰当的，因为先前清逊帝溥仪有"贞不绝俗"匾额赐林琴南。当然，弟子朱羲胄等人亦多是传统老派思想，崇拜林琴南晚年的"卫道"，却忽略了林琴南早年的"维新"。可事实上，这"贞文"二字，岂能概全林琴南的整个人生呢？！

林琴南去世一个多月后（即 1924 年 11 月 11 日），其好友高梦旦的女婿郑振铎撰写了《林琴南先生》一文。这是新文化阵营，抑或说是新文坛成员的第一篇文章，其中如是道：

中国的"章回小说"的传统的体裁，实从他而始打破。……在他的《闽中新乐府》里，可以看出林先生的新党倾向……在康有为未上书前，他却能有这种见解，可算是当时的一个先进的维新党。但后来，他的思想却停滞了——也许还有些向旧的方向倒流回去的倾势。到了最近四五年间，他反成了一个守旧党的领袖了。这大约与他的环境很有关系，戊戌之前，他是常与当时的新派的友人同在一起，所以思想上不知不觉的受了他们的熏染；后来，清廷亡了，共和以来，他渐渐的变成了顽固的守旧者了。这样的人实不仅林先生一个。有好些人都是与他走同样的路的。他的古文自称是坚守桐城派的义法的。但桐城派的古文，本来不见得高明；我们现在不必再去论他。

周作人先生在他的翻译集《点滴》序上说："我从前翻译小说，很受林琴南先生的影响。"其实，不仅周先生以及其他翻译小说的人，即创作小说者也十分的受林先生的影响的。小说的旧体裁，由林先生而打破，欧洲作家史各德、狄更司、华盛顿、欧文、大仲马、小仲马诸人的姓名也因林先生而始为中国人所认识。这可说，是林先生的最大功绩。所以，不管我们对于林先生的翻译如何的不满意，而林先生的这些功绩却是我们所永不能忘记的，编述中国近代文学史者对于林先生也决不能不有一段的记载。

作为新文化阵营的郑振铎在他的文章里，首先十分公正地肯定了林琴南作为一名翻译家、小说家和诗人的存在价值和贡献；而林琴南生前十分看好的桐城派古文，却被"不必再去论他"。

然而，到了一九二四年十二月一日出版的《语丝》周刊第三期上，周作人在《林琴南与罗振玉》一文中指出："他介绍外国文学，虽然用了班马的古文，其努力与成绩绝不在任何人之下。……林先生不懂什么文学和主义，只是他这种忠于他的工作的精神，终是我们的师，这个我不惜承认。"刘半农读到周作人的文章立即致周作人信,表示同意周作人的意见,并道:"经你一说,真叫我们后悔当初之过于唐突前辈。"

后来,周作人在《新文学的源流》中谈到桐城派对新文学的影响时道:"虽则曾国藩不及金圣叹大胆,而因为他较为开通,对文学较多了解,桐城派的思想到他便已改了模样。其后,到吴汝纶、严复、林纾诸人起来,一方面介绍西洋文学,一方面介绍科学思想,于是经曾国藩放大范围后的桐城派,慢慢便与新要兴起的文学接近起来了。后来参加新文学运动的,如胡适之、陈独秀、梁任公诸人,都受过他们的影响很大。所以我们可以说,今次文学运动的开端,实际还是被桐城派中的人物引起来的。"

周作人的这些话,已经说得非常明确了。也就是说,林琴南晚年虽然反对新文化运动,对新文化运动的认识误入盲点,但他却不知自己原来也是这场新文化运动的开山鼻祖。当然,林琴南晚年的落伍并非他一人,而是他这个年龄段的整整一代人,如康有为、梁启超、严复,乃至章炳麟、章士钊等。鲁迅在《花边文学·趋时与复古》中,对章炳麟等人这样道:"原是拉车前进的好身手,腿肚大,臂膊也粗。这回还是请他拉,拉还是拉,然而是拉车屁股向后,这里只好用古文,'呜呼哀哉,尚飨'了。"由此,我们可以说,林琴南的悲剧不是个人悲剧,而是整个时代的悲剧。

尾声

又是一年的金秋十月来临了，做了寡妇的杨道郁淡定而沉静地处理着家里家外的事。最小的女儿林珠已经七岁了，十分乖巧懂事；而她在亲朋好友的资助下，终于筹得资金，可以将丈夫的灵柩归葬故乡了。于是，一个晴朗的日子，杨道郁携四子林琮等若干人，终于跨过了兵荒马乱的障碍，来到了福州北郊的马鞍山白鸽笼。

林琴南的墓地在顶坡上。登高远眺，起伏连绵的青山，有白雾在山间袅袅而飞，仿佛仙境。墓前，一片开阔的绿意葱茏的原野，流淌着白凌凌的渠水；远处，飘着缕缕炊烟的小村庄，不时有随着风儿传来的狗吠之声；而墓茔四周，青草在微风中摇曳。

林琴南的墓碑上"清莲塘村畏庐先生之墓"的题字，是由林琴南挚友高凤岐生前题写的。高凤岐早林琴南十多年去世。一九二二年的某一天，林琴南召集友人和学生在春觉斋祭奠高凤岐，并作《八月十三日为余友高梧州生日，日余合其高足，每年祭之春觉斋，计今十二度矣。壬戌八月病愈，招同黄嘿园、陈杰士、王希农、李孟鲁、高耕愚及林蔚生、鲁生敦民兄弟为礼，怆然感赋二诗》。诗中，林琴南对高凤岐的爱国精神予以肯定，对贼臣表示痛恨；并发出自己与高凤岐"幽明隔绝路悠悠，我亦颓唐渐白头"的感慨。

林琴南墓门前的石柱上，镌刻着林琴南生前自撰的墓联：

著述徜沾东越传，功名早淡北山文。

岁月在这里无声地流淌着，林琴南长眠于此；生前的心是寂寞的，死后的墓地亦是寂寞的，芒草在疯长。多少年的凄风苦雨流淌过去了，家乡的父老乡亲不知道林琴南何许人也。直到有一天，这长眠于地的魂灵，经过近一个世纪的洗礼，又被奇迹般地请回了中国文坛；那一定是他未曾想到的。这一份特殊的礼遇，假若地下有灵，他将以什么样的姿态出现——接受，抑或是婉拒？

四月的清明，雨还在滴滴答答地下着。二〇一五年，林琴南的墓地早已不再是荒草凄凉了。墓碑的石板虽然风化斑驳，但那片并不开阔的原野，已经满目葱茏，生机勃勃；仿佛一切正在重新开始；而不远处的小山村里，孩子们正穿着汉服背诵《三字经》。

2013 年 11 月 23 日—2015 年 4 月 5 日

写于杭州大学苑

2015 年 8 月 1 日修改完毕

附录一　林纾年表

一八五二年　一岁

十一月八日生于福州一小商人之家。这时祖父、祖母均健在。父亲林国铨，字云溪。母亲陈蓉，是清太学生陈元培之女。叔父林国宾，字静庵。

一八五六年　五岁

父亲林国铨生意破产，到台湾谋生。家境陷入贫困，几乎吃不上饭；一度寄养到外祖母家，开始读《孝经》，旁听私塾课程，并牢记外祖母教导："孺子不患无美食，而患无大志。"

一八五九年　八岁

拥有三大橱残烂古书，为自己写下座右铭："读书则生，不则入棺。"

一八六〇年　九岁

全家移居横山，弟弟秉耀出生。家里主要经济来源，靠母亲和姐姐给人做针线活。

一八六一年　十岁

叔父林国宾开始教书，所得收入用来养家。一次翻箱子，喜得叔父收藏的《毛诗》《尚书》《左传》《史记》，就读起来；尤其喜欢《史记》。然而，叔父说："虽善读，顾躁烈不能容人，吾知不胜官也。"

一八六二年　十一岁

跟随薛则柯先生，学习欧阳修古文与杜甫诗歌。入秋，父亲开始从台湾寄钱回家。林纾继续用零花钱购旧书，祖母见了教导道："吾家累世农，汝能变业向仕宦，良佳。但城中某公，官卿贰矣，乃为人毁舆，捣其门宇。不务正而据高位，耻也。汝能谨愿，如若祖父，畏天而循分，足矣。"

一八六四年　十三岁

根据薛则柯建议，转而师从朱韦如学习制举文。与同窗王灼三结为好友。

一八六七年　十六岁

赴台湾淡水镇，随后协助父亲经商，做记账等工作。

一八六九年　十八岁

外祖母做媒，看中同县刘有棻之女刘琼姿。入秋，由台湾回家乡与刘琼姿完婚。婚后，岳父刘有棻每以《呻吟语》《五种规矩》等理学书籍教诲他。每应童子试，岳父刘有棻必送至试院，向其讲述道学源流。

一八七〇年　十九岁

祖父、父亲、祖母先后病逝。父亲病重时，林纾按迷信露天焚香磕头，请求身代父死。结果，因操劳和悲伤过度患上肺痨，大量咳血。突然感到前途迷茫，于是常去岳父家聆听岳父刘有棻的教诲；开始写诗练武。后来有了文名，与林菘祁和另一林某，被人称为福州"三狂生"。

一八七一年　二十岁

在岳父刘有棻的建议资助下，跟随陈蓉圃读书。

一八七二年　二十一岁

在村塾教书。外祖母病逝。

一八七四年　二十三岁

第一个孩子长女出生，取名雪，字伯雪。师从陈文台学绘画。

一八七五年　二十四岁

长子出生，取名珪，字伯桓。

一八七六年　二十五岁

在好友王灼三家教书。

一八七八年　二十七岁

咳血病不药而愈。十九岁的弟弟秉耀赴台湾后病逝，林纾闻讯，立即启程奔丧至台湾，并以其长子为秉耀承嗣。回来后，在岳父刘有棻的资助下继续读书。

一八七九年 二十八岁

以文名受到福建督学孙诒经的赏识，入县学读书。次子生，取名钧。

一八八一年 三十岁

结识诗人陈衍，并成为好朋友。次年，陈衍与林纾同为壬午年举人。陈衍官至学部主事，两人一生交往最多。林纾卒后，陈衍撰有《林纾传》。岳父刘有菜病逝。

一八八二年 三十一岁

秋天中举。主考官是镶蓝旗第五族宗室礼部侍郎宝廷，他很看重林纾，令其子伯莆、仲莆与林纾结为朋友。全家迁至琼河，又迁至苍霞洲，建房五间。结识李宗言、李宗祎兄弟两人。李氏兄弟藏书三四万卷，林纾一一借阅，从此文笔恣肆，每天能写七八千言。这年还结识福建长乐高家三兄弟，即高凤岐、高子益、高梦旦，并开始参加诗社活动。

一八八三年 三十二岁

春，第一次赴北京参加礼部试，不第而归。

一八八四年 三十三岁

八月，停泊在马尾军港的法国军舰突然袭击了福建水师，林纾闻讯，在大街上巧遇林菘祁，两个人相拥而哭。十一月，左宗棠以钦差大臣身份到福州督办军务，林纾约诗社成员周长庚一起挡道遮拦左宗棠于马前，上状揭露主办海疆事务大臣张佩纶、船政大臣何如璋谎报军情、临阵逃跑、欺上瞒下的种种劣迹。此举令同辈人为之咋舌，叹为狂人。

一八八五年　三十四岁

师从谢章铤学习经学，系统地钻研汉宋两代儒学经典。

一八八六年　三十五岁

叔父林国宾在台湾病逝，终年五十四岁。

一八八七年　三十六岁

好友王灼三病逝，其妻因家贫关门自缢，林纾闻讯破窗救出；并筹措"四百金"供其使用；又把王灼三之子王元龙带回自己家中，一直抚养到娶妻成家，前后十二年之久。王灼三女儿出嫁，亦是林纾全力资助。

一八八八年　三十七岁

在福州龙潭精舍，一边读书一边教学。

一八八九年　三十八岁

第二次赴北京参加礼部试，不第而归。

一八九〇年　三十九岁

第三次赴北京参加礼部试，不第而归。

一八九一年　四十岁

《福州支社诗拾》刊印，林纾撰序文。

一八九二年　四十一岁

第四次赴北京参加礼部试，不第而归。途中到杭州，游西湖六日。秋天，在龙潭精舍后园筑"浩然堂"。

一八九三年　四十二岁

入冬，弟子刘永祺在"浩然堂"右侧为林纾建一房，林纾命名畏庐，并作《畏庐记》一文。

一八九四年　四十三岁

长子林珪结婚。甲午中日战争爆发，警报每日数次传至福建。

一八九五年　四十四岁

第五次赴北京参加礼部试，不第而归。四月《马关条约》签订，正在北京的林纾、陈衍、高凤岐等一起上书清廷，抗议日本侵占我辽东半岛及台、澎等地。十二月母亲病逝，终年六十七岁。

一八九七年　四十六岁

二月，妻子刘琼姿病逝。夏天，与王寿昌合译小仲马《茶花女遗事》。王寿昌口述，林纾笔录，开始以奇特的方式走上翻译之路。十二月，诗集《闽中新乐府》由魏瀚在福州用活字版印行。

一八九八年　四十七岁

第六次赴北京参加礼部试，不第而归。三月，在李宗祎之子李拔可寓所会见了著名倡导变法人士林旭。六月，与高凤岐、林旭乘舟南下至杭州。遂暂住杭州，并续娶江苏扬州人杨道郁为妾。入秋时，长女林雪病逝。

一八九九年　四十八岁

次子林钧病逝。正月《巴黎茶花女遗事》在福州印行。此书一出，立即风行大江南北。林纾一举成名。二月，林纾应杭州知府林启和陈希贤之邀，携家属移居杭州，到杭州东城讲舍教书。三子生，取名璐，字叔遇。

一九〇〇年　四十九岁

客居杭州，认真研读《史记》。春季，杭州知府林启病逝。八月，八国联军入侵北京，林纾好友伯薾、仲薾，不甘受辱，自杀殉难。消息传到杭州，林纾到林社哭祭。林社是林纾等人在西湖孤山建立的纪念杭州知府林启的机构。年末，林万里、汪叔明两人创办《白话日报》，林纾为该报作白话道情，风行一时。

一九〇一年　五十岁

仲女生，取名璿，字仲雨。结识魏易，第一次与魏易合作翻译《黑奴吁天录》，六十六天译毕，即以"武林魏氏"刻本印行（即魏易刻本），反响强烈，报刊评论铺天盖地。应北京金台书院之邀，举家移至北京，任金台书院讲席；后又受聘五城学堂，任总教习，授修身、国文等课。六月，清政府诏开经济特科，命部院大臣荐才赴试，礼部侍郎郭曾炘以林纾入荐，林纾坚辞不赴试。

一九〇二年　五十一岁

为严复绘《尊疑译书图》，并撰《尊疑译书图记》。

一九〇三年　五十二岁

一月，邮传部尚书陈璧要上书朝廷，荐林纾为郎中，林纾坚持不允。自本年开始，林纾在教书之余，任职京师大学堂译书局，其职名为笔述。

一九〇四年　五十三岁

四子生，取名琮，字季椿。

一九〇五年　五十四岁

至本年林纾译迄的外国小说已有二十余种。林译小说大批出版，
西方文学让中国读者大开眼界，同时引起了思想界的震动；林纾在
序跋中大赞西方小说的艺术成就，并表达自己的政治、艺术观点。

一九〇六年　五十五岁

九月，受京师大学堂校长李家驹之聘，担任预科和师范馆经学
教员；会见著名桐城派古文家马其昶。谈起古文，马其昶夸林
纾"比吴汝纶有过之而无不及"。

一九〇七年　五十六岁

七月，作《爱国二童子传·达旨》，提倡实业救国，主张建立"立
宪之政体"，并把自己翻译西方文学比作实业救国的一种方式。

一九〇八年　五十七岁

五子生，取名璇，字孟金。长子林珪就任大城县知县。本年出
版林译小说十五部。

一九〇九年　五十八岁

兼高等实业学堂、闽学堂讲席。

一九一〇年　五十九岁

二月，京师大学堂分科，林纾不再在预科和师范馆讲课，改教
大学经文科。自选历年所作古文一百零九篇，编成《畏庐文
集》，由商务印书馆出版。

一九一一年　六十岁

三女生，取名瑠，字叔月。十月，辛亥革命爆发。十一月，携

家眷到天津避难。

一九一二年　六十一岁

六子生，取名林殉，字次东。一月，中华民国成立。五月，京师大学堂改称为北京大学，严复任校长。十月，全家从天津返回北京寓所。十一月一日，《平报》在北京创办，林纾任《平报》编纂，即成该报"铁笛亭琐记""讽谕新乐府""文苑""译论""社说"等专栏主笔。

一九一三年　六十二岁

三月，与陈宝琛、陈衍等游原清宫太液池西海子，归来撰《游西海子记》。四月，第一次谒崇陵，即光绪皇帝陵。五月，北京大学学生即将毕业，林纾作序送行。因与大学内魏晋文派势力不相和睦，遂与同事姚永概一起辞去职务，并且对推崇和学习章炳麟古文的人，大加挞伐。十一月，第二次谒崇陵。谒后二十日，清废帝溥仪书"四季平安"春条一幅，颁赐林纾。

一九一四年　六十三岁

四女生，取名莹，字季星。七月，与福建同乡陈宝琛、傅嘉年、叶蒂棠、曾福谦、林孝恂、李寿田、严复、卓孝复、郭曾炘、陈衍、力钧、李宗言、张元奇、孙葆晋、郑孝柽共十六人组成晋安耆年会。十二月，与梁鼎芬、温肃同一起谒崇陵。

一九一五年　六十四岁

七子生，取名琯，字舜生。二月，搬家至北京宣南，在新居大门上，书"畏天"二字。四月，北洋军阀徐树铮创建正志学校，林纾受聘为教务长。十二月，袁世凯宣布复辟帝制，称次年为洪宪元年，各地讨袁护国运动迅速兴起。

一九一六年　六十五岁

四月，四谒崇陵。六月，国务总理段祺瑞，亲自赴林纾家聘其为顾问，林纾谢却，并以诗记其事。九月，陈独秀主编的《青年杂志》改名为《新青年》。十一月，五谒崇陵。进入深秋后，完成《左传撷华》，同乡老友、溥仪老师陈宝琛把《左传撷华》进呈给溥仪。农历十二月，溥仪特书"烟云供养"春条赐给林纾。这年林纾《春觉斋论文》由北京都门印书局出版。

一九一七年　六十六岁

年初，胡适在《新青年》二卷五号上，发表《文学改良刍议》。不久，当上了北京大学文科学长的陈独秀，在《新青年》(二卷六号)上发表《文学革命论》一文，倡导新文化运动。林纾作《论古文之不当废》，起而反对。八月，长篇小说《巾帼阳秋》由上海中华小说社出版。入冬，亲自组织古文讲习会。十二月，六谒崇陵。

一九一九年　六十八岁

五女生，取名珠，字孟珠。至此，林纾与箧室杨道郁共生四女五男九个孩子。二月，在上海《新申报》开专栏，发表文言短篇小说。与陈独秀、胡适、钱玄同等新文化人士论战。四月，在《文艺丛报》第一期发表《论古文白话之相消长》一文。十二月，八谒崇陵。

一九二〇年　六十九岁

五月，结束古文讲习会。大书"对天立誓，绝不口言人短"。七月，直皖战争爆发；林述作《述变》一诗。十一月，九谒崇陵。

一九二一年　七十岁

五月南游雁荡山。六月，上海拜访郑孝胥、康有为。十月，作自寿诗二十首。十一月,十谒崇陵。本年,完成《庄子浅说》。
(按:自一八九七年翻译《茶花女遗事》后,每年都出版林译
小说若干种。)

一九二二年　七十一岁

四月清明节,第十一次谒崇陵,亦是最后一次谒崇陵。八月,
忽发病,大小便不通。随后送医院,由德国医生狄博尔医治。
二十天后,病愈出院。十月,清废帝溥仪结婚,林纾特绘四镜
屏呈进。溥仪书"贞不绝俗"匾额赐林纾,并送林纾袍料、褂
料数匹。林纾感激涕零,特作《御书记》记其事:"呜呼,布
衣之荣,至此云极。一日不死,一日不忘大清。死必表于道
曰:'清处士林纾墓',示臣之死生,固与吾清相终始也。"

一九二三年　七十二岁

正月,撰《续辨奸论》,继续极力诋毁新文化运动。二月,应
邀任励志学校讲席。七月,编辑生平所作古文一百五十九篇,
成《畏庐文钞》,把《续辨奸论》放在首篇。本年,给篦室杨
道郁过五十岁生日。

一九二四年　七十三岁

二月,迎新年写春联贴于门上:"遂心唯有看山好,涉世深知
寡过难。"六月,发病。眼睑重,人感疲乏。辞励志学校讲席
之职。八月二十六日,突发寒热,即进入昏迷不醒状态。遂
请西医打针治疗,到天明稍有好转。八月二十八日,在病榻上
以板承笺,写绝笔书。十月九日丑时,心脏停止跳动。十一月
十一日,好友高梦旦女婿郑振铎撰写《林琴南先生》一文。
卒后次年,篦室杨道郁、四子林琮,扶柩归葬于闽侯县北五十
里的白鸽笼。

附录二　主要参考文献

1.《清代学术概论》，梁启超著，商务印书馆 1921 年版。

2.《最近三十年中国文学史》，陈炳堃著，上海太平洋书店 1930 年版。

3.《中国新文学的源流》，周作人著，北平人文书店 1932 年版。

4.《现代中国文学史》，钱基博著，上海世界书局 1933 年版。

5.《林琴南》，寒光著，上海中华书局 1935 年版。

6.《中国新文学大系·文学论争集》，郑振铎编，上海良友图书公司 1935 年出版。

7.《晚清小说史》，阿英著，商务印书馆 1937 年版。

8.《贞文先生年谱》（林畏庐学生学行谱记四种之一），朱羲胄著，上海世界书局 1949 年版。

9.《春觉斋著述记》（林畏庐学生学行谱记四种之二），朱羲胄著，上海世界书局 1949 年版。

10.《贞文先生学行记》（林畏庐学生学行谱记四种之三），朱羲胄著，上海世界书局 1949 年版。

11.《林氏弟子表》(林畏庐学生学行谱记四种之四),朱羲胄著,上海世界书局 1949 年版。

12.《晚清文学丛钞·小说戏曲研究卷》,阿英编,中华书局 1960 年出版。

13.《林纾和林译小说》,孔立著,中华书局 1962 年版。

14.《中国近代思想史论》,李泽厚著,人民出版社 1979 年版。

15.《林纾的翻译》,钱锺书等著,商务印书馆 1981 年版。

16.《林纾选集》,林薇著,四川人民出版社 1985 年版。

17.《二十世纪中国小说理论资料》第一卷,陈平原、夏晓虹编著,北京大学出版社 1989 年版。

18.《西学东渐与晚清社会》,熊月之著,上海人民出版社 1994 年版。

19.《林纾传》,孔庆茂著,团结出版社 1998 年版。

20.《林纾——清末民初文人丛书》,冯奇编著,中国文史出版社 1998 年版。

21.《胡适文集》(11 集时论集,12 集演讲集),胡适著,北京大学出版社 1998 年版。

22.《帘卷西风——林琴南别传》,王旸著,华夏出版社 1999 年版。

23.《林纾诗词解析》,吕树坤编著,吉林文史出版社 1999 年版。

24.《中国近代文学之变迁》,陈子展著,上海古籍出版社 2000 年版。

25.《林纾评传》,张俊才著,中华书局 2007 年版。

26.《林纾研究资料》,薛绥之、张俊才编,知识产权出版社 2010 年版。

27.《中国现代作家的浪漫一代》,李欧梵著,新星出版社 2010 年版。

28.《辛亥风云》,顾艳著,浙江文艺出版社 2011 年版。

29.《顽固非尽守旧也——晚年林纾的困惑与坚守》,张俊才、王勇著,山西人民出版社 2012 年版。

后记

林纾：一个
孤寂的老人

二〇一五年四月五日，我终于把写了近两年的《译界奇人——林纾传》完成了。这天正好是清明节，以这样的方式祭奠这位孤寂老人，仿佛是冥冥中的缘分。现在书稿虽已完成，但林纾的故事，乃至整个命运，仍然魂系梦绕地牵动着我。我情不自禁地又回到了他曾经画画、翻译、写作的"春觉斋"。这首先要感谢中国作家协会、《中国历史文化名人传》丛书编委会通过写作大纲，给予我撰写《林纾传》的机会。近两三年来，我一直与林琴南同呼吸、共命运；我们的心是相通的。

我喜欢林纾由来已久，不仅因为他是我祖父在京师大学堂的老师，更重要的是他传奇的一生和独立的人格与品德。

说实话，林纾是一个复杂的综合体。他幼年勤奋好学。好学的态度使他二十七岁考取秀才，三十岁中举人，但此后六次赴京礼部考进士不果，连番失败，饱受挫折，最终放弃仕途发展，安于教学。一八九九年因翻译《巴黎茶花女遗事》一举成名，随即移居杭州，在东城讲舍教书。三年后，由杭州迁家至北京，任金台书院讲席、五城学堂总教习、京师大学堂译书局翻译。一九〇六年即废科举制的第二年，林纾受聘京师大学堂任教员，一直到一九一三年辞职。这期间，深受儒家传统教育的林纾，被桐城派最后一位名家吴汝纶赏识，赞扬他的古文风格。后来，有人指出，林纾的古文比吴汝纶的写得更好。

林纾出身微寒，与家庭的关系十分密切。因此，家庭在他感情上产生的影响，远远超过儒家社会关系中表面上的要求。十九岁那年，林纾的祖父、父亲、祖母相继去世。父亲病重时，林纾按迷信习惯，在露天里焚香磕头，请求身代父死。结果，因操劳和悲伤过度，患上肺痨，大量咳血。二十七岁那年，唯一的弟弟病死于台湾。四十四岁那年（1895），林纾母亲病重，林纾一连九天四鼓起床为母亲拜祷，大雨倾盆亦俯伏祈求，立誓愿以自己的科名之籍来换取母亲安息。他真诚的祈求得到了回报，母亲逝世时十分平静，喉咙里找不着丝毫血迹。在守丧六十天里，林纾每夜哭祭亡母，经常患病晕倒。

因为家庭接连遭受不幸，又因为悲伤过度，林纾逐渐变成了放荡文人。他在习武与诗歌中寻找慰藉，由于心境比较烦躁郁闷，与人争辩往往不能自拔，被同乡称为"狂生"。对传统的儒家学者来说，在浓重的封建礼教下，能放纵自己的个人情感，实属异类；并且在当时的社会环境下，亦是非常罕见的。

母亲去世后的第三年，温柔贤淑的妻子刘琼姿患上肺痨病逝。随后两年，长女和次子相继病逝。这晴天霹雳的打击，最终并没有让林纾倒下，而是在一个偶然的机会，开始沉醉西方小说世界。一个不会西文的人，靠别人口述成为中国首位重要的西方文学翻译家，创下了拥有一百八十多部译作的纪录，至今仍然无人能及。

林纾的翻译，二十多年坚持不懈。最早他是通过翻译《巴黎茶花女遗事》表达自己的感情世界。在自传《冷红生传》中，他详述了自己感情丰富的个性。移居杭州后，林纾在杭州求是书院认识了他翻译事业中最好的搭档——魏易。一九〇三年，林纾任京师大学堂译书局翻译，随后魏易也赴京到京师大学堂译书局工作。但是他们第一次合作是在杭州，仅两个多月就译完了《黑奴吁天录》。此书一经出版，立即好评如潮，就连远在日本的鲁迅，收到友人寄来的《黑奴吁天录》时也高兴地道："乃大喜欢，穷日读之，竟毕。"接着，鲁迅给蒋抑卮的信中又道："曼思故国，来日方长，载悲黑奴，前车如是，弥益感喟。"

林纾每翻译一部书都会写序跋，阐释他的观点或述说自己的奋斗。因此，林纾不同的序跋，可以看出他各个时期不同的政治倾向和心路历程。魏易到北京后，林纾与他继续合作，仅在一九〇七年至一九〇八年间，就翻译出版了英国小说家狄更斯的《滑稽外史》《孝女耐儿传》《贼史》《块肉馀生述》和《冰雪因缘》这五部作品。可见，林纾是非常喜欢狄更斯小说的。他曾在译作的序言中称自己喜欢狄更斯的文学技巧，将其与司马迁相比。他认为狄更斯是一个时常带有悲剧性的社会评论家："迭更斯，古之伤心人也。按其本传，盖出身贫贱，故能于下流社会之人品，刻画无复遗漏。笔舌所及，情罪皆真。爱书既成，声影莫遁。"当然，林纾最欣赏并发掘的是狄更斯的道德世界。他们的共同点是：两人都是重感情的道德家，而林纾更看重狄更斯以自己泛滥的道德情操来支持对社会公义的诉求。他们的不同之处，是身处不同的社会和环境。

在整个翻译生涯中，林纾翻译最多的是英国作家哈葛德的作品，计二十五部，从中不难看出林纾道德观的延展。与哈葛德同时期的林纾，看到了哈葛德作品里帝国主义的意识，便挪来加以利用，表达了一些更有建设性的观点和见解。也就是说，林纾在哈葛德作品里看到了早年他翻译的《鲁滨孙漂流记》里所具有的"活力、独立，富有冒险精神，敢与死亡搏斗，有实用的知识，懂得发明又能随机应变，即使面对最恶劣的环境，都能一一解决"的英雄主义世界。因此，林纾的爱国思想，就像哈葛德的帝国主义思想一样；而这样的思想，林纾与严复却是殊途同归。只不过严复在斯宾塞的格局中，看到的基本概念是"能量、活力、斗争、自主以及对所有人类潜能的无畏的实现"。

晚年的林纾，一是极力反对使用白话文，二是十一次拜祭清帝光绪的陵墓；这些都是众所周知的事。如果我们站在林纾的角度来阐释这些问题，也就不足为奇了。毕竟，林纾的经历对中国十九世纪的儒家学者来说是不可思议的。一个压抑太久、屡遭挫折的老人，祭拜清帝光绪的陵墓就像在精神上找到了一根救命稻草。因此，一九一三年十一月十六日，当光绪陵墓正式竣工时，林纾不顾大雪纷飞，冰冻三尺，竟第二次路远迢迢地去谒崇陵。在临近崇陵望见"红墙浓桧杂立于万白之中"时，他心里的悲伤油然而生。刚至宫门，遥望数十丈外的飨殿，情不自禁匍匐陵前；及至陵下"未拜已哽咽不能自胜。九顿首后，伏地失声而哭"。

早年丧父，中年丧妻及两个儿女，晚年要养小妾和一大群子女，并且所从事的又是儒家传统不大承认、不大尊重的营生，却还要让生活颇为富足——由此，这一伏地失声恸哭，就让林纾从内心身处淋漓尽致地释放了作为儒家弟子压抑太久的挫败感，从而使他的身心得到了调整和减负。然而，这些外界并不清楚。外界看到的完全是一个顽固的、保守的、不合时宜的林纾。尤其是新文化运动以来，这个越来越反对儒家思想的时代，林纾不仅要表现他的儒家思想，而且还要捍卫儒家思想，并且与新文化运动激战，最终无可避免地被新思潮吞没。可是林纾的翻译，无疑也给新文化运动中的不少作家，提供了必不可少的文学幻想的来源。

随着岁月的流逝，我们越来越可以感受到，林纾无论生命还是工作，都与感情密不可分。感情占据了他生命的首要位置，无论是翻译、诗歌和古文都自然而然地流露出他内心浓郁的、生命激烈的主观情感的潮汐。为此，林纾的典型意义被后来的学者视为最后的儒学者与首个西化者。当然，这样的说法只是一个单纯的象征。

事实上，大量西方文学被林纾翻译进国门，而他在译作中着手解决西方的"体"，那么他的这些行为，必然会影响着当时中国社会某些体制的改革，比如君主政体、考试制度、传统的诗体和章回小说等。所以，林纾在翻译上的成功，不仅大大地超越了他自己的期望，亦留下了连他自己也意想不到的遗产。

透过岁月的薄纱，回望新文化运动和"五四"时期，林纾就是在"文学革命"中跃然而出的人物。我特别钦佩林纾作为传统知识分子所具备并表现出的正直、独立和批判精神；以及他在翻译序跋中所体现的学者的敏感和犀利。我由衷地感谢他把我带进了他生长的家庭、社会、中国古代文学，以及一片迷人的西方文学世界；还有他思想的星空。

2015 年 4 月 21 日
写于杭州大学苑

图书在版编目（CIP）数据

译界奇人：林纾传 / 顾艳 著. -- 北京：作家出版社，2016.1
（中国历史文化名人传丛书）
ISBN 978-7-5063-8640-1

Ⅰ.①译… Ⅱ.①顾… Ⅲ.①林纾（1852～1924）- 传记
Ⅳ.①K825.6

中国版本图书馆CIP数据核字（2015）第320377号

译界奇人——林纾传

作　　者：顾　艳
责任编辑：林金荣
书籍设计：刘晓翔＋韩湛宁
责任印制：李卫东　李大庆
出版发行：作家出版社
社　　址：北京农展馆南里10号　　　　邮　　编：100125
电话传真：86-10-65930756（出版发行部）
　　　　　86-10-65004079（总编室）
　　　　　86-10-65015116（邮购部）
E-mail:zuojia@zuojia.net.cn
http://www.haozuojia.com（作家在线）
印　　刷：北京汇林印务有限公司
成品尺寸：152×230
字　　数：330千
印　　张：24
版　　次：2016年1月第1版
印　　次：2016年1月第1次印刷
ISBN 978-7-5063-8640-1
定　　价：39.00元